PHP und MySQL Praxisbuch für Kids

Johann-Christian Hanke

PHP und MySQL
Praxisbuch für Kids

Bibliografische Information Der Deutschen Bibliothek
Die Deutsche Bibliothek verzeichnet diese Publikation in
der Deutschen Nationalbibliografie;
detaillierte bibliografische Daten sind im Internet über
<http://dnb.ddb.de> abrufbar.

ISBN 978-3-8266-8649-8
2. überarbeitete Auflage 2008

Printed in Austria
© Copyright 2008 by REDLINE-GmbH, Heidelberg
www.bhv-buch.de

Lektorat: Katja Schrey
Korrektorat und fachliche Durchsicht: Manfred Buchholz
Satz und Layout: Johann-Christian Hanke, Berlin

Inhaltsverzeichnis

Vorwort

Hallo und herzlich willkommen. Schön, dass du (wieder) da bist! Vor dir liegt die Fortsetzung unseres beliebten Titels »PHP und MySQL für Kids« in der 2. überarbeiteten Auflage. Hier reden wir über all das, wofür im ersten Band kein Platz (mehr) war. Es geht um guten Code, professionelles Programmieren und vor allem ... um sehr viel Praxis!

Ich verspreche auch diesmal, mein Bestes zu geben, damit deine Homepage so richtig »durchstarten« kann. Dass dabei auch der Spaß nicht zu kurz kommt, versteht sich von selbst. In diesem Sinne ... auf in die Praxis!

Das lernst du in diesem Buch

Neugierig, welche Highlights dich auf den nächsten 350 Seiten erwarten? Wir arbeiten mit Sessions, generieren BBCode, verschicken HTML-Mails und schnuppern in die objektorientierte Programmierung hinein. Folgende Projekte werden wir in diesem Buch gemeinsam »stemmen«:

◇ Forum mit Login und Userverwaltung

◇ Schreiben eines RSS-Feedreaders

◇ Fotoalbum mit Bildupload und komfortabler Blätterfunktion

◇ Programmierung eines kleinen Content-Management-Systems

Kurz: Wir beschäftigen uns mit den Dingen, die derzeit schwer angesagt sind! Klingt kompliziert? Keine Bange, wir trainieren alles Schritt für Schritt und steigern uns dabei von Kapitel zu Kapitel! Zur Festigung des Wissens gibt es wieder unzählige Kontrollfragen und Übungen.

Klarheit geht vor Featurewahn!

Ich will dich nicht mit meiner Programmierkunst blenden – im Gegenteil! Ich möchte, dass du den Code durchschaust und an deine Bedürfnisse anpasst. Meine Beispiele sind daher – soweit es geht – einfach aufgebaut. Wenn du eine bessere Lösung findest – her damit: Auf meiner Serviceseite *www.phpkid.de* findest du ein Feedback-Formular. Auch für die Meldung eventueller Fehler bin ich dankbar. Denn gerade »programmierende Autoren« haben manchmal ein ganz dickes Brett vor dem Kopf!

Das solltest du schon können

Bist du fit für unseren Praxiskurs? Voraussetzung für die Arbeit mit diesem Buch sind gute Grundkenntnisse in PHP, MySQL und natürlich (X)HTML. In diesem Buch bauen wir darauf auf!

❖ Du solltest also wissen, mit welchem Programm du PHP-Seiten erstellst und wie du diese ausprobierst.

❖ Du solltest wissen, was ein lokaler Webserver ist und wie dieser funktioniert, du kennst das Installationstool XAMPP (oder FoxServ).

❖ Du solltest wissen, welcher Dienstleister für deine Zwecke in Frage kommt.

❖ Du solltest MySQL-Datenbanktabellen einrichten und abfragen können und schon einmal etwas von phpMyAdmin gehört haben.

Die Begriffe Variablen und Funktionen geben dir Rätsel auf? Du denkst bei Schleifen an Geburtstagsgeschenke und bei Abfragen an Klausuren oder Leistungskontrollen? Du möchtest dich auf Datenbanken am liebsten ausruhen und bist überzeugt davon, dass SQL »Schüler quälen Lehrer« bedeutet? Dann empfehle ich dir, deinen Wissensstand vor dem Weiterlesen »upzudaten«.

Zum einen hilft dir dabei sicher der schon erwähnte Vorgängerband »PHP und MySQL für Kids«, der ebenfalls aus meiner Feder stammt. Auf 450 eng bedruckten Seiten geht es heftigst zur Sache, und zwar von den PHP-Grundlagen bis zum Weblog, Gästebuch oder Bestellsystem mit MySQL. Auch über Dienstleister und Preise reden wir in diesem Buch. Zum anderen hast du vielleicht schon durch andere Bücher, Freunde, Lehrer, Kurse oder Tutorials im Internet PHP-Wissen erworben. Vielleicht reicht das aus?!

Du entdeckst während des Lesens Wissenslücken? Auf der CD zu diesem Buch findest du das »offizielle« PHP-Handbuch im HTML-Hilfeformat. Hier kannst du jede Funktion und Sprachanweisung von PHP nachschlagen. Besonders praktisch finde ich dabei die raffinierte Suchmöglichkeit über das Register *Index*. Tippe einfach das gewünschte Stichwort bzw. einen Teil davon ein. Tippe z.B. `htmls` und schon findet die Hilfe *htmlspecialchars*. Durch Doppelklick auf diesen Eintrag gelangst du zu einer ausführlichen Erläuterung dieser Funktion mit Beispiel! Selbst für mich ist diese Hilfedatei ein unverzichtbares Nachschlagewerk! Glaube mir – ich kenne auch nicht alle Funktionen!

PHP und MySQL optimal eingerichtet?

Dienstleister hin, Dienstleister her. Auch in diesem Kurs probieren wir (fast) alle Skripte erst einmal auf dem lokalen Rechner aus. Den entsprechenden Testwebserver mit PHP und MySQL hast du doch installiert? Egal ob Windows, Mac OS X oder Linux – auf allen drei Plattformen nutzt du den frei verfügbaren Apache-Webserver zur Einrichtung deines Systems.

Installation eines Testservers mit XAMPP

Du bist momentan nicht auf dem Laufenden? Du weißt nicht genau, wie du solch einen Testserver installierst?

Zum Installieren des »Apachen« hatte ich dir (ab der 2. Auflage von »PHP und MySQL für Kids«) das geniale Installationstool XAMPP empfohlen. In Minuten erzeugst du ein zuverlässiges Testsystem mit PHP und MySQL.

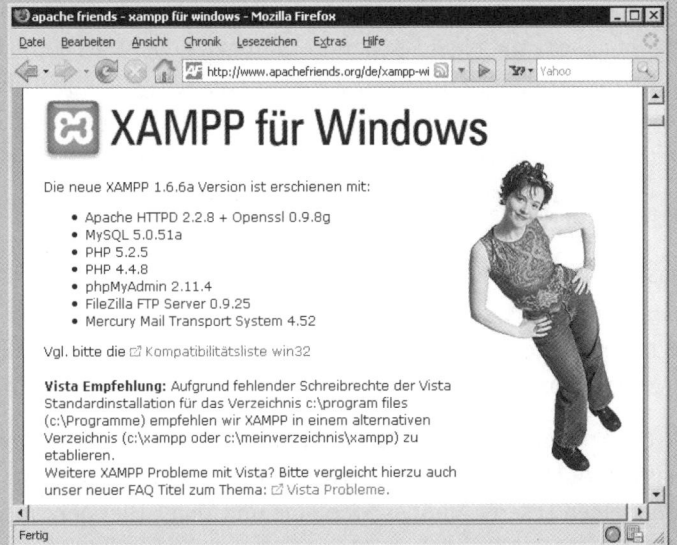

Aber auch Server2Go hilft dir bei der Einrichtung eines derartigen Testsystems. Allerdings gibt es dieses Tool nur für Windows. Server2Go ist ähnlich einfach einzurichten wie XAMPP. Die jeweils neusten Versionen von XAMPP findest du unter *www.apachefriends.org/de*. Server2Go kannst du dir von der Seite *www.server2go-web.de* herunterladen. (Natürlich findest du beide Tools auch auf der Buch-CD.) Mehr zum Einrichten von Server2Go verrate ich dir ab Seite 334.

Den besten Editor einsetzen

Und welchen Editor setzt du ein? Mit welchem Programm bearbeitest du also deine PHP-Skripte? Zumindest unter Windows fällt die Antwort leicht – mit dem Weaverslave von Thomas Weinert. Auch dazu hatte ich dich ja schon ganz ausführlich im ersten Band aufgeklärt. Ein ganzer Abschnitt dreht sich allein um Einrichtung und Bedienung dieses tollen Programms.

Auf der dortigen Buch-CD liegt sogar eine speziell für diesen Kurs ausge-wählte Version – die ich natürlich auch auf diese CD gelegt habe: In der zum Zeitpunkt des Schreibens neusten Version! Thomas' Homepage findest du übrigens unter *www.weaverslave.ws*. Danke, Thomas, dass du ein so tolles Programm weiterhin kostenlos zur Verfügung stellst!

In der vierten Auflage des Vorläuferbandes schwärme ich außerdem in ei-nem Videotipp von Qwined. Das ist mein neuer Lieblings-Editor – ein echter Geheimtipp. Qwined liegt auf der Buch-CD für dich bereit.

Zusätzlich findest du auf dieser CD den Editor PHPEdit von Sébastien Hordeaux aus Frankreich. Hier empfehle ich dir vor allem Version 0.8, da es sich um die letzte Freeware-Variante dieses Editors handelt. Ich nutze PHPEdit vor allem für die so genannte automatische Code-Einrückung! Mehr zu diesem tollen Feature verrate ich dir ab Seite 49. Auch zum Fin-den verwaister Klammern ist PHPEdit bestens geeignet – da überschüssi-ge Klammern rot unterkringelt werden. Abgesehen davon bleibe ich dem Weaverslave treu, da er nicht so viele störende Automatismen besitzt.

Du kennst andere (Freeware-)Editoren, vielleicht auch für Mac OS oder Linux? Teile mir deine Erfahrungen unter *hallo.phpkid.de* mit. Das ist die Adresse meines eigens eingerichteten Forums zu PHP und MySQL. Auch Tipps zu anderen preiswerten Dienstleistern nehme ich dankbar entgegen.

Du hast ein Problem? Dort im Forum kannst du dir von anderen Nutzern helfen lassen. Auch ich bin nicht perfekt und brauche ab und an ein paar Tipps von meinen Lesern. Apropos Probleme und Tipps: Hier geht mein ganz großer Dank an Michl, Dave, Zero, Markus und all die anderen, die auch mir durch ihre Tipps und Hinweise im Forum sehr geholfen haben.

Und nun wünsche ich dir viel Spaß und Erfolg mit dem »PHP und MySQL Praxisbuch für Kids«. Egal ob du 8, 18 oder 88 Jahre alt bist!

Dein Johann-Christian Hanke

www.phpkid.de

1

Pfiffige Funktionen im Praxiseinsatz

Funktionen, Funktionen, Funktionen ... was wäre eine Programmiersprache ohne diese raffinierten »Sprachgebilde«. Sicher ist dir `mail()` zum Verschicken von Mails längst genauso geläufig wie `date()` zum Anzeigen von Datum und Uhrzeit. Du öffnest und schließt Dateien, setzt Cookies und fragst Datenbanktabellen ab ... natürlich alles per Funktion.

Dieses Kapitel dreht sich um Funktionen für Strings und Arrays. Denn gerade Zeichenketten und Wertelisten spielen in PHP eine wichtige Rolle. Ich stelle dir ausgewählte String- und Array-Funktionen an kleinen Beispielen vor und verrate dir, wie du sie in der Praxis einsetzt. Betrachte das Kapitel als »Denksportrunde zum Aufwärmen«, ehe wir bei den etwas größeren Projekten »unsere Muskeln spielen lassen«.

In diesem Kapitel geht es also um folgende Themen:

◎ Prüfen und Verändern von Zeichenketten

◎ Unterdrücken überlanger Strings

◎ Aufteilen von Arrays anhand eines Trennzeichens

◎ Auslesen von CSV-Textdateien

◎ Erstellen und Ausgeben von mehrdimensionalen Arrays

1

Wo steckt der Buchstabe? Zeichenketten prüfen!

Darum prüfe, wer sich ewig bindet ... Nein, nein – dafür ist es vielleicht noch etwas zu früh! In diesem Kapitel prüfen wir nicht unsere Partner, sondern simple Zeichenketten. Denn schließlich hast du es alle Nase lang mit diesen »Dingern« zu tun. Egal ob Suchenfeld, E-Mail-Adresse oder Eintrag in deinem Gästebuch – überall entstehen Zeichenketten mit den Eingaben deiner Besucher. Und da liegt oft so einiges im Argen ...

Im Beispiel führe ich dir ein paar nützliche Zeichenkettenfunktionen zum Testen von Formulareingaben vor. Mache mit! Erstelle eine HTML-Seite mit einem Formular. Ermittle den Inhalt des Texteingabefelds *eingabe* und werte diesen String aus.

Länge einer Zeichenkette ermitteln

Schreibe dafür das nachfolgende Beispiel ab – ich zeige dir den Code zwischen den Tags `<body>` und `</body>`. Dabei bereitest du den entsprechenden »Experimentierbereich« für die Funktionen schon vor:

```
<h3>Bitte gib deinen Text ein:</h3>
<form action="<?php echo $_SERVER['PHP_SELF'] ?>"
      method="post">
<input type="text" name="eingabe">
<input type="submit" value="Absenden">
</form>
<p>
<?php
if (isset($_POST['eingabe'])) {
  $eingabe = $_POST['eingabe'];
  echo "Der String lautet <strong>$eingabe</strong>";
  echo "<br>Länge des Strings: " . strlen($eingabe);
}
?>
</p>
```

Hast du es gemerkt? Ich verwende die schon im ersten Band vorgestellte Funktion `strlen()`. Sie ermittelt die Länge einer Zeichenkette – ideal zum Festlegen der Mindestlänge. Als Argument übergibst du den gewünschten String – im Beispiel den Wert der Variablen `$eingabe`.

Die Grundsyntax der Funktion sieht übrigens folgendermaßen aus:

```
int strlen(string str)
```

Warum reite ich auf dieser Syntax so herum? Weil es genau die Schreibweise ist, die du auch im offiziellen PHP-Handbuch findest. Schlage nach! Du findest diese Hilfedatei schließlich auf der CD zum Buch bzw. als Download unter *www.php.net/download-docs.php*.

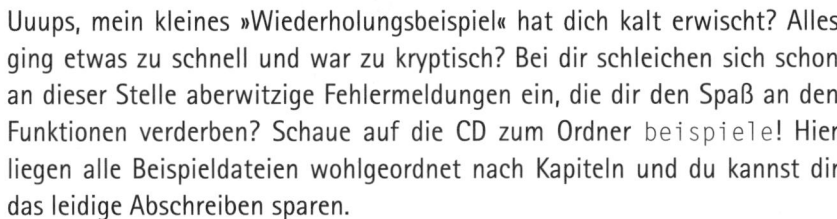

> Das `int` steht dabei für Integer, also einen Zahlwert. Die Funktion gibt einen Zahlwert zurück, z.B. 12. Die Zeichenfolge `str` steht für das Argument, im Beispiel die Variable `$eingabe`. Und mit `string` ist der Typ des Arguments gemeint – es muss ein String sein.

Uuups, mein kleines »Wiederholungsbeispiel« hat dich kalt erwischt? Alles ging etwas zu schnell und war zu kryptisch? Bei dir schleichen sich schon an dieser Stelle aberwitzige Fehlermeldungen ein, die dir den Spaß an den Funktionen verderben? Schaue auf die CD zum Ordner `beispiele`! Hier liegen alle Beispieldateien wohlgeordnet nach Kapiteln und du kannst dir das leidige Abschreiben sparen.

Überschüssige Leerzeichen entfernen

Mache dir doch einmal den Spaß und tippe einen einzigen Buchstaben in das Formularfeld – z.B. ein *P* wie *PHP*. Setze davor allerdings drei Leerzeichen. Prompt liefert dir `strlen()` eine *4* für vier Zeichen. Auch Leerzeichen werden also mitgezählt, selbst die am Anfang und am Ende.

Das ist nicht optimal, denn schon ein einziges Leerzeichen zuviel kann bei einer Auswertung stören! So wundert sich dein Besucher vielleicht, wenn die Suchfunktion nicht fündig wird, weil sie die versehentlich gesetzten Leerzeichen mitsucht. Weg mit den Dingern! Das besorgt die Funktion `trim()` mit folgender Syntax:

```
string trim(string str)
```

Diese Funktion entfernt alle Leerzeichen, Zeilenumbrüche oder Tabsprünge am Anfang und Ende einer Zeichenkette. Probiere es aus: Erweitere unser kleines Auswerteskript um folgende Zeile und notiere sie als zweite Zeile innerhalb der geschweiften Klammern:

```
$eingabe = trim($eingabe);
```

Du möchtest nur die Leerzeichen bzw. Umbrüche *am Anfang* entfernen? Verwende `ltrim()` mit folgender Syntax: `string ltrim(string str)`. Die Funktion `rtrim()` dagegen wirkt nur auf das Ende der Zeichenkette.

1

Position eines Zeichens ermitteln

Nachdem wir unsere Strings also »getrimmt« und »vermessen« haben, können wir zum Spaß die Position eines Zeichens in einer Zeichenkette ermitteln. So findest du z.B. heraus, ob die Eingabe einen Klammeraffen enthält und an welcher Stelle dieser (das erste Mal) vorkommt. Das gelingt mit strpos() – die Syntax dieser Funktion sieht allerdings verboten aus:

```
int strpos(string haystack, string needle [,int offset])
```

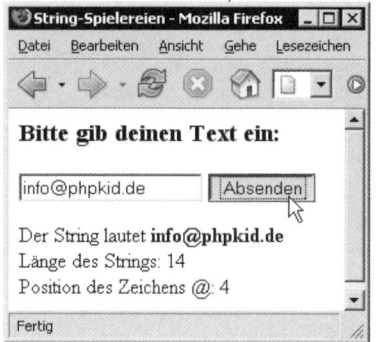

Die eckigen Klammern sind schon einmal gut: Sie weisen darauf hin, dass dieses Argument *optional* ist. Mit anderen Worten: Du kannst es weglassen. Es handelt sich dabei übrigens um den Startwert, ab dem gesucht werden soll, den *offset*. Das int davor bedeutet, dass dieser Wert eine Ganzzahl sein muss. Soll uns aber egal sein – wir ignorieren das Argument.

Interessant sind dagegen die Strings *haystack* und *needle*. Hier wird tatsächlich die »Nadel im Heuhaufen« gesucht. Na dann suchen wir doch mal nach dem Klammeraffen – ergänze einfach folgende Zeile am Schluss des PHP-Abschnitts:

```
echo "<br>Position des @: " . strpos($eingabe,"@");
```

Und nun gibst du zur Probe eine Mail-Adresse ein wie info@phpkid.de. Die Funktion ermittelt eine 4, obwohl das Zeichen an fünfter Stelle steht?

Vergiss nicht, dass jegliche »Zählerei« bei Funktionen und Arrays in der Regel bei 0 beginnt! Das ist auch bei strpos() nicht anders! Hättest du das @-Zeichen am Anfang notiert, hätte die Funktion eine 0 ausgespuckt. Denn die 0 steht für die erste Position in einem String.

Nichtvorhandensein des Zeichens prüfen

Du bist weniger daran interessiert, an welcher Stelle das Zeichen vorkommt? Du willst eher herausfinden, *ob* es überhaupt vorhanden ist? Gut zu wissen, dass strpos() – wie viele andere Funktionen auch – bei Misserfolg den booleschen Wert (Wahrheitswert) *false* zurückgibt.

Doch was erlebst du, wenn du folgenden Test verwendest?

```
if (!strpos($eingabe,"@")) {
  echo "<br>Kein Klammeraffe enthalten!";
}
```

Richtig – einen Reinfall! Schon, schon ... die Notation ist korrekt. Der Negationsoperator ! sorgt dafür, dass das Ergebnis der Funktion nicht wahr sein darf. Schließlich handelt es sich dabei um die vollkommen legitime Abkürzung von `strpos($eingabe,"@") == false`. Aber auch diese Notation rettet dich nicht vor dem Desaster. Der Haken: Auch eine 0 wird als *false* angesehen. Genau wie eine 1 schließlich als *true* gewertet wird. Null und Eins, true und false – das ist (nicht nur in PHP) ein und dasselbe. Und wenn der Klammeraffe an erster Stelle auftaucht, gibt `strpos()` nun einmal die 0 zurück. *Kein Klammeraffe enthalten* lautet die Auskunft unserer if-Abfrage in diesem Fall – eine pure Falschmeldung.

> Nutze statt des doppelten Gleichheitszeichens einfach das dreifache! Mit === prüfst du auf »absolute Übereinstimmung«, auf *Identität*! Dabei wird auch der Typ der zu vergleichenden Werte berücksichtig. Während == zulässt, dass der Integerwert 0 dem Wahrheitswert *false* gleichgesetzt wird, ist das bei === eben nicht mehr zulässig. Der Typ *Integer* stimmt nicht mit dem Typ *Boolean* (Wahrheitswert *true* bzw. *false*) überein!

Notiere Folgendes, um zuverlässig auf Nichtvorhandensein zu reagieren:

```php
if (strpos($eingabe, "@") === false) {
  echo "<br>Kein Klammeraffe enthalten!";
}
```

Kleines Suchskript programmieren

Übrigens kannst du mit `strpos()` nicht nur nach einzelnen Zeichen suchen. Auch längere Zeichenketten und selbst ganze Wörter lassen sich im Argument `needle` eintragen. Dadurch eignet sich diese Funktion durchaus zum Erstellen eines kleinen Suchskripts wie hier in der `minisuche.php`:

```php
<?php
$nadel = "Heu"; // Hier Suchwort eintragen
$heuhaufen = "Das ist ein großer Haufen Heu";
if (strpos($heuhaufen, $nadel) > 0) {
  echo "Wort <b>$nadel</b> enthalten in:";
  echo "<div>$heuhaufen</div>";
} else {
  echo "Wort <b>$nadel</b> nicht enthalten!";
  }
?>
```

1

Überlange Zeilen auftrennen

Supernervig: Diese Zeitgenossen, die absichtlich ellenlange Wörter ohne Leerzeichen in deine Gästebücher schreiben. Mit Absicht – sie wollen dein Layout zerreißen. Wie hässlich das aussehen kann, zeigt die Abbildung.

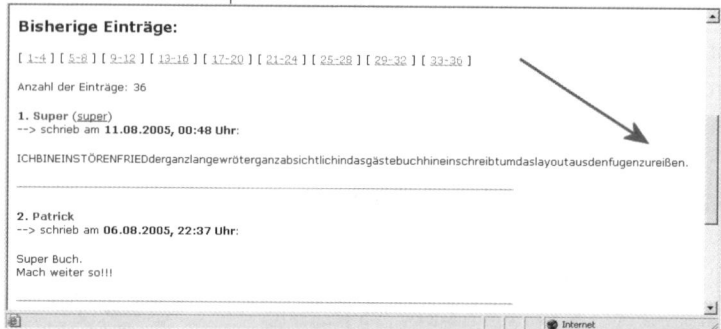

Nervt total: Gästebuchschreiber, die nur stören wollen

Aber es gibt eine Lösung für dieses Problem!

Die Funktion wordwrap()

Zum einen benötigen wir die Funktion wordwrap. Per Voreinstellung setzt diese nach dem 75sten Zeichen einen Umbruch per new line (\n):

```
$neuertext = wordwrap($altertext);
```

Du musst lediglich die Anzahl der Zeichen und den Typ des Umbruchs steuern. Das gelingt mit den Parametern *width* und *break*. Hier also die volle Syntax in ganzer Pracht:

```
string wordwrap(string str [,int width [,string break [,bool cut]]])
```

Die Zeile $eingabe = wordwrap($eingabe, 60, "<br>"); setzt z.B. nach 60 Zeichen einen HTML-Umbruch, den Break (<br>). Gibt es bei der Geschichte auch einen Haken? Leider!

Überlange Wörter werden dabei nicht getrennt. Das gelingt erst, wenn du als letzten, optionalen Parameter *cut* eine 1 notierst. Aber auch das ist leider nicht die Lösung. Denn dann werden *alle* Strings nach der jeweiligen Zeichenzahl getrennt. Egal, ob es mitten im Wort ist oder nicht.

Mit anderen Worten: Die Funktion wordwrap() alleine löst unsere Probleme leider nicht. Wir müssten jedes einzelne Wort nehmen, prüfen und ggf. bearbeiten. Wie machen wir das? Wir kramen explode() und foreach() aus der »Erinnerungsschublade« und fragen damit jedes einzelne Wort ab.

explode() und foreach()

Die Syntax von explode() und foreach() ist dir vertraut? Sonst schlage schnell im Vorgänger oder im schon erwähnten PHP-Handbuch nach. Die Funktion explode() wandelt eine Zeichenfolge mithilfe eines Trennzeichens in ein Array um. Mit foreach() durchläufst du dieses Array.

Und hier nun der Quellcode für meinen »Langstringkiller«, Version 1. Ich zeige dir den Bereich zwischen den Tags <body></body>. Du findest den Code im Ordner kapitel01 unter dem Namen langkiller1.php:

```
<h1>Lange Strings teilen</h1>
<p>
<?php
$string1 = "Gleich <b>kommt</b> ein↵
     ganzlangerStringohnePunktundKommaderdasganzeLayout↵
     zerreißt und das ist nicht schön";
$ausgabe = explode(" ", $string1);
$string2 = "";
foreach ($ausgabe as $value) {
   $string2 .= wordwrap($value, 40, " ", 1) . " ";
}
echo trim($string2);
?>
</p>
```

Die Variable $string1 beherbergt neben ein paar »normalen« Worten eins dieser berüchtigten »langen Stringmonster«. Getrennt werden die Worte – wie in einem Satz so üblich – durch ein Leerzeichen. Danach greift die Funktion explode() und verwandelt diese Zeichenfolge in ein Array. Als Trennzeichen dient das Leerzeichen – macht ja auch Sinn. Auf diese Weise landen alle Wörter im Array $ausgabe.

Hat geklappt: Zwangsleerzeichen nach 40 Zeichen!

In der nächsten Zeile initialisiere ich die Variable $string2 mit einem Leerstring und beginne dann mit der Schleife. Diese durchläuft alle Elemente des Arrays und hält nacheinander alle Werte in der Variablen $string2 fest. Dabei werden die Wörter natürlich keinesfalls einfach so aneinandergehängt. Denn an dieser Stelle sorgt endlich wordwrap() dafür,

27

dass überlange String durch ein Zwangsleerzeichen unterbrochen werden. Und zwar nach 40 Zeichen! Beachte, dass die bei der Array-Konvertierung »verlorenen« Leerzeichen am Ende auch wieder ergänzt werden müssen, und zwar durch . " "! Nach Beendigung der Schleife wird der fertige String dann ausgegeben. Nicht ohne dabei mit `trim()` die überschüssigen Leerzeichen am Anfang und vor allem am Ende zu entfernen.

Eigene Funktion schreiben

Im nächsten Beispiel habe ich alles in eine selbst gestrickte Funktion ge-packt. Das ist praktisch. Die Funktion kannst du einfach in eine Funktions-bibliothek stecken – z.B. in die im vorigen Band verwendete Datei `function.inc.php`. So steht sie für alle Projekte bereit. Doch hier ist erst einmal die Eigenbau-Funktion – sie heißt im Beispiel `longkicker()`:

```php
<?php
$string = "Gleich <b>kommt</b> ein↵
      ganzlangerStringohnePunktundKommaderdasganzeLayout↵
      zerreißt und das ist nicht schön";
function longkicker($arg)
{
  $ausgabe = explode(" ", $arg);
  $arg = "";
  foreach ($ausgabe as $value) {
    $arg .= wordwrap($value, 40, " ", 1) . " ";
  }
  return trim($arg);
}
echo longkicker($string);
?>
```

Wie die Funktion arbeitet, ist dir klar? Als Argument übernimmt sie den zu behandelnden String – im Beispiel `$arg`. Dieser läuft durch die »foreach-wordwrap-Mühle«, wird »getrimmt« und per `return` zurückgegeben.

Wenn du die Zeichenfolge letztlich ausgeben willst, verwendest du einfach die selbstgebastelte Funktion: `echo longkicker($string);` Ideal zum nachträglichen Einbau in Gästebücher, Foren etc.!

Du wunderst dich über meine Klammersetzung bei Funktionen? Tipps zur optimalen Syntax gebe ich dir auf Seite 48–49.

Weitere coole String-Funktionen

Ein Leser des ersten Bandes war zwar begeistert – er hätte sich aber mehr Funktionen gewünscht. Dabei hatte ich mich ganz absichtlich beschränkt! Schließlich wollte ich keine Funktionsreferenz schreiben, sondern durch Beispiele überzeugen. Überlassen wir das Auflisten *aller* Funktionen einfach den »kiloschweren« Schwarten.

Nachschlagen im PHP-Manual

Ich erinnere immer wieder daran – solche eine »Schwarte« haben wir auch auf der CD. Und die ist vom Inhalt her zwar »schwergewichtig« – wiegt ansonsten aber nur 16 Gramm. Und so schlägst du im »Handbuch« nach:

> ≫ Öffne die Hilfedatei *php_manual_de.chm* – in dieser Datei findest du das PHP-Handbuch.

> ≫ Gehe ins Register *Index* und tippe das Suchwort *String-Funktion*.

> ≫ Doppelklicke links auf den gleichnamigen Eintrag und rolle im rechten Hilfefenster ein Stück nach unten, bis der Text *Inhaltsverzeichnis* erscheint.

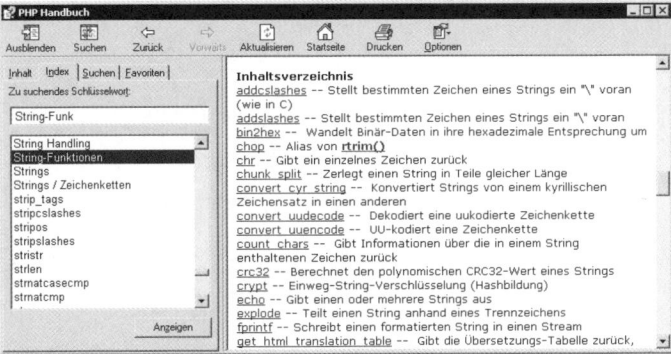

Ausführlich und mit vielen Beispielen: Das PHP-Handbuch auf der Buch-CD

Und schon hast du eine wunderbare Funktionsreferenz für alle Zeichenkettenfunktionen. Links steht die Funktion und rechts daneben findest du eine kleine Erläuterung. Ich nutze diese Übersicht sehr häufig, wenn ich eine ganz bestimmte Funktionalität benötige.

Natürlich möchte ich dir auch (noch einmal) die SELFPHP von Damir Enseleit ans Herz legen. Auch hier findest du eine ausführliche Funktionsreferenz und ein großes Befehlsverzeichnis. Surfe zu *www.selfphp.de* oder schaue auf die CD zu diesem Buch! Dort liegt sie in einer Hilfedatei.

1

Trotzdem geht es meist nicht ohne Probieren ab. Denn oft gibt es mehrere Funktionen, die den gleichen Zweck erfüllen. Und manchmal braucht man da schon den richtigen Tipp, um die passende Funktion zu finden. Deshalb stelle ich dir auch in diesem Buch immer wieder neue Funktionen vor. Fangen wir gleich damit an!

Ausgewählte String-Funktionen

Als Nächstes folgen ein paar ausgewählte String-Funktionen bzw. Anweisungen, von denen dir zumindest einige schon bekannt sind:

Funktion/Anweisung (mit Beispiel)	Erläuterung

`echo`
`echo "Wie geht es $Name?";`
`echo "Hallo {$_POST['Name']}";`
`echo 'Guten Tag, Klaus!';`
	Gibt einen String aus – die runden Klammern werden weggelassen, da `echo` ein Sprachkonstrukt und keine echte Funktion ist.

`nl2br()` `$text = nl2br($text);`	Wandelt \n-Zeilenumbrüche im Quelltext zusätzlich um in HTML-Zeilenumbrüche ` `.
`htmlspecialchars()` `echo htmlspecialchars($text);`	Ersetzt die Zeichen <, >, & und " durch die entsprechenden HTML-Entities <, >, & und " Das Gegenstück ist `htmlspecialchars_decode()`
`stripslashes()` `$body = stripslashes($body);`	Entfernt die Escape-Zeichen \, die von PHP z.B. zum Maskieren von einfachen Gänsefüßchen verwendet werden.
`addslashes()` `$body = addslashes($body);`	Fügt vor \, ", ' und Null (Null-Byte) einen extra Backslash zum Escapen ein. **Normalerweise nicht nötig!** PHP erledigt das automatisch dank der Einstellung `magic_quotes_gpc = On` in der Datei `php.ini`! (gpc wie GET, POST, COOKIE)

`str_replace()`
`$text = "Der Weg führt zu dir!";`
`echo str_replace("Weg","Pfad", ↵`
`    $text);`
`// ersetzt Weg durch Pfad`
	Ersetzt in einem String (hier `$text`) eine Passage durch eine andere. Berücksichtigt Groß- und Kleinschreibung (GKS). Hinweis: `str_ireplace()` macht das Gleiche ohne Berücksichtigung der GKS.

`strstr()`
`$email = "test@lexi.de";`
`$ausgabe = strstr($email, "@");`
`echo $ausgabe;`
`// gibt @lexi.de aus`
	Sucht Nadel (hier @) im Heuhaufen (hier `$email`) und gibt Reststring ab erstem Fund von Nadel zurück. Bei Nichterfolg gibt die Funktion `false` zurück. Das Gegenstück `stristr()` ignoriert GKS.

`strtolower()`
`echo strtolower("HanSwursT");`
`// gibt hanswurst aus`
	Wandelt alle Großbuchstaben eines Strings in Kleinbuchstaben um, das Gegenstück dazu heißt `strtoupper()`.

Funktion/Anweisung (mit Beispiel)	Erläuterung

str_repeat()
echo str_repeat("so", 5);
// gibt *sosososo* aus
	Wiederholt die Ausgabe eines Strings (hier so) unter Verwendung des festgelegten Faktors (hier 5).

substr_count()
$text = "Du bist Christian!";
echo substr_count($text,"ist");
// gibt 2 aus
	Zählt das Vorkommen einer Zeichenkette (hier ist) in einer anderen Zeichenkette (hier Inhalt von $text) und gibt die Zahl der Fundstellen aus.

str_shuffle()
echo str_shuffle("hallo");
// gibt z.B. *laloh* aus
	Mischt eine Zeichenkette und setzt sie anders wieder zusammen. Ähnliches Prinzip wie beim MP3-Player. ;-)

Die zweite Dimension bei Arrays

Die zweite Dimension – so heißt die erste Folge von »Adolars phantastischen Abenteuern«. Adolar landet auf dem Scheibenplaneten – einem »platten« Planeten ohne dritte Dimension. Arrays sind noch platter, sie haben normalerweise nicht einmal die zweite. Doch das ändern wir jetzt!

> Du kannst in PHP problemlos innerhalb eines Arrays ein weiteres Array anlegen: So baust du ein Array mit einer weiteren Dimension. Selbst das Mischen von indizierten und assoziativen Arrays ist dabei möglich!

Dein Team – als Datenfeld

Du brauchst solche mehrdimensionalen Arrays zwar selten, trotzdem solltest du die Technik kennen! Im Beispiel speichern wir mehrere Teammitglieder in so einem Multi-Datenfeld ab. Doch bevor wir uns in höhere Dimensionen aufschwingen, zeige ich dir erst einmal ein Wiederholungsbeispiel in der »ersten Dimension«. Vergleiche mit der Datei array1.php:

```
$member = array();
$member[0] = "Hannes";
$member[1] = "Tamara";
$member[2] = "Alfredo";
$member[3] = "Clarissa";
echo "Zahl der Einträge: " . count($member);
echo "<br>Viertes Mitglied (Index 3): " . $member[3];
```

Du siehst ein simples, indiziertes Datenfeld mit vier Teammitgliedern. Mehr als einen Wert speichern kannst du nicht – hier den Namen.

Du wunderst dich über die erste Zeile? Diese erzeugt das Array mit Hilfe des Sprachkonstrukts `array()`. Das ist übervorbildlich und keine Pflicht – du kannst diese Zeile also auch weglassen. Sobald du die eckigen Klammern notierst, weiß PHP ganz von allein, dass du ein Array erzeugen willst!

Unterhalb der Feldvariablen ermittle ich die Anzahl der Elemente und gebe das vierte Mitglied aus.

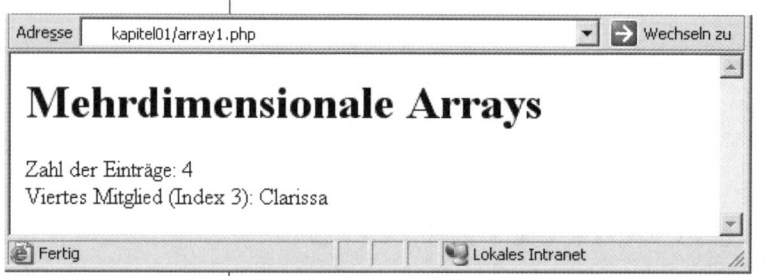

| Adresse | kapitel01/array1.php | ▼ | ➡ Wechseln zu |

Mehrdimensionale Arrays

Zahl der Einträge: 4
Viertes Mitglied (Index 3): Clarissa

🕮 Fertig   🖳 Lokales Intranet

Nicht vergessen: Bei indizierten Arrays beginnt die Zählung bei 0!

So weit – so unspektakulär. Doch wenn du neben dem Namen auch Alter und Hobby der Mitglieder speichern möchtest? Dann kommt dir die zweite Dimension gerade recht!

Zweidimensionales Array erzeugen

Schau dir mal ganz in Ruhe die nächste Variante (`array2.php`) an. Hier hängen wir an das erste eckige Klammernpaar einfach ein zweites dran!

```php
$member[0]['name'] = "Hannes";
$member[0]['alter'] = 12;
$member[0]['hobby'] = "Skaten";
$member[1]['name'] = "Tamara";
$member[1]['alter'] = "14";
$member[1]['hobby'] = "Musizieren";
$member[2]['name'] = "Alfredo";
$member[2]['alter'] = 15;
$member[2]['hobby'] = "Tanzen";
$member[3]['name'] = "Clarissa";
$member[3]['alter'] = 11;
$member[3]['hobby'] = "Schwimmen";
```

Das erste Array steckt in `$member`. Hier werden die einzelnen Mitglieder gespeichert. Es handelt sich um das altbekannte, indizierte Array. Doch jedes Mitglied wird zu einem weiteren Array. So ist `$member[0]` genau wie `$member[1]` oder `$member[2]` ein eigenständiges, assoziatives Datenfeld. Die Schlüssel heißen `name`, `alter` und `hobby`. Und schon bist du in der zweiten Dimension!

Array-Elemente ausgeben

Mein Musterquelltext zeigt dir natürlich auch, wie du nun auf die einzelnen Elemente der Arrays zugreifst:

```
echo 'Elemente in $member: ' . count($member);
echo '<br>Elemente in $member[0]: ' . count($member[0]);
echo "<br>Hobby von " . $member[0]['name'] . ": " . ↵
     $member[0]['hobby'];
```

Um das Hobby des ersten Mitglieds zu ermitteln, schreibst du im Beispiel $member[0]['hobby']. Besonders interessant ist auch der Zähltest per count(), den wir zu Anfang durchführen. Wir zählen diesmal einfach die Elemente von zwei Arrays. Auf die Verwendung des Sprachkonstrukts array() habe ich übrigens großzügig verzichtet.

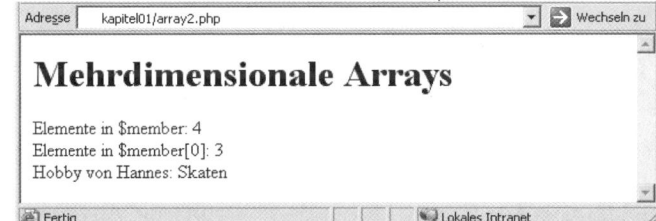

Array-Elemente durchzählen – für »$member«
sind es 4 und für »$member[0]« 3 Einträge

> Dir ist der Nutzen dieser Technik noch nicht klargeworden? Ab Seite 82 zeige ich dir im Zusammenhang mit Sessions, wie du die Bewegungsdaten deiner Benutzer mit einem zweidimensionalen Array speicherst.

Ohne Index – das geht auch!

Zum Schluss dieses Kapitels noch ein kleiner Trick zu indizierten Arrays. Du möchtest, dass die *Schlüssel* (also 0, 1, 2 usw.) *automatisch* erzeugt werden? Setze nur das eckige Klammernpaar und trage nichts ein. So kommst du auch mit dem Zählen nicht durcheinander:

```
$member[] = "Hannes";
$member[] = "Tamara";
$member[] = "Alfredo";
$member[] = "Clarissa";
```

Allerdings funktioniert der Trick nicht mit unserem zweidimensionalen Array von der Vorseite. Voraussetzung für diese Syntax ist eine fortlaufende, aufsteigende Zählung, bei der sich die Schlüssel nicht wiederholen.

1

Spaß mit Komma: Auslesen einer CSV-Datei

Schon mal was von CSV gehört? Nein, nicht vom Cuxhavener SV Rot-Weiß, ich meine Comma Separeated Values – also kommagetrennte Werte. Wobei das Komma auch ein Semikolon sein darf.

> Hinter CSV-Dateien verbergen sich Tabellen, die in Form von Textdateien gespeichert werden. Jede »Tabellenzeile« wird zu einer Zeile. Eine Spalte wird von der nächsten durch ein Trennzeichen separiert (separated). Dieses Trennzeichen kann ein Komma (comma), ein Semikolon (colon) oder auch ein beliebiges anderes Zeichen sein. Der Inhalt der einzelnen Spalten steht oft in Gänsefüßchen – zumindest wenn es Strings sind.

In diesem Kapitel zeige ich dir, wie du derartige Textdateien ausliest und als HTML-Abschnitt darstellst. Ideal als Ersatz für eine Datenbanktabelle. Ideal selbst für ein klitzekleines Content-Management-System. Soviel vorweg: Dabei haben wieder die Arrays ihre Hände im Spiel.

CSV-Datei inhalt.csv

Was wollen wir überhaupt machen? Wir erstellen eine Datei mit drei Spalten: Überschrift, Einleitung und Hauptbereich. Die Überschrift soll später innerhalb von `<h1></h1>`, die Einleitung innerhalb von `<p><strong> </strong></p>` und der Hauptbereich innerhalb von `<div></div>` ausgegeben werden. Schau dir einfach die nebenstehende Beispielabbildung an!

Als Grundlage dafür dient eine CSV-Datei. Ich habe sie im Beispiel unter dem Namen inhalt.csv abgelegt und mit drei Zeilen gefüllt:

```
"Überschrift a","Kurze Einleitungspassage","Textabsatz a"
"Überschrift b","Kurze Einleitungspassage","Textabsatz b"
"Überschrift c","Kurze, knappe Passage ","Textabsatz c"
```

In der Praxis dürfen die einzelnen Zeilen natürlich auch länger sein. Selbst der Inhalt einer langen Passage passt dort hinein!

Datei auslesen per fgetcsv()

Und hier nun das erfreulich kurze Skript zum Auslesen dieser Datei – ich zeige dir lediglich den PHP-Bereich. Die Datei findest du auch auf der CD unter dem Namen csv_ausgabe.php:

```php
<?php
$fp = fopen("inhalt.csv", "r");
while ($line = fgetcsv($fp, 10000, ",", "\"")) {
  echo "<h1>$line[0]</h1>
<p><strong>$line[1]</strong></p>
<div>$line[2]</div>";
}
  fclose($fp); // Datei wieder schließen
?>
```

Zuerst lese ich den Inhalt der CSV-Datei mit fopen() ein und speichere das Ganze in der Variablen $fp. Diese dient als Dateizeiger. Dass ich dabei den Read-Only-Modus (Argument "r") verwende, ist sicher klar. Schließlich soll die Datei nur gelesen, aber nicht geschrieben werden. Als Nächstes hat schon die neue Funktion fgetcsv() ihren großen Auftritt.

Die Funktion fgetcsv() liest eine Datei von der Position des Dateizeigers *zeilenweise* aus und prüft sie auf Komma- bzw. Trennzeichengetrennte Werte. Sie gibt ein Array zurück. Hier die Grundsyntax:

```
array fgetcsv(resource handle, int length ↵
    [, string delimiter [, string enclosure]])
```

Hinter dem ersten Argument verbirgt sich der Dateizeiger, im Beispiel $fp. Das zweite Argument namens length ist ein Integer-Wert, eine Zahl. Hier notierst du die maximale Zahl an Bytes, die pro Zeile berücksichtigt werden soll. Ich empfehle 10000, das sollte genügen. (Längere Strings werden dann beim Auslesen jedoch abgeschnitten.) Der delimiter ist wieder ein String – es handelt sich um das Trennzeichen. Wenn du dieses Argument weglässt, nimmt die Funktion automatisch das Komma. Wir lassen das Argument jedoch nicht weg: Es ist wichtig, dass du das Trennzeichen sehen und ggf. verändern kannst. Auch das letzte Argument ist optional – es wurde in PHP 4.3 eingeführt. Hinter enclosure verbirgt sich das Zeichen, mit welchem die Strings eingeschlossen sind. Schau dir meine CSV-Datei an: Ich habe das Gänsefüßchen gewählt. Nimm zur Probe das Gänsefüßchenpaar weg. Auch das ist nicht tragisch, solange du kein Komma in deiner Passage verwendest.

1

Die `while`-Schleife dient dazu, die gesamte Datei auszulesen. Denn `fgetcsv()` wirkt – wie schon erwähnt – immer nur zeilenweise. Was passiert im ersten Durchlauf? Wozu die Variable `$line`? Ganz einfach – um die Werte der ersten Zeile zu sichern. Beim ersten Durchlauf speichert das Array `$line` die Werte aus der ersten Zeile – das sind `$line[0]`, `$line[1]` und `$line[2]`. Diese gibt unser Skript in hübsch formatierter Weise aus. Danach beginnt die Schleife erneut und macht sich über die nächste Zeile her. Erst wenn die Datei fertig ausgelesen ist, wird `while()` gestoppt.

Zusammenfassung

Geschafft! Du hast dich von Funktionen und Arrays nicht aus der Ruhe bringen lassen.

❖ Du kennst die Funktionen `strlen()` zum Ermitteln der Länge von Zeichenketten oder `trim()` zum Entfernen überschüssiger Leerzeichen am Anfang und Ende eines Strings.

❖ Du verwendest `strpos()` zur Ermittlung der Position eines Zeichens oder Strings (Needle) in einem anderen String (Haystack). Du hast dich mit der im PHP-Handbuch verwendeten Grundsyntax von Funktionen beschäftigt, für `strpos()` lautet sie beispielsweise so:
`int strpos(string haystack, string needle [,int offset])`

❖ Du kennst den Vergleichsoperator `===` zum Prüfen auf Identität, auf absolute Übereinstimmung. Auf diese Weise kann eine 0 nicht mehr als *false* interpretiert werden.

❖ Du trennst überlange Strings mit den Funktionen `wordwrap()` und `explode()` in Zusammenarbeit mit einer `foreach`-Schleife.

❖ Du hast das Schreiben eigener Funktionen wiederholt, und zwar am Beispiel eines »Stringtrenners« zum Trennen überlanger Strings.

❖ Du weißt, dass du alle Stringfunktionen im PHP-Handbuch nachschlagen kannst. Dieses liegt als bequeme HTML-Hilfedatei auf der Buch-CD.

❖ Du weißt, dass du in PHP mit mehrdimensionalen Arrays arbeiten kannst. Füge zum ersten Schlüssel einfach einen zweiten hinzu und speichere so ein Array in einem Array: `$member[2]['alter']`

❖ Du kennst die Funktion `fgetcsv()` zum Auslesen von Trennzeichenseparierten Textdateien. Du übergibst ihr Dateizeiger, maximale Zeilenlänge, Trennzeichen und ggf. die Zeichen, mit denen die Abschnitte umschlossen sind: `fgetcsv($fp, 10000, ",", "\"")`

Ein paar Fragen …

Frage 1: Wie nennt man den Wert, der bei Arrays in eckigen Klammern notiert wird? Tipp: Es gibt mindestens drei Bezeichnungen dafür.

Frage 2: Welche Funktion zählt das Vorkommen einer Zeichenkette in einer anderen Zeichenkette?

Frage 3: Welche Funktion wandelt alle Großbuchstaben einer Zeichenfolge komplett in Kleinbuchstaben um?

Frage 4: Du möchtest zwei Werte vergleichen und dabei auf Identität überprüfen. Welchen Operator setzt du ein?

Frage 5: Du möchtest die Anzahl der Elemente in $_POST ausgeben. Wie sieht der entsprechende Code aus?

Frage 6: Wofür steht die Abkürzung CSV?

Hinweis: Die Antworten zu den Fragen findest du grundsätzlich auf der CD im Ordner fragen.

… und ein paar Aufgaben

1. Schreibe ein Formular mit einem einzigen Feld für die E-Mail-Adresse. Dieses soll nach Klick auf *Absenden* den Inhalt an sich selbst schicken. Das dort vorhandene Skript soll: a) versehentliche Leerzeichen am Anfang und Ende der Eingabe entfernen, b) prüfen, ob der String ein @ und einen Punkt . enthält und c) prüfen, ob er länger als 7 Zeichen ist. Wenn alle diese Bedingungen zutreffen, soll das Skript ausgeben: *Danke für die Eingabe.* Ansonsten soll jedoch *Eingabe nicht korrekt!* eingeblendet werden. Nenne die Datei emailcheck.php.

2. Erstelle eine PHP-Seite namens stadt.php und notiere dort untenstehendes Array. Schreibe eine Schleife, mit der du *Key* und *Value* untereinander ausgibst. Und zwar so *0: Berlin* (Zeilenumbruch) *1: Wien* (Zeilenumbruch) *2: London* usw.

```
$stadt[] = "Berlin";
$stadt[] = "Wien";
$stadt[] = "London";
$stadt[] = "Moskau";
$stadt[] = "Paris";
```

3. Informiere dich im PHP-Handbuch über `foreach()` und schaue dir die ausführlichen Beispiele an.

4. Blättere zur Seite 32, zu unserem zweidimensionalen »Namens-Array«. Finde eine Lösung, das Array in folgender Weise auszugeben – dabei helfen dir die Recherchen von Aufgabe 3: Jeder »Datensatz« soll eine eigene Zeile bekommen und mit Bullets (Aufzählungszeichen) beginnen. Zwischen den einzelnen Einträgen einer Zeile genügt ein Leerzeichen. Nenne die Datei `aufgabe4.php`. So soll es also aussehen:

5. Wie muss die Auslesedatei `csv_ausgabe.php` von Seite 35 aussehen, wenn die `inhalt.csv` wie folgt verändert wird:

```
Überschrift a|Kurze Einleitungspassage|Textabsatz a
Überschrift b|Kurze Einleitungspassage|Textabsatz b
Überschrift c|Kurze, knappe Passage|Textabsatz c
```

6. (Zusatzaufgabe): Im Ordner `beispiele/kapitel01/guestbook` findest du ein einfaches Gästebuch mit Textdatei. Baue hier die Funktion `longkicker()` von Seite 28 ein. Überlange Kommentare sollen schon bei der Eingabe zwangsgetrennt werden. (Es genügt, wenn du die Funktion direkt in die PHP-Datei einbaust, eine extra Datei ist nicht nötig.)

Hinweis: Die Lösungen zu den Aufgaben findest du allesamt im Ordner `loesungen` auf der CD. Schaue in den Unterordner für das entsprechende Kapitel, im Beispiel in den Ordner `kapitel01`.

2

Guten Code schreiben und Fehler finden

Weißt du, was viele an der Schule hassen? Die Theorie! Sie finden es spannend, wenn es im Chemieunterricht »knallt, pufft und stinkt«. Doch welche Gesetze dabei gelten, welcher Katalysator die Reaktion auslöst und welche Formeln gebildet werden müssen ... ach ja – gähn. Wie langweilig!

Doch es gibt nun einmal bestimmte Voraussetzungen, ohne die eine erfolgreiche Praxis nicht möglich ist. Das gilt gerade für PHP! Und da du die PHP-Basics schon gut beherrschst, bringe ich dir in diesem Kapitel etwas »Theorie für Fortgeschrittene« bei! Dabei biete ich dir Infos zum Thema Sicherheit genauso wie Tipps und Tricks zum Aufspüren von Programmfehlern.

In diesem Kapitel erfährst du:

◎ wie du mit `register_globals = Off` besser geschützt bist

◎ wie du den Quellcode nach dem so genannten PEAR-Standard ordentlich einrückst

◎ wie du Programmfehlern schneller auf die Schliche kommst

◎ wie du dir die Arbeit mit pfiffigen Variablentricks erleichterst

◎ wie du `if`-Abfragen mit dem »ternären Operator« genial verkürzt

◎ wie du den Code durch Modulbauweise übersichtlich gestaltest

Mehr Sicherheit durch superglobale Variablen

Wie hast du PHP-Programmieren gelernt? Vielleicht durch ein älteres Buch? Oder durch einen Kurs, der ein paar Jährchen zurückliegt? Dann kennst du möglicherweise noch eine Schreibweise, von der ich inzwischen abrate. Worum es geht? Um die Daten aus Formularen, aus URL-Anhängen bzw. aus Cookies! Denn schließlich leben dynamische Websites davon, dass du Daten von einer Seite an die nächste reichst. Holen wir etwas aus ...

Versendemethoden: $_POST oder $_GET?

Leser des Vorgängerbandes (egal welche Auflage!) müssen sich keine Sorgen machen. Sie wissen Bescheid. Alles, was aus Formularen ausgelesen wird, steht im Array $_POST zur Verfügung. Einzige Voraussetzung: Du schickst das Formular mit der POST-Methode ab, also so:

```
<form action="auswertung.php" method="post">
```

Wenn also deine Freundin Rita ihren lieblichen Vornamen in das HTML-Formularfeld `<input type="text" name="Vorname">` einhackt, kannst du diesen ganz bequem mit `$_POST['Vorname']` auslesen.

Du verschickst das Formular dagegen mit der GET-Methode, also mit `method="get"`? Dann heißt der Name des Arrays $_GET. Der Vorname steht im Array $_GET zum Abruf bereit und kann ganz easy über `$_GET['Vorname']` ermittelt werden.

Und du weißt auch, was das Besondere ist: Bei der POST-Methode werden die Daten im Hintergrund an die nächste Seite weitergereicht. Für Profis: *im Body der HTTP-Abfrage*. Die GET-Methode dagegen »klebt« den gesamten Name-Wert-String hinten an der Webadresse an. Wenn sich die Rita wie erwartet ins *Vorname*-Feld eingetragen hat, findest du ein Fragezeichen, gefolgt vom Name-Wert-Paar `Vorname=Rita` als URL-Anhang wieder. Eventuelle weitere Name-Wert-Paare werden jeweils durch ein kaufmännisches *Und* (&) voneinander getrennt.

Auch die Datenübertragung via Hyperlink funktioniert per GET. Du könntest also Ritas Vornamen auch so an die nächste Seite weiterreichen:

```
<a href="auswertung.php?Vorname=Rita">nächste Seite</a>
```

Auch dann lässt sich der Wert bequem über `$_GET['Vorname']` auslesen.

So weit, so bekannt. Ich habe dir hoffentlich nichts Neues verraten. Und dass Cookies über das Array $_COOKIE ausgelesen werden können, weißt du sicher auch! Erinnerst du dich noch an den Counter mit Reloadsperre? Hier sorgt das Cookie count mit dem Wert yes für den Zählstopp, auszulesen über $_COOKIE['count']. Alles klar? Wunderbar!

Die Variablen aus »GPC«

GPC lautet die Abkürzung für diese drei »Kategorien« von Spezialvariablen. GPC – dahinter steckt nichts weiter als **GET-POST-COOKIE**. Es handelt sich dabei übrigens um superglobale Variablen. Super was?

> Superglobale Variablen sind Variablen, die im gesamten Skript Gültigkeit haben – also auch innerhalb von Funktionen. Das ist tatsächlich etwas Besonderes, denn »normale« Variablen, wie du sie z.B. am Anfang eines Skripts aufschreibst, sind nur global gültig. Innerhalb von Funktionen ist der Zugriff darauf (normalerweise) nicht möglich. Umgekehrt gelten Variablen, die du innerhalb von Funktionen definierst, auch nur innerhalb dieser Funktion. Es sind also die mit der größten Einschränkung beim Geltungsbereich. Sie werden daher auch als lokale Variablen bezeichnet.

Doch zurück zu den »Superglobals« $_GET, $_POST und $_COOKIE. Diese ganz raffinierte Geschichte gibt es erst seit PHP in der Version 4. Doch wie war das in älteren PHP-Versionen? Puppeneinfach: Das Formularfeld *Vorname* wurde zur Variablen $Vorname. Ein Formularfeld namens *Passwort* konntest du also über die Variable $Passwort auslesen. Und der per auswertung.php?Vorname=Rita übergebene »GET-Wert« stand ebenfalls in $Vorname zur Verfügung. Ein Cookie namens count ließ sich ganz simpel über $count auslesen statt über $_COOKIE['count'].

(Bei dieser Bequemlichkeit hat es niemanden gestört, dass die Werte nur global und nicht superglobal zur Verfügung standen. Sie waren also fast überall sichtbar, nur nicht innerhalb von Funktionen.) Soweit zur »schönen alten heilen PHP-Welt«, in der Sicherheit noch keine große Rolle spielte.

Sicherheitsrisiko: register_globals = On

Wenn Formularfelder bzw. URL-Anhänge so locker in simple Variablen umgewandelt werden konnten bzw. können ... ja dann könnte oder kann man auch versuchen, dem PHP-Skript ein paar Variablen unterzujubeln. Zum Beispiel durch manipulierte Formulare oder noch einfacher – durch zusätzliche URL-Anhängsel. Und ganz genau das war bzw. ist auch möglich!

Schau dir einfach mal das nächste, absichtlich schlecht programmierte Skript an – es heißt risiko.php. Ich zeige dir den Bereich zwischen den Tags <body></body>. Du kannst und sollst das Beispiel bitte ausprobieren. Für Abschreibmuffel: Du findest das Skript auch auf der CD im Ordner beispiele/kapitel02.

```
<h2>Sicherheitslücke bei register_globals = On</h2>
<form action="<?php echo $_SERVER['PHP_SELF']; ?>" ↵
      method="post">
Passwort: <input type="password" name="pw">
<input type="submit" value="Einloggen">
</form>
<?php
if (isset($_POST['pw']) && $_POST['pw'] == "xyZ_aBc321") {
  $login = true;
}
if ($login) {
  echo "<p>Geheimer Bereich</p>";
}
?>
```

Hier geht es um eine Passwortabfrage – nichts Besonderes. Eigentlich gelangen nur Besucher mit Kenntnis des Passworts *xyZ_aBc321* in den geheimen Bereich. Das ist ja auch der Sinn des Skripts. Probiere es aus!

Und wo liegt nun das Problem? Die Passwortabfrage mit $_POST['pw'] ist schon neue Syntax, das meine ich nicht. Die böse Falle lauert in der Zeile $login = true. Es ist eine »Flag-Variable«, die auf wahr gesetzt wird und sich so die Zugangsberechtigung »merkt«. Zwei Zeilen tiefer prüfe ich nur noch, ob diese Variable auf *true* steht. Und genau das ist die Sicherheitslücke – denn jetzt ist es kinderleicht, in das System einzubrechen.

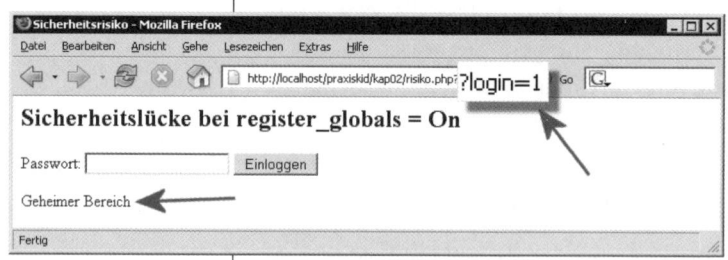

Sicherheitslücke: Rein durch die Hintertür!

Und so »feilst du dir einen Nachschlüssel«:

➤ Klicke hinter den Dateinamen in der Adressezeile des Browsers, im Beispiel hinter risiko.php.

➤ Tippe das Anhängsel ?login=1 und drücke auf Enter.

Du bist drin! Ohne Passwortkenntnis! Weil der Parameter `login` mit dem Wert 1 (wie *true*) automatisch zur Variablen `$login` wird. Zugegeben, das Skript ist schlampig programmiert – aber das sind leider viele Programme!

Deshalb setzen die Macher von PHP auf eine restriktive Richtlinie namens `register_globals`. Diese steckt in der Konfigurationsdatei `php.ini` und sollte auf `Off` geschaltet sein. Denn dann kann so etwas nicht mehr vorkommen. Diese Direktive sorgt dafür, dass Formularfelder oder Cookies eben nicht mehr in gleichnamige, einfache globale Variablen umgewandelt werden. Die Werte stehen dann nur noch in den schon genannten »Superglobals« zur Verfügung.

Wie ist diese Direktive bei dir geschaltet? Das findest du heraus über die berühmte Funktion `phpinfo()`. Es genügt, wenn du diese einfach nur in einer leeren PHP-Seite notierst:

```php
<?php
phpinfo();
?>
```

Nenne diese Seite im Beispiel `info.php` und lege sie im Rootordner deines lokalen Apache-Webservers ab – unter Windows mit XAMPP also direkt unter `C:\xampp\localhost`. Rufe die Seite auf und überzeuge dich. Rolle ein Stück nach unten bis zur Stelle *register_globals*:

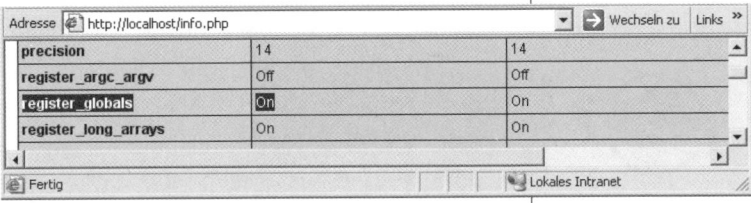

Hier sind die »register_globals« noch eingeschaltet. So sollte es aber nicht sein!

Und, sieht es bei dir genauso aus wie in der Abbildung? Leider! XAMPP bzw. Server2Go stellt diese Direktive per Voreinstellung auf `On`.

Datei php.ini anpassen

Deshalb solltest du das Ganze auf deinem lokalen XAMPP-System unbedingt umschalten! Bearbeite also die Datei `php.ini` in einem Texteditor.

> Wo liegt die `php.ini`? Das hängt davon ab, welchen lokalen Webserver du verwendest. Bei XAMPP liegt diese Datei im XAMPP-Verzeichnis unter `apache/bin/php.ini`. Server2Go dagegen speichert sie im Server2Go-Verzeichnis unter `server/config_tpl/php.ini`.

Beende den lokalen Webserver. Öffne die `php.ini` in einem Editor wie Weaverslave und suche folgende Passage:

```
register_globals = On
```

Ersetze `On` durch `Off`, speichere die `php.ini` und starte XAMPP neu. Zumindest dein lokales System ist jetzt sicher eingerichtet. Ab sofort wandelt PHP Formularfelder oder URL-Anhänge nicht mehr in normale, globale Variablen um. Rita ist jetzt nicht mehr über `$Vorname`, sondern ausschließlich über die `$_POST['Vorname']` erreichbar.

Auch der auf der Vorseite gezeigte *login-Hack* misslingt, denn `?login=1` kann nicht mehr per `$login`, sondern nur noch per »Superglobale« `$_GET['login']` abgefragt werden. Ich rate dir deshalb, ausschließlich mit `register_globals = Off` zu programmieren!

Doch wie sieht es beim Dienstleister aus? Viele Anbieter wollen ihre Kunden nicht verärgern und haben daher noch nicht umgestellt. Aber nicht alle! Strato-Kunden kommen schon in den Genuss der sicheren Einstellung. Du hast das große Glück und verfügst über einen eigenen Webserver? Dann kannst du dir die `php.ini` natürlich so einstellen, wie du es möchtest.

Ansonsten frage einfach bei deinem Dienstleister nach, ob er dir diesen Eintrag auf `Off` stellen kann!

Du wünschst dir eine Variable, die sowohl Werte aus per POST- bzw. GET-Methode verschickten Formularen, aus URL-Anhängen und Cookies gleichermaßen ausliest? Auch hier gibt es eine »Superglobale«, die Variable `$_REQUEST`. Mit `$_REQUEST['Vorname']` kannst du also Werte auslesen, die aus einem Formularfeld namens *Vorname*, aus dem URL-Anhang `Vorname=Rita` oder aus einem *Vorname*-Cookie stammen.

Fassen wir zusammen!

Alles, was aus `$_POST`, `$_GET` oder `$_COOKIE` ausgelesen wird, kann manipuliert werden. Sei es durch »Fälschen« von Formularen, durch Ändern der URL-Anhänge oder – auch das geht – durch Manipulieren von Cookies. Und wo Besucher kommen, kommen auch die berüchtigten »Skript-Kiddies«. Also diese »Zeitgenossen«, die gern herumprobieren und bewusst Schaden anrichten. Machen wir es ihnen nicht zu leicht!

Schon deshalb ist es sinnvoll, `register_globals` auf `Off` zu stellen. So können die Inhalte von Formularen und URL-Anhängen nur mit `$_POST` bzw. `$_GET` bzw. `$_REQUEST` – und Cookies eben nur mit `$_COOKIE` bzw.

$_REQUEST ausgelesen werden. Das Hineinschummeln schädlicher Variablen bzw. falscher Werte wird dadurch minimiert.

Noch besser ist es, wenn du zusätzlich beim Programmieren nachdenkst. Das Skript risiko.php von oben wird durch eine kleine Maßnahme entscheidend verbessert: Initialisiere die Variable zu Beginn des Skripts ganz einfach mit $login = false; – schon ist sie definiert! Oder baue einen else-Zweig ein und weise der Variablen $login bei nicht erkanntem Passwort den Wert false zu – das erfüllt den gleichen Zweck:

```php
<?php
if (isset($_POST['pw']) && $_POST['pw'] == "xyZ_aBc321") {
  $login = true;
} else {
  $login = false;
}
...
```

Einrückung nach dem PEAR-Standard

Bist du auch so ein großer Obst-Esser wie ich? Äpfel, Pflaumen und *Birnen* – apples, plums und pears. Ich liebe sie! Hinzu kommt meine Begeisterung für das Englische. God save the Queen! Wie war die Freude groß, als ich erfuhr, dass es mein »Lieblingsobst« nun auch in PHP gibt: PEAR. Was sich dahinter wirklich verbirgt? Eigentlich nur eine ständig wachsende Code-Bibliothek mit wiederverwertbaren Skripten.

Hinter dem Begriff PEAR steckt das so genannte »**P**HP **E**xtension and **A**pplication **R**epository«. Das ist eine riesige Sammlung von PHP-Anwendungen, die jedermann (und natürlich auch »jedeskid«) herunterladen und frei nutzen kann. Zur Zeit gibt es mehr als 300 so genannter *Packages* zu Themen wie Authentifizierung, Dateisystem, Verschlüsselung, Bezahlung, XML usw. Die Gesamtübersicht findest du unter *http://pear.php.net*. Ich persönlich finde den Umgang mit PEAR anstrengend, da sich die Macher an fortgeschrittene Entwickler wenden. Das merkst du schon daran, dass es nicht einmal eine deutschsprachige Dokumentation für PEAR gibt. Du brauchst eine Weile, ehe du »blickst«, was ein Package kann und wie du es einsetzt.

2

Guter Code wird eingerückt!

Damit nicht jeder seinen eigenen Stiefel zusammenprogrammiert, haben die Herausgeber von PEAR den »PEAR Coding Standard« entwickelt. Es handelt sich um Regeln zum Schreiben von gutem Code, um eine Art »Code-Knigge«. Jeder, der zu dieser PEAR-Bibliothek selber ein Skript beitragen möchte, muss sich an diesen Standard halten. Aber auch alle anderen PHP-Programmierer können sich von diesem Standard eine Scheibe abschneiden. Und das machen wir jetzt. Wir coden im Zeichen der Birne.

Die zentrale Forderung lautet:

◆ Gliedere deinen Code!

Dafür stehen dir schließlich »Whitespaces« zur Verfügung, z.B. Leerzeichen, Tabsprünge oder Leerzeilen. Setze vor allem Leerzeichen! PHP juckt das nicht und du blickst später leichter durch deinen Code hindurch.

Ganz wahr ist diese Aussage nicht – durch Whitespaces wird die Programmausführung tatsächlich etwas langsamer. Schließlich muss PHP alle diese Zeichen mitparsen (auslesen) – auch wenn sie dann ignoriert werden. Der Geschwindigkeitsnachteil ist jedoch so gering, dass der Vorteil – also die bessere Lesbarkeit – den kleinen Nachteil überwiegt.

Wo sollen die Leerzeichen hin?

Und wo solltest du nun Leerzeichen setzen? Zum ersten beim *Zuweisungsoperator*, also dem Gleichheitszeichen, das einer Variablen einen Wert zuweist. Hier setzt du vor und nach dem Istgleich einen »Weißraum«:

```
$login = true;
```

Es gibt sogar richtige Ausrichtungsfetischisten, die gleich ganze Leerzeichenplantagen pflanzen. Besonders dann, wenn mehrere Variablen untereinander stehen und alle Gleichheitszeichen ordentlich untereinander ausgerichtet werden sollen. Ist aber eher Geschmackssache:

```
$ganz_lange_Variable = "Wert der Variablen";
$miniv               = 25;
$noch_eine           = false;
```

Auch Vergleichsoperatoren wie == oder <= usw. sollten durch je ein Leerzeichen davor und danach »aufgewertet« werden. Und da wir gerade bei Vergleichen sind: Auch bei Kontrollstrukturen wie if und switch sind solche Weißräume erwünscht. Folgendes Beispiel zeigt es: Auch zwischen if und öffnender runder Klammer und vor und nach dem == befindet sich also je ein Leerzeichen:

```
if ($pw == "supergeheim") {
    $eingeloggt = "jawoll_meine_herrn";
}
```

Nach while oder for notierst du ebenfalls ein Leerzeichen.

So rückst du richtig ein

Leerzeichen setzt du aber auch, um Zeilen richtig einzurücken. Im eben gezeigten Ausschnitt habe ich den Code innerhalb der geschweiften Klammern mit Leerzeichen eingerückt. Also: Rücke den Code bei Kontrollstrukturen wie if oder switch und bei Schleifen mit while, for, do while oder foreach stets ein. Am besten um zwei bis vier Leerzeichen.

Vergleiche selbst. Zuerst ein kurzer Skriptausschnitt völlig ohne ...

```
if (!empty($_POST['anzahl'])){
echo "<table><tr>\n";
for ($i=1;$i<=$_POST['anzahl'];$i++){
echo "<td><img src='candle.gif'></td>\n";
if ($i>=108){
break;
}
}
echo "</tr></table>\n";
}
```

... und jetzt mit Leerzeichen und Einrückung:

```
if (!empty($_POST['anzahl'])) {
    echo "<table><tr>\n";
    for ($i = 1; $i <= $_POST['anzahl']; $i++) {
        echo "<td><img src='candle.gif'></td>\n";
        if ($i >= 108) {
            break;
        }
    }
    echo "</tr></table>\n";
}
```

Der Unterschied ist frappierend: Du erkennst sofort, welche öffnende und welche schließende geschweifte Klammer zusammengehören.

> Du arbeitest mit dem Weaverslave? Dann kannst du auch die Tabulator-Taste ⇥ zum Einrücken verwenden – dadurch setzt das Programm automatisch mehrere Leerzeichen. Warum Leerzeichen statt eines Tabsprungs? Weil die Tabstopps in unterschiedlichen Betriebssystemen unterschiedlich interpretiert werden. Nur bei Leerzeichen kannst du sicher sein, dass die Einrückung unter Windows, Mac OS oder Linux gleich bzw. ähnlich aussieht.

Wo sollte kein Leerzeichen hin?

Nicht immer sind Leerzeichen nötig. Kein Leerzeichen setzt du vor Funktionsaufrufen. Du schreibst also nicht etwa

```
nl2br ($Kommentar)
```

sondern

```
nl2br($Kommentar)
```

oder

```
setcookie("count", "yes")
```

Interessant bei letztem Beispiel: Wenn eine Funktion mehrere Argumente besitzt, werden auch diese durch ein Leerzeichen voneinander abgerückt. Du platzierst es stets nach dem Komma. Vor dem Komma jedoch steht kein Leerzeichen!

Wie setzt du geschweifte Klammern?

Im Prinzip so, wie wir es schon die ganze Zeit gemacht haben: Die öffnende geschweifte Klammer steht am Ende der Einleitungszeile – davor notierst du ein Leerzeichen:

```
if (!empty($_POST['anzahl'])) {
```

Die schließende dagegen bekommt eine eigene Zeile spendiert:

```
}
```

Und die Zeilen dazwischen werden natürlich eingerückt, aber darüber hatten wir ja eben gesprochen!

Bei Funktionen jedoch favorisieren die »PEAR-Leute« eine Schreibweise, bei der auch die öffnende geschweifte Klammer eine eigene Zeile erhält. *One true brace – eine wahre Klammer* sagen sie dazu. Und das sieht dann so aus:

```
function nettoInBrutto($wert)
{
  $faktor = 1.16;
  $wert = $wert * $faktor;
  return $wert;
}
```

Hat Vorteile, da öffnende und schließende Klammer untereinander stehen!

Die PEAR-Syntax ist kein Gesetz, sondern Empfehlung. Du machst dir (und anderen) damit das Leben leichter. Im Buch werde ich wegen des engen Satzspiegels an der einen oder anderen Stelle Kompromisse machen müssen – halte mich jedoch im Großen und Ganzen daran. Die Beispiele im PHP-Handbuch sind hier leider nicht immer einheitlich. Auch im Vorgängerband habe ich (zumindest bis Auflage 2) leider weitestgehend auf Einrückungen verzichtet – aus Angst vor Umbruchproblemen.

Editor mit automatischer Code-Einrückung

Hast du schon PHPEdit von der Buch-CD installiert und ausprobiert, den alternativen PHP-Editor? Das Programm ähnelt dem Weaverslave, besitzt aber zusätzlich eine Code-Verschönerungsfunktion. Kurz: PHPEdit rückt deinen Code wie von Zauberhand ganz automatisch ein:

➤ Rufe ein vorhandenes PHP-Dokument auf, genau wie im Weaverslave.

➤ Achte darauf, dass sich der Cursor in einem PHP-Abschnitt befindet.

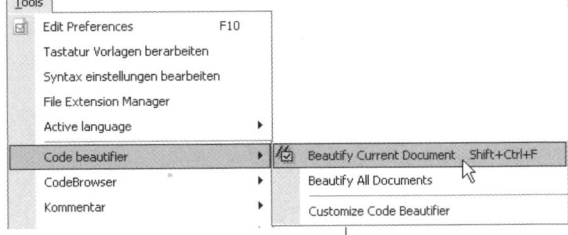

➤ Wähle TOOLS|CODE BEAUTIFIER|BEAUTIFY CURRENT DOCUMENT. Beim ersten Aufruf musst du einen Namen für ein Profil vergeben und die Voreinstellung bestätigen.

Nach Aufruf des Befehls wird dein Code wie von Geisterhand ordentlich ausgerichtet. Das funktioniert in den meisten Fällen überraschend gut! Selten kommt es jedoch zu Fehlfunktionen, die den Code »zerpflücken«. Deshalb solltest du vorher eine Sicherheitskopie deiner Datei anlegen!

2

Fehlermanagement einschalten

Falsches Gänsefüßchen, vergessene Klammer, fehlendes Semikolon? PHP meldet dir sofort jeden Fehler. Meist auch direkt mit Hinweis, in welcher Zeile das Problem steckt. (Oder in welcher Zeile PHP das Problem vermutet, denn vor allem bei fehlenden Klammern ist diese Angabe alles andere als zuverlässig. Kunststück, schließlich »merkt« PHP erst viel zu spät, dass weiter oben eine Klammer gefehlt hat.)

Doch findet PHP wirklich jeden Fehler?

Anzeige der Hinweise einschalten

Zugegeben, »Warnings« und »Fatal errors« meldet dir das Programm sofort. Die »Notices« jedoch hast du vermutlich noch nie gesehen. Sie werden per Voreinstellungen ausgeblendet. Dabei können dich gerade diese *Hinweise* vor schlampigem Programmieren bewahren.

In den Notices stecken vor allem Hinweise zu undefinierten Variablen. PHP weist dich darauf hin, dass du Variablen einsetzt, denen du keinen Wert zugewiesen hattest. Wie bei unserem schlampig programmierten Skript risiko.php in der ersten Fassung. Hättest du die Hinweise eingeblendet, wäre dir die nicht definierte Variable aufgefallen:

Worauf wartest du noch? Schalte dir die Anzeige der Hinweise ein. Und so gehst du dabei vor:

» Fahre den lokalen Webserver herunter, stoppe XAMPP bzw. Server2Go.

» Öffne die Datei php.ini. Wie du herausfindest, wo diese Datei bei dir abgelegt ist, hatten wir ja auf Seite 43 besprochen.

» Suche folgende Zeile:
```
error_reporting = E_ALL & ~E_NOTICE
```

≫ Entferne die Passage `& ~E_NOTICE`, also das, was ich fett hervorgehoben habe.

Diese Einstellung ist für dein lokales System wichtig – für das Testen der
Skripte. Du wirst staunen, wie viele Probleme du damit aufspüren kannst!
Du wirst aber auch staunen, wie viele derartige Notices in Skripten stecken,
die du dir vielleicht aus dem Web heruntergeladen hast. Auch wenn nicht
jeder Hinweis ernsthafte Folgen hat – wir wollen in diesem Buch grundsätzlich alle Notices bekämpfen.

Was für das Testen gut ist, ist für die Anzeige im Web problematisch:
Beim Dienstleister solltest du Fehlermeldungen möglichst unterdrücken.
Denn jede angezeigte Fehlermeldung liefert potenziellen Angreifern
wertvolle Informationen über Pfade, Dateinamen oder Variablennamen.
Du hast die Möglichkeit, die `php.ini` direkt zu bearbeiten? Dann fahnde
hier nach der Direktive

```
display_errors = On
```

und schalte diese auf `Off`. Setze dagegen die Zeile

```
log_errors = Off
```

auf `On`. Dadurch werden die Fehler zwar nicht angezeigt, aber in einer
Logdatei gespeichert. Vermutlich steht dir diese Möglichkeit jedoch nicht
offen. Dann mache zumindest viel vom Klammeraffen `@` Gebrauch.
Wenn du diesen direkt vor einem Funktionsnamen notierst, wird die Feh-
leranzeige dieser Funktion unterdrückt. Auch das Sprachkonstrukt `or`
`die()` hilft, auf Programmfehler zu reagieren und das Programm ggf.
abzubrechen. Hier zur Erinnerung der besonders sensible Aufruf einer
Datenbankverbindung:

```
@mysql_connect("localhost", "root", "")
      or die("Verbindung zu MySQL gescheitert");
```

Statt *Verbindung zu MySQL gescheitert* kannst du aber auch etwas »In-
telligentes« eintragen wie *Website wegen Besucherandrang überlastet*.
Nur du weißt, was sich hinter dieser Fehlermeldung wirklich verbirgt!

Und noch zwei Tricks zum Schluss! Du kannst das *Error Reporting* auch aktivieren, ohne vorher die `php.ini` zu bearbeiten. Baue einfach am Anfang
deines PHP-Skripts folgende Zeile ein: `error_reporting(E_ALL);`

Und wenn du dagegen alle Fehler abschalten möchtest, schreibst du einfach folgende Zeile: `error_reporting(0);` Probiere es aus!

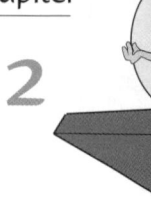

2

Die pfiffigsten Syntaxtricks zur Arbeitserleichterung

Du bist aufmerksamer Leser des ersten Bandes? Dann sind dir einige meiner Tricks schon bekannt. An dieser Stelle fasse ich sie zusammen und bringe dir bei der Gelegenheit noch etwas Neues bei.

Arrays ohne Verkettung

Eines der Erfolgsrezepte von PHP war seine Einfachheit. Das Formularfeld *Vorname* wurde bzw. wird zur Variablen $Vorname.

```
echo "Hallo $Vorname!";
```

Mit den neuen »Superglobals« und register_globals = Off geht das nicht mehr. Wir haben vorhin besprochen, warum. Dadurch ist PHP leider auch komplizierter geworden. Um den Vornamen auszugeben, müsstest du eigentlich folgende umständliche Schreibweise wählen:

```
echo "Hallo " . $_POST['Vorname'] . "!";
```

Da mir der Sinn weder nach Verkettungen (Operator .) noch nach fehlerträchtigen »Gänsefüßchen-Orgien« steht, hatte ich dich schon in Band 1 auf folgende Schreibweise eingeschworen:

```
echo "Hallo $_POST[Vorname]!";
```

Der Trick liegt im Weglassen der Gänsefüßchen um den Array-Key herum. Das ist deshalb zulässig, weil der gesamte String schon von Gänsefüßchen eingefasst wird – speziell von doppelten.

Du lässt die Gänsefüßchen um den Array-Key herum dort weg, wo sie eigentlich gesetzt werden müssen? Du schreibst im mittleren Beispiel statt $_POST['Vorname'] einfach $_POST[Vorname]? Dann bekommst du folgenden Hinweis von PHP: *Notice: Use of undefined constant Vorname - assumed 'Vorname' in ...* Mit anderen Worten: Der String Vorname wird als so genannte Konstante betrachtet – als ein zu definierender, fester Wert. Auch hier hilft uns also unser strenges Fehlermanagement beim Schreiben von gutem Code! (Was Konstanten sind, klären wir übrigens auf Seite 59.)

Du möchtest die Gänsefüßchen um den Array-Key herum auf gar keinen Fall entfernen? Der Einheitlichkeit zuliebe? Dann verwende einfach folgenden Trick – umkleide die Variable mit geschweiften Klammern:

```
echo "Hallo {$_POST['Vorname']}!";
```

Diese Klammern sorgen dafür, dass eine Variable auf jeden Fall als Variable gewertet wird – auch innerhalb von Strings. Selbst wenn du den Array-Key nicht in einfache, sondern in doppelte Gänsefüßchen setzt:

```
echo "Hallo {$_POST["Vorname"]}!";
```

Im Gegensatz zum Array-Key ist die Art des Gänsefüßchens bei der Verwendung von echo nicht egal. Variablen werden nur interpretiert, wenn du die auszugebende Passage in doppelte Gänsefüßchen einkleidest. Bei Verwendung der einfachen dagegen werden Variablen immer als String ausgegeben – egal ob mit oder ohne geschweifte Klammern!

Lange Strings komfortabel ausgeben

Erinnerst du dich auch an meine Tipps zum Ausgeben langer Strings? Du möchtest mit PHP den HTML-Code eines Formulars ausgeben? Die »klassische« Notation sieht folgendermaßen aus:

```
echo "<form action=\"{$_SERVER['PHP_SELF']}\" method=\"post\">\n";
echo "<input type=\"text\" name=\"eingabe\">\n";
echo "<input type=\"submit\" value=\"Absenden\">\n";
echo "</form>\n";
```

Das nervt! Spare dir den Stress mit dem »Entschärfen« der doppelten Gänsefüßchen (\"). Spare dir die vielen echo-Zeilen. Setze echo ein einziges Mal und arbeite danach mit Zeilenumbrüchen. Erst am Ende folgt das schließende Gänsefüßchen nebst Semikolon:

```
echo "<form action='{$_SERVER['PHP_SELF']}' method='post'>
<input type='text' name='eingabe'>
<input type='submit' value='Absenden'>
</form>\n";
```

Aber es geht noch raffinierter, mit der ebenfalls schon besprochenen Heredoc-Syntax. Diese eignet sich besonders zur Ausgabe von sehr langen Strings. Auf der nächsten Seite findest du unser Formular als »Heredoc«.

```php
echo <<<FORMULAR
<form action="{$_SERVER['PHP_SELF']}" method="post">
<input type="text" name="eingabe">
<input type="submit" value="Absenden">
</form>
FORMULAR;
```

Das Prinzip ist so simpel wie genial: Der Heredoc-String beginnt mit <<< und gleich darauf folgt ein von dir festgelegter, eindeutiger Name – der übrigens auch klein geschrieben werden darf! Danach notierst du deinen String mit Zeilenumbrüchen, Sonderzeichen usw. Nur »Heredoc-Variablen« musst du auf jeden Fall in geschweifte Klammern einhüllen.

Du beendest den String, indem du den eindeutigen Namen in eine neue Zeile schreibst und mit einem Semikolon abschließt.

Hoppla, du erntest Fehlermeldungen? In der einleitenden Zeile darf keinesfalls ein Leerzeichen am Zeilenende stehen – in der Abbildung ist genau dies das Problem. In der letzten Heredoc-Zeile dagegen wäre ein versehentlich gesetztes Leerzeichen am Zeilenanfang fatal!

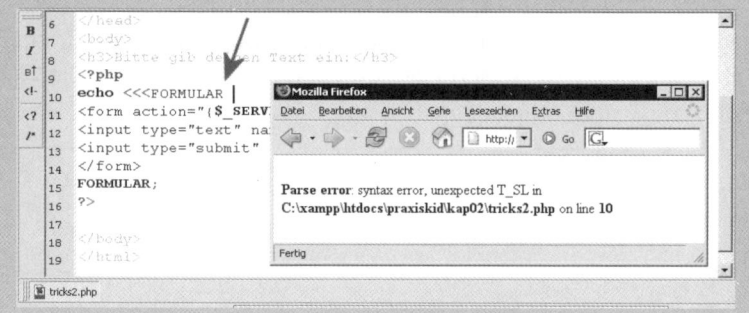

Du kannst den gesamten Heredoc-String übrigens auch in einer Variablen speichern. Dabei darfst du jedoch keinesfalls irgendwelche Gänsefüßchen um den String wickeln. Das folgende Skript speichert den Formularcode in der Variablen $Formular und gibt ihn mit echo aus.

```php
$Formular = <<<FORMULAR
<form action="{$_SERVER['PHP_SELF']}" method="post">
<input type="text" name="eingabe">
<input type="submit" value="Absenden">
</form>
FORMULAR;
echo $Formular;
```

Mehr Komfort bei if-Abfragen

Schon gewusst? Es gibt für Kontrollstrukturen wie if, switch oder für Schleifen wie while oder for alternative Formen. Formen, die ohne geschweifte Klammern auskommen. Diese wirst du in meinen Skripten jedoch nicht finden. Warum? Weil die Verwendung derselben vom PEAR-Standard missbilligt wird! Die »PEAR-Leute« empfehlen, auf die geschweiften Klammern zurückzugreifen – der Einheitlichkeit und Klarheit zuliebe. Eine andere »Kurzform« jedoch halte ich für genial – und die stelle ich dir jetzt vor!

Im folgenden Beispiel wird eine PLZ auf Vorhandensein getestet. Je nach Ergebnis zeigt das Skript *PLZ fehlt* bzw. blendet die PLZ zur Kontrolle an:

```php
if (empty($PLZ)) {
  $ausgabe = "PLZ fehlt!";
} else {
  $ausgabe = "Deine PLZ: $PLZ";
}
```

Frage: Wie bekommst du diese fünf Zeilen in *eine* Zeile? Antwort: Mit dem so genannten *ternären Operator*! Diese pfiffige Kurzform bewährt sich z.B. dann, wenn du einer Variablen in Abhängigkeit von einer Bedingung einen Wert zuweisen willst. Und so sieht die Geschichte aus:

```php
$ausgabe = (empty($PLZ)) ? "PLZ fehlt!" : "Deine PLZ: $PLZ";
```

Dabei handelt es sich eigentlich nicht um eine alternative Struktur für if-else, sondern um einen komplett eigenständigen Operator. Dieser wird als ternärer Operator, ?:-Operator oder Trinitätsoperator bezeichnet. Dieses »dreifaltige Sprachgebilde« besteht aus drei Ausdrücken:

```
(Ausdruck1) ? (Ausdruck2) : (Ausdruck3)
```

Wenn Ausdruck1 *true* ist, gibt der Operator Ausdruck2 zurück. Ist Ausdruck1 dagegen *false*, wird Ausdruck3 zurückgegeben. Der erste Ausdruck ist der Vergleich. Damit du das besser erkennst, kleidest du ihn einfach in runde Klammern ein. Die runden Klammern für die beiden übrigen Ausdrücke lässt du dagegen weg.

Diese Rückgabe kannst du übrigens nicht nur in einer Variablen auffangen, sondern auch direkt mit echo ausgeben. Zum Beispiel so:

```php
echo (empty($PLZ)) ? "PLZ fehlt!" : "Deine PLZ: $PLZ";
```

Pflegeleichter Code durch Modulbauweise

Herrscht auf deinem Schreibtisch auch das berühmt-berüchtigte »Ein-Haufen-System«? Alles fliegt auf *einen* Stapel und kein Mensch findet sich durch den Wust hindurch? Willkommen im Klub! Doch irgendwann platzt mir beim Suchen der Kragen und ich verstaue alle Papiere fein säuberlich in Ordnern, Heftern und Ablagefächern. Hätte ich doch bloß am Anfang mehr auf Ordnung geachtet!

Was deinem Schreibtisch recht ist, ist deinen PHP-Skripten billig. Auch hier solltest du Ordnung schaffen, damit du deinen Code später leichter warten und anpassen kannst. Oder glaubst du, dass du Monate später noch durch dein »5.000-Zeilen-Monster« voller »Spaghetti-Code« durchblickst? Keine Übertreibung – ich weiß, wovon ich schreibe!

Lagere deinen Code aus!

Code-Recycling nennt sich das Zauberwort. Deshalb lautet die wichtigste Forderung: Nutze die Modulbauweise, lagere bestimmte Codeabschnitte aus. Packe sie z.B. in externe Dateien, die du in das Hauptskript einbindest. Verpasse den Include-Dateien sprechende Namen wie `zugriff`, `function`, `abfrage` und hänge die Endung `.inc.php` hinten dran.

So schreibst du den Code zum Herstellen der Datenbankverbindung grundsätzlich nur noch ein einziges Mal und greifst von allen PHP-Seiten darauf zu. Hier eine beispielhafte `zugriff.inc.php` – du kennst diese Datei sicher schon aus dem Vorgängerband:

```php
<?php
@mysql_connect("localhost", "root", "") or die("Verbindung zu ↵
    MySQL gescheitert");
@mysql_select_db("team") or die ("Datenbankzugriff gescheitert")
?>
```

Beachte, dass du dabei PHP-Tags setzen musst. Denn nur so weiß der Webserver, dass er den ausgelagerten Code als PHP parsen soll. Wenn du die PHP-Tags vergisst, wird die PHP-Verarbeitung abgeschaltet. Das Einbinden dieser Include-Datei gelingt im Beispiel folgendermaßen, hier die erste von zwei möglichen Schreibweisen:

```php
include("zugriff.inc.php");
```

Du kannst aber auch diese Schreibweise verwenden:

```
include "zugriff.inc.php";
```

Beide Varianten sind korrekt. Die letzte, klammerfreie Variante ist die modernere Syntax, die sich immer mehr durchsetzt. Denn include ist keine Funktion, sondern eine Anweisung – übrigens genau wie echo. Bei Anweisungen muss das Argument nicht unbedingt in runden Klammern notiert werden. Also dann, sparen wir uns einfach die Schreibarbeit!

Auch die Zweige einer if-else-Abfrage kannst du in externen Dateien auslagern. Ideal vor allem dann, wenn es sich dabei um lange und unübersichtliche Befehlsketten handelt. Der Hauptcode bleibt immer schön schlank und übersichtlich und der komplizierte Code steckt in einem eigenen Modul.

```
if (Bedingung) {
  include "if_code.inc.php";
} else {
  include "else_code.inc.php";
}
```

Damit das gelingt, darfst du jedoch keinesfalls irgendeine Kurzform der if-Abfrage einsetzen. Auch der ternäre Operator ist ungeeignet. Verwende die hier gezeigte und von mir favorisierte Syntax mit geschweiften Klammern!

Include mit Abbruch: require

Neben include gibt es auch die Anweisung require. Im Prinzip bewirkt sie genau das gleiche – sie bindet eine externe Datei in den Code ein. Der Unterschied liegt im Fehlermanagement. Wenn die Datei bei include nicht gefunden wird, gibt PHP eine Warnung aus. Das war's, dein Skript läuft weiter. Wenn du die Zugriffsdaten jedoch mit require einbindest ...

```
require "zugriff.inc.php";
```

... produziert PHP einen Fehler und bricht die Skriptausführung ab. Das kann problematisch sein, da somit alle weiteren Anweisungen nicht mehr ausgeführt werden. Ich rate daher von require ab.

Bitte nur einmal einbinden

Kennst du die Kommandos `include_once` und `require_once`? Die machen im Prinzip genau das Gleiche wie `include` oder `require` – sie binden eine externe Datei ein. Aber nur ein einziges Mal! Diese Sprachanweisungen prüfen also vorher, ob die Datei schon einmal eingebunden wurde. Wenn das der Fall ist, wird sie nicht noch ein zweites Mal »inkludiert«.

Man nutzt sie besonders gerne beim Einbinden von Funktionsbibliotheken – z.B. aus dem schon erwähnten PEAR-Paket. Das kann sinngemäß so aussehen, wobei hier `function.inc.php` nur der Platzhaltername für die jeweilige Funktionsbibliothek ist:

```
include_once "function.inc.php";
```

Nun kann es ja passieren, dass genau diese Funktionsbibliothek in einer anderen Include-Datei erneut eingebunden wird. Aus Versehen! Was für ein Drama, wenn diese Datei nun erneut ausgelesen würde! Womöglich würden schon existierende Variablen oder Werte überschrieben werden!

`include_once` bzw. das strengere `require_once` sind also nichts weiter als `include` und `require` mit »Sicherheitsnetz«.

Verwende Funktionen

Nun haben wir eben über Funktionsbibliotheken gesprochen. Das Stichwort lautet Funktionen. Ist ja klar, dass du häufig benötigte Anweisungen gerade auch in Funktionen ablegst. Das ist schließlich Recycling pur!

So benötige ich beim Programmieren immer mal wieder ein Skript zum Umwandeln des PHP-Datumsformats `2006-03-10` (`JJJJ-MM-TT`) in die freundlichere Schreibweise `10.03.2006` (`TT.MM.JJJJ`). Immer wieder neu schreiben? Keinesfalls! Da schreibe ich mir doch glatt eine Funktion, die den Job für mich erledigt. Sie heißt `datemaker()` und wandelt das Datum in die von mir gewünschte Schreibweise um:

```
function datemaker($datum)
{
  $arr_datum = explode("-", $datum);
  $datum = "$arr_datum[2].$arr_datum[1].$arr_datum[0]";
  return $datum;
}
```

Diese Funktion parke ich in einer Datei namens `function.inc.php` und binde diese vorbeugend per `include_once` in alle meine Projekte ein.

Rückgabe in Include-Dateien

Dass Funktionen einen Wert zurückgeben, ist sicher klar. Dazu dient das Schlüsselwort `return`. So gibt die auf der Vorseite gezeigte Funktion `datemaker()` das veränderte Datum zurück. Dass Include-Dateien so etwas aber auch können, war selbst für mich eine Überraschung.

> Das Schlüsselwort `return` sorgt nicht nur für die Rückgabe eines Wertes, es bricht die Skriptausführung auch an dieser Stelle ab. Die Funktion bzw. der Include-Abschnitt wird verlassen und das Skript macht im Hauptprogramm weiter. `return` ist also eine Art »Schleudersitz mit Rückkehrgarantie«. `return` kann dabei übrigens auch ohne Rückgabewert verwendet werden.

Schau dir das mal an einem kurzen Beispiel an. So könnte eine fiktive Include-Datei namens `formcheck.inc.php` aussehen:

```php
<?php
// Formular überprüfen und ggf. Fehlertext erzeugen
if ($fehler) {
   return "Bitte fülle alle Felder aus!";
}
// Diese Zeilen werden nach einem return ignoriert
?>
```

Das Einbinden wiederum könnte dann so aussehen – ich speichere den Rückgabewert in einer Variablen und gebe diesen per `echo` aus:

```php
$fehlertext = include "formcheck.inc.php";
echo $fehlertext;
```

> Ganz abgesehen von Funktionen und Includes: Auch objektorientierte Programmierung hilft uns beim »strukturierten Programmieren«. Einen ersten Einblick in dieses Thema biete ich dir ab Seite 217.

Konstanten statt Variablen

Ein weiterer Schritt auf dem Weg zum guten Code lautet: Nutze die Sprachelemente, die für den jeweiligen Zweck geschaffen wurden. Du benötigst im Skript bestimmte Werte, die konstant bleiben? Die du lediglich einmal am Anfang des Skripts definieren musst? Beispielsweise den Umrechnungsfaktor für die Berechnung des Bruttowertes aus dem Nettowert?

Bisher haben wir das in Variablen festgehalten. Was keinesfalls falsch war! Allerdings gibt es gerade dafür ein eigenes Sprachelement – die Konstante.

Konstanten können ebenfalls Zahlen oder Zeichenketten speichern. Auch bei der Namensgebung gelten die gleichen Gesetze wie bei Variablen. Allerdings schreibt man die Namen von Konstanten groß, damit sie sich besser von Variablen unterscheiden.

> Im Gegensatz zu Variablen beginnen Konstanten außerdem grundsätzlich nicht mit einem Dollarzeichen! (Deshalb also auch Fehlermeldungen wie »undefinierte Konstante«, wenn du bei Variablen das Dollarzeichen vergessen hast!)

Das Definieren ist etwas umständlicher als bei Variablen – es gelingt mit Hilfe der Funktion define(). Die Syntax sieht so aus:

```
int define(string name, mixed value);
```

Folgende Zeile definiert die Konstante FEHLERTEXT und weist ihr den Wert *Element nicht gefunden!* zu:

```
define("FEHLERTEXT", "Element nicht gefunden!");
```

Konstanten haben im Vergleich zu Variablen folgende Eigenschaften:

◆ Konstanten sind superglobal. Sie stehen dir also auch innerhalb von Funktionen zur Verfügung!

◆ Konstanten können nur einfache Werte, aber keine Arrays speichern.

◆ Die Werte von Konstanten lassen sich – nomen est omen – nicht ändern – das ist wohl der wichtigste Unterschied!

Das folgende Skript erzeugt eine Konstante für den Mehrwertsteuerfaktor und speichert dort die Zahl 1,19. (Achtung, nicht vergessen: Punkt statt Komma setzen bei Bruchzahlen!).

```
define("MWST_FAKTOR", 1.19);
// viele Codezeilen
function nettoInBrutto($wert)
{
  $wert = $wert * MWST_FAKTOR;
  return $wert;
}
```

Du kannst nun überall in deinem Skript auf diese Konstante zugreifen – auch innerhalb einer Funktion. Ich finde, dass die Arbeit mit Konstanten deinen Code verbessert und lesbarer macht.

Zusammenfassung

Was für ein Kapitel! Wir haben uns über Sicherheit, globale Variablen, pfiffige Programmier- und Syntaxtricks und besseren Code unterhalten.

◆ Du kennst die Direktive `register_globals`. Aus Sicherheitsgründen solltest du diese auf `Off` schalten. Dadurch werden Formularfelder oder URL-Anhänge nicht einfach in Variablen umgewandelt.

◆ Du kennst die als Alternative in PHP 4 eingeführten Arrays `$_POST`, `$_GET` und `$_COOKIE`. Sie werden als superglobal bezeichnet, weil sie im Gegensatz zu »gewöhnlichen Variablen« auch innerhalb von Funktionen sichtbar sind.

◆ Du kennst das Array `$_REQUEST`, welches Werte aus per POST- bzw. GET-Methode verschickten Formularen, aus URL-Anhängen und Cookies gleichermaßen ausliest.

◆ Du weißt, dass du deinen Code ordentlich durch Leerzeichen einrücken solltest, damit er durchschaubarer wird. Folge dabei der so genannten PEAR-Syntax bzw. verwende einen Editor mit automatischer Code-Einrückung wie PHPEdit.

◆ Du hast dir in der `php.ini` die Anzeige aller Fehler eingeschaltet. Dank der Direktive `error_reporting = E_ALL` werden dir auch die wichtigen Notices (Hinweise) eingeblendet. Diese zeigen dir z.B., ob du vergessen hast, eine Variable oder Konstante zu definieren.

◆ Du kennst die raffiniertesten Tricks zur Schreibweise langer Strings und zur Verwendung von Variablen. Du weißt, dass Variablen innerhalb von geschweiften Klammern auf jeden Fall ausgewertet werden, auch wenn der Array-Key in Gänsefüßchen steht. Du kennst die Heredoc-Syntax, mit der du lange Strings inklusive aller Zeilenumbrüche, Gänsefüßchen und Sonderzeichen notieren kannst.

◆ Du kennst den ternären Operator, mit dem du `if`-Abfragen auf raffinierte Art verkürzt: `(Ausdruck1) ? (Ausdruck2) : (Ausdruck3)`

◆ Du weißt, dass du deinen Code durch Modulbauweise wartungsfreundlich gestalten solltest. Lagere immer wiederkehrende Codeschnipsel in Includes oder Funktionen aus.

◆ Du kennst den Unterschied zwischen `include` und `require`. Die erste Anweisung gibt bei Fehlfunktion nur eine Warnung aus. Die zweite dagegen produziert einen »Fatal Error« und bricht die Ausführung des Skripts ab.

❖ Du kennst `include_once` bzw. `require_once`. Beide Anweisungen binden eine Datei nur einmal ein und ignorieren evtl. vorhandene weitere Einbindungen derselben Datei.

❖ Du weißt, was Konstanten sind und wie sie angelegt werden: `define("Name", "Wert")`. Konstanten speichern Werte, die sich im Skriptverlauf nicht verändern und sie sind superglobal.

Ein paar Fragen ...

Frage 1: Wie findest du heraus, ob `register_globals` bei dir auf `Off` geschaltet ist?

Frage 2: In welcher Konfigurationsdatei wird diese Einstellung festgehalten?

Frage 3: Warum empfehlen die Macher von PHP ausschließlich die neue Schreibweise?

Frage 4: Angenommen, bei dir ist `Off` eingestellt. Du möchtest eine Variable nun von einer Seite zur nächsten übergeben und hängst folgendes an die Adresse an: `?Vorname=Kirsten`. In welchen Arrays steht der Wert *Kirsten* nun zur Verfügung? Nenne alle zwei!

Frage 5: Was verbirgt sich hinter PEAR und was steckt hinter dem PEAR Coding Standard?

Frage 6: Welche Vorteile hat es, wenn du dir auf deinem lokalen System die Anzeige aller Fehler einschließlich der Hinweise einschaltest?

Frage 7: Warum solltest du die (sichtbare) Ausgabe von Fehlermeldungen auf dem Webserver dagegen möglichst unterdrücken?

Frage 8: Wie musst du folgenden String umbauen, damit der Wert der Variablen `$_POST['Vorname']` ausgegeben wird:

```
echo "Hallo $_POST['Vorname'], willkommen im Klub!";
```

Frage 9: Wie heißt der Operator, mit dem du einfache `if`-Abfragen in verkürzter Form schreiben kannst?

Frage 10: Was ist der Unterschied zwischen `include` und `require`?

Frage 11: Was ist der Unterschied zwischen Variablen und Konstanten?

... und ein paar Aufgaben

1. Schau dir noch einmal den Code der ursprünglichen, unsicheren risiko.php auf Seite 42 an. Finde eine weitere Variante, den Code sicherer zu machen. So, dass das Skript sowohl mit register_globals = On und undefinierter Variable $login trotzdem sicher ist. Tipp: Denke an den Vergleich und die Vergleichsoperatoren!

2. Informiere dich im PHP-Handbuch über alternative, klammerfreie Schreibweisen für if, for, switch oder while. Überlege, ob du diese Schreibweisen verwenden solltest oder nicht.

3. Rücke das folgende Beispiel ein nach dem PEAR-Coding-Standard. Setze alle fehlenden Leerzeichen. Du findest den uneingerückten Quelltext unter beispiele/kapitel02/aufgaben/aufgabe3.php auf der CD:

```php
<?php
$anzahl=3;
if (!empty($anzahl)) {
for ($i=1;$i<=$anzahl;$i++) {
echo "Durchlauf Nummer $i!<br>\n";
}
echo "Schleife wurde verlassen.\n";
}
?>
```

4. Prüfe, ob folgendes Skript aufgabe4.php (siehe CD) funktioniert. Finde den Fehler anhand der Fehlermeldung.

```php
<h1>Umrechnung Brutto in Netto</h1>
<p>
<?php
$mwst_faktor = 1.19;
$preis = 119;
function bruttoInNetto($wert)
{
  $wert = $wert / $mwst_faktor;
  $wert = round($wert, 2);
  return $wert;
}
echo "Nettobetrag von $preis: " . bruttoInNetto($preis);
?>
</p>
```

5. Ändere das Skript so um, dass es funktioniert. Denke daran, dass das Skript einen Wert besitzt, der die ganze Zeit »konstant« bleibt und sich nicht verändert. Denke dabei an den Geltungsbereich von Variablen und Konstanten.

6. Lagere die Funktion `bruttoInNetto($wert)` in einer externen Datei aus. Binde diese so ein, dass ein (versehentliches) weiteres Einbinden des Funktionsmoduls ignoriert wird!

7. Normalerweise sind »gewöhnliche« globale Variablen innerhalb einer Funktion nicht sichtbar. Das ist schließlich auch der Grund, warum das Beispiel aus Aufgabe 4 nicht funktioniert und warum du die Variable erst in eine Konstante umwandeln musst. Doch es gibt auch die Möglichkeit, normale Variablen in Funktionen zu importieren. Welche? Informiere dich im PHP-Handbuch über den *Geltungsbereich von Variablen*, lies besonders den Hinweise zum Schlüsselwort `global`.

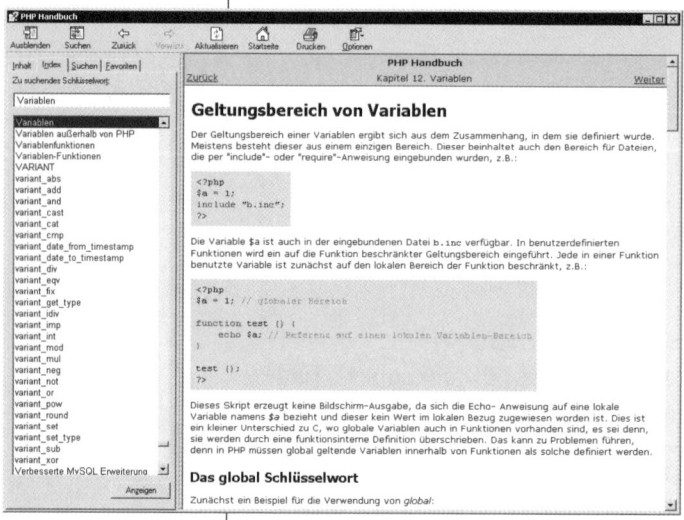

Mit Hilfe des Schlüsselworts »global« kannst du Variablen in Funktionen importieren.

8. Finde für das Beispiel aus Aufgabe 4 eine zweite Variante, bei der du ohne die Arbeit mit Konstanten auskommst. Erweitere einfach den Geltungsbereich der Variablen `$mwst_faktor`.

3
Sessions – auf den Pfaden deiner Besucher

»Wo kommst du her, wo gehst du hin? Ich verfolge deine Spur, denn das ist mein Gewinn!« Dagobert Duck

Nein, nein – der Satz ist natürlich Nonsens oder vielmehr *eine Ente*. Er stammt weder von Disney noch von der genialen Übersetzerin Dr. Erika Fuchs; sondern von meiner Wenigkeit. Ich will damit ausdrücken, dass wir in diesem Kapitel etwas machen, von dem ich eigentlich nicht besonders viel halte: unseren Besuchern hinterherschnüffeln.

Dabei haben die so genannten *Sessions* gerade auch ihre guten Seiten. Du benötigst sie zum Einloggen und Authentifizieren, zum Speichern von Warenkörben oder zur sicheren Weitergabe von Werten. Sessions sind aus interaktiven PHP-Seiten kaum mehr wegzudenken. Also nix wie ran an die »Sitzung«! Du erfährst in diesem Kapitel:

◎ was Sessions sind und warum sie für mehr Sicherheit sorgen

◎ wie du eine Session startest und beendest

◎ wie du innerhalb von Sessions Werte weitergibst

◎ wie du mit Sessions den Weg deiner Besucher nachverfolgst

◎ wie du die Bewegungsdaten in einer Datenbanktabelle sicherst

3

Wie funktionieren Sessions?

Wenn sich ein paar Musiker treffen »und auf die Pauke hauen« ... ist das eine Session. Sie stimmen ihre Instrumente, machen eine Weile Musik und gehen wieder auseinander. Mit etwas Glück gibt es hinterher einen Livemitschnitt und vielleicht sogar eine neue Platte.

Wenn sich ein Besucher »mit deiner Site trifft«, kann das auch eine Session werden. Er kommt angesurft, tobt ein paar Minuten auf deiner Präsenz herum und verlässt sie wieder. Mit etwas Glück gibt es hinterher interessante Bewegungsdaten und vielleicht sogar eine Bestellung.

Doch was sind Sessions überhaupt?

> Das Wort *Session* heißt nichts weiter als Sitzung – Sitzung im Sinne von Zusammentreffen bzw. Besuch. Jeder Besuch auf deiner Website kann zu einer Session gemacht werden: Beauftrage PHP, deine Besucher zu verfolgen. Sie oder er bekommt bei Betreten eine eindeutige Nummer – die Session-ID. Diese ID wird von Seite zu Seite weitergereicht und erst nach Verlassen gelöscht. Sie ist auch nur für die Dauer einer Sitzung gültig. PHP kann zu jeder Session-ID kurzzeitig Daten auf dem Webserver ablegen. Wohlgemerkt *auf dem Webserver*, und zwar in temporären Dateien. Es ist also nicht nötig, z. B. Inhalte von Warenkörben in Cookies abzulegen, in irgendwelchen versteckten Formularfeldern weiterzugeben oder immer wieder als URL-Anhang zu übermitteln. Es genügt diese eine Session-ID als eine Art eindeutige Besucherkennung.

Normalerweise wird die Session-ID in einem temporären Cookie gespeichert. Häufig erscheint sie aber auch als URL-Anhang:

Session-IDs werden entweder als Cookie gespeichert oder an die URL angehängt: Die dazugehörigen Daten jedoch sichert PHP auf dem Webserver!

Sessions und Sicherheit

Vielleicht hast du bisher den Eindruck: Sessions sind eine zutiefst unseriöse und unsichere Sache. Diese gruselig-langen Session-IDs am Ende von Webadressen? Nachverfolgung auf Schritt und Tritt? Das kann nichts Gutes sein! In Wirklichkeit sorgen Sessions für mehr Sicherheit. Ein Webshop muss nun einmal Daten von dir zwischenspeichern. Eine Community-Site muss nun einmal zuverlässig feststellen, ob du eingeloggt bist oder nicht.

Ohne Sessions bleiben dem Betreiber der Website nur alle möglichen Tricks, um den »Faden« zum Besucher nicht zu verlieren:

◇ Weiterreichen der Daten durch versteckte Formularfelder wie beispielsweise `<input type="hidden" ...>` – das ist der Bestseller.

◇ Übergabe des Nutzernamens oder anderer Daten am Ende der Webadresse wie z. B. `?user=24` – mit Sicherheit hat das nichts zu tun!

◇ Sichern der gesamten Einloggdaten in einem Cookie. Hier liegt das Problem vor allem in der Menge. Du darfst eine bestimmte Größe und Anzahl nicht überschreiten, sonst werden die Cookies gelöscht!

Wie unsicher die aus GPC (GET-POST-COOKIE) übermittelten Daten sind, hatten wir schon im vorigen Kapitel besprochen. Schließlich können URL-Parameter gefälscht, unsichtbare Formularfelder im Quellcode identifiziert und verändert und selbst Cookies manipuliert werden.

HTTP ist nun mal ein Protokoll (Übertragungsverfahren), das auf Abruf reagiert. Eine dauerhafte Verbindung mit dem Webserver (z.B. Status *eingeloggt*) gibt es nicht. Wenn ein Besucher die Webseite erst einmal auf seinem Rechner hat, kann er daran »herumschrauben« und beim nächsten Seitenabruf gefälschte Daten weiterreichen. Du musst also alle aus GPC kommenden Daten erst überprüfen, damit deine Site nicht gehackt wird.

> Bei Sessions ist die Gefahr stark minimiert, da nur noch die Session-ID sichtbar (bzw. unsichtbar als Cookie) auf deinen Rechner übertragen wird. Wenn diese ID manipuliert wird, ist die Session im schlimmsten Fall sofort vorbei. An die eigentlichen Daten jedoch (z.B. zum Einloggen oder Bestellen) kommen die Besucher nicht heran. Diese liegen schließlich gut geschützt auf dem Webserver!

Natürlich will ich auch die Kehrseite des Ganzen nicht unerwähnt lassen. »Dagobert« hat schon recht: Der Betreiber eines Onlineshops kann sehr wohl nachverfolgen, welche Produkte du dir angesehen hattest. Auf diese Weise erstellt er ein Bewegungsprofil von dir, spürt deinen Vorlieben nach und macht dir beim nächsten Besuch gezielt die entsprechenden Angebote.

3

Die Session-Direktiven der php.ini

Bevor du mit Sessions richtig loslegen kannst, musst du erst im »Schalter-raum« von PHP nach dem Rechten sehen. Informiere dich in der `php.ini`, ob alle Hebelchen umgelegt sind und alle Signale auf Grün stehen. Na klar, du weißt schon, wie das geht – rufe die Funktion `phpinfo()` auf. Wie ist das Session-Handling bei dir eingestellt?

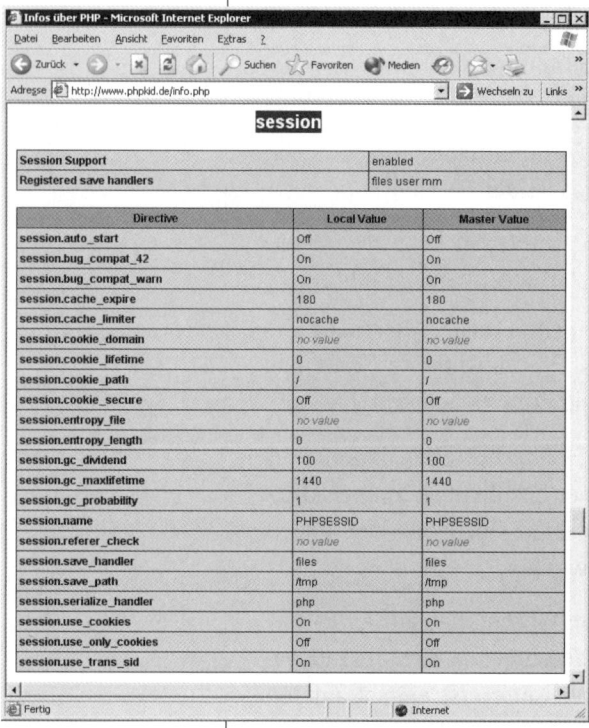

Dank »phpinfo()« erfährst du, wie das Session-Management auf deinem Webserver eingestellt ist.

Uns interessiert der Bereich unterhalb der Überschrift *session* (Abbildung) bzw. *[session]*, wenn du direkt in der `php.ini` steckst. Keine Sorge, wir müssen nicht alle Direktiven bis ins Kleinste durchsprechen. Uns genügen die wichtigsten. Und die sollten bei deinem Dienstleister so eingestellt sein:

◇ `session.auto_start = Off (bzw. 0)`

◇ `session.cookie_lifetime = 0`

◇ `session.name = PHPSESSID`

◇ `session.save_handler = files`

◇ `session.save_path = /tmp`

◇ `session.use_cookies = On (bzw. 1)`

◇ `session.use_only_cookies = Off (bzw. 0)`

◇ `session.use_trans_sid = On (bzw. 1)`

Wie funktionieren Sessions?

Beachte, dass je nach PHP-Version bei manchen Direktiven On und Off oder 0 und 1 steht. Das ist das Gleiche! Abgesehen davon – was bedeuten diese Direktiven überhaupt?

Direktive	Erläuterung
session.auto_start = Off	Das Session-Management wird nicht automatisch gestartet. Zum Glück, denn so kannst du entscheiden, wann eine Session startet und endet. Schließlich kosten Sessions auch Rechenkapazität und belasten deinen Webserver!
session.cookie_lifetime = 0	Die (Über)lebenszeit des Session-Cookies beträgt 0 Sekunden. Mit anderen Worten: Wenn der Besucher deine Site verlässt, wird die Session beendet.
session.name = PHPSESSID	Der Name der Session lautet PHPSESSID, das ist aber nicht der Name der Session-ID.
session.save_handler = files	Die Sessions werden in Dateien gespeichert – auch das ist gut und richtig so.
session.save_path = /tmp	Das ist der Speicherpfad für diese Dateien. Auf dem lokalen Windows-System steht hier häufig .;C:\xampp\tmp.
session.use_cookies = On	Per Voreinstellung wird die Session-ID in einem Cookie gespeichert.
session.use_only_cookies = Off	Das Session-Modul verwendet aber nicht ausschließlich Cookies, sondern ist auch »offen« für die nächste Alternative!
session.use_trans_sid = 1	PHP erkennt, ob Cookies deaktiviert sind. Wenn das der Fall ist, wird die Session-ID ganz automatisch an die Webadresse angehängt! Prädikat: besonders interessant!

Besonders die letzten beiden Direktiven machen die Arbeit mit Sessions so angenehm! Manch einer hat wegen der vielen Negativpropaganda Cookies im Browser glatt deaktiviert. PHP erkennt das automatisch und klebt in diesem Fall die Session-ID an die Webadresse dran bzw. schreibt sie in unsichtbare Formularfelder. Datenspeicherung ohne Cookies? Traumhaft!

Allerdings funktioniert diese Datenweitergabe nur innerhalb von PHP-Seiten. Du musst also allen in die Session einzubeziehenden Seiten die Endung .php verpassen, sonst geht die ID verloren! Außerdem schalten einige Dienstleister diese Direktive aus Sicherheitsgründen leider ab. Mehr zum Thema Sessions und Sicherheit erfährst du ab Seite 78!

Meine Favoriten *Neue Medien Münnich* (*www.all-inkl.com*) oder *PS-Webhosting* (*www.ps-webhosting.de*) haben diese Direktive eingeschaltet. Auch bei meinem Strato-Paket klappt es. Andere Angebote wie der *1-Euro-Account* (*www.1-euro-account.de*) oder selbst das PHP-Angebot der Firma *1 & 1* (*www.puretec.de*) kommen uns allerdings nicht entgegen.

Auch auf dem lokalen System musst du `session.use_trans_sid` ggf. erst auf 1 schalten. Rufe dazu die `php.ini` auf und trage bei dieser Direktive eine 1 ein. Wie du an die `php.ini` gelangst um sie anzupassen, hatten wir ja schon ab Seite 43 besprochen.

Dein Dienstleister hat diese Option nicht eingeschaltet? Ab PHP 4.3 kannst du das ggf. auch mit der Funktion `ini_set()` selber erledigen. Schreibe vor dem eigentlichen Aufruf der Session stets folgende Zeile:

```
ini_set('session.use_trans_id', 1);
```

Wie schon angedeutet – über das Thema Session-ID und Sicherheit unterhalten wir uns noch – ab Seite 78!

Die Sitzung beginnt!

Doch nun ran an die Praxis! Ich will, dass du die Sessions an einem Beispiel ausprobierst. Wir erstellen fünf ganz einfache Musterseiten, die zwei Werte von Seite zu Seite übergeben: den Besuchernamen und den Namen der lokalen PHP-Seite, von der der Besucher kommt. Die Seiten heißen:

◆ `anfang.php` – Hier startet die Session. Der Besucher gibt seinen Benutzernamen ein, der an die `auswertung.php` geschickt wird.

◆ `auswertung.php` – Auf dieser Seite erfolgen die Formularauswertung und die Speicherung des Benutzernamens (*Name*) in der Session. Außerdem liest das Skript den aktuellen Seitennamen aus (*Seite*) und speichert diesen ebenfalls in der Session.

◆ `seite1.php` – Diese Seite übernimmt Benutzernamen (*Name*) und Namen der Vorseite (*Seite*) und gibt beides aus.

◆ `seite2.php` – Diese Seite macht das gleiche wie `seite1.php`.

◆ `ende.php` – Auf dieser Seite wird die Session beendet. Dabei löschen wir sowohl die Inhalte der Session als auch das entsprechende Session-Cookie.

Und nun schön der Reihe nach ...

Start der Session mit session_start()

Du möchtest eine Session starten? Oder eine schon vorhandene aufnehmen und weiterführen? Das gelingt mit folgender Funktion:

```
session_start()
```

Diese Funktion bindest du auf jeder PHP-Seite ein, die du in die Session einbeziehen willst. Was macht diese Funktion? Falls noch keine Session aktiv ist, legt session_start() eine neue Session an. Ansonsten führt sie die bestehende »Sitzung« fort. Beim allerersten Aufruf legt diese Funktion normalerweise ein Cookie namens PHPSESSID an und speichert darin die Session-ID. Falls das nicht möglich ist, z.B. weil der Besucher Cookies im Browser abgeschaltet hat, hängt die Funktion PHPSESSID=abc123 an die Webadresse an. Oder erzeugt ein verstecktes Formularfeld mit diesem Wert. (abc123 symbolisiert hier einen String aus 32 Zahlen und Buchstaben.)

Ganz wichtig: Da session_start() versucht, ein Cookie einzurichten, musst du diese Funktion ganz zu Anfang aufrufen. Grund: Cookies werden im so genannten HTTP-Header übermittelt, also noch bevor irgendwelche Inhalte der Seite übertragen werden!

Hier der leicht durchschaubare Quelltext unserer Startseite anfang.php:

```php
<?php
session_start();
?>
<!DOCTYPE HTML PUBLIC "-//W3C//DTD HTML 4.01 ⏎
     Transitional//EN">
<html>
<head>
  <title>Willkommen auf unserer Site</title>
<meta http-equiv="content-type" content="text/html; ⏎
     charset=iso-8859-1">
</head>
<body>
<h1>Session startet: anfang.php</h1>
<form method="post" action="auswertung.php">
Vorname: <input type="text" name="Name">
<input type="submit" value="Jetzt anmelden">
</form>
</body>
</html>
```

3

Aber bitte mit Inhalt: Daten hinzufügen!

Du hast die `anfang.php` aufgerufen? Überzeuge dich davon, dass auch ohne Absenden des Formulars schon alles mit deiner Session geklappt hat!

So wird die Session-ID weitergegeben

Rufe die eben erstellte Datei `anfang.php` auf:

➤ Klicke in das Adressfeld deines Browsers und lösche die dort stehende Adresse.

➤ Tippe die Skriptzeile `javascript:alert(document.cookie)` und drücke auf ⏎.

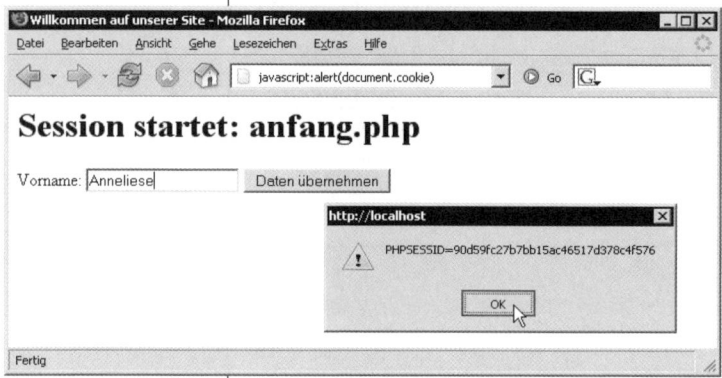

JavaScript informiert dich über alle Cookies im Browser.

➤ Wenn alles geklappt hat, erscheint eine JavaScript-Box und zeigt Namen und Wert deiner Session-ID. Das ist das temporäre Sitzungscookie!

Du hattest Cookies dagegen abgeschaltet? Oder du rufst die Seite das allererste Mal auf? Dann wirf mal einen neugierigen Blick in den Quelltext. Richtig, PHP hat zu deinem Formular ein verstecktest Feld hinzugefügt.

```
<input type="hidden" name="PHPSESSID" value=↵
    "90d59fc27b7bb15ac46517d378c4f576" />
```

Warum das? Na irgendwie muss die Session-ID ja weitergegeben werden. Hättest du schon auf dieser Seite einen Link eingebaut, wäre sie auch an diesen angehängt worden – und zwar nach folgendem Muster:

```
?PHPSESSID=90d59fc27b7bb15ac46517d378c4f576
```

Das Array $_SESSION

Nun hast du die Session initialisiert und die ID erfolgreich untersucht. Doch davon kannst du dir noch lange keinen Blumentopf kaufen. Viel interessanter ist es, Daten in dieser Session abzulegen bzw. abzufragen.

> Zum Speichern von Daten in einer Session dient das in PHP fest eingebaute Array $_SESSION. Hier kannst du fast beliebig viele und beliebig lange Werte ablegen. Um einen Kommentar in der Session zu speichern, schreibst du z.B. $_SESSION['Kommentar'] = "Musterstring". Die in einer Session gesicherten Werte werden in temporären Dateien auf dem Webserver abgelegt. Sie sind nach außen hin nicht sichtbar!

Und genau nach diesem Prinzip gehe ich in der Datei auswertung.php vor, von der ich dir hier den Anfang zeige. Formular schon abgeschickt?

```
<?php
session_start();
$_SESSION['Name'] = (!empty($_POST['Name'])) ? ↵
     $_POST['Name'] : "Typ";
$_SESSION['Seite'] = basename($_SERVER['PHP_SELF']);
?>
```

Zuerst wird die Session mit session_start() wieder aufgenommen. In der nächsten Zeile füge ich die Variable $_SESSION['Name'] hinzu und speichere darin den aus dem Formular ausgelesenen Namen.

Hoppla, dir kommt diese Zeile etwas kryptisch vor? Okay, sie besitzt etwas Überlänge, sodass ich sie im Buch auf zwei Zeilen umbrechen musste. Aber darauf wollte ich nicht hinaus. Zur Erinnerung: Ich verwende eine Alternative für die if-Abfrage, den auf Seite 55 besprochenen *ternären Operator*: Nur wenn das Formularfeld nicht leer war, wird in der Variablen $_SESSION['Name'] der Wert aus $_POST['Name'] gesichert. Falls der Nutzer jedoch keinen Namen eingetragen hat, landet stattdessen der Platzhalterstring Typ in $_SESSION['Name'].

In der Praxis solltest du die Angaben aus dem Formularfeld gründlicher validieren, also überprüfen. Denn das ist genau die Schnittstelle zwischen den unsicheren Daten aus $_POST und der sicheren Session. Dein Skript könnte also vorher in einer Datenbanktabelle nachschlagen, ob es eine Benutzerin namens Anneliese überhaupt gibt. Wenn nicht, wird sie abgelehnt. Das alles als Anregung. Im Beispiel verzichte ich aus Gründen der Vereinfachung darauf.

3

Die Funktion basename()

In der letzten PHP-Zeile speichern wir schließlich den Namen der aktuellen Seite, und zwar in der Variablen `$_SESSION['Seite']`. Dass du dafür `$_SERVER['PHP_SELF']` verwendest, ist dir sicher vertraut. Doch wozu `basename()`? Mich hat irgendwann geärgert, dass dabei stets der gesamte Pfad ausgelesen wird. Man muss seinem Besucher ja nicht stecken, dass die Datei unter `/www/root/blablabla/tralala/auswertung.php` liegt – ich übertreibe etwas. Zum Glück hilft uns die Funktion `basename()`. Sie ermittelt den Dateinamen aus einem Pfad und verwendet folgende Syntax:

```
string basename(string path[, string suffix])
```

Um also aus `$_SERVER['PHP_SELF']` den Dateinamen zu extrahieren, schreibe ich `basename($_SERVER['PHP_SELF'])`. Im Beispiel ergibt das `auswertung.php`. Nur wenn ich die Endung dabei zusätzlich unterdrücken möchte, setze ich als optionalen zweiten Parameter `.php` ein:

```
$_SESSION['Seite'] = basename($_SERVER['PHP_SELF'], ".php");
```

In `$_SESSION['Seite']` wäre jetzt nur noch `auswertung` gespeichert.

Session-ID ermitteln

Als Nächstes zeige ich den in der Session gespeicherten Namen unseres Besuchers auf der gleichen Seite noch einmal an.

```
<p>
<?php
echo "Hallo {$_SESSION['Name']}!<br>
Willkommen bei Session " . session_id() . "!";
?>
</p>
```

Ausgabe der Session-ID – im Beispiel jedoch nur zu Demonstrationszwecken!

Darunter blende ich zur Demonstration die 32-stellige Session-ID ein. Das gelingt mit der Funktion `session_id()` in folgender Grundsyntax:

```
string session_id([string ID])
```

Diese Funktion liest eine Session-ID aus. Sie kann aber noch mehr: Wenn du in den runden Klammern einen String als Session-ID übergibst, schreibt diese Funktion auch eine neue Session-ID.

Wo kommst du her? Den Weg verfolgen!

Von der Seite auswertung.php führt u.a. auch ein Link zur seite1.php. Das ist nichts weiter als eine Platzhalterseite, die ebenfalls Demonstrationscharakter besitzt. Hier geben wir den Benutzernamen, den aktuellen Seitennamen und den Namen der vorherigen Seite aus. Letzteren hatten wir schließlich nicht umsonst in $_SESSION['Seite'] gesichert:

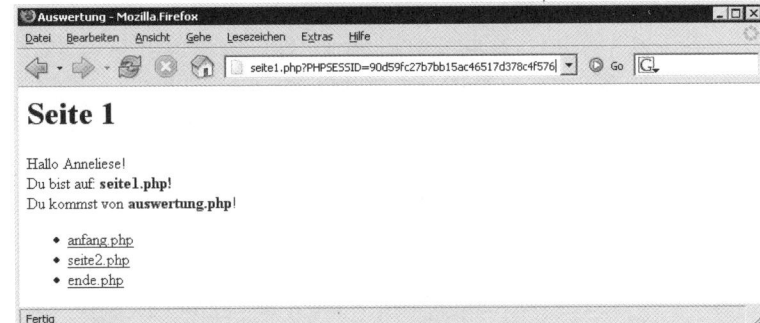

Solche Informationen können für Bewegungsprofile genutzt werden.

Vom dazugehörigen Quelltext zeige ich dir das, was am wichtigsten ist:

```php
<?php
session_start();
$Name = (isset($_SESSION['Name'])) ? $_SESSION['Name'] : "";
$Page = (isset($_SESSION['Seite'])) ? $_SESSION['Seite'] : "";
$_SESSION['Seite'] = basename($_SERVER['PHP_SELF']);
?>
<!DOCTYPE HTML PUBLIC "-//W3C//DTD HTML 4.01 Transitional//EN">
<html>
<head>
  <title>Auswertung</title>
<meta http-equiv="content-type" content="text/html;
charset=iso-8859-1">
</head>
<body>
<h1>Seite 1</h1>
<p>
```

```php
<?php
echo "Hallo $Name!<br>
Du bist auf: <b>{$_SESSION['Seite']}!</b><br>
Du kommst von <b>$Page</b>!";
?>
... Rest des Dokuments ...
```

Nach Initialisierung der Session prüfen wir zuerst, ob die Variable $_SESSION['Name'] existiert. Wenn ja, speichert PHP den Session-Namen in $Name, ansonsten wird $Name mit einem Leerstring gefüttert. (Es kann ja sein, dass ein Besucher gerade erst auf dieser Seite seine Session beginnt.) Das Gleiche passiert bei $Page – auch hier erfolgt ein Existenz-check von $_SESSION['Seite']. Wenn es diese Variable gibt, landet der dort enthaltene Name der Vorgängerseite in $Page.

Auch Session-Variablen werden bei register_globals = On leider in einfache Variablen umgewandelt. Deshalb habe ich in Zeile 4 voraus-schauend den Namen $Page statt $Seite gewählt!

Die nächste Zeile speichert den Namen der aktuellen Seite in $_SESSION['Seite'], damit dieser für eine Abfrage auf der nächsten Seite zur Verfügung steht. Im echo-Teil der Seite gibt PHP den Benutzer-namen, den Namen der aktuellen Seite und den Namen der vorhergehen-den Seite aus. Probiere es aus: Zum Testen habe ich eine weitere, identisch aufgebaute Seite namens seite2.php geschrieben.

Session beenden

Du möchtest eine Session beenden? Nun, nach Verlassen der Website wird die Session in der Regel automatisch gelöscht. Allerdings nicht immer so-fort und nicht immer zuverlässig. In manchen Fällen musst du selber Hand anlegen. Beispielsweise in einem Onlineshop, nachdem die Bestellung ab-geschickt wurde. Hier das Beenden der Session am Beispiel der ende.php:

```php
<?php
session_start();
session_unset();
if (isset($_COOKIE['PHPSESSID'])) {
  setcookie("PHPSESSID", "", time()-86400);
}
session_destroy();
?>
```

Zuerst wird die Session mit `session_start()` wieder aufgenommen. Das ist klar. Aber schon in der nächsten Zeile löschst du alle in der Session registrierten Variablen. Das gelingt mit der Funktion `session_unset()`. Die `$_SESSION`-Variablen mit den Werten für `Name` bzw. `Seite` sind damit schon einmal getilgt.

Als Nächstes machst du dich über das Session-Cookie her. Existiert ein derartiges Cookie namens PHPSESSID? (Bei einer cookielosen Session ist das schließlich nicht der Fall!) Dann wird es gelöscht. Wenn nicht, können wir uns die Mühe sparen.

> Zur Erinnerung: Das Löschen eines Cookies gelingt, indem du das gleiche Cookie noch einmal setzt. Wähle allerdings ein Ablaufdatum in der Vergangenheit. Die Funktion `setcookie()` setzt hierbei erneut das Cookie PHPSESSID mit einem Leerstring als Wert. Das Ablaufdatum liegt 1 Tag in der Vergangenheit (86400 Sekunden).

Danach machst du der Session mit `session_destroy()` den Garaus.

Wie radikal diese Funktionen wirken, kannst du durch einen Blick in den `tmp`-Ordner feststellen. Beim lokalen Windows-XAMPP-System schaue in den Ordner `C:\xampp\tmp`. Sobald du die Seite `ende.php` aufrufst, wird die temporäre Session-Datei schlagartig gelöscht!

Hättest du diese Datei dagegen nicht aufgerufen und einfach nur das Browserfenster geschlossen, wären die temporären Daten ggf. noch da!

Tipps und Tricks zu Sessions

Du willst deiner Session einen eigenen Namen verpassen? Du möchtest Sessions nur über Cookies realisieren? Du willst dich über Sicherheitsprobleme bei Sessions informieren? Willkommen in der Tipps-und-Tricks-Sektion dieses Kapitels!

Eigener Name für deine Session

Dich stört, dass deine Session stets PHPSESSID heißt? Du hast keine Möglichkeit, an der `php.ini` »herumzuschrauben« um dort die auf Seite 69 erwähnte Direktive `session.name` anzupassen? Dann verwende einfach `session_name()`. Während die schon erwähnte Funktion `session_id()`

die ID der Session ausgibt bzw. schreibt, kannst du mit `session_name()` zur Abwechslung mal den Namen beeinflussen:

```
string session_name([string Name])
```

Das erledigst du noch vor Aufruf von `session_start()`. Wenn deine Session SITZUNG heißen soll, fügst du also *auf jeder Seite* Folgendes ein:

```
session_name("SITZUNG");
session_start();
```

Ob es geklappt hat, verrät dir ebenfalls wieder `session_name()` – diesmal ohne Parameter. Schreibe z.B. Folgendes:

```
<?php
echo "Name der Session: " . session_name();
?>
```

Sessions und Sicherheit

Zugegeben, cookiefreie Sessions sind cool, da sie unsere Besucher vom Cookiezwang entbinden. Allerdings sind sie auch etwas unsicherer – Stichwort: lange URL-Anhängsel. Schließlich kann so ein URL-Anhang ausgespäht und sogar als Lesezeichen abgespeichert werden.

Der Link gelangt in die Hände Fremder und diese übernehmen einfach deine Session? Nichts ist unmöglich! Du brauchst nur mal die Webadresse mitsamt URL-Anhang zu kopieren und per E-Mail zu versenden. Wenige Minuten später klickt der Empfänger darauf und ist in deiner Session drin. Aber auch durch Abhören deiner Netzwerkverbindung gelangt ein Angreifer in den Besitz der Session-ID. Denn immerhin kann eine Session per Voreinstellung bis zu 24 Minuten überleben, auch wenn keine Seite mehr abgerufen wird! Da gibt es mehrere Ansätze, um mehr Sicherheit zu erreichen.

IP-Adresse vergleichen

Du kannst die IP-Adresse des Besuchers in der Session speichern. Bei jedem Seitenzugriff prüfst du, ob dieser Wert noch stimmt.

Die IP-Adresse des Besuchers ermittelst du durch die Server-Variable `$_SERVER['REMOTE_ADDR']`. Diesen Wert kannst du folgendermaßen in der Session speichern:

`$_SESSION['ipadr'] = $_SERVER['REMOTE_ADDR'];`

Schreibe einfach folgenden Code:

```php
<?php
session_start();
if (!isset($_SESSION['ipadr'])) {
  $_SESSION['ipadr'] = $_SERVER['REMOTE_ADDR'];
} else if ($_SESSION['ipadr'] != $_SERVER['REMOTE_ADDR']) {
  session_unset();
  if (isset($_COOKIE[session_name()])) {
    setcookie(session_name(), "", time()-86400);
  }
  session_destroy();
}
?>
```

Das Skript prüft zuerst, ob die Variable namens $_SESSION['ipadr'] schon existiert. Falls nicht – z. B. beim ersten Kontakt mit dieser Session – wird sie initialisiert und mit der IP des Besuchers gefüttert. Ansonsten prüft das Skript, ob die in der Session gespeicherte IP-Adresse mit der aktuellen übereinstimmt. Wenn das nicht der Fall ist, wird die Session zerstört.

> Warum schreibe ich dabei nicht $_COOKIE['PHPSESSID'] sondern $_COOKIE[session_name()]? Weil ich damit auf der sicheren Seite bin. Denn schließlich hatten wir uns eben angesehen, wie man einer Session auch einen eigenen Namen verpasst! Und mit der Funktion session_name() kann ich diesen Namen schließlich nicht nur setzen, sondern auch auslesen!

IP-Adresse hin, IP-Adresse her: Auch das ist nicht zu 100% zuverlässig. Denn es können durchaus mehrere Nutzer mit einer einzigen IP-Adresse surfen – denke an Proxyserver und an das Teilen von Internetzugängen. Auch das Verstecken oder Fälschen von IP-Adressen ist möglich.

Cookiezwang einstellen

Die sicherste Lösung ist daher die folgende: Lege fest, dass Sessions nur über Cookies erfolgen dürfen. Justiere also, falls möglich, die Direktive session.use_only_cookies in der php.ini. Schalte sie auf On.

Sollte das nicht möglich sein, lass einfach den Kopf nicht hängen! Probiere die Funktion ini_set() und übergib ihr die entsprechenden Parameter. Mit dieser Funktion kannst du bestimmte Direktiven ggf. lokal überschreiben. Ob es klappt, hängt jedoch immer von deinem Dienstleister ab!

Bevor du also `session_start()` aufrufst, schreibst du folgende Zeile:

```
ini_set("session.use_only_cookies", 1);
```

Wenn du magst, kannst du auch gleich versuchen, alle drei wichtigen Direktiven auf einen Schlag lokal zu überschreiben:

```
ini_set("session.use_cookies", 1);
ini_set("session.use_only_cookies", 1);
ini_set("session.use_trans_sid", 0);
```

Vergleiche einfach mit den Direktiven der `php.ini`, die du in der Tabelle auf Seite 69 findest. Statt `On` oder `Off` notierst du jedoch stets 0 (für Off) bzw. 1 (für On). Allerdings klappt auch das leider nicht bei allen Hostern!

Besonders interessant ist in diesem Zusammenhang die in PHP eingebaute Konstante `SID`. Sie speichert Namen und ID der Session in der Form *name=ID*. Im Gegensatz zu den Funktionen `session_name()` bzw. `session_id()` enthält die Konstante `SID` diesen langen String aber nur dann, wenn der Browser *keine* Cookies zulässt. Ansonsten gibt sie – außer beim allerersten Aufruf – einen Leerstring zurück. Mit diesem Wissen kannst du also ganz einfach ermitteln, ob Cookies eingeschaltet sind oder nicht. Weise deine Besucher darauf hin, dass auf deiner Präsenz Cookiezwang herrscht:

```
if (SID != "") {    // SID ungleich Leerstring
  echo "Bitte schalte Cookies ein!";
}
```

Cookiefreie Sessions verwenden

Natürlich kannst du dich auf diese Weise auch von Cookies befreien. Wenn deine Sessions ausschließlich über URL-Parameter bzw. versteckte Formularfelder realisiert werden sollen, schreibst du:

```
ini_set("session.use_cookies", 0);
ini_set("session.use_only_cookies", 0);
ini_set("session.use_trans_sid", 1);
```

Auf die damit verbundenen Sicherheitsrisiken hatte ich dich allerdings schon aufmerksam gemacht. Aber wenn du nicht gerade hochsensible Onlineshops oder Freemaildienste betreibst, ist die Sache vielleicht doch nicht so dramatisch. Außerdem gilt wieder: Es klappt nicht bei allen Hostern!

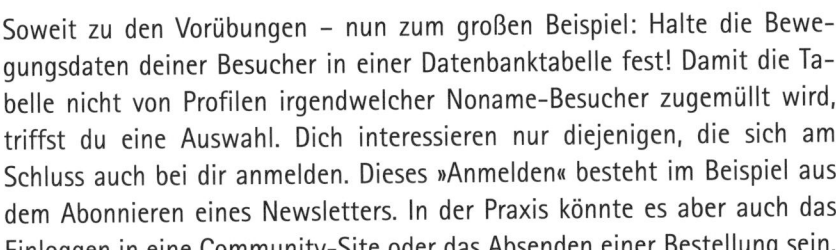

Bewegungsprofil in Datenbank-tabelle sichern

Soweit zu den Vorübungen – nun zum großen Beispiel: Halte die Bewegungsdaten deiner Besucher in einer Datenbanktabelle fest! Damit die Tabelle nicht von Profilen irgendwelcher Noname-Besucher zugemüllt wird, triffst du eine Auswahl. Dich interessieren nur diejenigen, die sich am Schluss auch bei dir anmelden. Dieses »Anmelden« besteht im Beispiel aus dem Abonnieren eines Newsletters. In der Praxis könnte es aber auch das Einloggen in eine Community-Site oder das Absenden einer Bestellung sein.

Sobald ein Besucher deine Präsenz betritt, wird eine Session gestartet. Diese merkt sich alle Seiten, die der Besucher unterwegs betritt. Am Ende kann sich der Gast für den Newsletter anmelden. Zusätzlich zur E-Mail-Adresse landet gleichzeitig sein Bewegungsprofil in dieser Tabelle. Dort sind alle Dateinamen der besuchten Seiten in chronologischer Reihenfolge aufgelistet. Das Beispiel besteht aus folgenden vier Seiten:

❖ `index.php`, `linkseite.php`, `hobbyseite.php` – Es sind Musterseiten, die stellvertretend für x-beliebige Seiten deiner Präsenz stehen. Auf jeder dieser Seiten kann die Session gestartet werden!

❖ `newsletter.php` – Hier erfolgt die Anmeldung für den Newsletter per Formular. Hier werden auch die Bewegungsdaten in die Datenbanktabelle geschrieben.

Dabei ist es völlig egal, welche Seite der Besucher zuerst betritt. Die Session und damit das Tracking können überall gestartet werden. Alle Seiten sind durch Links miteinander verbunden.

Datei historymaker.inc.php

»Modulbauweise« lautete eine der Forderungen aus dem vorigen Kapitel. Und genau das machen wir auch. Baue auf allen normalen PHP-Seiten erst einmal folgenden Code ein. Und zwar ganz am Anfang der Seite. (Die Seite `newsletter.php` dagegen heben wir uns bis zum Schluss auf.)

```php
<?php
session_start();
include "historymaker.inc.php";
?>
```

Nun fehlt nur noch der Code der Datei `historymaker.inc.php`. Und den zeige ich dir hier:

```php
<?php
if (isset($_SESSION['history'])) {
  $_SESSION['history'][] = basename($_SERVER['PHP_SELF']);
} else {
  $_SESSION['history'] = array();
  $_SESSION['history'][] = basename($_SERVER['PHP_SELF']);
}
?>
```

Wie du siehst, handelt es sich um ein erfreulich kurzes Skript. Wir speichern lediglich die Dateinamen aller zu besuchenden Seiten in der Variablen `$_SESSION['history']`. Dateinamen der zu besuchenden Seiten? Genau, das sind im Zweifelsfall ja schließlich mehrere Werte. Und wo speichert man die am besten? In einem Datenfeld, einem Array! Wir legen dafür kurzerhand ein eigenes Array an. Mit anderen Worten: Wir erzeugen ein Array im Array, denn auch `$_SESSION` ist ja schon ein Datenfeld.

> Die Zeile `$_SESSION['history'] = array();` ist nicht unbedingt nötig, PHP würde in der nächsten Zeile ganz automatisch erkennen, dass du ein weiteres Array anlegen willst. Vergleiche mit Seite 32 – dort führe ich dir mehrdimensionale Arrays das erste Mal vor.

Der Besucher kommt zum ersten Mal auf diese Seite? Dann greift der `else`-Zweig. Das neue Array wird über `$_SESSION['history'] = array();` erst einmal initialisiert – diese Zeile ist aber, wie schon erwähnt, freiwillig. Danach wird es per `$_SESSION['history'][] =` auch gleich mit dem ersten Dateinamen gefüttert. Der Trick liegt im zusätzlichen eckigen Klammernpaar. Wenn du es wie hier leer lässt, entsteht ein indiziertes Array, welches bei 0 mit dem Zählen beginnt und bei jedem erneuten »Befüllen« automatisch weiterzählt.

Bei allen weiteren Besuchen greift der `if`-Zweig. Das nun schon vorhandene Array `$_SESSION['history']` wird mit weiteren Werten gefüttert, der »Index« automatisch erhöht. So weit, so genial.

> Diese Array-Technik kannst du übrigens auch zum Sichern eines Warenkorbs verwenden. Erzeuge ein Warenkorb-Array. Füge dann die einzelnen Produkte hinzu.

Datenbanktabelle einrichten

Kommen wir nun zu der Stelle, an der dir dein »Opfer« ins Netz schwimmt. Das »Netz« ist im Beispiel die Datenbanktabelle newsletter. Dort landet die E-Mail-Adresse, dort speicherst du aber auch die Bewegungsdaten. Also los, richte diese Tabelle ein mit Hilfe von phpMyAdmin. Im Beispiel legst du sie in der Datenbank team ab. Das ist schließlich die Datenbank, die wir im vorigen Band eingerichtet und intensiv genutzt haben:

```
CREATE TABLE newsletter (
email VARCHAR(50) PRIMARY KEY,
timestamp DATETIME,
history TEXT
)
```

Mit den sicher schon vorhandenen (My)SQL-Kenntnissen gibt dir der Code keine Rätsel auf. Die Tabelle bekommt drei Spalten, *email*, *timestamp* und *history*. Die *email*-Spalte machst du zum Primärschlüssel. So verhinderst du, dass sich zwei Leute mit der gleichen E-Mail-Adresse eintragen!

Die unterschiedlichen Datentypen sind dir noch vertraut? Die E-Mail-Adresse bekommt maximal 50 Zeichen spendiert. Für den Zeitstempel (*timestamp*) bewährt sich das Format DATETIME. Und der Verlauf (*history*) kann recht lang werden – daher habe ich das Format TEXT gewählt.

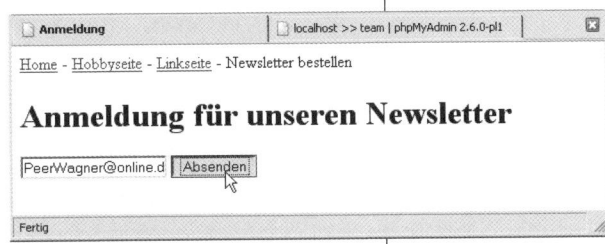

Der komplette Quellcode der Seite newsletter.php sieht nun folgendermaßen aus – beachte auch das über *Heredoc* eingefügte Anmeldeformular.

```php
<?php
session_start();
include_once "zugriff.inc.php";
include "sessiontracker.inc.php";
include "historymaker.inc.php";
?>
<!DOCTYPE HTML PUBLIC "-//W3C//DTD HTML 4.01 ↵
     Transitional//EN">
<html>
<head>
  <title>Anmeldung</title>
<meta http-equiv="content-type" content="text/html; ↵
     charset=iso-8859-1">
```

```
</head>
<body>
<div><a href="index.php">Home</a> - <a href=↵
"hobbyseite.php">Hobbyseite</a> - <a href=↵
"linkseite.php">Linkseite</a> - Newsletter bestellen</div>
<h1>Anmeldung für unseren Newsletter</h1>
<?php
echo <<<FORMULAR
<form action="newsletter.php" method="post">
<input type="text" name="email">
<input type="submit" value="Absenden">
</form>
FORMULAR;
?>
</body>
</html>
```

Doch neben der bekannten `historymaker.inc.php` werden zwei weitere Dateien eingebunden. Das sind zum einen die MySQL-Zugangsdaten aus der `zugriff.inc.php`. Wie die aussieht, zeigte ich dir schon auf Seite 56.

Quellcode der sessiontracker.inc.php

Zum anderen handelt es sich um die `sessiontracker.inc.php`. Und die sieht (erst einmal) folgendermaßen aus:

```
<?php
if (!empty($_POST['email']) && isset($_SESSION['history'])) {
  $email = $_POST['email'];
  $timestamp = date("Y-m-d H:i:s");
  $history = implode("|", $_SESSION['history']);
  $tracksql = "INSERT INTO newsletter VALUES
  ('$email', '$timestamp', '$history')";
  if (@mysql_query($tracksql) && mysql_affected_rows() > 0) {
    session_unset();
    if (isset($_COOKIE[session_name()])) {
      setcookie(session_name(), "", time()-86400);
    }
    session_destroy();
  }
}
?>
```

Steigst du durch den Code dieser zwei Dateien hindurch? Schon die Reihenfolge für das Einbinden der Include-Dateien ist wichtig. Die `historymaker.inc.php` wird nach der `sessiontracker.inc.php` eingebunden, damit die `newsletter.php` nicht doppelt gezählt wird! Und die »sessiontracker«-Include-Datei soll nur wirken, wenn das Formular abgeschickt wurde. Dafür sorgt der erste Test innerhalb der `if`-Abfrage: `(!empty($_POST['email'])`. (Eine aufwendigere Überprüfung der E-Mail-Adresse bauen wir auf der nächsten Seite ein.)

Array in String mit Trennzeichen umwandeln

Die nächsten beiden Zeilen sind auch nicht schwer: E-Mail-Adresse und Zeitstempel werden in »freundlichen« Variablen gesichert. Doch was steckt in `$history = implode("|", $_SESSION['history']);`? Hier bereite ich den Inhalt der Variablen für das Sichern in der Datenbanktabelle vor.

> Das direkte Speichern von Arrays in Datenbanktabellen ist nicht möglich. Arrays müssen vorher auf jeden Fall in einen String umgewandelt werden. Ideal geeignet sind Trennzeichen-separierte Strings, da diese durch `explode()` später problemlos wieder in ein Array zurückverwandelt werden können! Zum Umwandeln von Arrays in einen Trennzeichen-separierten String verwendest du die Funktion `implode()` in folgender Syntax: `string implode(string glue, array pieces)` Es handelt sich praktisch um das Gegenstück von `explode()`. Hinter *glue* (Kleber) steckt das frei wählbare Trennzeichen, bei *pieces* gibst du einfach das umzuwandelnde Array an. Im Ergebnis entsteht der gewünschte String.

Als Trennzeichen habe ich in diesem Fall den senkrechten Strich gewählt. Dieser ist unproblematisch, da er in Dateinamen nicht vorkommt.

In den nächsten Zeilen trage ich die Daten des Abonnenten in die Datenbanktabelle ein. Dazu dient eine Abfrage mit gleichzeitigem Erfolgscheck: `if (@mysql_query($tracksql) && mysql_affected_rows() > 0) {` Daraufhin werden Session und Session-Cookie gelöscht. Probiere es aus:

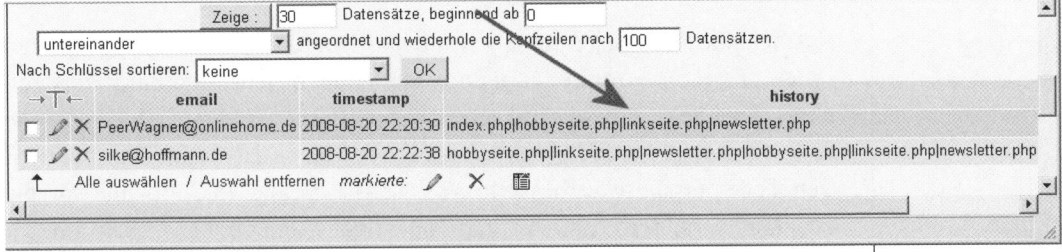

Je nach zurückgelegter Wegstrecke wird der Eintrag unter »history« länger oder kürzer!

3

Mehr Sicherheit und Komfort

Das Beispiel funktioniert. Aber kann man es so im Web einsetzen? Keineswegs! Unser wichtigstes Anliegen ist stets die Sicherheit. Doch bisher wird der Eintrag für die E-Mail-Adresse praktisch ungeprüft in die Datenbanktabelle übernommen. Wir testen lediglich mit !empty($_POST['email']) ob die Variable nicht leer ist, das reicht aber nicht aus!

> Damit öffnen wir Hacking-Versuchen und Angriffen auf die Datenbank Tür und Tor. Böswillige Zeitgenossen könnten uns jetzt unter Umständen statt der E-Mail-Adresse SQL-Abfragen mit gefährlichen Zeichen (z. B. " oder ') unterschummeln und im Zweifelsfall so unsere gesamte Datenbanktabelle zerstören. SQL-Injection nennt man diese Angriffe.

E-Mail-Adresse auf Gültigkeit prüfen

Sorge also dafür, dass die E-Mail-Adresse auch gültig ist. Und zwar durch einen strengen Test! Der Eintrag soll dann natürlich nur bei gültiger Adresse erfolgen. Das schützt uns vor Fehleinträgen von Spaß-Abonnenten. Und das unterdrückt zuverlässig gefährliche Zeichen wie z. B. " oder '.

> Tipp: Schaue dafür in den Index des Vorgängerbandes. Suche nach der Stelle *E-Mail-Adresse auf Gültigkeit überprüfen*. Dort zeige ich dir ganz genau, wie du solch einen Check mit Hilfe von Perl-kompatiblen regulären Ausdrücken (Funktion preg_match()) durchführst.

Statusmeldung erzeugen

War die Anmeldung zum Newsletter erfolgreich? Oder nicht? Um das zu zeigen, baue ich als weitere Komfortmaßnahme noch eine Statusmeldung ein. Ich speichere sie in der Variablen $ausgabe zwischen. Den Wert dieser Variablen gebe ich dann weiter unten in der newsletter.php aus.

Auf der nächsten Seite zeige ich dir nun den Quellcode der angepassten Datei sessiontracker.inc.php. Ich habe gleichzeitig dafür gesorgt, dass versehentlich gesetzte Leerzeichen entfernt werden. Dafür sorgt die Zeile $email = trim($_POST['email']); Keine Lust zum Abschreiben? Den Code für diese verbesserte sessiontracker.inc.php und für die ebenfalls veränderte newsletter.php findest du übrigens auch auf der Buch-CD unter dem Pfad beispiele/kapitel03/datenbank_sicher.

```php
<?php
if (!empty($_POST['email']) && isset($_SESSION['history'])) {
  $email = trim($_POST['email']); // Leerzeichen entfernen
  $muster="/^[a-zA-Z0-9-_.]+@[a-zA-Z0-9-_.]+\.[a-zA-Z]{2,4}$/";
  if (preg_match($muster, $email) == 0) { // E-Mail-Check
    $ausgabe = "<div>Die E-Mail-Adresse ist ungültig!</div>";
  } else { // else-Zweig für Datenbankeintrag
    $timestamp = date("Y-m-d H:i:s");
    $history = implode("|", $_SESSION['history']);
    $tracksql = "INSERT INTO newsletter VALUES
    ('$email', '$timestamp', '$history')";
    if (@mysql_query($tracksql) && mysql_affected_rows() > 0) {
      $ausgabe = "<div>Anmeldung erfolgreich!</div>";
      session_unset();
      if (isset($_COOKIE[session_name()])) {
        setcookie(session_name(), "", time()-86400);
      }
      session_destroy();
    } else {
      $ausgabe = "<div>Anmeldung nicht erfolgreich!</div>";
    }
  } // else-Zweig für Dateneintrag, Ende
}
?>
```

Die Statusmeldung aus der Variablen $ausgabe wiederum muss jetzt natürlich noch in der Datei newsletter.php eingebunden werden. Das geschieht unterhalb der H1 mit dem schon besprochenen ternären Operator.

```php
<h1>Anmeldung für unseren Newsletter</h1>
<?php
echo (isset($ausgabe)) ? $ausgabe : ""; // Statusmeldung
echo <<<FORMULAR
```

Viel besser: Nur Eingaben mit korrekter E-Mail-Adresse werden akzeptiert. Außerdem gibt es jetzt auch eine Statusmeldung zu Erfolg oder Misserfolg des Eintrags.

Zusammenfassung

Was für eine lange »Sitzung«! Du hast die pfiffigen Sessions kennen gelernt, das »Protokoll- und Trackingmodul« von PHP.

❖ Du weißt, dass du mit Sessions Daten der Benutzer speichern und ihren Weg nachverfolgen kannst. Du weißt, dass eine Session über session_start() gestartet bzw. wieder aufgenommen wird.

❖ Du weißt, dass die Session-ID per Voreinstellung in einem temporären Cookie namens PHPSESSID abgelegt wird.

❖ PHP erkennt automatisch, ob Cookies abgeschaltet sind oder nicht. Je nach Einstellung in der php.ini wird die Session-ID auch als URL-Anhang und/oder verstecktes Formularfeld weitergegeben. Dazu muss session.use_trans_sid allerdings auf 1 geschaltet sein.

❖ Du weißt, dass alle in der Session zu speichernden Daten im Array-$_SESSION abgelegt werden können. PHP speichert diese Daten in einer temporären Datei auf dem Webserver. Das macht Sessions sicherer als die ständige, manipulierbare Datenweitergabe von Seite zu Seite.

❖ Du weißt, dass du mit der Funktion basename() den Dateinamen aus einem Pfad extrahieren kannst und mit session_id() die Session-ID ermittelst bzw. neu schreibst. Du kennst die Funktion session_name() zum Auslesen und Verändern des Session-Namens.

❖ Du kennst die Konstante SID, die nur dann mit dem Session-Namen und der Session-ID gefüttert wird, wenn der Browser *keine* Cookies zulässt.

❖ Du weißt, dass Session-Cookies nach Schließen des Browserfensters automatisch gelöscht werden. Du kennst die Funktionen, mit denen du eine Session manuell löschen kannst:

```
session_start();
session_unset();
if (isset($_COOKIE['PHPSESSID'])) {
  setcookie("PHPSESSID", "", time()-86400);
}
session_destroy();
```

❖ Du weißt, dass du Arrays vor dem Speichern in einer Datenbanktabelle in einen String umwandeln musst. Die Funktion implode() wandelt ein Array in einen Trennzeichen-separierten String um.

Ein paar Fragen ...

Frage 1: Mit welcher Funktion wird eine Session gestartet bzw. wieder aufgenommen?

Frage 2: Warum muss die Session ganz zu Beginn der Seite initialisiert werden, und zwar noch bevor das erste HTML-Tag ausgegeben wird?

Frage 3: Mit welcher Funktion kannst du den Dateinamen aus einem Pfad extrahieren?

Frage 4: Welche Konstante speichert den Namen der Session nebst ID? Was ist das Besondere dieser Konstante?

Frage 5: In welchem Array speichert PHP alle Daten während der Session?

Frage 6: Mit welcher Funktion wandelst du ein Array in einen Trennzeichen-separierten String um?

Frage 7: Mit welcher Variablen kannst du die IP-Adresse des Besuchers ermitteln?

Frage 8: Überlege, warum ich den Zeitstempel (Feld *timestamp*) mit dem MySQL-Felddatentyp DATETIME und nicht mit dem ebenfalls existierenden Felddatentyp TIMESTAMP gesichert habe. Informiere dich ggf. über den Felddatentyp TIMESTAMP!

... und ein paar Aufgaben

1. Schau dir noch einmal den Code der Datei seite1.php auf Seite 75 an. Bei den folgenden beiden Zeilen kommt der ternäre Operator zum Einsatz. Wandle diese Zeilen in die lange Klammerschreibweise um:

```
$Name = (isset($_SESSION['Name'])) ? $_SESSION['Name'] : "";
$Page = (isset($_SESSION['Seite'])) ? $_SESSION['Seite'] : "";
```

2. Erstelle bitte drei einfache Beispielseiten namens seitea.php, seiteb.php und seitec.php. Erzeuge ein Include-Skript namens zaehler.php. Dieses soll alle Seitenbesuche (Hits) der Surfer zählen und in einer Session speichern. Verwende dafür die Variable $_SESSIONS['zaehler']. Gib diese Zahl auf jeder Seite aus.

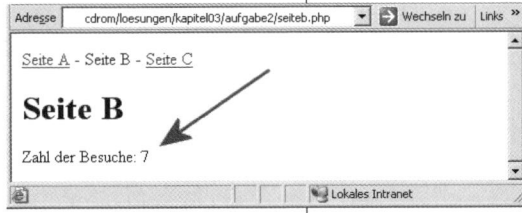

3. Verbessere das zweite Beispiel des Kapitels, also das Newsletter-Bewegungsprofil-Datenbankbeispiel. Bisher sorgt das Neuladen einer Seite (Druck auf den RELOAD-Button) dafür, dass der gleiche Dateiname zweimal hintereinander in $_SESSION['history'] gespeichert wird. Finde eine Methode, das zu unterbinden. Tipp: Du kannst das Wissen aus dem ersten Beispiel dafür verwenden. Dort hatten wir ja schon den Dateinamen der Vorseite und den aktuellen Dateinamen ermittelt. Die musst du lediglich miteinander vergleichen und darauf reagieren.

4. Ändere den Quellcode der historymaker.inc.php so, dass nicht der volle Dateiname (index.php), sondern nur der erste Teil des Namens ohne Endung gesichert wird (index). Tipp: Denke an die Parameter der Funktion basename().

5. ... und zum Schluss eine hoffentlich leichte Aufgabe: Erstelle eine Seite namens historyshow.php. Diese soll die Einträge der Datenbanktabelle als Tabelle ausgeben und die neusten Einträge stets zuoberst einblenden:

---

localhost >> team >> newsletter | phpMy... ☐ **Verlauf anzeigen**

Verlauf anzeigen

6 Einträge:

E-Mail-Adresse	Zeitstempel	Verlauf
hardwig@lobe.de	2008-08-22 14:55:54	index|newsletter
hans@t-online.de	2008-08-22 14:46:52	index|linkseite|newsletter
franjokowak@t-online.de	2008-08-22 14:34:40	newsletter
nadine@lexi.de	2008-08-22 14:28:10	index|hobbyseite|linkseite|hobbyseite|linkseite|newsletter
karlaguste@meier.de	2008-08-20 00:22:27	hobbyseite|newsletter
frank@melke.de	2008-08-19 00:16:59	hobbyseite|linkseite|newsletter

Fertig

4

Lass mich rein! Ein Modul für das Login

Lass mich rein, lass mich raus ... das sang vor mehr als 25 Jahren die deutsche Band Trio. Damals ging es um eine gewisse Anna, bei uns dreht sich alles um die Homepage. Lassen wir nur diejenigen rein, die wir wirklich haben wollen. Und dass die ohne Benutzernamen und Passwort bei uns nichts zu melden haben, versteht sich fast von selbst.

In diesem Kapitel geht es also um folgende Themen:

◎ Erstellen der Login-Tabelle für die registrierten Nutzer

◎ Verschlüsseln des Passwortes, sodass es praktisch unknackbar wird

◎ Schutz vor Mehrfacheinträgen durch einen Unique Index

◎ Erstellen eines Login-Moduls auf Basis von Sessions

◎ Erstellen einer Login-Seite

Übrigens: Der Trio-Song hielt sich damals (1982) viele Wochen in den Charts. Bei diesem Erfolg muss unser Login-Skript ja »der Hit« werden. Und wenn dir Trio und Stefan Remmler gerade kein Begriff sind ... die nächste Retro-Welle kommt bestimmt. In diesem Sinne: Da da da und Turaluraluralu – Ich mach' BuBu, was machst du?

Kapitel

Lass mich rein! Ein Modul für das Login

4

Komm'se rin: Login-Tabelle planen

Komm'se rin, könn'se rausgucken – dieser dämliche Spruch war schon zu meiner Jugendzeit schwer in Mode. Damit *unsere* Besucher eintreten können, benötigen sie Nutzernamen und Passwort. Und genau das ist auch das Stichwort: In diesem Kapitel planen wir erst einmal den Aufbau unserer Nutzertabelle.

Planen der Datenfelder

Wir wollen das »Usermodul« gleich zukunftssicher ausbauen. Deshalb habe ich mir neben Benutzernamen und Passwort ein paar weitere Datenfelder ausgedacht. Die Datenbanktabelle selber soll übrigens `userlogin` heißen:

❖ `user` – *Benutzername*; Zeichenkette mit (im Beispiel) bis zu 15 Stellen, Primärschlüssel. Es kann also nie zwei Benutzer mit dem gleichen Benutzernamen geben!

❖ `pw` – *Passwort;* verschlüsselte Zeichenkette mit bis zu 50 Zeichen Länge

❖ `email` – *E-Mail-Adresse*; Zeichenkette mit bis zu 50 Zeichen Länge

❖ `member` – *Mitglied oder nicht?* Symbolisierung durch Wert 0 bzw. 1

❖ `timestamp` – *Zeitstempel:* Format YYYY-MM-DD hh:mm:ss

❖ `rights` – *Rechte*; hier können Rechte mit Zahlen vergeben werden

❖ `notes` – *Notizen*; hier kannst du Anmerkungen festhalten

Zugegeben, wir benötigen nicht alle Felder. Vor allem `rights` bzw. `notes` habe ich vorausschauend eingebaut. Vielleicht willst du deinen Nutzern in eigenen Projekten später spezielle Zugriffsrechte einräumen? Oder du benötigst ein Feld für Anmerkungen? Bitte sehr – die Felder sind schon da!

Und so sieht der SQL-Quellcode zum Erstellen der Tabelle `userlogin` aus:

```
CREATE TABLE userlogin (
user VARCHAR(15) PRIMARY KEY,
pw VARCHAR(50),
email VARCHAR(50),
member TINYINT,
timestamp DATETIME,
rights TINYINT,
notes VARCHAR(100)
)
```

Klein, kleiner … TINYINT

Du wunderst dich über den Felddatentyp TINYINT? Ich gestehe, dass wir diesen – zumindest bis zur 2. Auflage des Vorgängerbandes – noch gar nicht besprochen hatten. Der Name ist Programm, denn dieser Felddatentyp lässt »winzige Ganzzahlen« zu. Er ist damit viel kleiner als INT (Bereich bis 4,3 Mrd.) und selbst kleiner als SMALLINT (Bereich bis 65.535).

Er ist wirklich tiny, weeny … winzig! Dieser Datentyp speichert lächerliche 256 Werte. Der Wertebereich reicht dabei von -128 bis 127. Wenn du zusätzlich das Schlüsselwort UNSIGNED notierst, reicht der Wertebereich dagegen von 0 bis 255. Wie auch immer, das genügt für viele Fälle vollkommen aus. Wozu INT verwenden, wenn du z. B. nur 0 oder 1 oder Zahlen von 1–10 in der Tabelle speichern willst? Dafür beträgt der Speicherplatzbedarf ein mageres Byte – ein Viertel des Speicherplatzbedarfs von INT!

> Das ungeschriebene Gesetz lautet: Spare Speicherplatz! Wähle stets das Datenfeld mit dem kleinstmöglichen Speicherbedarf. Hochgerechnet auf tausende Einträge macht jede noch so kleine Ersparnis Sinn!

Und nun richtest du die Datenbanktabelle in phpMyAdmin erst einmal ein. Falls du keine Lust zum Abschreiben hast: Ich habe dir den SQL-Code auch auf der CD abgelegt. Und zwar in der Datei userlogin.sql unter beispiele/kapitel04.

Login-Tabelle vorbereiten

Du kennst das Spielchen ja schon aus dem Vorgängerband. Bei unseren Beispielen nehmen wir häufig erst Testeinträge in der Datenbanktabelle vor.

Aufbau von Benutzernamen und Passwort

Doch bevor wir testen, sollten wir uns unbedingt überlegen, welche Zeichen wir bei Benutzername und Passwort zulassen wollen. Wir gestatten im Beispiel eine Kombination aus Zahlen, Buchstaben (Groß- und Kleinschreibung), Punkt (.), Unterstrich (_) und Bindestrich (-). Außerdem legen wir eine Mindestlänge von 5 und eine Maximallänge von 15 Zeichen fest.

Damit haben wir uns die Eigenschaften von Benutzernamen und Passwort im Vorfeld überlegt. Der Vorteil: So können wir bei der Eingabe gleich prüfen, ob das, was der Nutzer in das Formularfeld eingibt, diesem Aufbau entspricht. Wenn nicht, handelt es sich offenbar um einen Hacking-

Kapitel

Lass mich rein! Ein Modul für das Login

4

Versuch. Den fangen wir dann erfolgreich ab. Soviel vorweg: Dabei helfen uns wieder die vom E-Mail-Check bekannten regulären Ausdrücke. Doch mehr dazu später ...

> Du wunderst dich, dass wir in der Datenbanktabelle eine Länge von (bis zu) 50 Zeichen für das pw-Feld vorgesehen haben? Und hier begrenzen wir uns auf 15 Zeichen? Ist das nicht ein Widerspruch? Nein! Vergiss nicht, dass in der Datenbanktabelle das Passwort in verschlüsselter Form gespeichert wird. Und dieser Schlüssel benötigt natürlich mehr Platz! 32 Stellen, um genau zu sein.

Lege drei Testnutzer an!

Tragen wir also ein paar Nutzer in userlogin ein. Mit Benutzernamen, Passwort, Zeitstempel und Mitglieder-Kennung (member). E-Mail-Adresse, Berechtigung und Notizen benötigen wir im Moment noch nicht! Das verschlüsselte Passwort gebe ich nur zu Demonstrationszwecken an:

user	pw	Passwort verschlüsselt	member
superadmin	Super_User925	e32e6ce595deae60ee3c4a9e4e36bf62	1
anna82	u6ZikLP7	fb3a7cc07cec251b15b15f87af2f6071	1
florian007	alLeSkLar	e87991b9e8d37de11556ca83f37181db	1

Und so gehst du nun vor, folge einfach meinen Schritten! Was dabei genau abgeht, verrate ich dir unterwegs.

≫ Gehe in phpMyAdmin. Rufe deine Tabelle userlogin auf und klicke auf die Registerzunge *Einfügen*.

≫ Trage zuerst die Daten des Administrators (*user*) in die Maske ein. Tippe in das rechte obere Feld unter *Wert* superadmin, genau darunter das Passwort (*pw*) Super_User925.

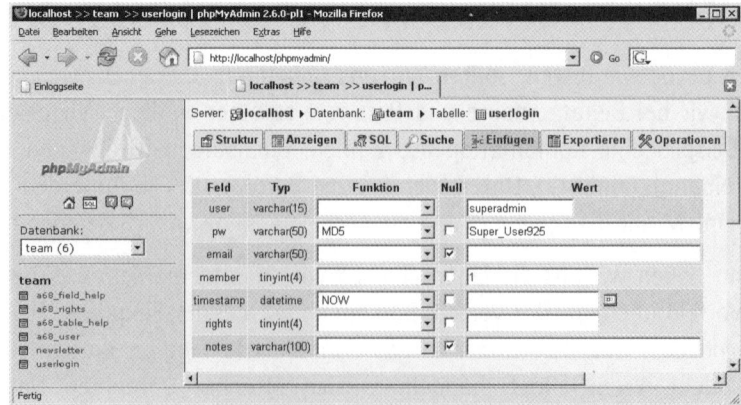

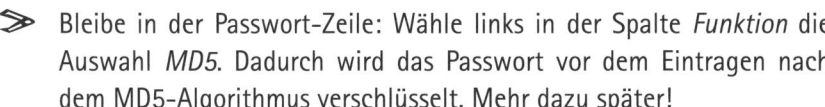

>> Bleibe in der Passwort-Zeile: Wähle links in der Spalte *Funktion* die Auswahl *MD5*. Dadurch wird das Passwort vor dem Eintragen nach dem MD5-Algorithmus verschlüsselt. Mehr dazu später!

>> Im Feld *member* notierst du rechts lediglich eine 1. Das ist die Kennung dafür, dass der Nutzer ein Mitglied ist.

>> Das rechte Feld bei *timestamp* füllst du nicht aus. Wähle stattdessen links die Funktion *NOW*. Diese sorgt dafür, dass ganz automatisch das aktuelle Datum mit Uhrzeit eingetragen wird!

>> Das war's im Prinzip, trage die nächsten beiden Datensätze ein und speichere sie durch OK in der Datenbanktabelle. Denke dabei wieder an *MD5* und *NOW*!

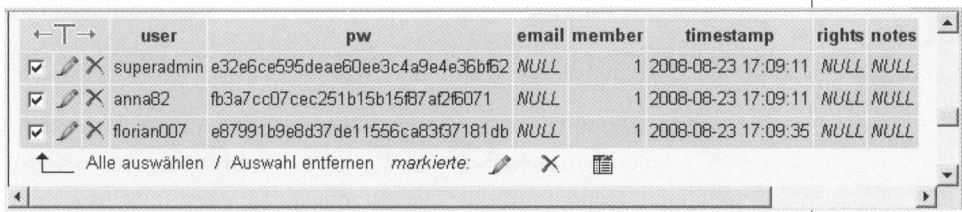

←T→	user	pw	email	member	timestamp	rights	notes
☑ ✎ ✕	superadmin	e32e6ce595deae60ee3c4a9e4e36bf62	NULL	1	2008-08-23 17:09:11	NULL	NULL
☑ ✎ ✕	anna82	fb3a7cc07cec251b15b15f87af2f6071	NULL	1	2008-08-23 17:09:11	NULL	NULL
☑ ✎ ✕	florian007	e87991b9e8d37de11556ca83f37181db	NULL	1	2008-08-23 17:09:35	NULL	NULL

↑ Alle auswählen / Auswahl entfernen *markierte:* ✎ ✕ 📄

>> Klicke nun auf die Registerzunge *Anzeigen* und schau dir erst einmal die Einträge an!

MD5 und NOW: Funktionen auch in MySQL

Klar, du hast es längst gemerkt. Aus Sicherheitsgründen haben wir das Passwort verschlüsselt in der Datenbank abgelegt. Zum Glück bietet uns auch MySQL eine pfiffige Funktion für diesen Zweck an. In MySQL lautet diese `MD5()` und in PHP `md5()`.

Die Funktion `md5()` verschlüsselt einen String nach dem so genannten MD5-Algorithmus. Dabei wird die Zeichenfolge nach einem besonderen, sehr sicheren Schema in eine kryptische Hexadezimalzahl umgewandelt, die genau 32 Zeichen lang ist. Das Beste daran? Diese Funktion ist nicht umkehrbar. Es gibt also keine Möglichkeit, aus dieser wüsten Zeichenfolge wieder das Passwort zusammenzusetzen. Lediglich durch Ausprobieren (viel Spaß bei 32 Stellen!) könntest du evtl. hinter das Passwort kommen. Doch je sicherer der Nutzer sein Ausgangspasswort wählt, desto unknackbarer wird es! Tipp: Kombiniere Groß- und Kleinschreibung und wähle sowohl Buchstaben als auch Zahlen. 2. Tipp: Merke dir dein Passwort als Nutzer gut, bei Verlust gibt es keinen Ersatz!

Kapitel

Lass mich rein! Ein Modul für das Login

4

MD5 ist eine feine Sache, weil es dafür sowohl in PHP also auch in MySQL eine Funktion gibt. Du willst später vergleichen, ob das Passwort stimmt? Kein Problem! Nutze einfach die PHP-Funktion md5() und gehe folgendermaßen vor – die Variable $string bzw. die lange »MD5-Zeichenfolge« haben dabei lediglich Beispielcharakter:

```
if (md5($string) == "e32e6ce595deae60ee3c4a9e4e36bf62")) {
  echo "Passwort stimmt überein!";
}
```

Neuere PHP-/MySQL-Versionen kennen eine weitere, noch sicherere Funktion zum Verschlüsseln: sha1(). Sie verwendet den so genannten SHA1-Algorithmus und erzeugt eine 40-stellige Hexadezimalzahl. Auch hier gibt es keine »Rückfahrkarte«. Wir bleiben jedoch bei md5()!

Die zweite schöne Funktion von MySQL nennt sich NOW(). Sie macht nichts weiter, als den heutigen Tag und die jeweilige Uhrzeit zu ermitteln. Da du ja schon den Felddatentyp DATETIME gewählt hattest, gibt es im Endeffekt einen prima Zeitstempel. In PHP existiert diese Funktion leider nicht. Hier wählen wir als Alternative DATE() mit den passenden Parametern:

```
$timestamp = date("Y-m-d H:i:s");
```

Geheimnis der Einzigartigkeit: Unique Index

Du steckst gerade in phpMyAdmin? Wunderbar! Ehe du weitere Nutzer einträgst, solltest du deine Datenbanktabelle optimieren. Verhindere die leidigen Doppeleinträge!

Immerhin haben wir doppelte Nutzernamen schon ausgeschlossen, indem wir das Feld *user* zum Primärschlüssel gemacht haben. Im Beispiel solltest du jedoch zusätzlich dafür sorgen, dass es keine doppelten Passwörter gibt! Denn auch die könnten zu Problemen führen!

Um Doppeleinträge auszuschließen verwendest du den so genannten Index. Einen Index-Typ kennst du schon – den Primary Key bzw. Primärschlüssel. Dieser sorgt schließlich für die eindeutige Kennung deiner Datenbanktabelle: jeder Wert darf nur ein einziges Mal vorkommen. Ganz genauso arbeitet auch der *Unique Index*. Er ist sozusagen der »kleine Bruder« des Primärschlüssels und wird immer dann gebraucht, wenn außer dem Primärschlüsselfeld weitere Felder vor Doppeleinträgen geschützt werden müssen.

Login-Tabelle vorbereiten

Nun denn, mache das Feld *pw* zu einem Unique Index:

⧽ Klicke auf die Registerzunge *Struktur*, damit du die Struktur der Datenbanktabelle `userlogin` bearbeiten kannst.

⧽ Rolle rechts etwas unten und schaue in den linken Bereich. Siehst du die Passage *Indizes* mit dem Text *Index über 1 Spalten anlegen*? Klicke auf OK! Der Bereich *Neuen Index anlegen* erscheint:

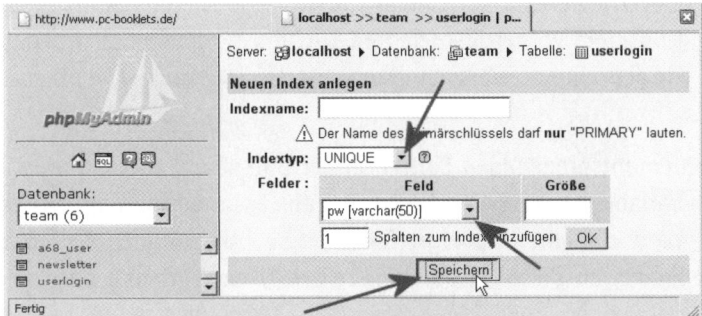

⧽ Wähle bei Indextyp den Eintrag *UNIQUE*. Bei Feld jedoch stellst du das *pw*-Feld ein. Klicke auf SPEICHERN, nicht aber auf OK.

⧽ Der neue Index ist fertig! Überzeuge dich im linken unteren Bereich!

Ab jetzt ist auch das Eintragen doppelter Passwörter nicht mehr möglich! phpMyAdmin wählt für dich folgenden Befehl:

```
ALTER TABLE `userlogin` ADD UNIQUE (
`pw`
)
```

Verwechsle den Unique Index nicht mit dem »gewöhnlichen« Index. Auch dieser lässt sich bei *Indextyp* einstellen, schützt aber nicht vor Doppeleinträgen. Ein gewöhnlicher Index sorgt lediglich dafür, dass die Suche in der Datenbanktabelle etwas beschleunigt wird!

Übrigens kannst du auch mehrere Spalten zu einem Index hinzufügen. Das macht vor allem bei größeren Tabellen Sinn, um Doppeleinträge zu vermeiden. In einer Adresstabelle könntest du die Spalten *Name*, *Vorname*, *PLZ*, und *Str_mit_Hausnummer* zum Unique Index machen. Denn es ist äußerst unwahrscheinlich, dass es zwei Leute gibt, bei denen alle diese Felder übereinstimmen. (Dagegen ist es durchaus wahrscheinlich, dass zwei Leute mit gleichen Vornamen und Namen im gleichen Postleitzahlengebiet wohnen.) Auch im Gästebuch solltest du über so einen Unique Index nachdenken, um dich vor Doppeleinträgen zu schützen.

Kapitel

Lass mich rein! Ein Modul für das Login

4

Login-Modul in der Praxis

Die Datenbanktabelle steht! Beste Gelegenheit, endlich das Einloggen in der Praxis zu zeigen. Dabei arbeiten wir mit den im vorigen Kapitel besprochenen Sessions! Wie soll unser Projekt aussehen? Ganz einfach: Der Nutzer gibt auf der Startseite (hier: `login.php`) Benutzernamen und Passwort ein. Diese Werte werden erst einmal auf Herz und Nieren geprüft. Wenn sie nicht mit unserem vorher festgelegten Suchmuster übereinstimmen, unterbinden wir den Einlogg-Versuch. Dann erst erfolgt der Test, ob beides korrekt ist.

Falls es den entsprechenden Eintrag in der Datenbanktabelle gibt, wird die Session-Variable `$_SESSION['login']` auf `true` gesetzt, ansonsten lautet der Wert schlicht und ergreifend `false`. Alle übrigen Seiten testen dann lediglich, ob die `$_SESSION['login']` existiert und auf `true` geschaltet ist.

Selbstverständlich geben wir dabei auch die entsprechenden Statusmeldungen aus.

> Aus Sicherheitsgründen arbeiten wir dabei ausschließlich mit Cookies! Wir werden also Sessions unterdrücken, bei denen die Session-ID über den URL-Anhang weitergeleitet wird. Bei unserem geschlossenen Nutzerkreis ist der Cookie-Zwang eine sinnvolle Maßnahme, bei Warenkörben großer Onlineshops dagegen würde es evtl. Kunden kosten.

Die Module im Überblick

Wir verwenden die Modulbauweise – zumindest soweit das möglich ist. Auch diesmal kommen wieder mehrere Musterseiten zum Einsatz, damit du das Skript »am lebenden Objekt« erlebst. Wie viele und welche Seiten *du* dann später schützt, bleibt dir überlassen! Hier unsere Musterseiten:

❖ `login.php` – auf dieser Seite befindet sich das Einlogg-Modul

❖ `seite1.php`, `seite2.php` und `seite3.php` – auf diesen drei Seiten wirkt der Passwortschutz, nur angemeldete Benutzer bekommen Zutritt!

❖ `umleitung.php` – Seite mit Link zur `login.php`, wird immer dann aufgerufen, wenn der Nutzer keinen Zugriff hat

Und hier nun die entsprechenden Include-Dateien, denn ich hatte ja schließlich »Modulbauweise« versprochen:

❖ `sessionheader.inc.php` – initialisiert die Session

◇ *f.inc.php* – beherbergt die Zugriffsdaten auf die Datenbank-tabelle, diese Datei ist dir längst vertraut (siehe z.B. Seite 56)

◇ `loginmaker.inc.php` – fragt die Datenbanktabelle ab und setzt bei richtiger Angabe von Usernamen und Passwort eine »Login-Kennung« per $_SESSION['login'] = true

◇ `logoffmaker.inc.php` – beendet die Session und löscht die Session-Variable

Falls du mit den nächsten Seiten nicht klarkommst. Alle Beispiele liegen natürlich wieder auf der CD, unter `beispiele/kapitel04`.

Quelltext der sessionheader.inc.php

Schauen wir uns zuerst den Quelltext der `sessionheader.inc.php` an – es ist die Datei, die bei jeder Seite ganz am Anfang eingebunden wird.

```php
<?php
ini_set("session.use_cookies", 1);
ini_set("session.use_only_cookies", 1);
ini_set("session.use_trans_sid", 0);
session_start();
?>
```

Alles klar? Bestimmt! Falls dir die `ini_set()`-Zeilen gerade nichts sagen, schlage schnell ab Seite 79 nach. Dort und auf der Folgeseite hatte ich dir gezeigt, wie du *versuchen* kannst, eine cookiefreie Session zu erzwingen.

Quelltext der zu schützenden Seiten

Fangen wir mit der einfachsten Übung an – den zu schützenden Seiten. Hier der leicht durchschaubare Quelltext der Musterdatei `seite1.php`.

```php
<?php
include "sessionheader.inc.php";
if (isset($_SESSION['login']) && $_SESSION['login'] === true) {
?>
<!DOCTYPE HTML PUBLIC "-//W3C//DTD HTML 4.01 Transitional//EN">
<html>
<head>
  <title>Seite 1</title>
<meta http-equiv="content-type" content="text/html;
charset=iso-8859-1">
</head>
```

Kapitel

4

Lass mich rein! Ein Modul für das Login

```
<body>
<a href="login.php">Startseite</a> - Seite 1 - <a href=⏎
"seite2.php">Seite 2</a> - <a href="seite3.php">Seite 3</a>
<h1>Seite 1</h1><p>... mit geschützten Inhalten</p>
</body>
</html>
<?php
} else {
  include "umleitung.php";
}
?>
```

Das Skript ist nicht kompliziert: Nach Initialisierung (Fortführung) der Session erfolgt der Test auf $_SESSION['login']. Nur bei true wird der eigentliche Seiteninhalt präsentiert – eingefasst von geschweiften Klammern. Der else-Zweig im unteren PHP-Teil dagegen führt unweigerlich zur umleitung.php – diese präsentiert einen Link zur Anmeldeseite.

```
<p><a href="login.php">Bitte logge dich hier ein!</a></p>
```

Mit anderen Worten: Wer nicht eingeloggt ist, kommt unter keinen Umständen an die Inhalte der Seite heran! Sie oder er wird stets zur Anmeldeseite login.php umgeleitet. Und die schauen wir uns jetzt genauer an!

Quelltext der login.php

Werfen wir einen Blick auf die Einlogg-Seite login.php:

```
<?php
$status = "";
include "sessionheader.inc.php";
include "zugriff.inc.php";
if (isset($_SESSION['login']) && $_SESSION['login'] === true) {
  $status = "Status: eingeloggt - <a href=⏎
    'login.php?logoff=1'>Ausloggen?</a> ";
}
include "loginmaker.inc.php";
include "logoffmaker.inc.php";
?>
<!DOCTYPE HTML PUBLIC "-//W3C//DTD HTML 4.01 Transitional//EN">
<html>
<head>
  <title>Einloggseite</title>
```

```
<meta http-equiv="content-type" content="text/html; ⏎
    charset=iso-8859-1">
</head>
<body>
<div>Startseite - <a href="seite1.php">Seite 1</a> -
<a href="seite2.php">Seite 2</a> - <a href=⏎
    "seite3.php">Seite 3</a></div>
<h1>Willkommen auf der Startseite</h1>
<?php
if (empty($status)) {
  $status = "Status: nicht eingeloggt";
}
echo <<<FORMULAR
<p>{$status}</p>
<form action="login.php" method="post">
Benutzername:<br>
<input type="text" name="user"><br>
Passwort:<br>
<input type="password" name="pw">
<input type="submit" value="Absenden">
</form>
FORMULAR;
?>
</body>
</html>
```

So funktioniert das Einloggen

Am Anfang initialisieren wir eine Variable für Statusmeldungen: $status. Zuerst beherbergt sie einen Leerstring. Doch später informiert sie beispielsweise über den Einloggzustand und darüber, ob das Ein- bzw. Ausloggen erfolgreich war. Die nächsten beiden Zeilen sorgen für die Initialisierung der Session und das Einbinden der Zugriffsdaten für MySQL

Nun erfolgt der »erste große Auftritt« unserer Variablen $status. Schau dir dafür diese Zeilen an:

```
if (isset($_SESSION['login']) && $_SESSION['login'] === true) {
  $status = "Status: eingeloggt - <a href=⏎
    'login.php?logoff=1'>Ausloggen?</a> ";
}
```

Bei vorhandener Session speichert $status den String *Status: eingeloggt*. Diese Eingeloggt-Erfolgsmeldung habe ich um einen Hyperlink ergänzt, mit

Kapitel

Lass mich rein! Ein Modul für das Login

dem sich der Nutzer wieder ausloggen kann. Beachte diese Passage – vor allem den URL-Anhang:

```
<a href='login.php?logoff=1'>Ausloggen?</a>
```

Danach erfolgt die Einbindung der beiden wichtigen »PHP-Include-Module« `loginmaker.inc.php` bzw. `logoffmaker.inc.php`. Da diese beiden Includ-Dateien ggf. Cookies setzen oder die Session löschen, müssen sie wieder ganz am Anfang platziert werden – noch vor Ausgabe irgendwelcher HTML-Daten! Statusmeldungen dieser Module fangen wir deshalb auch wieder in der Variablen `$status` auf, da wir sie erst weiter unten im HTML-Body ausgeben können.

> Wenn du diese Regel nicht beherzigst, erntest du Fehlermeldungen wie *Cannot modify header information ...* Auf dem lokalen System scheint oft alles in Ordnung zu sein, das Problem tritt erst beim Webhoster auf!

Und nun zum zweiten PHP-Block. Hier prüfen wir erst einmal per `if`, was sich bisher so in `$status` »angesammelt« hat. Sollte diese Variable leer geblieben sein, ist der Nutzer noch nicht eingeloggt. Genau das halten wir dann auch in `$status` fest.

```
if (empty($status)) {
    $status = "Status: nicht eingeloggt";
}
```

Darunter beginnt der Heredoc-Bereich für das Formular. Wir nutzen die »Gunst der Stunde« und notieren erst einmal `<p>{$status}</p>`. Dieser Absatz gibt die Statusanzeige dann schließlich aus. Danach folgt das eigentliche Login-Formular:

Einlogg-Seite mit Statusanzeige.

Die Formularerzeugung gelingt, wie schon erwähnt, innerhalb eines Heredoc-Bereichs. Es gibt ein Feld für den Benutzernamen (*user*), eines für das

Passwort (*pw*) und den Submit-Button mit der Aufschrift *Absenden*. Die Seite sendet den Inhalt an sich selbst (action="login.php") und wertet ihn in der schon erwähnten loginmaker.inc.php aus.

Blick in die Datenbank: loginmaker.inc.php

Der Nutzer hat beide Formularfelder ausgefüllt? Sie sind also nicht leer?

```
if (!empty($_POST['user']) && !empty($_POST['pw'])) {
```

Dann – und auch wirklich nur dann – wird der restliche Code ausgeführt:

```php
<?php
if (!empty($_POST['user']) && !empty($_POST['pw'])) {
  if (SID != "") { // SID ungleich Leerstring
    $status = "Bitte schalte Cookies ein!";
  } else {
    $muster="/^[a-zA-Z0-9-_.]{5,15}$/";
    $user = trim($_POST['user']);
    $pw = trim($_POST['pw']);
    if (preg_match($muster, $user) == 0) {
      $status = "Das ist kein gültiger Username. ";
    }
    if (preg_match($muster, $pw) == 0) {
      $status .= "Das ist kein gültiges Passwort.";
    } else {
      $pw = md5($pw);
    }
    if (empty($status)) {
      $loginsql = "SELECT user, pw FROM userlogin ↵
WHERE user='$user' AND pw='$pw'";
      $result = mysql_query($loginsql);
      if (mysql_num_rows($result) == 1) {
        $_SESSION['login'] = true;
        $status = "Du bist eingeloggt als <strong>↵
            $user</strong>!";
      } else {
        $_SESSION['login'] = false;
        $status = "Einloggdaten nicht korrekt!";
      }
    }
  }
}
?>
```

Gleich zuoberst prüfen wir, ob Cookies im Browser gesetzt sind. Die dafür eingesetzte Konstante SID ist dir gerade nicht vertraut? Vergleiche mit meinen Ausführungen von Seite 80 – dort erläutere ich dir das Prinzip! Sollte der Nutzer keine Cookies aktiviert haben, wird der Text: *Bitte schalte Cookies ein!* in $status gesichert und in der login.php ausgegeben. Da die Datenbankabfrage erst im else-Zweig erfolgt, findet dadurch mit Sicherheit kein Einloggen statt.

Auf diese Weise erzwingen wir die Verwendung von Cookies in jedem Fall, selbst wenn der Webhoster die drei Ini-Zeilen aus der Datei sessionheader.inc.php ignoriert!

Cookies sind dagegen aktiviert? Dann greift der else-Zweig! Und hier steht erst einmal folgender regulärer Ausdruck:

```
$muster="/^[a-zA-Z0-9-_.]{5,15}$/";
```

Das ist die Musterschablone für Benutzernamen und Passwort. Zur Erinnerung: Wir erlauben Groß- und Kleinbuchstaben, Zahlen, Bindestrich, Unterstrich und Punkt. Es sollen mindestens fünf und maximal 15 Zeichen sein. Und genau das drückt dieses Suchmuster aus. (Mehr zu regulären Ausdrücken folgt in Kapitel 8.) Doch ehe das Suchmuster zum Einsatz kommt, befreie ich erst einmal $_POST['user'] und in der nächsten Zeile auch $_POST['pw'] von evtl. Leerzeichen und speichere die Werte in den handlicheren Variablen $user und $pw.

Dann werden Benutzername und Passwort nacheinander mit der Funktion preg_match() auf Übereinstimmung mit dem Suchmuster getestet. Sollte es keine Übereinstimmung geben, halten wir das in $status fest. Bei Übereinstimmung wird zumindest das Passwort mit md5() umgewandelt. Denn sonst macht der Vergleich mit dem verschlüsselten String aus der Datenbanktabelle keinen Sinn. Und danach geht es schon los mit SQL. War die Variable $status bisher leer geblieben? Mit anderen Worten: Gab es bisher keine Beanstandungen? Dann erst prüfe ich, ob es einen Datenbankeintrag gibt, bei dem Username und Passwort übereinstimmen, führe die Abfrage mit mysql_query() aus und zähle die Zeilen.

Wenn die Funktion mysql_num_rows($result) genau 1 ergibt, heißt es: Bingo! Ich schalte $_SESSION['login'] auf true und informiere den Benutzer über sein Glück, z.B. mit *Du bist eingeloggt als anna82!* (Diese Botschaft wird in $status gesichert und weiter unten ausgegeben.) Der Zugriff auf die weiteren Seiten steht offen:

Du bist drin? Schau dich einfach um!

Im `else`-Falle jedoch speichere ich in `$_SESSION['login']` den Wert `false` und schreibe in `$status`: *Einloggdaten nicht korrekt!* Wer also das Passwort nicht kennt »hat zwar seine Session« – bekommt aber keine Eintrittskarte.

Ausloggen per logoffmaker.inc.php

Klar, mit Schließen des Browserfensters ist der Nutzer ausgeloggt. Das ist ja das Schöne an Sessions. Trotzdem bietet das Skript auch die Möglichkeit der Sofortflucht. Nach Klick auf Ausloggen ruft sich die Seite noch einmal auf, diesmal jedoch mit dem URL-Anhang `logoff=1`.

Problemlos und schnell: Ausloggen per URL-Anhang

Und genau das frage ich in der `logoffmaker.inc.php` ab. Hat der Besucher auf *Ausloggen* geklickt? Dann wird die Session komplett gelöscht, einschließlich des dazugehörigen Cookies:

```php
<?php
if (isset($_GET['logoff']) && $_GET['logoff'] == 1) {
  session_unset();
  if (isset($_COOKIE['PHPSESSID'])) {
    setcookie("PHPSESSID", "", time()-86400);
  }
  session_destroy();
  $status = "Status: erfolgreich ausgeloggt";
}
?>
```

Wie man Sessions zerstört, hatten wir ja schon auf Seite 76 geklärt. Den bisherigen Stand findest du hier: `beispiele/kapitel04/login_version1`.

Kapitel

Lass mich rein! Ein Modul für das Login

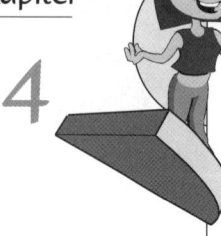

4

Dauerhaft eingeloggt bleiben

Unser System funktioniert. Der Haken: Deine Nutzer müssen sich bei jedem Besuch neu einloggen! Schon das versehentliche Schließen und Öffnen des Browserfensters löscht die Session. Selbst bei *Ebay* kannst du den Zustand »eingeloggt« dauerhaft speichern. Und was Ebay kann, können wir auch!

Durch diese Option bleibt der Besucher dauerhaft eingeloggt.

Machen wir also einen kleinen Kompromiss in punkto Bequemlichkeit. Wir arbeiten mit einem zweiten Cookie namens `keep4u` und verpassen diesem den Wert `15_ZrX8`. Im Gegensatz zum Session-Cookie lassen wir dieses drei Tage überleben – der Benutzer bleibt also so lange eingeloggt!

Das Formular überarbeiten

Damit die Geschichte funktioniert, überarbeiten wir zuerst das Formular. Hier fügen wir einfach eine zusätzliche Checkbox ein. Das zweite Cookie wird nur gesetzt, wenn diese Box abgehakt ist – und wenn die Benutzerdaten stimmen.

Die kleine Ergänzung ist schnell geschrieben – ich zeige dir den entsprechenden Ausschnitt der Datei `login.php`:

```
<input type="password" name="pw"><br>
<input type="checkbox" name="keep" value="1">
Dauerhaft eingeloggt bleiben?
<input type="submit" value="Absenden">
```

Die Checkbox heißt im Beispiel `keep` und trägt den Wert 1. Und darauf reagieren wir in der `loginmaker.inc.php`!

Quellcode der veränderten Login-Datei

Auch hier musst du nur wenige Zeilen ergänzen. Ich zeige dir einen Ausschnitt der `loginmaker.inc.php` und hebe die neuen Zeilen hervor:

```
if (mysql_num_rows($result) == 1) {
  $_SESSION['login'] = true;
  $status = "<p>Du bist eingeloggt als ↵
        <strong>$user</strong>!</p>";
  if (isset($_POST['keep']) && $_POST['keep'] == 1) {
    setCookie("keep4u", "15_ZrX8", time()+86400*3);
    $status = "<p>Du bist dauerhaft eingeloggt ↵
        als <strong>$user</strong>!</p>";
  }
} else {
```

Datensatz gefunden, Username und Passwort korrekt? Dann – und wirklich
nur dann – testet unser Skript auch, ob das neue `keep`-Formularfeld aktiviert wurde. Wenn ja, setzt das Skript ein Cookie namens `keep4u` mit dem
Wert `15_ZrX8` und verpasst diesem eine Lebensdauer von 3 Tagen. Eine
Statusmeldung gibt es natürlich auch, dafür sorgt wieder `$status_yes`.

> Du möchtest die Überlebensdauer des Cookies anpassen? Kein Problem!
> Schaue zur Stelle `time()+86400*3` und ersetze die 3 (für 3 Tage) durch
> den von dir gewünschten Wert!

Du wunderst dich über den komischen Namen und Wert des Cookies? Die
sind natürlich nicht so vorgeschrieben. Ich habe sie mir ausgedacht und
ganz absichtlich etwas uneindeutige Zeichenfolgen gewählt – alles wieder
aus Sicherheitsgründen.

Logoff-Datei anpassen

Da wir gerade bei Cookies sind: Natürlich solltest du auch die Logoff-Datei
`logoffmaker.inc.php` anpassen. Diese muss beim Ausloggen nicht nur
das Session-Cookie, sondern ebenfalls das neue `keep4u`-Cookie löschen.
Wir ergänzen lediglich eine einzige Zeile und sparen uns den Test, ob das
Cookie gesetzt war oder nicht. Schließlich wird es ja gelöscht!

Kapitel

Lass mich rein! Ein Modul für das Login

4

```php
<?php
if (isset($_GET['logoff']) && $_GET['logoff'] == 1) {
  session_unset();
  if (isset($_COOKIE['PHPSESSID'])) {
    setcookie("PHPSESSID", "", time()-86400);
    setcookie("keep4u", "15_ZrX8", time()-86400);
  }
  session_destroy();
  $status = "Status: erfolgreich ausgeloggt";
}
?>
```

Und wie gelingt das Einloggen?

Fehlt noch das letzte Modul – die Datei sessionheader.inc.php.
Schließlich muss PHP erkennen, ob das »Dauer-Cookie« gesetzt ist, damit
die Inhalte angezeigt werden. Ergänze einfach folgende drei Zeilen unterhalb von session_start(). Sie schalten $_SESSION['login'] bei er-
folgreichem »Cookiefund« auf true und der Besucher ist automatisch drin!
Auf allen Seiten!

```php
if (isset($_COOKIE['keep4u']) && ↵
    $_COOKIE['keep4u'] == '15_ZrX8') {
  $_SESSION['login'] = true;
}
```

Merkst du, welche Vorteile solch eine Modulbauweise besitzt? Wir passen
lediglich ein paar Module an und die Änderungen wirken auf das gesamte
System.

Zusammenfassung

Klappt's bei dir? Wunderbar! Damit hast du schon ein robustes kleines Zugriffssystem, welches du für viele Zwecke einsetzen kannst – zum Beispiel für das Mini-Forum, für das Fotoalbum oder das Content-Management-System. (Geduld, das machen wir alles noch!)

Ob du die Funktion *Dauerhaft eingeloggt* nun nutzen willst oder nicht, bleibt dir überlassen! Auf jeden Fall geht Bequemlichkeit zu Lasten von Sicherheit. Fassen wir einfach mal zusammen:

◆ Du kennst den MySQL-Felddatentyp `TINYINT`, der einen ganzzahligen Wert zwischen -128 und 127 oder zusammen mit `UNSIGNED` von 0–255 speichern kann und nur 1 Byte Speicherplatzbedarf verbraucht.

◆ Du kennst die Funktion `MD5()` bzw. `md5()`, mit denen du sowohl in MySQL als auch in PHP Werte verschlüsseln kannst. MD5 gibt eine 32-stellige Hexadezimalzahl aus und lässt sich nicht umkehren.

◆ Du kennst die MySQL-Funktion `NOW()`, die im Zusammenhang mit dem Felddatentyp `DATETIME` einen Zeitstempel im Format `YYYY-MM-DD hh:mm:ss` ausgibt.

◆ Du weißt, dass du mit einem *Unique Index* Doppeleinträge des gleichen Werts unterdrücken kannst. Indizes können auch mehrere Spalten umfassen.

◆ Du hast die Vorteile der Modulbauweise in der Praxis ausprobiert – arbeite viel mit Include-Dateien, um den Code übersichtlich zu halten.

◆ Du hast die im ersten Band eingeführten »Cookies mit Lebensdauergarantie« wiederholt.

Ein paar Fragen ...

Frage 1: Was ist der Unterschied zwischen einen *Unique Index* und einem einfachen *Index*?

Frage 2: Du hast eine Spalte als Primärschlüssel definiert. In wie vielen Datensätzen darf bei diesem Feld der gleiche Wert vorkommen?

Frage 3: Mit welcher Konstante stellst du fest, ob der Nutzer Cookies zulässt oder nicht?

Frage 4: Was macht die Funktion `trim()`?

Frage 5: Welche Funktion verschlüsselt sicherer, `md5()` oder `sha1()`?

Kapitel

Lass mich rein! Ein Modul für das Login

4

... und ein paar Aufgaben

Was gut ist, kann noch besser werden. Deshalb bist du an der Reihe. Keine Sorge, die Aufgaben sind diesmal vergleichsweise einfach:

1. Bei der Planung der Datenbanktabelle `userlogin` hatten wir ein Feld namens *member* hinzugefügt. Ideal für späteres Freischalten durch einen Administrator. Nur registrierte Benutzer bekommen eine 1. Deine Aufgabe: Ändere das Einlogg-Skript so, dass zusätzlich der Status dieses *member*-Datenbankfeldes abgefragt wird. Nur Nutzer, bei denen hier eine 1 steht, sollen sich einloggen dürfen!

2. Sorge dafür, dass Benutzername und Passwort schon bei der Eingabe im Formular nicht länger als 15 Zeichen sein können. Das gelingt mit Bordmitteln von HTML, dafür benötigst du kein PHP!

3. *Zusatzaufgabe*: Prüfe, ob MySQL bei dir auch die stärkere Verschlüsselung SHA1() beherrscht. Du erkennst es daran, dass dir phpMyAdmin diese Funktion im Pull-down-Menü anbietet. Bei manchen Dienstleistern ist das schon der Fall. Klappt es bei dir? Dann trage die Passwörter erneut ein, verschlüssele sie diesmal jedoch mit SHA1(). Ändere das Skript so, dass es die Passwörter sowohl auf md5() als auch sha1() überprüft. (Diese Version des Login-Skripts verwenden wir in den nächsten Kapiteln allerdings nicht – sie hat nur experimentellen Charakter.)

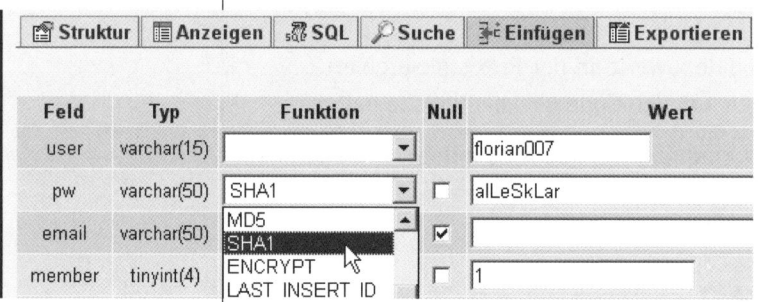

SHA1 ist die stärkere Alternative zu MD5.

5
Anmelden per Mail: Userverwaltung de luxe

Die Userverwaltung funktioniert und ist ziemlich sicher. Doch hast du Lust, alle Nutzerdaten umständlich von Hand einzutragen? Spätestens bei einer erfolgreichen Community-Site wird der Aufwand enorm! Was bei einem Schnellrestaurant üblich ist, kann auch unserem Verwaltungssystem nichts schaden: self service. In Zukunft holen sich unsere Besucher ihre Burger, pardon Kenndaten einfach selber ab. Mit Überprüfung von Benutzernamen und Passwort und Anmeldung durch E-Mail-Aktivierung!

In diesem Kapitel zeige ich dir Folgendes:

- ◉ Planen und Erstellen des An- und Abmeldeformulars

- ◉ Einsatz von Platzhaltern, um die Funktion zu simulieren (Prototyping)

- ◉ Programmieren eines Tests, ob Benutzername und Passwort schon vergeben sind

- ◉ Verwenden der Double-opt-in-Technologie für sicheres Anmelden

- ◉ Verwenden von vereinfachter Verschlüsselung

Du bist kein Fastfood-Fan und magst kein Fleisch? Willkommen im Klub! Dann mixen wir uns einfach einen Salat und genießen das nächste Kapitel auf die lockere Art. Aber bitte mit Dressing – und in Bioqualität!

5

Das Anmeldeformular entsteht

Es geht los mit unserem Projekt »Anmeldetheke«. Zimmere ein schickes Eingabeformular und schreibe die Überprüfungsroutinen. Doch was wollen wir überhaupt machen?

Das Projekt im Überblick

Gerade bei komplexen Projekten darfst du nicht wild draufloscoden. Überlege dir vorher genau, wie die Seite aussehen soll und welche Module du benötigst. Plane die entsprechenden Seiten, Includes und Funktionen:

❖ Wir brauchen eine Anmeldeseite namens `register.php`. Diese dient zum Registrieren oder zum Löschen der Registrierung.

Vor der erfolgreichen Registrierung sind etliche Checks nötig!

❖ Zusätzlich benötigen wir die Include-Dateien `regicheck.inc.php` und `unregister.inc.php` – mit ersterer wird die Registrierung geprüft und vorgenommen, von letzterer wieder ausgetragen!

❖ Weiterhin planen wir eine Funktion namens `actimail()` – diese soll die Anmeldemail erzeugen: Mit Aktivierungslink, damit der Benutzer seine Anmeldung aktivieren kann!

❖ Außerdem benötigen wir eine `zugriff.inc.php` für den Datenbankzugriff und eine `function.inc.php` zur Aufnahme von `actimail()`.

Wir erstellen einen Prototyp

Jetzt zeige ich dir Schritt für Schritt, wie du dieses Projekt realisierst. Wir nutzen dabei eine interessante Programmiertechnik – das Prototyping!

Wir erstellen ein in Ansätzen funktionierendes Modell – einen Prototyp. Statt fertiger Skripte – die wir ja am Anfang noch gar nicht haben – setzen wir an vielen Stellen vorerst Platzhalter ein. Dadurch bekommen wir vorab einen Eindruck von der Funktionsweise des Skripts und vom Aussehen unserer Software. Später fügen wir schrittweise den Rest hinzu. Im Beispiel erzeugen wir übrigens zuerst einen »Oberflächenprototyp«, das ist die erste Stufe, sozusagen die Alpha-Version.

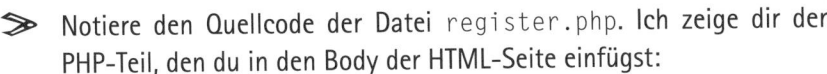 Notiere den Quellcode der Datei `register.php`. Ich zeige dir den PHP-Teil, den du in den Body der HTML-Seite einfügst:

```php
<?php
$status = "";
include_once "function.inc.php";
include_once "zugriff.inc.php";
include "regicheck.inc.php"; // Anmelden
include "unregister.inc.php"; // Abmelden
if (!empty($status)) {
  echo "<p><strong>$status</strong></p>";
}
echo <<<FORMULAR
<form action="register.php" method="post">
Benutzernamen wählen:<br>
<input type="text" name="user" maxlength="15"><br>
Passwort wählen*:<br>
<input type="password" name="pw1" maxlength="15"><br>
Passwort wiederholen:<br>
<input type="password" name="pw2" maxlength="15"><br>
E-Mail-Adresse:<br>
<input type="text" name="email"><br>
<input type="submit" value="Registrieren">
<input type="submit" value="Oder wieder austragen?"
name="unregister">
</form>
FORMULAR;
?>
```

➤ Versuche, die Funktionsweise zu erfassen: Es gibt ein Formular, das die Felder *user*, *pw1*, *pw2* und *email* zurückgibt. Außerdem besitzt es zwei Submit-Buttons, von denen einer *unregister* heißt. So stellst du fest, ob sich der Nutzer abmelden wollte – der Anmeldebutton dagegen bleibt namenlos. Außerdem gibt es eine Variable für Statusmeldungen, die ganz am Anfang mit einem Leerstring initialisiert wird. Danach binde ich die schon besprochenen Include-Dateien ein – zwei davon mit `include_once()`. Das ist aber reine Vorsichtsmaßnahme. Wer weiß, wie umfangreich das Skript noch werden wird. (Mehr zu `include()` und `include_once()` siehe Seite 58.)

➤ Nun bindest du die schon bekannte `zugriff.inc.php` ein und erstellst eine – vorerst noch leere – Datei namens `function.inc.php`.

➤ Jetzt folgt unser »Prototyp« für die `regicheck.inc.php`. Er besteht aus einem rudimentären Check, ob das Formular abgesendet wurde und gibt einen Platzhaltersatz aus:

```php
<?php
if (empty($_POST['unregister']) && !empty($_POST['user'])) {
  $status = "Hier findet der Registriercheck statt";
}
?>
```

➤ Nach gleichem Muster strickst du die `unregister.inc.php`.

```php
<?php
if (isset($_POST['unregister']) && !empty($_POST['user'])) {
  $status = "Nutzer hat auf Austrage-Button geklickt";
}
?>
```

➤ Und damit ist unser Prototyp schon fast fertig! Probiere ihn aus. Klicke zur Probe mal auf REGISTRIEREN, mal auf ODER WIEDER AUSTRAGEN.

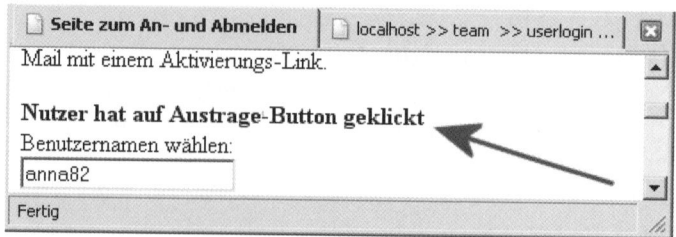

➤ Spiele auch mit der Variablen `$status` herum – ändere den Text und beobachte die Ausgabe.

So testest du die Daten

Und nun testen wir erst einmal die Eingaben unserer Besucher. Steigst du da durch? Beachte meine kleinen Infotexte und Legenden! Auf der nächsten Seite erläutere ich dir dann das Prinzip im Detail.

Quelltext der regicheck.inc.php

```php
<?php
if (empty($_POST['unregister']) && !empty($_POST['user'])) {
  $user = trim($_POST['user']);
  $pw1 = trim($_POST['pw1']);
  $pw2 = trim($_POST['pw2']);
  $email = trim($_POST['email']);
  $muster1 = "/^[a-zA-Z0-9-_.]{5,15}$/";
  if (preg_match($muster1, $user) == 0) {
    $status .= "Das ist kein gültiger Benutzername!<br>";
  }
  if (preg_match($muster1, $pw1) == 0) {
    $status .= "Das ist kein gültiges Passwort.<br>";
  }
  if ($pw1 != $pw2) {
    $status .= "Die Passwörter stimmen nicht überein!<br>";
  }
  $muster2 = "/^[a-zA-Z0-9-_.]+@[a-zA-Z0-9-_.]+\.[a-zA-Z]{2,4}$/";
  if (preg_match($muster2, $email) == 0) {
    $status .= "Die E-Mail-Adresse ist ungültig!<br>";
  }

  if (empty($status)) {
    $sql_usercheck = "SELECT * FROM userlogin WHERE user='$user'";
    $result = mysql_query($sql_usercheck);
    if (mysql_num_rows($result) == 1) {
      $status .= "Nutzername schon vergeben!<br>";
    }
    $pw = md5($pw1);
    $sql_pwcheck = "SELECT * FROM userlogin WHERE pw='$pw'";
    $result = mysql_query($sql_pwcheck);
    if (mysql_num_rows($result) == 1) {
      $status .= "Bitte wähle ein anderes Passwort!<br>";
    }
  }
}
```

»freundliche« Variablen erzeugen und von Leerzeichen befreien

Test von Benutzernamen und Passwort auf korrekten Aufbau und korrekte Länge

Test der E-Mail-Adresse auf Gültigkeit

Vorabcheck Nutzername

Vorabcheck Passwort

115

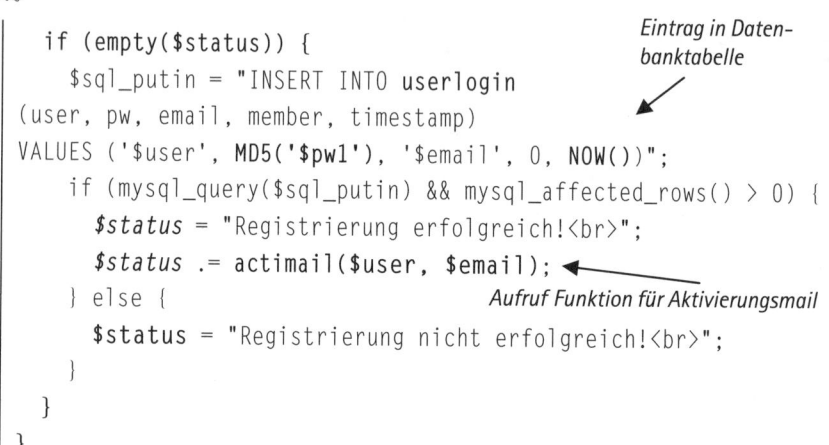

```
    if (empty($status)) {
        $sql_putin = "INSERT INTO userlogin
(user, pw, email, member, timestamp)
VALUES ('$user', MD5('$pw1'), '$email', 0, NOW())";
        if (mysql_query($sql_putin) && mysql_affected_rows() > 0) {
            $status = "Registrierung erfolgreich!<br>";
            $status .= actimail($user, $email);
        } else {
            $status = "Registrierung nicht erfolgreich!<br>";
        }
    }
}
?>
```

Eintrag in Daten-
banktabelle

Aufruf Funktion für Aktivierungsmail

Zuerst gibt es die berühmte alles umspannende if-Abfrage. Sie beginnt in Zeile 1 und endet in der letzten Zeile. Wir prüfen zuerst, ob die Variable $_POST['unregister'] leer geblieben ist. Das ist für uns das Zeichen, dass der Nutzer auch wirklich nur auf den Button zum Anmelden geklickt hat – nicht aber auf den zum Austragen! Außerdem erfolgt ein weiterer Test, ob der Nutzername nicht leer gelassen wurde. Daran erkennen wir, dass das Formular überhaupt abgeschickt wurde.

Danach speichern wir die sperrigen $_POST-Variablen aus dem Formular in handlicheren Variablen und befreien sie gleichzeitig von evtl. Leerzeichen am Anfang und Ende. Die Funktion trim() ist dir ja schon geläufig!

Es folgen nun drei if-Abfragen, in denen Benutzername und Passwort geprüft werden. Stimmen die Eingaben überein mit der Musterschablone aus dem regulären Ausdruck ($muster1)? Entspricht das erste eingegebene Passwort dem Wert aus dem Kontrollfeld? Auch der E-Mail-Check mit dem regulären Ausdruck ($muster2) müsste dir bekannt vorkommen.

Interessant ist, dass wir alle Fehlermeldungen in $status sichern!

Damit wir mehrere Meldungen bequem sammeln können, benutzen wir den kombinierten Verknüpfungs- und Zuweisungsoperator .= wie z.B. hier: $status .= "Das ist kein gültiges Passwort.
";

Das ist rationeller als die Langform: $status = $status . "Das ist kein gültiges Passwort.
";

Im ersten Band haben wir diese Technik ja auch schon erfolgreich eingesetzt, aber man muss sich erst einmal daran gewöhnen! Deshalb erwähne ich es hier noch einmal!

Nachschlagen in der Datenbanktabelle

Erst im zweiten Teil des Skripts wird die Datenbanktabelle endlich abgefragt. Und damit das erfolgen kann, testen wir vorher, ob die Variable $status weiterhin leer ist – schließlich haben wir sie am Anfang der register.php als Leerstring initialisiert. Sie ist nicht mehr leer? Es gab also irgendwelche Fehlermeldungen? Dann hat PHP im zweiten Teil des Skripts nichts mehr zu tun und die Include-Datei wird verlassen.

Wenn jedoch keine Eingabefehler vorliegen, prüfen wir als Nächstes, ob Nutzername und Passwort schon vorhanden sind. Genau das darf schließlich nicht sein. In einem solchen Fall wird der Besucher wieder via $status über den Sachverhalt aufgeklärt.

Du meinst, dass solche Doppeleinträge gar nicht möglich sind? Weil wir das Feld *user* schon zum Primary Key und das Feld *pw* zum Unique Index gemacht hatten? Das stimmt! Doch auf diese Weise können wir den Nutzer wenigstens gezielt über das Problem informieren.

Beachte, dass wir vorher mit PHP den md5-Wert des Passworts erzeugen müssen. Schließlich ist dieses Passwort in der Datenbank verschlüsselt gespeichert!

Eintrag in die Datenbanktabelle

Im letzten Teil erfolgt nun der Eintrag in die Datenbanktabelle. Aber auch das erst nach einem Test von $status. Denn nur wenn diese Variable weiterhin leer ist, heißt das: Es gab keinen Fehler! Der Eintrag selber ist sicher kein Problem, den haben wir oft genug durchgesprochen. Interessant ist, dass wir diesmal mit zwei MySQL-Funktionen arbeiten – du kennst sie schon aus dem vorigen Kapitel. Mit MD5('$pw1') wird das Passwort verschlüsselt und mit NOW() der Zeitstempel erzeugt. Dabei darfst du die Funktionen selbst nicht in Gänsefüßchen einkleiden. Lediglich das Argument bei MD5() benötigt die einfachen Gänsefüßchen: MD5('$pw1')!

Wichtig ist auch der Wert 0 für das Feld *member*. Die 1 wird ja erst per Mail-Aktivierung gesetzt. Erst dann ist der Nutzer »Vollmitglied«.

Wenn die Registrierung erfolgreich war, gibt es eine Erfolgsmeldung. Dafür sorgt wieder die Variable $status, die ja bisher noch leer ist. Außerdem rufen wir die Funktion für die Aktivierungsmail auf. Auch sie gibt eine Statusmeldung aus, die wir ebenfalls fein säuberlich in $status »sammeln«.

Getreu unserem »Prototyping-Prinzip« tragen wir in `function.inc.php` erst einmal Folgendes ein:

```php
<?php
function actimail($email)
{
   return "Aktivierungsmail nicht verschickt!";
}
?>
```

Wie gesagt – es handelt sich vorerst um einen reinen Test-Platzhalter. Um diese Funktion kümmern wir uns ab Seite 122.

Löschen des Eintrags

Als Nächstes erkläre ich dir das Löschmodul unseres Registriersystems!

Quelltext der unregister.inc.php

Den Quelltext der »Löschdatei« habe ich aus satztechnischen Gründen auf der rechten Seite abgedruckt. Der erste Teil ist mehr oder weniger schon bekannt – wir übernehmen einfach vieles aus `regicheck.inc.php`! Diesmal prüft die alles umspannende `if`-Abfrage zuerst, ob die Variable `$_POST['unregister']` gesetzt ist – schließlich soll der Code nur ausgeführt werden, wenn der Nutzer auf den »Unregister-Button« klickt.

Die erste Besonderheit beginnt im dritten Drittel, bei der Datenbankabfrage. Der SQL-Code, der in `$sql_delete` gespeichert wird, ist sicher klar. Nur wenn eine genaue Übereinstimmung von Nutzernamen, Passwort und E-Mail-Adresse besteht, soll das Löschen möglich sein. Sonst könnte ja jeder Depp beliebige Einträge löschen, wenn er allein den Nutzernamen kennt! Auch die Voraussetzung `member != 0` macht Sinn. Nur wer schon irgendwie in den Memberstatus erhoben wurde, darf sich wieder löschen.

Erfolgsmeldung nach dem Löschen

Doch wozu dient die Funktion `if (mysql_affected_rows() > 0) {`? Würde `if (mysql_query($sql_delete)) {` als Bedingung für die Erfolgs- oder Misserfolgsmeldung nicht genügen? Leider ist das nicht der Fall! Selbst wenn das Löschen nicht geklappt hat, gibt `mysql_query()` true zurück. Und zwar im Sinne von »die Anfrage war gültig«. Gültig bedeutet hierbei aber noch lange nicht, dass sie auch einen Effekt hatte. Also prüfen wir wieder eine weitere Bedingung mit `mysql_affected_rows()`.

Die Funktion `mysql_affected_rows()` gibt die Anzahl der bearbeiteten Datensätze zurück. Sie arbeitet mit `INSERT`, `UPDATE` und `DELETE` zusammen und benötigt kein Argument. Im Beispiel gibt sie entweder 0 oder 1 zurück – das fragen wir einfach ab und reagieren darauf!

```php
<?php
if (isset($_POST['unregister']) && !empty($_POST['user'])) {
  $user = trim($_POST['user']);
  $pw1 = trim($_POST['pw1']);
  $pw2 = trim($_POST['pw2']);
  $email = trim($_POST['email']);
  $muster1 = "/^[a-zA-Z0-9-_.]{5,15}$/";
  if (preg_match($muster1, $user) == 0) {
    $status .= "Das ist kein gültiger Benutzername!<br>";
  }
  if (preg_match($muster1, $pw1) == 0) {
    $status .= "Das ist kein gültiges Passwort.<br>";
  }
  if ($pw1 != $pw2) {
    $status .= "Die Passwörter stimmen nicht überein!<br>";
  }
  $muster2 = "/^[a-zA-Z0-9-_.]+@[a-zA-Z0-9-_.]+\.[a-zA-Z]{2,4}$/";
  if (preg_match($muster2, $email) == 0) {
    $status .= "Die E-Mail-Adresse ist ungültig!<br>";
  }

  if (empty($status)) {
    $pw = md5($pw1);
    $sql_delete = "DELETE FROM userlogin WHERE user = '$user'
AND pw = '$pw' AND email = '$email' AND member != 0";
    if (mysql_query($sql_delete)) {
      if (mysql_affected_rows() > 0) {
        $status = "Abmeldung  erfolgreich!<br>";
      } else {
        $status = "Abmeldung nicht erfolgreich!<br>";
      }
    }
  }
}
?>
```

Den aktuellen Stand findest du unter `beispiele/kapitel05/version2`.

Aktivierung per E-Mail

So weit – so unfertig. Es fehlt noch die Funktion zum Versenden der Aktivierung. Und das Skript, welches die Aktivierung entgegennimmt!

Wichtig: Die nächste Version kannst du erst dann testen, wenn du das Skript beim Dienstleister installierst. Schließlich funktioniert der Mailversand normalerweise nicht vom lokalen System aus. Klar, es gibt schon Möglichkeiten, auch auf dem lokalen Windows-System das Senden zu aktivieren. Die Stichworte lauten *Hamster* (ein kleiner Mailserver, siehe *http://hamster.volker-gringmuth.de*) oder *MercuryMail* – letzteres wird sogar mit XAMPP mitgeliefert. Ich finde die Installation aber recht kompliziert, sodass ich grundsätzlich zur »Dienstleister-Variante« rate.

So funktioniert die Aktivierung

Schauen wir uns zuerst an, wie die Aktivierung funktionieren soll, und zwar Schritt für Schritt.

Das Besondere: Unsere Aktivierung arbeitet mit einer Bestätigung per E-Mail. Warum? Die Anmeldung allein reicht nicht aus, um den begehrten Memberstatus zu erhalten. Da könnte ja sonst jeder jeden anmelden. Wir gehen auf Nummer sicher. Erst die endgültige Bestätigung setzt den Datenbankeintrag member auf 1.

In der Praxis sieht das so aus: Der Nutzer empfängt seine Aktivierungs-E-Mail und klickt dort auf einen Hyperlink. Erst danach wissen wir, dass es die Nutzerin bzw. den Nutzer wirklich gibt und dass es kein Spaßeintrag ist. Erst danach wird sie oder er angemeldet. Daher bezeichnet man diese Technik auch als Double-opt-in (sinngemäß *doppelter Eintritt*). Alles im Interesse der Sicherheit!

Soviel vorweg: Den Endstand dieses Kapitels findest du auf der CD-ROM unter dem Pfad beispiele/kapitel05/version2. Nur falls dich die Lust zum Abschreiben zwischenzeitlich verlassen haben sollte.

Doch jetzt zur Registrierprozedur. Ich zeige es dir am Beispiel des Nutzers *clauskern*.

➤ Zuerst registriert sich »Clausmaus« beim System. Nach Absenden bekommt er folgende Statusmeldungen:

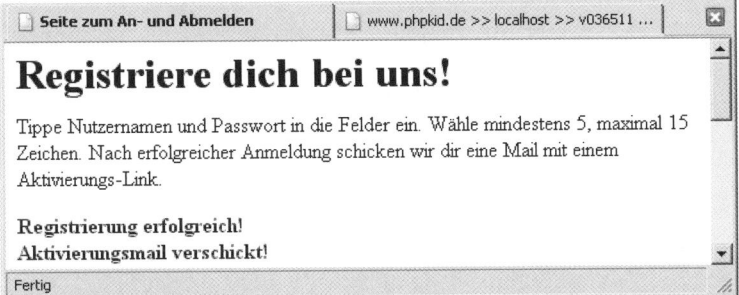

➤ Er schaut in sein E-Mail-Postfach und klickt auf den Link in der Aktivierungsmail:

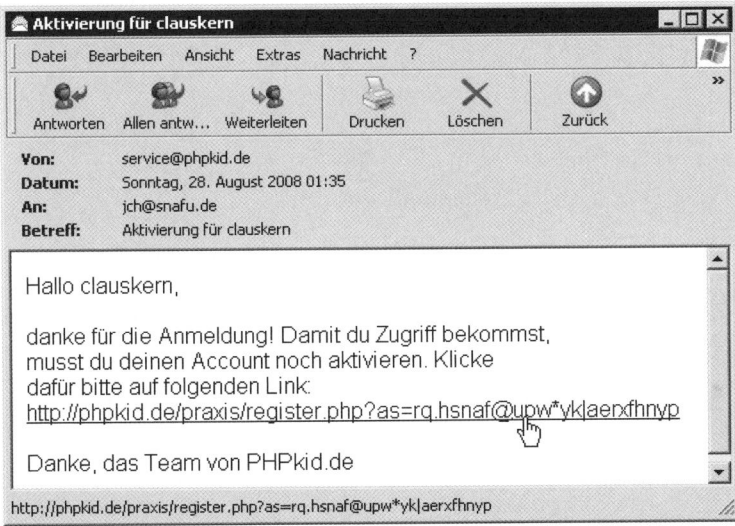

➤ Daraufhin landet er dort, wo er seine Daten eingegeben hatte: *Aktivierung erfolgreich*! Intern wird der Wert von *member* nun auf 1 gesetzt.

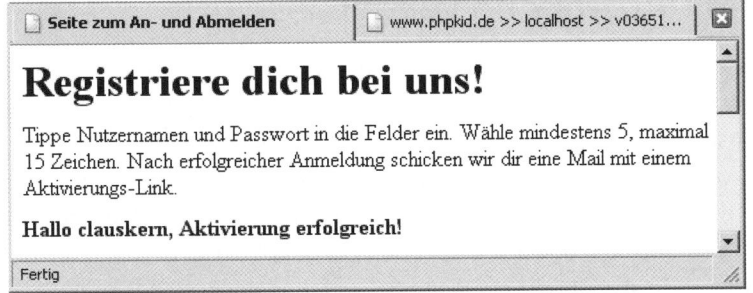

Quelltext der function.inc.php

Schau dir nun die Funktion `actimail()` etwas genauer an:

```php
<?php
function actimail($user, $empfaenger)
{
  // Editieren Anfang
  $betreff = "Aktivierung für $user";
  $absender = "service@phpkid.de";
  $url = "http://phpkid.de/praxis/register.php";
  // Editieren Ende
  $anhang = str_rot13("$user.Q3x$empfaenger");
  $anhang = strrev($anhang);
  $url .= "?as=$anhang";
  $mailbody = "Hallo $user,

danke für die Anmeldung! Damit du Zugriff bekommst,
musst du deinen Account noch aktivieren. Klicke
dafür bitte auf folgenden Link:
$url

Danke, das Team von PHPkid.de";
  if (@mail($empfaenger, $betreff, $mailbody, "From: ⤷
            $absender")) {
    return "Aktivierungsmail verschickt!";
  } else {
    return "Aktivierungsmail nicht verschickt!";
  }
}
?>
```

String als Trennzeichen

URL mit Aktivierungsanhang

Den URL-Anhang verschlüsseln

Blättere zur vorigen Seite: Der Star unserer Datei `function.inc.php` ist natürlich die Funktion `actimail()`. Hier verschicken wir die Aktivierungsmail. Die Funktion übernimmt zwei Argumente – den Benutzernamen und die E-Mail-Adresse. Außerdem kannst du in den nächsten Zeilen Betreff, Absenderadresse und URL festlegen, welche aufgerufen werden soll. Wähle eine möglichst kurze Adresse, damit der Link nicht zu lang wird. Lasse – falls das bei dir möglich ist – ggf. das *www* weg, um Platz zu sparen.

Doch was passiert danach? Wozu brauchst du die zwei Funktionen `str_rot13()` und `strrev()`?

Wir übermitteln im URL-Anhang Benutzernamen und E-Mail-Adresse. Diese werden später von der Aktivierungsseite ausgelesen und zum »Updaten« des Eintrags (*member* auf 1 setzen) genutzt. Doch ich möchte diese beiden Werte nicht unbedingt im Klartext als Weblink verschicken. Der Nutzer soll nicht sofort durchschauen, wie das System funktioniert. Deshalb verwende ich eine schwache, aber auf den ersten Blick wirksame Verschlüsselung! Das gelingt durch zwei Funktionen.

Die Funktion `str_rot13()` wandelt einen String nach der »Rot13-Methode« um. Dabei wird einfach jeder Buchstabe um 13 Stellen im Alphabet verschoben: H wird zu U oder P zu C. Zahlen und andere Zeichen bleiben bei der Verschiebung außen vor. Die Syntax der Funktion lautet:

```
string str_rot13(string str)
```

Das Interessante: Die Funktion `str_rot13()` verschlüsselt in beide Richtungen. Wenn sie auf einen unverschlüsselten String angewendet wird, wird dieser verschlüsselt. Wirkt sie dagegen auf einen verschlüsselten String, wird dieser entschlüsselt.

Doch warum habe ich im Beispiel so ein putziges Argument übergeben: `str_rot13("$user.Q3x$empfaenger")`? Der String setzt sich aus dem Nutzernamen, der willkürlich gewählten Zeichenfolge `.Q3x` und dem Empfänger zusammen. Diese willkürliche Zeichenfolge soll später zum Trennen der beiden Strings dienen. Dafür setzen wir dann `explode()` ein! Nun ist der URL-Anhang ja schon fast »ver*rot*tet«, wozu nun noch die Funktion `strrev()`? Was macht die genau? Sie dreht den String einfach nur um! Das ist nur eine zusätzliche Verwirrungsmaßnahme, mehr nicht.

Wichtig zu wissen: Beide der eben besprochenen Funktionen sind umkehrbar – ganz im Unterschied zu `md5()` oder `sha1()`.

Der Rest des Skripts ist klar? Ich setze Webadresse und verschlüsselten Teil zusammen und kreiere eine GET-Variable namens *as*: `?as=$anhang`. Diese brauche ich später zur Wiedererkennung. Dann speichere ich den Text der E-Mail in `$mailbody` und füge die URL mit Aktivierungs-Anhang ein. Danach geht die Mail auf die Reise mit Hilfe der Funktion `mail()`. Bei erfolgreichem Versand gibt die Funktion eine Erfolgsmeldung zurück: *Aktivierungsmail verschickt!* Bei Problemen heißt es jedoch: *Aktivierungsmail nicht verschickt!*

Quelltext der Aktivierungsseite

Hätten wir doch beinahe die Aktivierungsseite vergessen. Nennen wir das Modul einfach `activation.inc.php` und binden wir es schnell noch in die `register.php` ein. Hier der entsprechende Ausschnitt:

```
include_once "function.inc.php";
include_once "zugriff.inc.php";
include "activation.inc.php"; // Aktivierung
include "regicheck.inc.php"; // Anmelden
include "unregister.inc.php"; // Abmelden
```

Doch wie sieht nun die `activation.inc.php` aus? Hier zeige ich dir den relativ kurzen Quelltext:

```php
<?php
if (isset($_GET['as'])) {
  $as = strrev($_GET['as']);
  $as = str_rot13($as);
  $as = explode(".Q3x", $as);
  $user = $as[0];
  $muster1 = "/^[a-zA-Z0-9-_.]{5,15}$/";
  if (preg_match($muster1, $user) == 0) {
    die("Manipulationsversuch!"); // Abbruch des Skripts
  }
  $email = $as[1];
  $muster2 = "/^[a-zA-Z0-9-_.]+@[a-zA-Z0-9-_.]+\.[a-zA-Z]{2,4}$/";
  if (preg_match($muster2, $email) == 0) {
    die("Manipulationsversuch!"); // Abbruch des Skripts
  }
  $sql_update = "UPDATE userlogin SET member=1
WHERE user='$user' AND email='$email'";
  if (mysql_query($sql_update)) {
   if (mysql_affected_rows() > 0) {
    $status = "Hallo $user, Aktivierung erfolgreich!<br>";
   } else {
    $status = "Aktivierung nicht erfolgreich!<br>";
   }
  }
}
?>
```

Zuerst wird geprüft, ob eine GET-Variable namens `$_GET['as']` existiert. Danach erfolgt die Entschlüsselung. Die Funktion `explode()` teilt den String in Benutzernamen und E-Mail auf. Als Trennzeichen dient dabei unsere mysteriöse Zeichenfolge: `.Q3x`.

Nun werden Benutzername und E-Mail-Adresse wieder mit der entsprechenden Musterschablone verglichen. Rein aus Sicherheitsgründen, denn auch URL-Anhänge können manipuliert werden. Man muss grundsätzlich allen »von außen« kommenden Werten misstrauen! Sollte das der Fall gewesen sein, bricht das Skript ab und gibt die Zeichenfolge *Manipulationsversuch* aus. Dafür sorgt `die("Manipulationsversuch!");`

Als Nächstes folgt der SQL-String für ein UPDATE. Der Wert von `member` muss auf 1 gesetzt werden.

Die Datenbankabfrage wird ausgeführt und geprüft. Auch hier reicht es leider nicht aus, `mysql_query()` auf Erfolg oder Misserfolg zu prüfen. Auch wenn kein Datensatz upgedated werden konnte, wird wieder *true* zurückgegeben. Wir verwenden daher erneut `mysql_affected_rows()` und geben die entsprechende Statusmeldung aus.

5

Zusammenfassung

Was für ein interessantes Kapitel! Deine Nutzerverwaltung ist noch sicherer und komfortabler geworden, weil sich die Besucher nun selber anmelden können! Folgendes hast du in diesem Kapitel gelernt bzw. wiederholt:

❖ Bei umfangreichen Projekten solltest du vorab einen Oberflächenprototyp anfertigen. Das ist eine in Ansätzen funktionierende Alpha-Version mit fertiger Bedienoberfläche. Du bekommst einen ersten Eindruck von Funktionsweise und Aussehen des Programms und erstellst nach und nach die fertigen Module.

❖ Du nutzt den kombinierten Verknüpfungs- und Zuweisungsoperator .=, um Platz zu sparen. Dabei steht die Kurzform `$var .= "string"` für `$var = $var . "string"`.

❖ Du hast die Verschlüsselungsfunktion `MD5()` und den »Datumsgenerator« `NOW()` direkt in einer SQL-Codezeile an MySQL übergeben. Du weißt, dass du diese speziellen MySQL-Funktionen dabei nicht in Gänsefüßchen einkleiden darfst.

❖ Du nutzt die Funktion `mysql_affected_rows()` für eine Statusmeldung beim Löschen (`DELETE`) bzw. Updaten (`UPDATE`) von Datenbankeinträgen. Sie gibt die Zahl der bearbeitenten Zeilen zurück – im Misserfolgsfall einfach 0.

❖ Du nutzt die Double-opt-in-Technologie für mehr Sicherheit beim Anmelden. Schicke den Besuchern eine Aktivierungsmail an die von ihnen angegebene Adresse.

❖ Du kennst die Funktionen `str_rot13()` und `strrev()`. Erstere verschlüsselt bzw. entschlüsselt nach dem ROT13-Verfahren (Verschieben um 13 Stellen im Alphabet). Mit `strrev()` drehst du Strings um.

❖ Du hast die Funktion `explode()` wiederholt, bei der du eine Zeichenkette anhand eines selbst definierten Trenners in ein Array aufsplitten kannst.

Ein paar Fragen

Frage 1: Nenne zwei Verschlüsselungsfunktionen, die nur in einer Richtung verschlüsseln. Nenne ein, die in beiden Richtungen verschlüsselt.

Frage 2: Welche dieser drei Verschlüsselungsfunktionen ist am sichersten?

Frage 3: Wie nennt sich ein in Ansätzen funktionstüchtiges Modell zu Testzwecken?
a.) Phänotyp
b.) Prototyp
c.) Cooler Typ

Frage 4: Mit welcher Funktion kannst du einen String umkehren?

Frage 5: Du möchtest in einem Skript Daten aus einer Datenbanktabelle löschen per `DELETE`. Warum genügt es nicht, `mysql_query()` auf den Rückgabewert zu prüfen (*true* oder *false*)?

Frage 6: Mit welcher Funktion kannst du feststellen, ob eine `DELETE`-Abfrage erfolgreich war oder nicht?

... und ein paar Aufgaben

Auch unser geniales Anmeldeskript ist noch nicht ganz perfekt. Verbessere es! Doch davor stellst du dich zum Anwärmen an die »String-Drehbank«:

1. Erzeuge ein Skript, welches prüft, ob ein String ein Palindrom ist. Ein Palindrom ist ein Wort, welches von beiden Seiten das Gleiche ergibt, z.B. *Otto* oder *Radar*. Der Nutzer soll das zu prüfende Wort in ein Formularfeld eintragen. Das Skript soll ausgeben: *Zeichenfolge ist Palindrom* bzw. *Zeichenfolge ist kein Palindrom*. Beachte, dass Groß- und Kleinschreibung dabei nicht berücksichtigt werden dürfen, damit z.B. *Otto* als Palindrom erkannt wird. Tipp: Siehe die Funktionen in der Tabelle auf Seite 30–31.

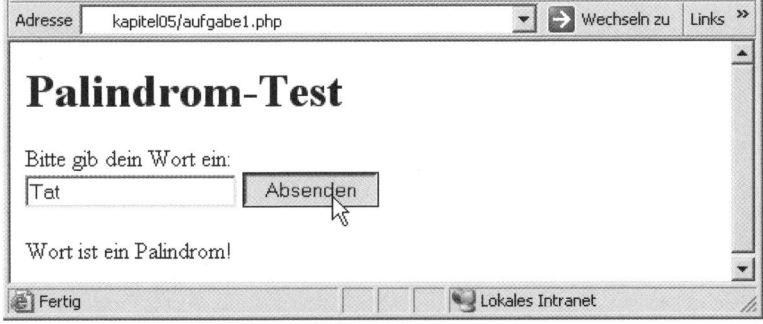

2. Und nun zum Projekt des Kapitels. Baue mehr Komfort in die Datei `register.php` ein: Sorge dafür, dass die Daten im Feld *Benutzername* und *E-Mail-Adresse* – nicht aber im Feld *Passwort* – auch nach Absenden erhalten bleiben. Beachte, dass du dabei aus Sicherheitsgründen HTML-Tags eliminieren musst! Auch Schönheitsfehler wie evtl. durch

Backslashes maskierte Hochkommas wie \' entfernst du bitte! Vermeide außerdem undefinierte Variablen!

3. Sorge zusätzlich dafür, dass Nutzername und Passwort voneinander abweichen müssen. Gib bei Übereinstimmung eine Statusmeldung aus. Tipp: Dafür bearbeitest du die regicheck.inc.php.

4. Ganz wichtig: Bearbeite die Datenbanktabelle userlogin nach. Sorge dafür, dass auch die E-Mail-Adresse nur ein einziges Mal vorkommen darf! Mache sie zum Unique Index. Hinweis: Vorher musst du ggf. einige Doppeleinträge aus deiner Datenbanktabelle löschen, sonst gibt es eine Fehlermeldung.

5. Ergänze das Skript regicheck.inc.php auch um eine Überprüfung der E-Mail-Adresse. Das Skript soll – genau wie beim Nutzernamen und beim Passwort – nachschlagen, ob der Eintrag schon vorhanden ist. Wenn ja, soll es eine entsprechende Meldung geben.

6

E-Mail mit Klasse: HTML, Header und Datei

Einfache Textmails versenden? Das ist easy: Mit `mail()` jagst du deine E-Post quer um den Globus. Doch spätestens mit steigenden Ansprüchen beginnt auch der Frust. HTML-Mails? Angehängte Dateien? Nichts ist unmöglich! Doch manchmal fliegen den Empfängern die kryptischen Headercodes (Kopfdaten) dabei nur so um die Ohren. Denn statt schön gestalteter Botschaften erhalten die Adressaten nur wüsten Zeichensalat.

In diesem Kapitel kämpfen wir uns also durch das Thema »zusätzliche Kopfzeilen« für E-Mail. Erst in Handarbeit, dann »mit Klasse«.

Folgende Themen schauen wir uns an:

- ◎ `mail()` durch zusätzliche Header (Kopfdaten) aufwerten
- ◎ Angeben eines Rücksendepfads für Fehlermeldungen
- ◎ Versenden von Kopien, Blindkopien und HTML-Mails
- ◎ Einbinden der Mail-Bibliothek von Superguru Richard
- ◎ Versenden angehängter Dateien

6 E-Mail mit zusätzlichen Headern versehen

Hast du dir schon mal das Vergnügen gegönnt, in den Quelltext einer E-Mail zu linsen? Zum Beispiel mit Outlook Express: Wähle in der geöffneten Mail einfach DATEI | EIGENSCHAFTEN und klicke auf die Registerzunge *Details*. Das ist der Abschnitt, in dem das Grauen beginnt. Wenn du dich mal so richtig gruseln willst, klicke zusätzlich auf den Button QUELLTEXT.

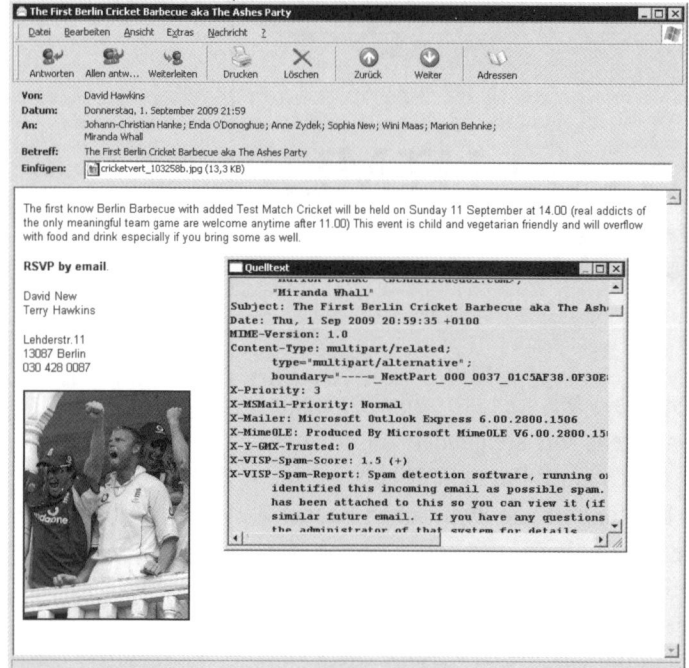

Hinter den Kulissen: Im oberen Teil der E-Mail befinden sich die Kopfdaten.

Und was es da alles für Kopfdaten gibt! Für den Empfänger, den Betreff, den Absender, den Rücksendepfad, das Datum, die so genannte MIME-Version, die Priorität, die angehängten (bzw. integrierten) Dateien usw. usf. Viele verstehst du auf den ersten Blick (*To* wie Empfänger, *Subject* wie Betreff usw.), manches leuchtet nicht unbedingt sofort ein.

> Viele Headerzeilen werden vom E-Mail-Programm oder von Servern im Internet hinzugefügt – z.B. *Date*, die *Message-ID* oder die Kennungen irgendwelcher Spamschutztools. Manche davon sind sogar »inoffiziell«. Solche speziellen nicht-standardisierten Header erkennst du durch ein vorangestelltes X wie bei `X-Priority` (Priorität), `X-Mailer` (Versendeprogramm) oder `X-VISP-Spam-Report` (eine Spamkennung).

Absenderadresse und Fehlermails

Kennst du die neuzeitliche Bezeichnung für Friseur? Richtig, Headshop! Auch bei uns »rollen nun Köpfe« und wir fügen die ersten davon als *additional headers* ein. Doch wo? Werfen wir dafür einen ganz professionellen Blick auf die Grundsyntax der Funktion mail():

```
bool mail(string to, string subject, string message [,
string additional_headers [, string additional_parameters]])
```

Bingo! Die *additional_headers* stecken im vierten Argument. Du kennst und nutzt diesen Parameter ja bisher schon zur Angabe der Absenderadresse:

```php
<?php
$from = "absender@mail.de";
$mailbody = "Das ist der Text der E-Mail";
mail("test@lexi.de", "Betreffzeile", $mailbody, ↵
     "From: $from");
?>
```

Und hier greift auch der erste Trick: Du möchtest neben der Absenderadresse auch einen Namen angeben? Dann verwende statt der einfachen Schreibweise From: email@server.de folgende erweiterte Zeichenfolge: From: Vorname Nachname <email@server.de>.

Du brauchst weitere Zeilen? Nichts leichter als das! Setze den Header oberhalb der Mailfunktion zusammen und füge ihn per Variable an der gewünschten Stelle ein. Vergiss dabei nicht den Operator .=, um diese Werte miteinander zu verketten! Im Beispiel füge ich die Zeile Errors-To hinzu. Diese Anweisung dient zur Entgegennahme von Fehlermeldungen, falls die Botschaft nicht zugestellt werden konnte.

```php
$headers = "From: $Email\r\n";
$headers .= "Errors-To: fehleradresse@phpkid.de";
// evtl. weitere Codezeilen
mail("test@server.de", "Betreffzeile", $mailbody, $headers);
```

Mehrere Headerzeilen müssen durch \r\n voneinander getrennt werden. Das ist nichts weiter als ein DOS- oder Windows-Zeilenumbruch: eine Kombination der ASCII-Zeichen 13 »carriage return« und 10 »new line«. Ein Zeilenumbruch alleine genügt leider nicht, sonst kommt es zu Fehlern. Wichtig: Das letzte Headerfeld darf diese Zeichen nicht enthalten, sonst werden Teile des Headers im Body der Mail dargestellt! Grund: Die Funktion mail() fügt diesen Umbruch ganz automatisch ein!

Rücksendepfad angeben

Doch wozu brauchst du noch den Rücksendepfad, den *return path*? Der ist deshalb wichtig, weil `Errors-To` leider nicht immer zuverlässig funktioniert. Gib ihn also an, und zwar als zusätzlichen, fünften Parameter der `mail()`-Funktion. Und das sieht dann so aus:

```
mail("test@server.de", "Betreffzeile", $mailbody, ⏎
     "From: $from", "-f fehleradresse@phpkid.de");
```

Hinter `-f` steckt ein spezieller Schalter für das Mailprogramm. Danach folgen ein Leerzeichen und die Fehleradresse. Letztere kannst du natürlich auch als Variable übergeben:

```
mail("test@server.de", "Betreffzeile", $mailbody, ⏎
     "From: $from", "-f $errormail");
```

Allerdings kommt es vor, dass deine PHP-Installation diesen fünften Parameter nicht akzeptiert und Fehlermeldungen erzeugt. Das war lange Zeit beim Hoster Strato der Fall, weil dieser den so genannten *safe mode* verwendet hatte (`safe_mode = On`). Dieser Modus unterdrückt bestimmte Funktionen. Vergewissere dich in der `php.ini`, wie die Variable `safe_mode` eingestellt ist. Rufe dazu die Funktion `phpinfo()` auf.

Wozu macht das Verfahren mit *Errors-To* bzw. dem Rücksendepfad Sinn? Ich nutze es für das Versenden von Newslettern. Ich habe mir eine spezielle E-Mail-Adresse nur für Fehlermails reserviert. So trenne ich die fehlerhaften Rückläufer bequem von den normalen Anfragen und Antworten.

E-Mail an mehrere Empfänger

Du möchtest deine Mail an mehrere Empfänger verschicken? Klar, kein Problem. Nutze die Headerzeilen `To:`, `Bcc:` oder `Cc:` und gib mehrere E-Mail-Adressen an. Trenne diese einfach durch ein Komma voneinander! Wenn du eine Mail an zwei Empfänger gleichzeitig senden willst, schreibst du folgende Zeilen:

```
$headers .= "To: addi1@server.de, addi2@server.de\r\n";
```

Dadurch, dass du den Empfänger zwangsläufig schon als erstes Argument der Funktion `mail()` angibst, entstehen später zwei Headerzeilen mit `To:`. Im Beispiel würden also mindestens drei Empfänger die E-Mail erhalten!

Du möchtest mehrere Mails mit `Cc` (carbon copy für Durchschlag) bzw. `Bcc` (blind carbon copy, Blindkopie) versenden? Das kann so aussehen – die Angabe eines Namens ist dabei natürlich auch wieder möglich:

```
$headers .= "Bcc: Name <addi1@server.de>, addi2@server.de\r\n";
```

Diese Namensangabe mit der Schreibweise `Name <addi@server.de>` darfst du grundsätzlich nur in den Headerzeilen für das vierte Argument der Funktion `mail()` verwenden. Das erste Argument, also die »Hauptempfängeradresse«, verträgt diese Schreibweise häufig nicht. Folgende Zeile würde daher möglicherweise zu Problemen führen:

```
mail("Name <test@server.de>", "Betreffzeile", $mailbody, ↵
     $headers);
```

> Du möchtest Massenmails versenden mit `Cc` bzw. `Bcc`? Da wäre ich vorsichtig, denn viele Mailprogramme stufen derartige Mails als Spam ein. Manche Dienstleister verweigern auch die Weiterleitung. Auch das eben gezeigte Angeben mehrerer Empfänger mit `To` ist problematisch. Ich rate aus Sicherheitsgründen dazu, jedem Empfänger seine Mail einzeln zu schicken. In einem Newsletterskript könnte das durch eine Schleife erfolgen, die alle Einträge einer Datenbanktabelle abarbeitet und immer wieder die Funktion `mail()` aufruft.

Bunte Mails im HTML-Format

Freudlose E-Mails im Textformat? Das Leben ist grau genug! In diesem Abschnitt verrate ich dir, wie du quietschbunte Botschaften schreibst.

> Trotz aller Freude eine Warnung: Setze das HTML-Format bei E-Mails sparsam ein – vor allem, wenn du die Empfänger nicht kennst. Nicht alle E-Mail-Programme können HTML-Mails lesen. Viele Nutzer schalten HTML auch bewusst ab, um sich vor Viren und Würmern zu schützen. Denn mit dem einfachen Textformat können derartige Viecher nicht übertragen werden. In Outlook Express wählst du EXTRAS|OPTIONEN und gehs ins Register *Lesen*. Wähle *Alle Nachrichten als Nur-Text lesen*.

Doch wir lassen uns den Spaß nicht verderben und werfen zuerst einen Gesamtblick auf die wichtigsten Headerzeilen. Blättere einfach mal um!

Die wichtigsten Header im Überblick

Die Reihenfolge ist praktisch egal. Rechne damit, dass die Kopfzeilen »unterwegs« sowieso ergänzt und durcheinandergewirbelt werden.

Headerzeile mit Beispiel	Erläuterung
From `$headers = "From: addi@server.de\r\n";`	Absenderadresse – wird, falls nicht anders angegeben, auch als Antwortadresse genutzt.
Reply-To `$headers .= "Reply-To: $adresse\r\n";`	Antwortadresse – sollte immer dann angegeben werden, wenn die Rückantwort an eine abweichende Adresse gehen soll.
Errors-To `$headers .= "Errors-To: $err_addi\r\n";`	Adresse für Fehlermails – nicht zustellbare E-Mails gehen an diese Adresse.
To `$headers .= "To: $adr1, $adr2\r\n";`	Empfänger – mehrere Empfänger werden durch Komma getrennt.
Cc `$headers .= "Cc: Name <ad@serv.de>\r\n";`	Kopienempfänger – auch hier können mehrere Empfänger angegeben werden.
Bcc `$headers .= "Bcc: $adr1, $adr2\r\n";`	Blindkopienempfänger – weder die Haupt- noch die Blindkopienempfänger bekommen von den anderen Empfängern etwas mit.
Subject `$headers .= "Subject: Einladung\r\n";`	Betrefftext – wird allerdings schon durch den zweiten Parameter von `mail()` festgelegt, Angabe daher unnötig.
MIME-Version `$headers .= "MIME-Version: 1.0\r\n";`	Standard, der Struktur und Aufbau von E-Mail-Nachrichten bestimmt, immer Version 1.0.
Content-type `$headers .= "Content-type:` ↵ `  text/plain; charset=iso-8859-1\r\n";`	Mail liegt im Textformat vor mit dem gängigen westeuropäischen Zeichensatz. Nur zusammen mit MIME-Version verwenden.
`$headers .= "Content-type:` ↵ `  text/html; charset=iso-8859-1\r\n";`	E-Mail ist eine HTML-Mail. Nur zusammen mit MIME-Version.
Content-Transfer-Encoding `$headers .= "Content-Transfer-` ↵ `  Encoding: 8Bit\r\n";`	E-Mail ist nicht kodiert und besitzt eine Zeilenstruktur, das ist der Standard.

X-Mailer
`$headers .= "X-Mailer: ". phpversion()`
`. "\r\n";`
	Programm/System, mit dem die Mail versendet wird.

Der große HTML-Mailer

Und nun ran an das Projekt. Im Beispiel stricken wir einen Webmailer, der Absender- und Empfängeradresse, Betreff und Message entgegennimmt und verschickt. Und zwar entweder als Text- oder als HTML-Mail.

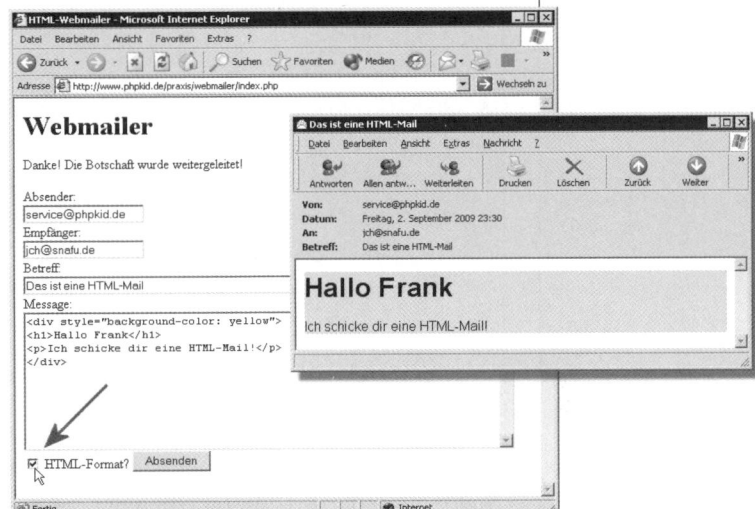

Kleines Häkchen –
großer Unterschied

Natürlich prüft unser Webmailer auch die Formularfelder. Alle Felder müssen ausgefüllt werden und die E-Mailadressen müssen gültig sein.

Quelltext der Datei index.php

Du findest das Projekt unter `kapitel06/webmailer`. Es besteht aus einer `index.php` und einer `checkandgo.inc.php`. Hier zuerst der Quelltext der `index.php`:

```
<h1>Webmailer</h1>
<?php
$From = (!empty($_POST['From'])) ? trim($_POST['From']) : "";
$To = (!empty($_POST['To'])) ? trim($_POST['To']) : "";
$Subject = (!empty($_POST['Subject'])) ? ↵
     trim($_POST['Subject']) : "";
$Msg = (!empty($_POST['Msg'])) ? trim($_POST['Msg']) : "";
$HTML = (isset($_POST['HTML'])) ? 1 : 0;
include "checkandgo.inc.php"; // Prüfung und Absenden
?>
<form action="index.php" method="post">Absender:<br>
<input type="text" name="From"
value="<?php echo htmlspecialchars(stripslashes($From)); ?>">
```

```
<br>
Empfänger:<br>
<input type="text" name="To"
value="<?php echo htmlspecialchars(stripslashes($To)); ?>">
<br>
Betreff:<br>
<input type="text" name="Subject" size="80"
value="<?php echo htmlspecialchars(stripslashes($Subject));?>">
<br>Message:<br>
<textarea name="Msg" cols="70" rows="10">
<?php echo htmlspecialchars(stripslashes($Msg));?></textarea>
<br><input type="checkbox" name="HTML" value="1"
<?php echo ($HTML) ? "checked='checked'" : "" ; ?>>HTML-Format?
<input type="submit" value="Absenden" name="submit">
</form>
```

Alles klar? Die Seite besteht aus einem Formular mit fünf Formularfeldern. Deren Werte habe ich vorher allesamt in Variablen abgelegt und definiert. Nicht ausgefüllte bzw. (noch) nicht gesendete Felder sind grundsätzlich leer. Der ternäre Operator weist ihnen einen Leerstring zu. Die Checkbox für HTML (Variable $HTML) bekommt dagegen in diesem Fall eine 0 verpasst.

Das alles tue ich nur deshalb, damit ich die Werte dieser Felder dynamisch in das Formular hineinschreiben kann, ohne am Anfang irgendwelche Fehlermeldungen (Notices) zu erhalten. Und nun zur Include-Datei.

Quelltext der checkandgo.inc.php

```php
<?php
if (isset($_POST['submit'])) {
  $fehler = false;
  $fehlertext = "";
  $muster = "/^[a-zA-Z0-9-_.]+@[a-zA-Z0-9-_.]+\.[a-zA-Z]{2,4}$/";
  if (empty($From)) {
    $fehler = true;
    $fehlertext .= "Der Absender fehlt!<br>\n";
  } else if (preg_match($muster, $From) == 0) {
    $fehler = true;
    $fehlertext .= "Absender-Adresse ungültig!<br>\n";
  }

  if (empty($To)) {
    $fehler = true;
```

```php
      $fehlertext .= "Der Empfänger fehlt!<br>\n";
    } else if (preg_match($muster, $To) == 0) {
      $fehler = true;
      $fehlertext .= "Empfänger-Adresse ungültig!<br>\n";
    }

    if (empty($Subject)) {
      $fehler = true;
      $fehlertext .= "Der Betreff fehlt!<br>\n";
    } else if (strlen($Subject) < 3) {
      $fehler = true;
      $fehlertext .= "Der Betreff ist zu kurz<br>\n";
    }

    if (empty($Msg)) {
      $fehler = true;
      $fehlertext .= "Die Message fehlt!<br>\n";
    } else if (strlen($Msg) < 3) {
      $fehler = true;
      $fehlertext .= "Die Message ist zu kurz<br>\n";
    }

    if ($fehler) {
      echo "<p>$fehlertext</p>";
    } else {
      $headers = "From: $From";
      if ($HTML) {
        $headers .= "\r\nMIME-Version: 1.0\r\n";
        $headers .= "Content-type: text/html; charset=iso-8859-1";
      }

      $Subject = stripslashes($Subject);
      $Msg = stripslashes($Msg);
      if (@mail($To, $Subject, $Msg, $headers)) {
       echo "<p>Danke! Die Botschaft wurde weitergeleitet!</p>\n";
      } else {
       echo "<p>Leider gab es einen Sendefehler!</p>\n";
      }
    }
  }
}
?>
```

zusätzliche Headerzeilen für HTML-Mail

So gruselig lang der Quelltext erscheint, so vertraut und bekannt müsste dir das Prinzip inzwischen sein. Zuerst prüfen wir alle Texteingabefelder. Die Felder *To* und *From* dürfen nicht leer sein und müssen eine gültige E-Mail-Adresse beherbergen. *Betreff* und *Message* müssen mindestens drei Zeichen lang sein. Gab es Fehlermeldungen? Dann wird der entsprechende Text ausgegeben: `echo "<p>$fehlertext</p>";` Ansonsten greift der `else`-Zweig, der auch die `mail()`-Funktion beherbergt.

Doch vorher prüfen wir die Variable `$HTML`. Wurde die Checkbox abgehakt? Dann greift `if` und weist die zusätzlichen zwei Headerzeilen zu, die zum Erzeugen von HTML-Mails nötig sind. Danach bereinigen wir Betreff und Message von eventuellen Vorkommen eines Backslash (\). Zum Schluss erfüllt die Funktion `mail()` ihren Job und gibt eine Statusmeldung aus.

> Verbessere den HTML-Mailer! Füge Kopienempfänger hinzu und lösche nach Versenden den Inhalt aus den Formularfeldern. Verpasse deinem Webmailer unbedingt einen Login-Bereich, um dich vor Spam zu schützen! Am Ende des Kapitels stelle ich dir dazu die passenden Aufgaben!

Die Mailklasse von Richard Heyes

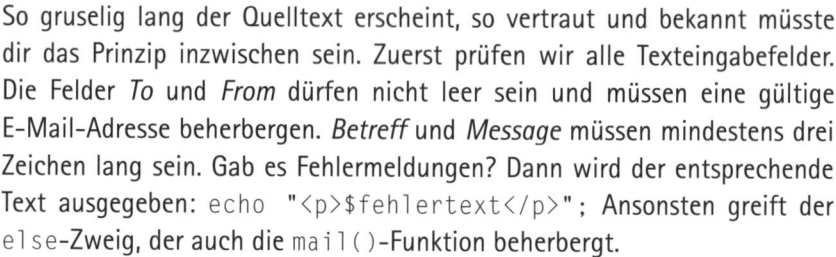

Weißt du, warum ich bei unserem Webmailer-Beispiel eben so sparsam mit Headerzeilen umgegangen bin? Weil meine Erfahrung leider gezeigt hat: Je mehr von den Dingern drin sind, desto mehr kann schief gehen!

Schau dir die nebenstehende E-Mail an. Sie stammt aus meinem PHP-Newsletterskript mit unzähligen sorgfältig eingepflegten Headern: `Reply-To`, `Errors-To`, `X-Mailer` usw. usf. Obwohl ich diese gewiss ordnungsgemäß in das Skript eingetragen habe, bekommen manche Empfänger eine derartig kryptisch beginnende Mail. Viele der Headerzeilen sind in den Body gerutscht. Allerdings nur in einigen Fällen und nur bei einigen Mailadressen. Das rührt vermutlich daher, dass die unterschiedlichen Mailserver unterschiedlich mit meinen Mails verfahren. Einige machen da offensichtlich Mist. Glaube mir – ich habe viel mit der Position der Headerzeilen und mit Zeilenumbrüchen herumprobiert – immer mit dem gleichen, frustrierenden Ergebnis.

Klassenbibliothek einbinden

Angehängte Dateien einfügen? Mit der eben beschriebenen Header-Hand-Methode? Das muss nicht sein! Wenn es so richtig kompliziert wird, musst du nicht unbedingt versuchen, das Rad neu zu erfinden. Das haben andere schon getan! Zum Beispiel Richard Heyes. Richard ist nicht nur Spezialist für PHP – er nennt sich ganz unbescheiden *PHPGuru* (*www.phpguru.org*) – er ist auch ein großer E-Mail-Experte. Er weiß alles über Header, Envelopes, Kodierungen und angehängte Dateien. Außerdem ist Richard ein netter Mensch, da er der Welt seine geballte Erfahrung in einer raffinierten Mailklasse zur Verfügung stellt. Wovon ich rede? Von der Heyes-Bibliothek.

Kurz: Er hat ein Skript geschrieben, welches deine E-Mails in allen Farben, Formen und Schattierungen verschickt: mit und ohne HTML, mit und ohne angehängte Datei. Der ganze Programmierwust steckt in einer so genannten Klasse (mehr zu Klassen ab Seite 220) und steht für dich zum Abruf bereit. Du musst das Ding lediglich einbinden, ein paar Werte eintragen und ab geht die Post. Und das sehen wir uns jetzt an.

> Richard Heyes' bekannte Mailklasse *htmlMimeMail* kannst du dir unter *http://www.phpguru.org/downloads/* herunterladen (unbedingt letzten Slash mitschreiben!). Wähle *html.mime.mail/* und entscheide dich für Eintrag *htmlMimeMail-2.5.1.t..>*! (Die zweite seiner Mail-Klassen geht auch, sie funktioniert aber nur unter PHP 5.) Du musst dieses Tar-Archiv lediglich entpacken und öffnen. Uff, zu viel Stress? Dann schaue einfach auf die CD. Hier findest du unter `beispiele/kapitel06/heyes` den Ordner `mailclass`. Da habe ich dir schon alles hingelegt, was du brauchst. Es handelt sich dabei vor allem um die vier Dateien `htmlMimeMail.php`, `mimePart.php`, `RFC822.php` und `smtp.php`.

Schauen wir uns mal an, was diese Klasse kann. Ich gehe davon aus, dass alle eben genannten Dateien im Unterordner `mailclass` liegen. Du jedoch befindest dich »eine Ordnerebene höher«, und zwar in der Datei, von der aus du deine Mails senden willst. Und so bindest du diese Funktion ein:

```
include "mailclass/htmlMimeMail.php";
$mail = new htmlMimeMail();
```

In der ersten Zeile wird die Bibliothek eingebunden. In der zweiten erzeugst du ein Objekt namens `htmlMimeMail()`. Und der Rest besteht aus lauter einfachen Funktionen (hier auch *Methoden* genannt), denen du lediglich das passende Argument übergibst. Gerne auch mit angehängter Datei!

Textmail mit Anhang versenden

Im Beispiel versenden wir eine E-Mail im Textformat. Als Clou hängen wir zusätzlich eine Bilddatei an die Mail – das Foto `computerkid.jpg`. Und hier der Quelltext, ich zeige dir den Teil zwischen `<body></body>`. Die Datei selber habe ich `mail1.php` genannt.

```php
<h1>Textmail mit Anhang versenden</h1>
<?php
// Bibliothek einbinden, Objekt anlegen
include "mailclass/htmlMimeMail.php";
$mail = new htmlMimeMail();
// Anhang auswählen - hier aus dem gleichen Ordner
$attachment = $mail->getFile("computerkid.jpg");
// Text der Mail festlegen
$text = "Das ist der Inhalt der Mail:";
// Text verarbeiten
$mail->setText($text);
// Anhang verarbeiten
$mail->addAttachment($attachment, "computerkid.jpg", ↵
    "application/jpg");
// Rücksendepfad festlegen
$mail->setReturnPath("re@turn.de");
// Absenderadresse
$mail->setFrom("Harry Hops <info@phpkid.de>");
// Betreff
$mail->setSubject("Das ist eine Testmail");
// Versenden, Empfänger angeben
$result = $mail->send(array("em@pfaenger.de"));
// Erfolgsmeldung
echo ($result) ? "Mail gesendet!" : "Mail nicht gesendet";
?>
```

Zuerst bindest du wieder die Bibliothek ein und erzeugst das Objekt. Danach suchst du schon die gewünschte Datei heraus. Deine Datei heißt nicht `computerkid.jpg` oder `monika.gif`? Egal welche Endung, trage den Namen ein. Und sorge dafür, dass die Datei im gleichen Ordner liegt. Trage den Dateinamen auch dort ein, wo der Anhang verarbeitet wird (untere Pfeilspitze des Doppelpfeils). Vergiss nicht das zusätzliche Anpassen der Endung hinter `application/` – der untere Pfeil zeigt dir diese Stelle.

Der Rest ist selbsterklärend: Lege den Mailtext fest, trage Rücksendepfad (kann weggelassen werden!), Absenderadresse, Betreff und Empfänger ein.

Probiere es aus: Outlook Express zeigt die gesendete Bilddatei direkt im Body an!

◇ Keine Anhänge versenden

Du möchtest keine Anhänge versenden? Niemand zwingt dich dazu! Lasse die Zeilen mit `$attachment` bzw. `$mail->addAttachment` einfach weg!

◇ Text aus einer Datei holen

Du willst den Text der Mail aus einer externen Textdatei einlesen? Dann ersetze diese Zeile: `$text = "Text ...";` einfach durch:

```
$text = $mail->getFile("textdatei.txt");
```

◇ Cc- und Bcc-Empfänger angeben

Du möchtest Kopien- und Blindkopienempfänger angeben? Ergänze unterhalb des Betreffs und oberhalb der Versendefunktion folgende Zeilen:

```
$mail->setCc("Cc@beispiel.de");
$mail->setBcc("Blindes Huhn <blindes@huhn.de>");
```

◇ E-Mail an mehrere Hauptempfänger gleichzeitig senden

Du willst eine Mail an mehrere Hauptempfänger gleichzeitig senden? Trage diese in den runden Klammern hinter `array` ein – trenne dabei mehrere Empfänger durch ein Komma.

```
$result = $mail->send(array("addi1@srv.de","addi2@srv.de"));
```

6

HTML-Mail mit HTML- und Textbereich

Und was ist eigentlich mit dem versprochenen HTML-Format? Das machen wir jetzt! Gerade hier greift uns die Heyes-Bibliothek ganz wunderbar »unter die Arme«. Du kannst damit ganz raffinierte »Hybridmails« verfassen. So nenne ich Botschaften, die sowohl im Text- als auch im HTML-Format vorliegen. Verfasse deinen Text einfach zweimal. HTML-Abschalter sehen so wenigstens die Textbotschaft und nicht nur irgendwelchen HTML-Code.

Hier mein Vorschlag, den du in der Datei mail2.php findest. Lege die Inhalte sowohl für die Variable $text als auch $html fest. Nimm die neue Funktion setHtml und übergib ihr diese beiden Variablen als Parameter!

```php
<h1>Hybridmail versenden</h1>
<?php
include "mailclass/htmlMimeMail.php";
$mail = new htmlMimeMail();
$text = "Das ist die Textbotschaft";
$html = "<h1>Das ist die HTML-Variante</h1>";
$mail->setHtml($html, $text);
$mail->setFrom("Klaus Maus <ab@sender.de>");
$mail->setSubject("Hybridmail mit Text und HTML!");
$result = $mail->send(array("em@pfaenger.de"));
echo ($result) ? "Mail gesendet!" : "Mail nicht gesendet";
?>
```

Auch hier gelingt das Senden wieder schnell und problemlos.

Du möchtest weitere Kombinationen ausprobieren? HTML-Mail mit Anhang? Oder zwei Mails gleichzeitig? Lass dich von den Beispielen inspirieren, die Richard für dich vorbereitet hat. Sie liegen ebenfalls im Ordner mailclass und heißen example1.php bis example5.php.

Apropos Beispiele: Ab Seite 239 zeige ich dir, wie du Dateien auf den Webserver hochlädst. Mit diesem Wissen kannst du einen noch feudaleren Webmailer basteln, der auch angehängte Dateien verschickt.

Eine ausführliche Dokumentation aller Funktionen findest du in der Datei API.txt. API steht übrigens für *Application Programming Interface* was soviel heißt wie »Programmschnittstelle«. Ich finde es toll, dass es solche Menschen wie Richard gibt!

E-Mail-Formulare und Sicherheit

An dieser Stelle schnell noch ein paar abschließende Worte zum Thema Sicherheit. Denn die hier gezeigten E-Mail-Formulare solltest du mit Bedacht einsetzen. Was glaubst du, wie schnell sie sonst für Spam-Zwecke (Spam = unverlangter, massenhafter Versand von E-Mails) missbraucht werden können!

In E-Mails ertrinken: Spam und Flooding

Besonders gefährlich wird es, wenn ein Empfängerfeld ins Spiel kommt. Also ein Feld, in welches du den E-Mail-Empfänger einträgst. Im Zweifelsfall kann damit jeder jedem eine Mail schicken. Der Angreifer muss seine Daten ja nicht einmal direkt in dein Formular eintragen. Er braucht nur dessen Aufbau zu studieren – schon kennt er die Namen der Formularfelder. Dann installiert er ein Programm, welches sich am laufenden Band mit deinem Webmailer verbindet und Spam-Mails verschickt. Machen wir es den Spammern nicht zu leicht! Deshalb benötigst du für derartige Mailformulare unbedingt einen Passwortschutz. Kombiniere den Webmailer beispielsweise mit dem Loginskript von Kapitel 4. Dazu stelle ich dir gleich die passende Aufgabe. Oder du versiehst den entsprechenden Ordner einfach mit einem Passwortschutz, beispielsweise über eine Konfigurationsdatei namens `.htaccess`. Keine Angst, das musst du nicht von Hand erledigen – bei den meisten Dienstleistern gelingt das bequem über das Kundenmenü.

Ein anderes Problem im Zusammenhang mit E-Mail-Formularen steckt hinter dem so genannten Flooding. Deine Mailbox wird mit E-Mails nur so überflutet, weil ein Witzbold die Feedbackmail gleich zehnmal absendet? Mir ist das einmal passiert. »Herr Hanke, ich bin ein großer Fan von Ihnen und habe schon vier Ihrer Bücher«, schrieb ein anonym bleibender Mensch. »Ich wollte nur mal testen, ob Ihr Feedbackformular vor Flooding geschützt ist.« War es leider nicht, deshalb bekam ich seine Mail gleich zehnmal. Er hatte offenbar immer wieder auf AKTUALISIEREN geklickt.

Auch hier gibt es eine ganz einfache Lösung. Arbeite bei deinem Feedback-Formmailer mit einer Session. Sobald die Feedback-Mail erfolgreich abgeschickt wurde, initialisierst du eine spezielle Session-Variable. Diese kann z.B. `$_SESSION['gesendet']` heißen. Vor dem Absenden von Mails fragst du stets die Existenz dieser Variablen ab. Das Senden lässt du nur dann zu, wenn diese Variable noch nicht existiert.

Zusammenfassung

E-Mail versenden? Das Thema war doch komplexer als gedacht. In diesem Kapitel hast du dich mit erweiterten E-Mail-Versendeoptionen beschäftigt. Hier fasse ich die wichtigsten Punkte noch einmal zusammen:

◆ Du hast dir den vierten Parameter der Funktion `mail()` genauer angesehen. Dieser nimmt zusätzliche Headerzeilen entgegen wie z. B. `From: mail@server.de`. Du weißt, dass du mehrere Headerzeilen durch `\r\n` voneinander trennen musst. Nur die letzte Headerzeile wird nicht durch solch einen Zeilenumbruch beendet.

◆ Du weißt, wie du eine Adresse für die Rücksendung nicht zustellbarer E-Mails angibst. Das gelingt entweder durch die Headerzeile `Errors-To` oder durch den fünften Parameter der Funktion `mail()`. Verwende folgende Syntax: `"-f fehler@server.de"`. Wenn du diesen fünften Parameter verwendest, darf die Variable `safe_mode` in der `php.ini` allerdings nicht auf `On` stehen!

◆ Du kennst die wichtigsten Headerzeilen, z.B. `Cc` für Kopienempfänger oder `Bcc` für die Empfänger von Blindkopien. Wenn du mehrere Empfänger angeben willst, trennst du diese durch ein Komma.

◆ Du weißt, wie du HTML-Mails verschickst. Dafür benötigst du die folgenden zwei Zeilen. Wichtig: Notiere bei `Content-type` vor allem `text/html` statt `text/plain`:

```
$headers .= "\r\nMIME-Version: 1.0\r\n";
$headers .= "Content-type: text/html; charset=iso-8859-1";
```

◆ Du kennst die Mailklasse von Richard Heyes, mit der du Text-Mails, HTML-Mails und angehängte Dateien auf einfache Art und Weise versenden kannst. Binde die `htmlMimeMail`-Klassenbibliothek ein:

```
include "mailclass/htmlMimeMail.php";
$mail = new htmlMimeMail();
```

◆ Verwende nun die vorgegebenen Funktionen und übergib die entsprechenden Parameter. Um beispielsweise den Absender festzulegen, schreibst du folgende Codezeile:

```
$mail->setFrom('Klaus Maus <ab@sender.de>');
```

Ein paar Fragen

Frage 1: Welcher Parameter der Funktion `mail()` nimmt zusätzliche Headerzeilen entgegen? Ist dieser Parameter Pflicht?

Frage 2: Du möchtest eine Antwortadresse angeben, die von der Adresse des Absenders abweicht. Wie könnte so eine Headerzeile aussehen, wenn sie in der Variablen `$headers` gesichert wird?

Frage 3: Wie muss eine Headerzeile aussehen, mit der du Bcc-Kopien der Mail an `franz@phpkid.de` und `hermann@phpkid.de` schickst?

Frage 4: Schreibe eine Headerzeile auf, die als Absender *Susan Althaus* mit der E-Mail-Adresse *susan@phpkid.de* angibt. Mit anderen Worten: Gib zur E-Mail-Adresse auch den Namen an.

Frage 5: Was ist zuverlässiger, das Versenden von komplexen E-Mails mit der Funktion `mail()` oder mit der Heyes-Mailklasse?

... und ein paar Aufgaben

Natürlich halte ich auch wieder ein paar Aufgaben für dich bereit. Neben kleinen Recherchen verbesserst du dabei vor allem unseren Webmailer!

1. Rufe dein E-Mail-Programm auf und schau dir den Quelltext der letzten E-Mails an, die du erhalten hast.

2. Verändere unser Webmailer-Beispiel wie folgt: Nach erfolgreichem Absenden sollen die Inhalte aller Formularfelder automatisch gelöscht werden.

3. Baue in unseren Webmailer je ein Feld für einen Cc- und einen Bcc-Kopienempfänger ein. Diese Felder sollen optional sein. Sie sollen also nur ausgewertet werden, wenn der Nutzer dort etwas eingetragen hat. Du musst auch prüfen, ob es sich dabei um eine gültige E-Mail-Adresse handelt. Vergleiche mit der Abbildung auf der Nebenseite.

4. Baue den derart umgestalteten Webmailer so um, dass er mit der Heyes-Mailklasse arbeitet. Das ist nicht so einfach! Eins der Probleme: Beim Verschicken von HTML-Mails werden ja zwei Parameter benötigt: Der für das reine Textformat `$html` und der für `$text`. Mein Lösungsansatz: Wenn der Nutzer HTML wählt, benötigst du den String zweimal. Einmal mit und einmal ohne HTML-Tags. Den ohne Tags speicherst du in `$text`. Hinweis: Das Entfernen aller Tags gelingt mit der Funktion `strip_tags()`, die wir auf Seite 179 noch genauer besprechen.

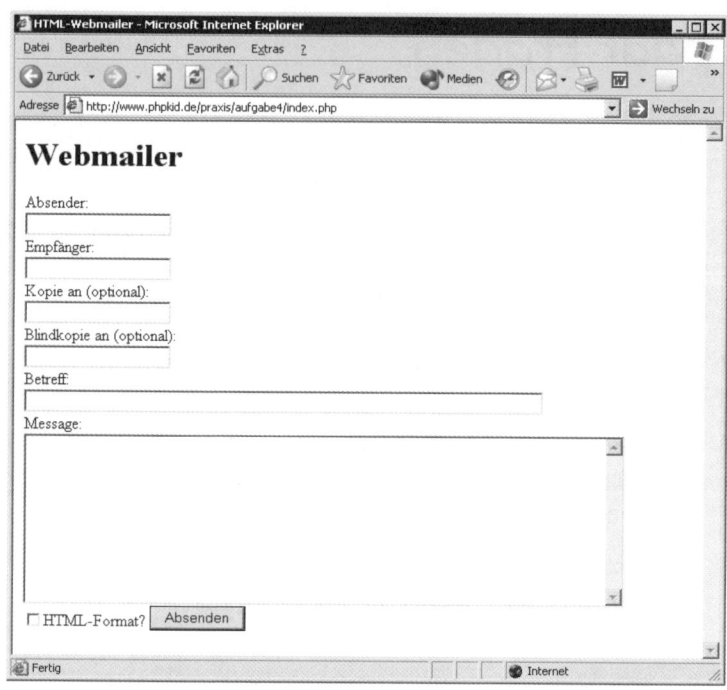

5. Egal wie weit du gekommen bist – kombiniere deinen Webmailer mit dem Loginskript von Kapitel 4 (Seite 98 bis 106). Denn gerade Webmailer, bei denen die Mail-Empfänger aus einem Formular ausgelesen werden, können für Spam-Zwecke missbraucht werden. Daher sollen nur registrierte Nutzer auf das Skript Zugriff bekommen. Baue also in die Webmailer-Seite index.php genau die Codezeilen am Anfang bzw. Ende ein, die bei Kapitel 4 auf seite1.php, seite2.php bzw. seite3.php verwendet wurden. Passe auch die Linkleiste ein, damit du von der Login-Seite bequem auf die Webmailerseite und zurück gelangst.

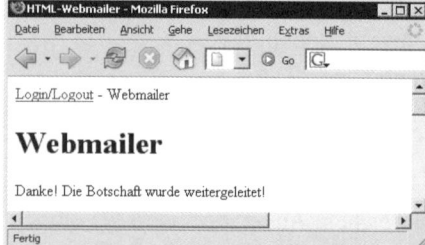

6. Recherchiere, ob es in der so genannten PEAR-Klassenbibliothek (*pear.php.net*) auch Mailklassen gibt. Schau dir an, wer da maßgeblich mitgearbeitet hat.

7
Mini-Forum: Loginmodul und Diskussionsfaden

Wolltest du schon immer mal so ein nettes kleines Forum auf deiner Homepage einbauen? Mit Login und Anzeige des Diskussionsfadens? Dann bist du in diesem Kapitel genau richtig! Doch ein Hinweis vorab: Wir bohren keine »dicken Bretter«. Rom wurde schließlich auch nicht an einem Tag errichtet! Wenn du was »ganz Großes« mit ganz vielen Funktionen brauchst – greife zu PHPBB (*www.phpbb.com*). Das ist die wohl bekannteste frei verfügbare Forensoftware der Welt! Und an der werkeln immerhin Teams aus allen Kontinenten der Erde. Und das schon seit dem Jahr 2000!

Wie gesagt, wir steigen gerade erst ein. Und zwar mit folgenden Themen:

◎ Einbinden der Module für die Nutzerverwaltung

◎ Einrichten der Datei `edit.inc.php` für Konfigurationsvariablen

◎ Erstellen einer dreigeteilten Seite mit Rahmen (Frames)

◎ Verbinden von Forum und den Seiten zum Registrieren und Einloggen

◎ Testen der Zwischenstufen des Forums

◎ Erstellen der Eingabeformulare für die Hauptthemen und die untergeordneten Forumseinträge

7

Nutzerverwaltung einbinden

Der wichtigste Teil an unserem Forum ist die Nutzerverwaltung. Lesen dürfen alle – nur das Posten (Schreiben) bleibt registrierten Usern vorbehalten.

Anpassen der Nutzerverwaltung

Wie gut, dass wir uns in Kapitel 4 und 5 schon eine Nutzerverwaltung eingerichtet haben! Schmeißen wir doch einfach das Loginskript von Kapitel 4 und das Registriermodul von Kapitel 5 zusammen! Es sind lediglich ein paar winzige Anpassungen nötig.

➤ Richte dir einen eigenen Ordner für das Forum ein, ich nenne ihn im Beispiel `forum`. Zimmere darin einen Unterordner namens `login`. Wir wollen die Nutzerverwaltung räumlich von den Forendateien trennen!

➤ Kopiere die beiden Userverwaltungs-Skripte aus Kapitel 4 und 5 in diesen Ordner – in der jeweils letzten Fassung. Beim Loginskript ist das die Fassung von Aufgabe 2 aus Kapitel 4 (siehe Seite 110). Beim Registriermodul ist das die Fassung von Aufgabe 5 aus Kapitel 5 (siehe Seite 128). Lediglich die Datei `zugriff.inc.php` wird dabei überschrieben – aber die benötigen wir sowieso nur einmal.

Hoppla, du hast die beiden Versionen gerade nicht parat? Du hattest die genannten Aufgaben ... ähem ... vertagt? Kein Problem! Unter `beispiele/kapitel07` findest du Ordner wie `forum1`, `forum2` mit dem jeweiligen Entwicklungsstand. Schaue also in `forum1/login` – da liegt alles für dich bereit. Die Dateien `seite1.php`, `seite2.php`, `seite3.php` und `umleitung.php` benötigen wir dabei nicht – die habe ich gelöscht!

➤ Für die Forumnutzer benötigst du eine eigene Datenbanktabelle. Nenne sie *forumuser* und baue sie auf wie die *userlogin* aus Kapitel 4:

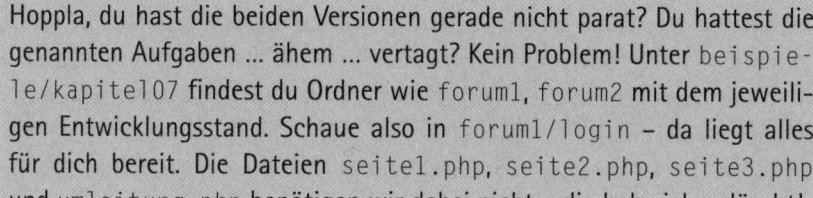

```
CREATE TABLE forumuser (
user VARCHAR(15) PRIMARY KEY,
pw VARCHAR(50),
email VARCHAR(50),
member TINYINT,
timestamp DATETIME,
rights TINYINT,
notes VARCHAR(100)
)
```

➤ Tabelle eingerichtet? Unique Index für die Felder *pw* und *email* gesetzt, wie auf Seite 96 gezeigt? Dann musst du unseren Login-/Registrierskripten nur noch verraten, dass sie jetzt die *forumuser* und nicht mehr die *userlogin* berücksichtigen müssen. Doch alles von Hand ändern? Und dann beim nächsten Projekt wieder und wieder? Ich habe eine bessere Idee! Richte eine Datei ein namens edit.inc.php und lege hier einmal den Namen der Nutzertabelle fest:

```php
<?php
// Name der Nutzertabelle
$user_tbl = "forumuser";
?>
```

➤ Binde diese Datei nun in die login.php und in die register.php ein – und zwar ganz oben im jeweils ersten PHP-Bereich. Das sieht so aus – ich zeige dir den Anfang der login.php bzw. den Anfang des PHP-Teils der register.php.

```php
<?php
include_once "edit.inc.php";
$status = "";
```

Damit haben wir eine separate Datei für Variablen erzeugt. Ideal für Werte, die wir gelegentlich ändern. Allerdings musst du noch in allen Dateien den String userlogin durch die Variable $user_tbl ersetzen. Wie machst du das am effektivsten?

➤ Das gelingt mit der Suchen/Ersetzen-Funktion von Weaverslave. Klicke im rechten Bereich auf das Fernglas. Trage in das *Suchen*-Feld userlogin und in das *Ersetzen*-Feld $user_tbl ein. Achte darauf, dass die Option *Ersetzen bestätigen* aktiviert ist. Wähle links unten *Aktuelles Verzeichnis* und klicke auf ERSETZEN.

```php
1  <?php
2  if (isset($_GET['as'])) {
3    $as = strrev($_GET['as']);
4    $as = str_rot13($as);
5    $as = explode("|xl*", $as);
6    $user = $as[0];
7    $email = $as[1];
8    $sql_update = "UPDATE userlogin SET member=1
9  WHERE user='$user' AND email='$email'";
10   if (mysql_query($sql_update)) {
```

Bestätigung

Ersetze "userlogin" durch "$user_tbl"?

Ja   Nein   Abbruch

➤ Im Beispiel handelt es sich um sieben Ersetzungen in den Dateien activation.inc.php, loginmaker.inc.php, regicheck.inc.php und unregister.inc.php. Speichere die Dateien. Alles klar?

7

Verlinken der login.php und register.php

Als Nächstes müssen wir die Dateien `login.php` (Startseite des Login-skripts) und `register.php` (Startseite des Registrierskripts) aufeinander abstimmen. Wichtig zu wissen: Die Dateien für das Forum legen wir später eine Ordnerebene höher ab. Die Startdatei soll `index.php` heißen.

In der Datei `login.php` habe ich Überschrift und Linkleiste verändert. Und zwar genau unter `<body>` und über dem zweiten PHP-Bereich:

```
<body>
<div><a href="../index.php">Forum</a> - Login/Logout -
<a href="register.php">Registrieren</a></div>
<h1>Ein-/Ausloggen</h1>
<?php
```

Auch die Checkbox zum dauerhaften Einloggen benötigen wir nicht – aus Sicherheitsgründen und um das Skript zu vereinfachen. Also weg mit folgenden Zeilen:

```
<input type="checkbox" name="keep" value="1">
Dauerhaft eingeloggt bleiben?
```

Passe auch die Links in der `register.php` an. Der Besucher soll im Endeffekt bequem zwischen Forum, Login/Logout-Seite und Registrierseite navigieren können. So oder so ähnlich sieht es dann aus:

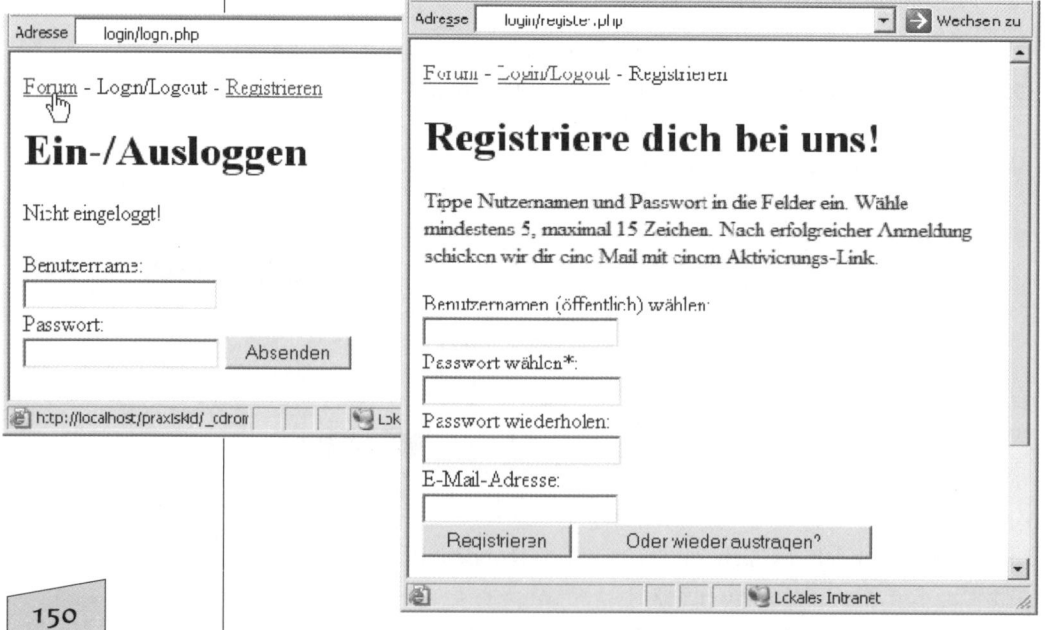

Da wir gerade bei den Anpassungen sind: Im übergeordneten forum-Ordner lege ich eine Testfassung unserer Forumsdatei index.php ab. Sie zeigt das Einbinden der Sessiondatei in Zeile 2 und die vorbereitete Link-leiste. Die $_SESSION-Variable gebe ich nur zu Testzwecken aus!

```php
<?php
include "login/sessionheader.inc.php";
?>
<!DOCTYPE HTML PUBLIC "-//W3C//DTD HTML 4.01 ↵
      Transitional//EN">
<html>
<head>
  <title>Forum</title>
<meta http-equiv="content-type" content="text/html; ↵
      charset=iso-8859-1">
</head>
<body>
<div>Forum - <a href="login/login.php">Login/Logout</a> -
<a href="login/register.php">Registrieren</a></div>
<h1>Hier wird das Forum entstehen</h1>
<?php
echo "Benutzername: {$_SESSION['user']}";
?>
</body>
</html>
```

Weitere Änderungen

Nun musst du nur noch den Benutzernamen in der Session speichern. Dafür nimmst du dir die loginmaker.inc.php vor. Schaue in den unteren Teil. Zuerst löschst du den Teil für das dauerhafte Einloggen. Oder du kommentierst ihn aus mit /* */. Ich habe diese Passagen durchgestrichen:

```php
    if (mysql_num_rows($result) == 1) {
      $_SESSION['login'] = true;
      $status = "<p>Du bist eingeloggt als ↵
            <strong>$user</strong>!</p>";
      if (isset($_POST['keep']) && $_POST['keep'] == 1) {
        setCookie("keep4u", "15_ZrX8", time()+86400*3);
        $status = "<p>Du bist dauerhaft eingeloggt ↵
            als <strong>$user</strong>!</p>";
      }
    } else {
```

Dafür notierst du folgende Zeile – ich habe sie hervorgehoben. Nun gibt es eine Variable namens $_SESSION['user']:

```
if (mysql_num_rows($result) == 1) {
    $_SESSION['login'] = true;
    $status = "<p>Du bist eingeloggt als ↵
        <strong>$user</strong>!</p>";
    $_SESSION['user'] = $user; // Username speichern
} else {
```

Auch aus der sessionheader.inc.php musst du noch Code entfernen. Und zwar diese drei Zeilen:

```
if (isset($_COOKIE['keep4u']) && $_COOKIE['keep4u'] == ↵
    'l5_ZrX8') {
    $_SESSION['login'] = true;
}
```

Testen, testen, nochmals testen!

user	pw
peter82	peterLe35Z
susanne.weber	8zukrltus
Hansi_monster	iur_874kl

Mein Vorschlag: Teste das Einloggsystem auf dem Server deines Dienstleisters. Lade die Dateien hoch und richte ein paar Benutzer ein. So kannst du schon an dieser Stelle evtl. Probleme feststellen. Hier ein paar Nutzerdaten zum Ausprobieren, denke auch an *member = 1*.

Ganz wichtig: Vergiss nicht, die URL in der Datei function.inc.php anzupassen. Das Beispiel liegt unter http://phpkid.de/forum? Dann sieht der Eintrag hinter der Variablen $url folgendermaßen aus:

$url = "http://phpkid.de/forum/login/register.php";

Test bestanden: Der Benutzername wird korrekt angezeigt.

Probleme? Hast du die Datenbanktabelle beim Dienstleister eingerichtet? Du findest die bisherige Fassung des Skripts übrigens im Ordner forum2.

Geteilt in Rahmen: Aufbau planen

Nun denn, der erste Test wäre geschafft. Machen wir uns nun über das Forum her. Wie soll es überhaupt aussehen? Ich habe mir eine Rahmenstruktur ausgedacht. Teile die Seite in drei Frames auf:

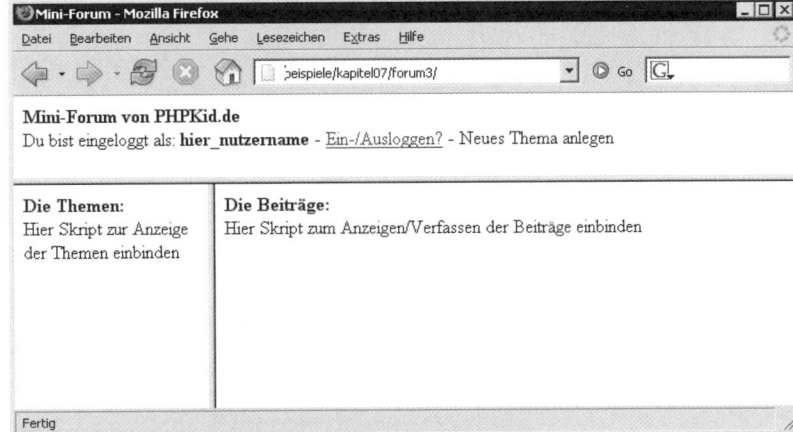

Die Seite ist in drei Rahmen aufgeteilt.

Rahmen haben Vor- und Nachteile. Der Vorteil: Du teilst die Seite einfach und exakt in mehrere Abschnitte auf. Jeder Abschnitt lässt sich einzeln rollen – ideal für das Durchblättern der Themen und Beiträge. Hinter jedem Abschnitt steckt eine eigene Datei, das erhöht die Übersicht. Die zwischen den Frames per GET weitergereichten Parameter bleiben unsichtbar im Hintergrund. Nachteile wie mangelnde Suchmaschinenfreundlichkeit fallen zumindest bei unserem Forum kaum ins Gewicht.

Warum ich in diesem Beispiel Rahmen verwende, hat auch einen anderen Grund. Ich will dir das Zusammenspiel zwischen PHP und Frames zeigen!

Frameset und Framedateien

Ist dir die Syntax von Frames vertraut? Zuerst gibt es ein Frameset, also die Datei, welche für die Aufteilung in Rahmen sorgt. Das soll im Beispiel unsere `index.php` sein. Dann brauchen wir drei Dateien, die in die Rahmen hineingeladen werden. Ich habe sie und die entsprechenden Rahmen »sprechend« benannt. Sie heißen:

◆ `oben.php` – den dazugehörigen Frame nennen wir *oben*.

◆ `links.php` – den dazugehörigen Frame nennen wir *links*.

◆ `rechts.php` – den dazugehörigen Frame nennen wir *rechts*.

Auch hier empfehle ich dir, vorerst mit Platzhaltern zu arbeiten. Erstelle einen Oberflächenprototyp. Nur die Framesetdatei index.php können wir jetzt schon fast verbindlich festzurren. Tippe sie ab und lege sie in den Ordner forum. Sie liegt nun eine Ordnerebene über der login.php!

```php
<?php
include "login/sessionheader.inc.php";
?>
<!DOCTYPE HTML PUBLIC "-//W3C//DTD HTML 4.01 Frameset//EN">
<html>
<head>
 <title>Mini-Forum</title>
<meta http-equiv="content-type" content="text/html; ⏎
     charset=iso-8859-1">
</head>
  <frameset rows="70,*">
    <frame src="oben.php" name="oben">
    <frameset cols="35%,65%">
      <frame src="links.php" name="links">
      <frame src="rechts.php" name="rechts">
      <noframes><body>
        <p>Miniforum: Diese Seite verwendet Frames</p>
      </body></noframes>
    </frameset>
 </frameset>
</html>
```

Wie du siehst, teilen wir die Seite in drei Rahmen auf. Zuerst in zwei Zeilen, von denen die obere 70 Pixel hoch ist. Die untere jedoch bleibt variabel (veränderbar). Dann teilen wir die untere Zeile in zwei Spalten auf. Die linke soll 35% der Browserbreite, die rechte 65% erhalten.

In alle drei Rahmen laden wir dann die Dateien oben.php, links.php und rechts.php. Besonders wichtig ist die Benennung der Rahmen (z.B. name="links"). Schließlich müssen wir die einzelnen Rahmen über ihre Namen ansprechen, wenn wir Hyperlinks setzen!

Der Umgang mit Frames hat dich kalt erwischt? Die Syntax ist dir nicht vertraut? Dann empfehle ich dir einen Blick in das sehr empfehlenswerte Buch »HTML für Kids« von Robert Agular. Lies Kapitel 9 zu den Frames! Als Alternative kannst du auch einen Blick in die SELFHTML werfen. Wir haben dir die neuste Version im Ordner dokumente/selfhtml abgelegt!

Quelltext des oberen Rahmens

Schritt für Schritt bauen wir nun die einzelnen Framedateien zusammen. Zuerst zeige ich dir den Quelltext der Datei oben.php. Das ist die einzige Datei, die wir an dieser Stelle schon komplett vorbereiten können!

```php
<?php
include "login/sessionheader.inc.php";
?>
<!DOCTYPE HTML PUBLIC "-//W3C//DTD HTML 4.01 Transitional//EN">
<html>
<head>
  <title>Miniforum</title>
<meta http-equiv="content-type" content="text/html; ↵
      charset=iso-8859-1">
</head>
<body>
<div><strong>Mini-Forum von PHPKid.de:</strong></div>
<div>
<?php
if (isset($_SESSION['login']) && isset($_SESSION['user'])) {
  echo "Du bist eingeloggt als: <b>{$_SESSION['user']}</b> -
  <a href='rechts.php?maintopic=1' target='rechts'>Neues ↵
      Thema anlegen</a> - ";
} else {
  echo "Du bist nicht eingeloggt - ";
}
?>
<a href="login/login.php" target="_parent">
Ein-/Ausloggen?</a></div>
</div>
</body>
</html>
```

Zu Beginn nehmen wir die Session auf und führen sie weiter. Das gelingt durch die eingebundene sessionheader.inc.php. Beachte den Pfad. Schließlich haben wir diese Datei im Ordner login abgelegt! Im zweiten PHP-Abschnitt testen wir, ob der Nutzer eingeloggt ist und ob es die Nutzername-Variable überhaupt gibt. Wenn ja, wird der aktuelle Nutzername angezeigt und es gibt einen Link zum Anlegen eines neuen Themas. Ganz wichtig ist die Angabe von target='rechts'! Nur so erreichst du, dass die Seite rechts.php auch wirklich im *rechten* Frame aufgerufen wird.

Ansonsten ist noch der Link zum Ein- bzw. Ausloggen sichtbar. Bei diesem wiederum heißt es: `target="_parent"` – nur so wird die Loginseite im vollen Browserfenster dargestellt (hier: im übergeordneten Elternfenster). Sie gehört ja schließlich nicht zu unserem Frameset dazu. Wenn du das vergisst, würde sie im schmalen oberen Rahmen erscheinen.

Aufbau der Seiten links.php und rechts.php

Und nun zu den Platzhaltern für den linken und rechten Rahmen. Ich zeige dir den Grundaufbau. Vergiss nicht, in beiden Dateien wieder den PHP-Bereich zum Einbinden der Session einzufügen. Beide Dateien beginnen also erst einmal so:

```php
<?php
include "login/sessionheader.inc.php";
?>
```

Und so sieht der vorläufige Bereich zwischen den Tags `<body></body>` aus. Zuerst für die Datei `links.php`:

```php
<div><strong>Die Themen:</strong></div>
<?php
echo "Hier Skript zur Anzeige der Themen einbinden";
?>
```

Und nun für die Datei `rechts.php`:

```php
<?php
echo "Hier Skript zum Anzeigen/Verfassen der Beiträge ↵
      einbinden";
?>
```

Und jetzt heißt es wieder: Testen, testen, nochmals testen. Lade diese Version auf den Webserver und probiere alles aus: Das Ein- und Ausloggen und das Anzeigen des Benutzernamens.

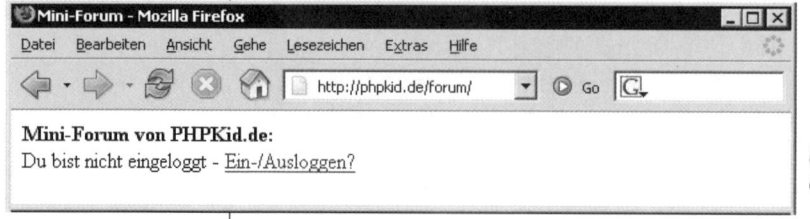

(Noch) nicht eingeloggt nach dem ersten Aufruf des Forums.

Du findest den aktuellen Sachstand auch im Ordner `forum3` auf der CD zum Buch.

Planen der Datenbanktabellen

Bist du bis hierhin mitgekommen? Du siehst, dass sich unsere Schritt-für-Schritt-Vorgehensweise offensichtlich bewährt! Nun machen wir uns über die Programmierung des Forums her. Die eigentliche Musik spielt dabei in den beiden Rahmen *links* und *rechts* mit den Seiten links.php und rechts.php. Links blenden wir die Themen ein, rechts die dazugehörigen Beiträge. Doch wie speichern wir die Beiträge?

Datenbanktabellen einrichten

Ich habe mir zwei Datenbanktabellen ausgedacht. Die erste heißt *mainto-pics* – sie speichert die eigentlichen Hauptthemen und damit auch den jeweiligen Hauptbeitrag. Die zweite heißt *subtopics* und dient ausschließlich zur Darstellung der Unterbeiträge. Der Aufbau ist fast gleich. In der Tabelle subtopics speichern wir zusätzlich am Ende die id des dazugehörigen Haupteintrags. Die Benennung der Felder weicht absichtlich ab. Dadurch kann ich die zwei Tabellen leichter auseinanderhalten:

```
CREATE TABLE maintopics (
id1 INT NOT NULL AUTO_INCREMENT PRIMARY KEY,
timestamp1 DATETIME,
user1 VARCHAR(15),
headline1 VARCHAR(50),
message1 TEXT
);
CREATE TABLE subtopics (
id2 INT NOT NULL AUTO_INCREMENT PRIMARY KEY,
timestamp2 DATETIME,
user2 VARCHAR(15),
headline2 VARCHAR(50),
message2 TEXT,
id1_maintopics INT
)
```

Beachte das Semikolon – es dient zum Trennen der beiden Tabellendefinitionen. Auf diese Weise kann phpMyAdmin gleich zwei (oder mehrere) Tabellen auf einen Schlag einrichten. Falls du keine Lust zum Abschreiben hast: Du findest den Quellcode unter dem Namen miniforum.sql im Ordner beispiele/kapitel07.

7

Platzhalterdaten zum Spielen eintragen

Laut bellend stürmt der Riesenschnauzer auf das Kleinkind zu. »Der will nur spielen« beruhigt die Besitzerin und lacht. Auch wir spielen in diesem Kapitel. Aber nicht mit Riesenschnauzern, sondern mit Platzhalterdaten.

Und was den Hund betrifft – der ist zum Glück umgänglich. So umgänglich wie unsere Datenbanktabellen. Nun denn, spiele los:

Server: localhost ▸ Datenbank: team ▸ Tabelle: maintopics
Struktur Anzeigen SQL Suche Einfügen Exportieren Operationen

Feld	Typ	Funktion	Null	Wert
id1	int(11)			
timestamp1	datetime	NOW	☐	
user1	varchar(15)		☐	peter82
headline1	varchar(100)		☐	Der erste Eintrag
message1	text		☐	Hallo, das ist mein erster Eintrag im Forum und ich habe zum Glück auch kein Problem!

☐ Ignorieren

Feld	Typ	Funktion	Null	Wert
id1	int(11)			
timestamp1	datetime	NOW	☐	
user1	varchar(15)		☐	peter82
headline1	varchar(100)		☐	Der zweite Eintrag
message1	text		☑	Hier folgt sogleich der zweite Streich.

➤ Trage ein paar Haupteinträge in die Tabelle *maintopics* ein. Die *id* lässt du frei – die wird schließlich automatisch vergeben.

➤ Bei *timestamp1* wählst du wieder die Funktion NOW. Fülle lediglich *user1*, *headline1* und *message1* aus. Bei *user1* musst du nicht unbedingt einen Nutzer wählen, der schon angemeldet ist. Ein Fantasiename tut es auch!

➤ Auf exakt die gleiche Art und Weise legst du ein paar Untereinträge in der Tabelle *subtopics* fest. Ganz wichtig: Notiere in jedem Untereintrag die id des Haupteintrags, auf den er sich bezieht!

Das ist der Punkt, an dem die beiden Datenbanktabellen zusammenarbeiten. Ich speichere die id des Haupteintrags im Feld *id1_maintopics*. Später bei der Anzeige hole ich mir dann nur die Einträge aus *subtopics*, die der id des jeweiligen Haupteintrags entsprechen. An der Stelle besteht also die Relation zwischen den beiden Datenbanktabellen, die Beziehung. Es ist übrigens eine 1:n-Relation, da einer id in der Haupttabelle n Einträge in der subtopics-Tabelle entsprechen.

➤ Auch hier kannst du als Nutzernamen einen Fantasienamen eintragen – schließlich prüft das System nicht, ob es den entsprechenden Nutzer überhaupt gibt. Du musst ja auch damit rechnen, dass sich später Nutzer mit selbstgewählten Fantasienamen ein- oder austragen.

Hast du ein paar Datensätze zum Spielen eintragen? Dann rufen wir unseren Bello nun zurück und programmieren das Forum.

Das Forum wird lebendig!

Bist du bereit? Dann programmieren wir jetzt unser Forum. Wir fangen mit der leichtesten Übung an, der Darstellung der Themen.

Darstellung der Themen: links.php

Im linken Frame sollen alle Themen untereinander dargestellt werden. Und zwar mit dem neusten zuoberst! Der Quelltext der links.php ist erfreulich kurz – ich zeige dir den Bereich zwischen den Tags <body></body>:

```
<div><strong>Die Themen:</strong></div>
<div>
<?php
include_once "login/zugriff.inc.php";
$sql = "SELECT id1, headline1 FROM maintopics
ORDER BY id1 DESC LIMIT 0, 200";
$result = mysql_query($sql);
while ($row = mysql_fetch_assoc($result)) {
  echo "- <a href='rechts.php?showtopic={$row['id1']}'
  target='rechts'>{$row['headline1']}</a><br>";
}
?>
</div>
```

Zuerst werden die Zugangsdaten eingebunden – diese liegen im Unterordner login. Danach erfolgt die SQL-Abfrage. Wir benötigen dabei nur *id1* und *headline1*. Die Sortierung erfolgt nach id, und zwar absteigend. Dadurch stehen die neusten Einträge zuoberst. Und die LIMIT-Anweisung sorgt lediglich dafür, dass ältere Einträge aus Platzgründen ausgeblendet werden. Falls es zu viele sind. Du kannst diese Anweisung auch weglassen oder durch eine Blätterfunktion ersetzen. Das machen wir vorerst aber nicht.

Danach stellen wir die Hauptthemen untereinander dar, und zwar als Hyperlinks. Diese übergeben den Parameter showtopic und als Wert die id des jeweiligen Themas – und zwar an die Seite rechts.php, also den rechten Frame. Wichtig ist wieder target='rechts', damit die Anzeige auch im richtigen Frame erfolgt.

Schau dir die Abbildung an – so soll es ungefähr aussehen. Parke zur Probe den Mauszeiger über einem der Hyperlinks. In der Statuszeile des Browsers erscheint nun auch der URL-Parameter mit der entsprechenden id.

Mini-Forum

Mini-Forum von PHPKid.de:
Du bist eingeloggt als: **peter82** - N

Die Themen:
- Hallo, ich habe Problem Nr. 3
- Der zweite Eintrag
- Der erste Eintrag

Fertig

7

Aufbau der Seite rechts.php

So einfach wie die Darstellung der Themen, so verzwickt ist die Anzeige derselben. Schließlich muss diese Seite gleich vier Aufgaben erfüllen:

◇ Anzeige des Formulars zum Eintrag eines Hauptthemas

◇ Verarbeitung dieses Eintrags

◇ Anzeige des Formulars zum Eintrag eines Unterthemas

◇ Verarbeitung dieses Eintrags

◇ Anzeige der Unterthemen zum dem links ausgewählten Hauptthema

Das alles natürlich in Abhängigkeit von bestimmten Bedingungen. Hat der Besucher auf den entsprechenden Link geklickt? Wurde das jeweilige Formular abgeschickt? Alles das fangen wir auf und reagieren darauf.

Schau dir den Quelltext ganz in Ruhe an:

```php
<?php
include "login/sessionheader.inc.php";
?>
<!DOCTYPE HTML PUBLIC "-//W3C//DTD HTML 4.01 Transitional//EN">
<html>
<head>
  <title>Anzeige der Beiträge</title>
<meta http-equiv="content-type" content="text/html; ↵
      charset=iso-8859-1">
</head>
<body>
<?php
include_once "login/zugriff.inc.php";
include_once "login/function.inc.php";
$zugriff = false;
if (isset($_SESSION['login']) && ↵
      isset($_SESSION['user'])) {
  $zugriff = true;
}
// Formular für Eingabe des Hauptthemas
if ($zugriff && isset($_GET['maintopic'])) {
  include "maintopic_formmaker.inc.php";
// Verarbeitung der Formulardaten des Hauptthemas
} else if ($zugriff && isset($_POST['mainsend'])) {
  include "maintopic_entry.inc.php";
```

```php
// Formular für Eingabe des Unterthemas
} else if ($zugriff && isset($_GET['subtopic'])) {
  include "subtopic_formmaker.inc.php";
  include "showtopic.inc.php";
// Verarbeitung der Formulardaten des Unterthemas
} else if ($zugriff && isset($_POST['subsend'])) {
  include "subtopic_entry.inc.php";
} else {

// Anzeige der Forumseinträge
  include "showtopic.inc.php";
}

?>
</body>
</html>
```

Nach »Eröffnung« der Session binde ich im zweiten Teil die Datei für den Datenbankzugriff und meine Funktionsbibliothek ein. (Wozu wir die Funktionsbibliothek benötigen, verrate ich dir auf der nächsten Seite.) Und dann teste ich erst einmal, ob der Nutzer eingeloggt ist und sich mit seinem Nutzernamen angemeldet hat. Nur dann wird die Variable $zugriff auf true gesetzt. Das dient einfach nur zur doppelten Sicherheit.

Die nächsten if-else-Strukturen sind sicher selbsterklärend. Ich frage ab, ob es bestimmte URL-Parameter bzw. POST-Werte gibt. Wer z.B. auf den Button *Neues Thema anlegen* klickt, schickt automatisch den Parameter maintopic=1 mit. Darauf reagiere ich und baue die gewünschte Seite auf – im Beispiel das Eingabeformular für das Haupthema. Die eigentliche Codeausführung habe ich in Include-Dateien ausgelagert. So erfolgt die Anzeige des Eingabeformulars für einen Haupteintrag in der Datei maintopic_formmaker.inc.php, das Formular für den Untereintrag entsteht durch die subtopic_formmaker.inc.php. Ist doch sehr übersichtlich, oder?

Am wichtigsten ist die Datei showtopic.inc.php zur Anzeige der Forumseinträge. Sie hat gleich zwei Auftritte: Zum einen beim Eingabeformular für die Unterthemen. So sieht der Eintragende unter dem Formular auch den Diskussionsfaden. Zum anderen spielt die showtopic.inc.php natürlich eine Hauptrolle, da sie die Forumseinträge einblendet. Und zwar immer dann, wenn gerade keine Eingabeformulare generiert werden müssen.

Den aktuellen Zwischenstand mit den vorbereiteten Dateien links.php und rechts.php findest du unter beispiele/kapitel07/forum4.

7

Das Datum freundlicher ausgeben

Gleich geben wir die Botschaften aus – im rechten Frame. Ein Problem dabei: Wir brauchen das Datum. Und zwar in einer freundlichen Schreibweise wie *04.09.2009, 15:02:23 Uhr*. So soll es aussehen:

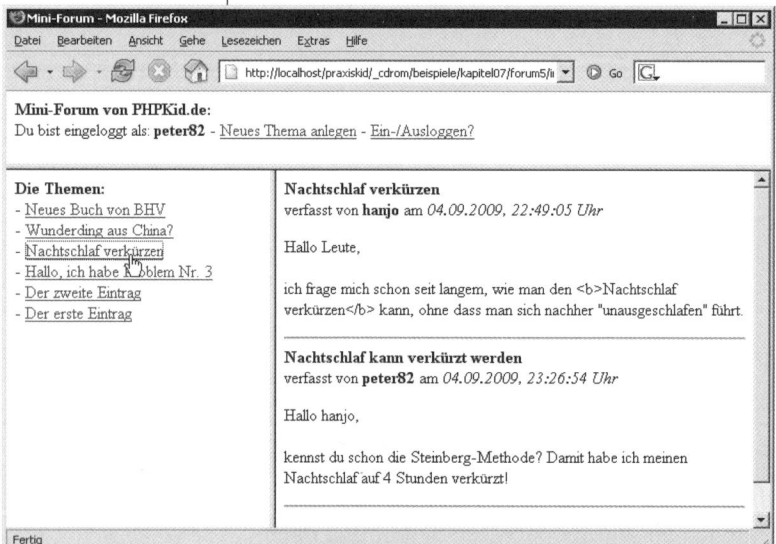

Zu jedem Posting gehören Verfasser und Datum.

Unsere Datenbanktabelle liefert uns jedoch einen Zeitstempel in folgender Manier: *2009-09-04 15:02:23*.

Diese Schreibweise ist bei Programmierern üblich – sie wird z.B. in den USA und in Großbritannien verwendet. Der Vorteil: Da die Jahreszahl am Anfang steht, kannst du prima nach dem Datum sortieren. Der Nachteil: Wir sind keine Amis oder Engländer und haben mit dem Lesen Probleme.

Deshalb wandeln wir das Datum in die bei uns übliche Schreibung um. Wie? Mit einer Funktion! Diese nennen wir datemaker2() und legen sie in der Funktionsbibliothek login/function.inc.php ab. Wie das Skript arbeitet, kannst du dir inzwischen selbst erschließen:

```php
function datemaker2($datum)
{
  $arr_datum1 = explode(" ", $datum);
  $arr_datum = explode("-", $arr_datum1[0]);
  $datum = "$arr_datum[2].$arr_datum[1].$arr_datum[0], ↵
      $arr_datum1[1] Uhr";
  return $datum;
}
```

Quelltext der showtopic.inc.php

Und so sieht der Quelltext unseres »Threadanzeigers« aus. Keine Sorge, es ist weit weniger kompliziert, als es auf den ersten Blick wirkt. Auf der nächsten Seite sprechen wir alles in Ruhe durch!

```php
<?php
// Paramter übergeben?
if (isset($_GET['showtopic']) && is_numeric($_GET['showtopic'])) {
  $main_id = $_GET['showtopic'];
  $sql1 = "SELECT * FROM maintopics WHERE id1 = $main_id";
  $result1 = mysql_query($sql1);
  $row1 = @mysql_fetch_assoc($result1);
// Kein Parameter übergeben
} else {
  $sql1 = "SELECT * FROM maintopics ORDER BY id1 DESC LIMIT 0, 1";
  $result1 = mysql_query($sql1);
  $row1 = @mysql_fetch_assoc($result1);
  $main_id = ($row1['id1']) ? $row1['id1'] : 0;
}
$timestamp1 = datemaker2($row1['timestamp1']);
$ausgabe = "<div><strong>{$row1['headline1']}</strong></div>
<div>verfasst von <b>{$row1['user1']}</b>
am <em>$timestamp1</em></div>
<p>{$row1['message1']}</p><hr>\n";
$sql2 = "SELECT * FROM subtopics WHERE id1_maintopics = ↵
      $main_id ORDER BY id2";
$result2 = mysql_query($sql2);
while ($row2 = @mysql_fetch_assoc($result2)) {
  $timestamp2 = datemaker2($row2['timestamp2']);
  $ausgabe .= "<div><strong>{$row2['headline2']}</strong></div>
<div>verfasst von <b>{$row2['user2']}</b>
am <em>$timestamp2</em></div>
<p>{$row2['message2']}</p><hr>";
  }
if (isset($_SESSION['user']) && !isset($_GET['subtopic']) ↵
      && $main_id != 0) {
  $ausgabe .= "<p><a href='rechts.php?subtopic=$main_id↵
      &amp;showtopic=$main_id'>Antwort verfassen</a></p>";
}
echo $ausgabe;
?>
```

7

So funktioniert das Skript

Zuerst prüfe ich, ob der Parameter showtopic übergeben wurde. Das ist immer dann der Fall, wenn der Nutzer im linken Frame auf einen Link geklickt hat. Wozu aber die Funktion is_numeric['showtopic']? Ist die nicht überflüssig?

> Safety first! Aus Sicherheitsgründen teste ich, ob der per GET übergebene Wert auch numerisch ist. Denn alles, was per GET oder POST übergeben wurde, ist »Feindesland«. Ein Hacker kann diese Werte verändern und durch Ausprobieren Schaden anrichten. Das gilt besonders, wenn solche Werte direkt in eine SQL-Abfrage eingebaut werden. Der »Feind« könnte ein paar SQL-Befehle einsetzen und per GET übergeben. Und die führen möglicherweise zu ganz anderen Abfrage-Ergebnissen. Nicht jedoch bei uns! Wir beugen vor, indem wir diese Werte überprüfen und das Skript im Zweifelsfalle nicht ausführen! Dieser Schutz vor »SQL-Injections« sollte für uns fortgeschrittene Programmierer zur eisernen Regel werden!

Der Nutzer hat die entsprechende id übergeben? Beispielsweise eine 3 für das Thema Nr. 3? Dann speichere ich diesen Wert in der Variablen $main_id und frage genau diesen einen Datensatz ab. Schließlich möchte der Nutzer den Kommentar sehen! Der else-Zweig greift, wenn kein verwertbarer Parameter übergeben wurde. Dann gibt das Forum automatisch den neusten Eintrag aus. Das erreiche ich, indem ich die Tabelle *maintopics* absteigend nach *id1* abfrage (ORDER BY id2 DESC) und die Ausgabe auf einen Datensatz beschränke (LIMIT 0, 1).

Die Datenbankabfrage selbst muss ich sicher nicht mehr erläutern. Wichtig ist der Klammeraffe vor der Funktion mysql_fetch_assoc(). Dieser dient zur Unterdrückung von Fehlermeldungen. Der Besucher soll ja nicht gleich sehen, wie Datei und Datenbanktabelle heißen und in welcher Zeile das Problem steckt. (Tipp: Wenn das Skript bei dir nicht läuft, nimm den Klammeraffen vorerst zur Probe weg, um die Fehlermeldungen zu sehen!)

Doch wozu dient folgende Zeile am Ende des else-Zweigs?

```
$main_id = ($row1['id1']) ? $row1['id1'] : 0;
```

Diese ist nur dann wichtig, wenn das Forum gerade erst installiert wurde. Dann existieren noch keine Haupteinträge. Die Variable $row1['id1'] existiert noch nicht. In diesem Fall – und nur in diesem – wird der Wert von $main_id auf 0 gesetzt!

Danach wandle ich das Datum mit unserer Funktion `datemaker2()` in die freundlichere Variante um und speichere diesen Wert in `$timestamp1`. Als Nächstes setze ich den ersten Beitrag zusammen. Es ist der erste Beitrag des jeweils ausgewählten Hauptthemas. Diesen Beitrag speichere ich in der Variablen `$ausgabe`.

Anschließend folgt die letzte SQL-Abfrage. Diesmal frage ich die Tabelle *subtopics* ab und ermittle alle »Unterbeiträge«, die zu diesem Hauptthema gehören. Damit ich auch wirklich nur die und nicht alle bekomme, formuliere ich eine WHERE-Klausel: `WHERE id1_maintopics = $main_id`. Durch die aufsteigende Sortierung (`ORDER BY id2`) stehen die neusten am Ende – dadurch entsteht ein chronologischer Diskussionsfaden.

Diese Unterbeiträge selbst werden per `while`-Schleife ausgegeben und ebenfalls in `$ausgabe` gespeichert. Dabei kommt wieder der kombinierte Verkettungs- und Zuweisungsoperator `.=` zum Einsatz.

Antwort-Link zusammensetzen

Uff. Fast fertig. Fehlt noch eine einzige `if`-Abfrage am Schluss. Diese setzt den Link zum Verfassen einer Antwort zusammen.

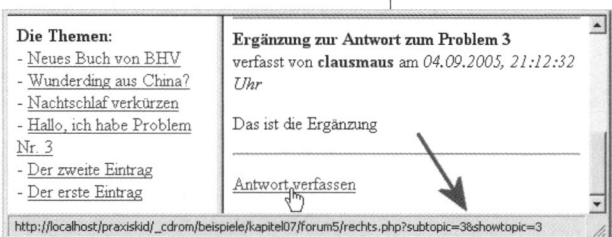

Der Link übergibt die Parameter »subtopic« und »showtopic« mit der id des Haupteintrags.

Aber auch das nur unter drei Bedingungen:

◆ Der Besucher ist eingeloggt, `$_SESSION['user']` existiert.

◆ Die Variable `isset($_GET['subtopic']` existiert nicht. Warum? Weil diese Anzeige der Unterthemen auch dann aufgerufen wird, wenn ich das Antwort-Formular erstelle. Aber bei dieser Gelegenheit soll der Link zum Aufruf des Antwort-Formulars natürlich nicht angezeigt werden.

◆ Die Variable `$main_id` steht nicht auf 0. Mit anderen Worten: Es wird mindestens ein Datensatz angezeigt. (Auf keinen Datensatz zu antworten, macht nicht viel Sinn.)

Dieser Link übergibt die Parameter *subtopic* und *showtopic*, zusammen mit der Nr. des entsprechenden Haupteintrags. Am Schluss geben wir den Inhalt der Variablen aus – schreiben also alle Beiträge in den rechten Frame. Schwirrt dir jetzt der Kopf? Den aktuellen Stand findest du unter `forum5`.

7 Mitposten! Formulare bauen!

Unser System zeigt nun alle Einträge an. Das ist schon toll! Doch nun solltest du deinen Besuchern auch ein Mitspracherecht erteilen.

Eingabe des Haupteintrags

Zimmere die entsprechenden Formulare! Hier das für den Haupteintrag:

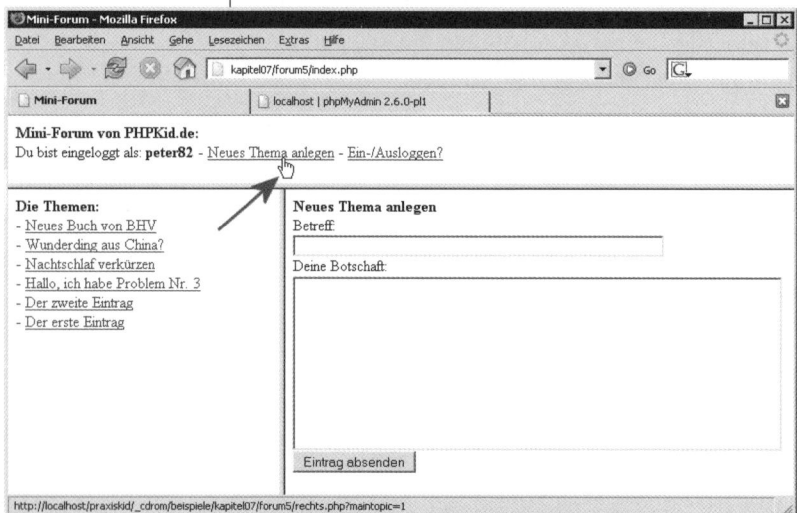

Neuer Haupteintrag durch Klick auf »Neues Thema anlegen«

Dieses Formular wird durch die Datei `maintopic_formmaker.inc.php` erzeugt – ich verwende wieder die bewährte Heredoc-Syntax:

```php
<?php
echo <<<MAINTOPICFORM
<div><strong>Neues Thema anlegen</strong>
<form action="rechts.php" method="post">
Betreff:<br>
<input type="text" size="60" maxlength="50"
    name="headline1"><br>
Deine Botschaft:<br>
<textarea cols="60" rows="10" name="message1">
</textarea><br>
<input type="submit" value="Eintrag absenden"
    name="mainsend">
</form>
</div>
MAINTOPICFORM;
?>
```

Das Formular ist nicht weiter kompliziert. Es beinhaltet die Felder *headline1* und *message1* – praktisch den Inhalt eines Postings. Zusätzlich habe ich den Submit-Button benannt, und zwar in *mainsend*. Das dient schließlich als Kennung für das nächste Skript. Und das besprechen wir jetzt!

Haupteintrag verarbeiten

Und so sieht der Quelltext der `maintopic_entry.inc.php` aus.

```php
<?php
if (isset($_POST['headline1']) && isset($_POST['message1'])) {
  $status = "";
  $headline1 = trim($_POST['headline1']);
  $message1 = trim($_POST['message1']);
  if (strlen($headline1) < 5) {
    $status .= "<div>Die Überschrift ist zu kurz!</div>";
  }
  if (strlen($message1) < 10) {
    $status .= "<div>Der Beitrag ist zu kurz!</div>";
  }
  if (empty($status)) {
  $headline1 = htmlspecialchars($headline1);
  $message1 = nl2br(htmlspecialchars($message1));
$sql_putin = "INSERT INTO maintopics
(timestamp1, user1, headline1, message1)
VALUES (NOW(), '$_SESSION[user]', '$headline1', ↵
      '$message1')";
    if (mysql_query($sql_putin) && mysql_affected_rows() > 0) {
      $status = "<p>Eintrag erfolgreich!</p>";
      $status .= "<p><a href='index.php' ↵
            target='_parent'>Alles klar</a></p>";
    } else {
      $status = "<p>Eintrag <b>nicht</b> erfolgreich!</p>";
      $status .= "<p>↵
        <a href='javascript:history.back()'>Zurück</a></p>";
    }
  } else {
    $status .= "<p>↵
      <a href='javascript:history.back()'>Zurück</a></p>";
  }
  echo $status;
}
?>
```

167

7

Auch hier gibt es keine großen Besonderheiten! Wenn du die vorigen Hauptkapitel (und das Vorgängerbuch) aufmerksam gelesen hast, müsstest du das Prinzip leicht durchschauen. Wir testen, ob der Inhalt von `$_POST['headline1']` bzw. `$_POST['message1']` eine bestimmte Mindestlänge besitzt. Aus Sicherheitsgründen werden außerdem alle HTML-Tags mit `htmlspecialchars()` entschärft.

Bei den Postings (*message1*) erhalten wir zusätzlich die Zeilenumbrüche durch `nl2br()`, damit diese auch bei der Ausgabe angezeigt werden. Alle Statusmeldungen halten wir in der Variablen `$status` fest.

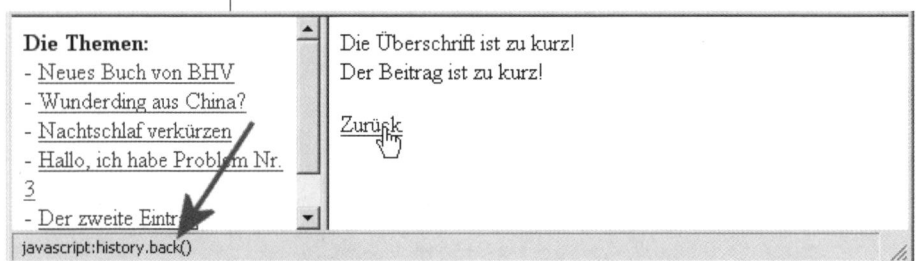

Zurück auf »Los«!

Bei Nichterfolg schicken wir die Besucher einfach wieder zurück zum Formular. Das gelingt durch folgenden JavaScript-Link:

```
<a href='javascript:history.back()'>Zurück</a>
```

Eingabe des Untereintrags

Der Besucher möchte keinen neuen Thread eröffnen, also kein neues Hauptthema? Es geht eher um eine Antwort auf einen vorhandenen Beitrag? Das gelingt durch den auf Seite 165 zusammengesetzten »Antwort«-Link. Dieser ruft zum einen das Formular für die Eingabe des Unterthemas auf. Zum anderen aktiviert er auch die `showtopic.inc.php` zur Anzeige aller Postings. Vergleiche mit der nebenstehenden Abbildung!

Diese Kombination aus Formularskript und Anzeigeskript ist praktisch – so sieht der Poster auch die anderen Beiträge. Sie oder er kann scrollen und sich die gewünschten Passagen ggf. kopieren.

Hier zur Erinnerung noch einmal der entsprechende Ausschnitt der Datei rechts.php – er ruft die Formulardatei subtopic_formmaker.inc.php und danach die showtopic.inc.php auf:

```
// Formular für Eingabe des Unterthemas
} else if ($zugriff && isset($_GET['subtopic'])) {
  include "subtopic_formmaker.inc.php";
  include "showtopic.inc.php";
```

Und nun schau dir den Quelltext der subtopic_formmaker.inc.php an – es gibt viele Ähnlichkeiten mit der maintopic_formmaker.inc.php:

```php
<?php
if (is_numeric($_GET['subtopic'])) {
  $main_id = $_GET['subtopic'];
echo <<<SUBTOPICFORM
<div><strong>Antwort verfassen</strong>
<form action="rechts.php" method="post">
Betreff:<br>
<input type="text" size="60" maxlength="50" ↵
      name="headline2"><br>
Deine Botschaft:<br>
<textarea cols="60" rows="10" name="message2">
</textarea><br>
<input type="hidden" value="{$main_id}" name="main_id">
<input type="submit" value="Eintrag absenden" ↵
      name="subsend">
</form>
</div>
SUBTOPICFORM;
}
?>
```

Der sichtbare Unterschied zur maintopic_formmaker.inc.php besteht in der Auswertung von $_GET['subtopic']. Zuerst erfolgt der schon besprochene Sicherheitstest, ob es sich um einen numerischen Wert handelt. Dann speichere ich diesen Wert in der Variablen $main_php.

Und nun folgt die Ergänzung: Im Gegensatz zum »Hauptformular« muss hier die *id* des gewünschten Hauptthemas mitgeliefert werden. Das erfolgt durch ein verstecktes Formularfeld: <input type="hidden" …

Beachte, dass ich grundsätzlich allen Variablen »sprechende Namen« gegeben habe. So finde ich mich später besser zurecht!

169

Untereintrag verarbeiten

Folgt zu guter Letzt noch die Datei subtopic_entry.inc.php:

```php
<?php
if (isset($_POST['headline2']) && isset($_POST['message2'])
&& is_numeric($_POST['main_id'])) {
  $main_id = $_POST['main_id'];  // id übernehmen
  $status = "";
  $headline2 = trim($_POST['headline2']);
  $message2 = trim($_POST['message2']);
  if (strlen($headline2) < 5) {
    $status .= "<div>Die Überschrift ist zu kurz!</div>";
  }
  if (strlen($message2) < 10) {
    $status .= "<div>Der Beitrag ist zu kurz!</div>";
  }
  if (empty($status)) {
  $headline2 = htmlspecialchars($headline2);
  $message2 = nl2br(htmlspecialchars($message2));
$sql_putin = "INSERT INTO subtopics
(timestamp2, user2, headline2, message2, id1_maintopics)
VALUES (NOW(), '$_SESSION[user]', '$headline2', ↵
     '$message2', '$main_id')";
    if (mysql_query($sql_putin) && mysql_affected_rows() > 0) {
      $status = "<p>Eintrag erfolgreich!</p>";
      $status .= "<p><a href='rechts.php'>Alles klar</a></p>";
    } else {
      $status = "<p>Eintrag <b>nicht</b> erfolgreich!</p>";
      $status .= "<p>↵
        <a href='javascript:history.back()'>Zurück</a></p>";
    }
  } else {
    $status .= "<p>↵
      <a href='javascript:history.back()'>Zurück</a></p>";
  }
  echo $status;
}
?>
```

Das Prinzip ist das gleiche wie bei der maintopic_entry.inc.php. Mit der Ergänzung, dass hier zusätzlich die id verarbeitet und in der Datenbanktabelle *subtopics* gespeichert werden muss! Blickst du durch? Den aktuellen Stand findest du unter beispiele/kapitel07/forum6.

Zusammenfassung

Was für ein Projekt! Auf den vergangenen Seiten hast du ein richtiges kleines Forum erzeugt. Dabei hast du gelernt, streng in Modulen zu denken und vorhandene Bausteine (Login, Registrierung) anzupassen und wiederzuverwerten! Dabei hast du Folgendes gelernt bzw. wiederholt:

❖ Du hast das Register- und das Login-Modul miteinander verbunden und die Links angepasst.

❖ Du hast die Editierdatei `edit.inc.php` zur Aufnahme von Variablen angelegt. Diese hilft, dein Modul beim nächsten Mal noch leichter auf andere Projekte anzupassen, da du bestimmte Werte in Variablen speichern kannst.

❖ Du hast den Aufbau des Forums geplant und dir angeschaut, wie HTML-Seiten in Rahmen aufgeteilt werden. Die Frameset-Datei sorgt für die Aufteilung in Rahmen. Die entsprechenden Unterdateien werden in die Rahmen geladen.

❖ Du weißt, dass du Rahmen benennen musst, um sie per Link ansprechen zu können. Der folgende Hyperlink ruft die Seite `rechts.php` im rechten Frame auf und übergibt ihr den Parameter `maintopic=1`:
`<a href='rechts.php?maintopic=1' target='rechts'>`

❖ Du hast den Aufbau der Datenbanktabellen geplant und Platzhalterdaten zum Ausprobieren eingetragen. Auf diese Weise konntest du zumindest erst einmal den Ausgabeteil erstellen.

❖ Du hast eine Funktion zur Umwandlung des Zeitstempels in eine freundliche, »westeuropäische« Fassung geschrieben und in deiner Funktionsbibliothek abgelegt.

❖ Du weißt, dass du Werte aus GET und POST »auf Teufel komm raus« überprüfen musst! Wir haben die Funktion `is_numeric()` verwendet, um festzustellen, ob es sich dabei um einen Zahlwert handelt.

Ein paar Fragen

Frage 1: Mit welchem HTML-Attribut kannst du den Rahmen einen Namen verpassen?

Frage 2: Nenne ein paar Vor- und auch Nachteile von Frames. Versuche mehr zu finden, als ich bisher genannt habe.

Frage 3: Welche »großen« Foren kennst du? Finde eine Webseite, die dir einen guten Überblick über Forensoftware bietet!

7

... und ein paar Aufgaben

Natürlich halte ich auch wieder ein paar Aufgaben für dich bereit. Verbessere das Forum. Und verpasse ihm ein schickes Layout!

1. Zwar ist die Gefahr durch die Frames vermindert worden: Trotzdem solltest du dein Forum vor Doppeleinträgen schützen. Wie gehst du vor?

2. Die Datei links.php im linken Frame ist so eingestellt, dass maximal 200 Themen angezeigt werden. Erhöhe diesen Wert auf 250.

3. Bisher herrscht Cookiezwang. Ändere das Loginskript so, dass die Session sowohl mit Cookies als auch mit URL-Anhängen arbeitet. Dazu musst du folgende zwei Dateien bearbeiten: loginmaker.inc.php, sessionheader.inc.php. Tipp: Aus beiden musst du Code entfernen.

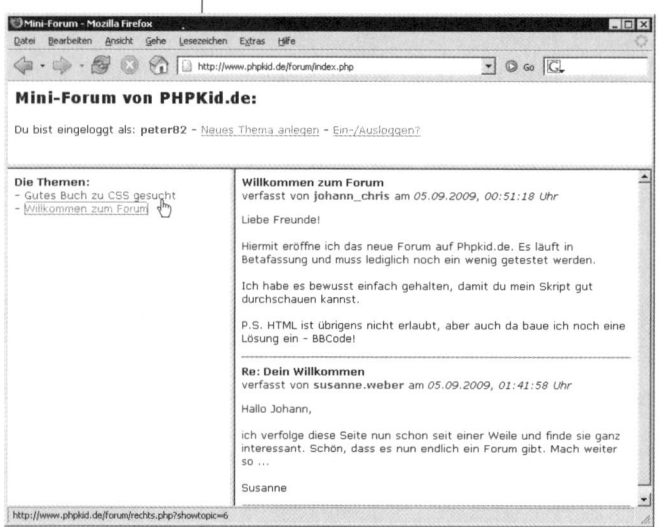

4. Verpasse deinem Forum ein schickes Layout – orientiere dich dafür an der Abbildung. Passe ggf. die Größe der Frames an. Nutze CSS für eine attraktive Gestaltung. Lege die CSS-Datei in einen Unterordner namens css. Ich habe dir als Vorschlag die CSS-Datei phpkid.css im Unterordner beispiele/kapitel07/auf gaben bereitgestellt.

Mit CSS attraktiv gestaltet: Das Forum auf PHPkid.de

5. Teste dein Login-System auf *Nutzerfreundlichkeit* – Stichwort *Usability*: Lasse ruhig Freunde und Bekannte probieren. Wo liegen die Schwachstellen? a.) Wenn der Nutzer auf den Aktivierungslink klickt, landet er auf der Seite register.php. Doch eingeloggt wird auf der Seite login.php! Biete deshalb neben dem Text *Hallo Soundso, Aktivierung erfolgreich!* noch einen Link nebst »Einladung« zur Seite login.php an! b.) Wenn der Nutzer – meist versehentlich – ein zweites Mal auf den Aktivierungslink in der Mail klickt, erscheint der Text *Aktivierung nicht erfolgreich.* Auch das ist missverständlich! Ergänze ... *vielleicht bist du schon angemeldet?* und biete auch hier einen hilfreichen Link an zur Seite login.php. Merke: Das schönste Forum nutzt nichts, wenn der Besucher die Anmeldung nicht durchschaut!

8

Magic Quotes und BBCode: Mehr Sicherheit für das Forum

Mehr Pepp für Forum und Gästebuch? Und vor allem mehr Sicherheit? Das ist machbar, Herr Nachbar! In diesem Kapitel zeige ich dir, wie du HTML zulässt, ohne ein Risiko einzugehen. Unterdrücke unerwünschte Tags und schaffe dir eine eigene Formatiersprache. Schütze dich vor Angriffen auf die Datenbank. Und wenn du das geschafft hast, bindest du diese Module bequem in dein Forum ein!

Es geht um folgende Themen:

◎ Einsatz von magischen Anführungszeichen (Magic Quotes)

◎ Unterdrücken unerwünschter HTML-Tags

◎ Einsatz einer selbst gebastelten Alternativsprache (BBCode)

◎ Einbinden eines JavaScripts zum dynamischen Zuweisen der Codes

◎ Umwandeln von BBCode in HTML

◎ Bequemes Einbinden der BBCode-Module in das Forum

8 Die »magischen Anführungs-zeichen«

An dieser Stelle müssen wir uns erneut über ein ganz wichtiges Thema unterhalten – die Datenbanksicherheit. Denn auch unser Forum ist hier unter Umständen noch nicht sicher genug. Doch bevor ich darauf zu sprechen komme, hole ich etwas aus ...

Blättere doch einmal zurück zur Seite 182, zum Mini-Gästebuch. Es geht um `stripslashes()`. Auch bei unserem Webmailer von Seite 135 kommt die Funktion `stripslashes()` zum Einsatz. Was sie macht und warum du sie brauchst, ist sicher klar.

> Die Funktion `stripslashes()` entfernt die Escape-Zeichen \, die von PHP in aller Regel z.B. zum Maskieren von einfachen oder doppelten Gänsefüßchen verwendet werden.

Wenn du diese Funktion weglässt, wird aus dem Gästebucheintrag `Hallo, "altes Haus"` schlicht und einfach `Hallo, \"altes Haus\"`. Auch in deinen E-Mails werden alle einfachen oder doppelten Gänsefüßchen häufig durch einen Backslash verunziert. Doch hast du dich schon einmal gefragt, warum wir `stripslashes()` immer dann brauchen, wenn wir Mails verschicken oder etwas in Textdateien speichern? Bei Einträgen in Datenbanktabellen jedoch normalerweise nicht? Hier kommt die Erklärung!

magic_quotes_gpc = On

Alle Daten aus Formularen oder URL-Anhängen werden von PHP in der Regel automatisch »escaped«. Mit anderen Worten: Alle einfachen bzw. doppelten Gänsefüßchen, der \ (und der Wert Null-Byte) erhalten wie von Zauberhand einen Backslash. Dafür sorgt eine Konfigurationseinstellung namens `magic_quotes_gpc = On` in der `php.ini`. Überzeuge dich, rufe die Funktion `phpinfo()` auf:

log_errors_max_len	1024
magic_quotes_gpc	On
magic_quotes_runtime	Off
magic_quotes_sybase	Off

Per Voreinstellung ist »magic_quotes_gpc« auf On gestellt. Zumindest gilt das für lokale Webserver wie XAMPP und Server2 Go.

Die Zeichenfolge `gpc` bezieht sich dabei auf get, post und cookie. Diese »magische Quotierung« wirkt also auf alle Werte aus diesen drei Quellen. Warum ist das so praktisch? Das hilft uns bei Einträgen in Datenbanktabellen. Inhalte aus Formularen können so direkt mit `INSERT INTO tabellenname VALUES ('Wert1', 'Wert2', usw.)` in die Datenbanktabelle geschrieben werden. Die störenden und gefährlichen Gänsefüßchen werden maskiert – vor allem das einfache darf ja nicht in Strings enthalten sein!

Und jetzt kommt der Clou: In der Datenbanktabelle tauchen diese »Escape-Zeichen« nicht mehr auf, da MySQL sie beim Eintragen entfernt. Deshalb stören sie uns nicht und wir merken auch kaum etwas von dieser Zauberei.

Du benötigst `stripslashes()` aber immer dann, wenn du Daten nicht (gleich) in Datenbanktabellen speichern, sondern vor dem Speichern noch einmal anzeigen willst. Schreibe dann

```
echo stripslashes($FormularVariable);
```

oder noch besser:

```
echo htmlspecialchars(stripslashes($FormularVariable));
```

Diese Technik hatte ich dir ja schon ausführlich vorgeführt. Auch beim Speichern in Textdateien bzw. Versenden als Mail müssen die Backslashes vorher eliminiert werden.

> Wenn du willst, kannst du als Alternative auch `htmlentities()` verwenden. Dadurch werden zusätzlich auch Umlaute und Sonderzeichen in die jeweiligen HTML-Entities umgewandelt, ü wird z.B. zu `&uuml;` und ß zu `&szlig;`. Das Gegenstück dazu heißt `html_entity_decode()`.

Magic Quotes ausgeschaltet?

Es ist gut, wenn `magic_quotes_gpc` eingeschaltet ist. Auch etliche der von mir getesteten Dienstleister lassen es an – schon aus Sicherheitsgründen. Das beugt Code-Einschleusungen (SQL-Injections) von vornherein vor. Sonst könnte bei einem schlecht programmierten Skript folgende Abfrage möglich sein:

```php
<?php
$username = "peter82"; // Nutzername aus Formularfeld
$pw = "' OR 1=1"; // Passwort aus Formularfeld
$sql = "SELECT * FROM forumuser WHERE user='$username' AND
password='$pw'";
mysql_query($sql);
```

Der Angreifer probiert beim Passwort also die Eingabe ' OR 1=1 – beachte das einfache Gänsefüßchen, welches er bewusst ganz am Anfang notiert.

Der daraus resultierende SQL-String sieht so aus:

```
SELECT * FROM forumuser WHERE user='peter82' AND pw='' OR 1=1
```

Mit anderen Worten: Da das Gänsefüßchen nicht maskiert wird, übergibt das Skript einen Leerstring als Passwort. Zusätzlich wird die Oder-Abfrage OR 1=1 eingeschleust. Und die ergibt auf jeden Fall true.

Das bedeutet: Der Angreifer kann unter Umständen vollkommen ohne Passwortkenntnis eintreten. Unter Umständen schreibe ich deshalb, weil diese Einstellung in meinen Versuchen eher zu SQL-Fehlern als zu einem »Datenbankeinbruch« führte. Wie auch immer … die Gefahr ist trotzdem real!

Unser in diesem Buch verwendetes Einlogg-Beispiel ist jedoch auch dann sicher, wenn magic_quotes_gpc auf Off steht. Schließlich wandeln wir die Eingabe des Passwortes erst mit md5() in den MD5-Wert um und eliminieren so irgendwelche Einschleusungen von vornherein. Aber auch den Benutzernamen (das Passwort sowieso) prüfen wir nicht umsonst vorab mit einem regulären Ausdruck. Nur Buchstaben, Zahlen, Punkt, Unter- und Bindestrich sind zugelassen. Jedwede Anführungszeichen werden dadurch von vornherein wirksam unterbunden.

Doch um das Einlogg-Beispiel geht es mir gar nicht allein. Das Problem betrifft *alle* Werte, die Nutzer in Formularfelder eingeben und die wir später in SQL-Abfragen nutzen wollen. Hier *dürfen* schlicht und einfach keine unmaskierten Gänsefüßchen stehen! Also musst du auch bei ausgeschalteten magic_quotes_gpc dafür sorgen, dass diese Anführungszeichen maskiert werden. Wie? Ganz einfach! Escape die Variablen mit der Funktion addslashes() – also dem Gegenstück von stripslashes().

Die Funktion get_magic_quotes_gpc()

Erfrage vorher, wie dieser »magische Schalter« bei dir eingestellt ist. Das gelingt mit der Funktion get_magic_quotes_gpc(). Ist der Schalter On, gibt sie eine 1, bei Off dagegen eine 0 zurück. Und so sieht diese nachträgliche Quotierung sinngemäß aus:

```
if (get_magic_quotes_gpc() == 0) { // ausgeschaltet?
  $Variable = addslashes($Variable);
}
```

Du brauchst also nichts weiter zu tun, als diese zusätzliche `if`-Abfrage in deine Skripte einzubauen. Und zwar immer dort, wo Werte in SQL-Abfragen weiterverarbeitet und Gänsefüßchen nicht anderweitig unterdrückt werden. Auch wenn immer mehr Dienstleister `magic_quotes_gpc` leider auf `Off` schalten – mit dieser Abfrage stört dich das nicht. Dein Code wird portabel! Er funktioniert gleichermaßen mit und ohne *Magic Quotes*.

Forum-Eintragsdateien bearbeiten

Auch unser Forum muss »durch etwas Magie« geschützt werden. Vor allem die Felder für *Headline* und *Message* sind noch unbehandelt. Und in die könnten ja tatsächlich jemand störende und häufig sogar gefährliche Gänsefüßchen beherbergen. Also dann, frisch ans Werk. Zuerst öffne ich die `maintopic_entry.inc.php`. Ich ergänze dort unterhalb dieser Zeile:

```
$message1 = nl2br(htmlspecialchars($message1));
```

und genau über dieser MySQL-Abfrage

```
$sql_putin = "INSERT INTO subtopics … usw. usf.
```

folgenden Code:

```
if (get_magic_quotes_gpc() == 0) { // ausgeschaltet?
  $headline1 = addslashes($headline1);
  $message1 = addslashes($message1);
}
```

Mach mit! Eine ganz ähnliche Behandlung solltest du auch der Datei `subtopic_entry.inc.php` gönnen. Hier lautet der zu ergänzenden `if`-Abfrage folgendermaßen:

```
if (get_magic_quotes_gpc() == 0) { // ausgeschaltet?
  $headline2 = addslashes($headline2);
  $message2 = addslashes($message2);
}
```

Diese Ergänzungen findest du auch in den Beispieldateien auf der Buch-CD. Schaue zum Pfad `beispiele/kapitel08/forum_magic`.

> Du hast mindestens die vierte Auflage des Vorläuferbuchs »PHP und MySQL für Kids« studiert? Dann ist dir diese Praxis sicher schon vertraut. Denn auch in den Skripten dieses Buches wende ich diese wichtige Sicherheitstechnik an.

HTML-Tags unterdrücken

HTML im Forum oder Gästebuch? Das kann schief gehen! Mein allererstes Gästebuch war gestrickt nach dem Motto »supersimpel«. Es besaß keinerlei Schutz vor HTML. Ein paar Wochen passierte nichts – die Besucher schrieben brav ein paar Höflichkeiten in das Gästebuch.

Lektion von Dominik

Doch eines Tages besuchte mich ein Surfer mit besonders großem Forschungsdrang. Er war der Meinung, meine Seite durch sein eigenes Layout verbessern zu müssen. Was er tat? Er baute einfach einen Link ein nach folgendem Schema und band damit sein Stylesheet in meine Seite ein:

```
<link rel="stylesheet" type="text/css" href=↵
"http://www.webserver.de/hack.css">
```

Durch diesen Hack erstrahlte meine Seite »in neuem Glanz« – mit knalligen Schrifteffekten und Hintergrundlogo – denn auch das lässt sich per CSS-Datei einbinden. Für mich war das ein heilsamer Schock. Und ich war froh, dass der Surfer mir keine ärgeren Sachen (schädlichen JavaScript-Code, Umleitungen usw.) untergejubelt hatte. Ja, ich war dem »kleinen Hacker« sogar dankbar, da er mich damals auf dieses Problem und damit indirekt auf die Funktion htmlspecialchars() aufmerksam gemacht hatte.

Du weißt längst Bescheid und behandelst alle Eingaben in Forum oder Gästebuch mit htmlspecialchars(). Diese Funktion entschärft alle in HTML mit besonderer Bedeutung ausgestatteten Zeichen und wandelt sie um. Das < wird zu <, das > zu > Außerdem konvertiert diese Funktion das & (kaufmännisches Und) in & und das doppelte Anführungszeichen in ". Kurz: Alle Tags erscheinen im Klartext und können keinen Schaden anrichten. Das nur als Wiederholung!

Der Besucher hieß übrigens Dominik und war 12 Jahre alt. Das Ganze geschah 2002. Und ich muss fairerweise hinzufügen, dass er mir sogar eine E-Mail schrieb: »Wie gefällt Ihnen denn das neue Layout, Herr Hanke?«. Ja ja, die Jugend von heute ... macht den Alten noch etwas vor! Ob meine Kinder auch mal so helle werden? Ich höre sie schon sagen »Die Schleife muss doch hierhin, Papa. Siehst du denn das nicht? Und das da ist doch eine undefinierte Variable, das kannst du nicht machen!«

Die Funktion strip_tags()

Du möchtest die HTML-Tags nicht entschärfen, sondern komplett unterdrücken? Auch dafür gibt es ein Mittelchen. Wirf einen Blick auf die Funktion strip_tags(). Die Syntax sieht folgendermaßen aus:

```
string strip_tags(string str [, string allowable_tags])
```

Du möchtest alle Tags aus einem String namens $comment entfernen? Dann schreibst du das so:

```
$comment = strip_tags($comment);
```

Besonders raffiniert wird die Funktion jedoch durch ihren zweiten, optionalen Parameter. Hier kannst du die Tags eintragen, die du zulassen möchtest.

> Du trägst immer nur das öffnende Tag oder die öffnenden Tags ein. Du möchtest das Tagpaar <b></b> und <i></i> zulassen? Dann genügt es, wenn du als Argument "<b><i>" notierst!

Die folgende Zeile entfernt also alle Tags bis auf <b> und <i>:

```
$comment = strip_tags($comment, "<b><i>");
```

Allerdings scheint die Funktion nicht ganz zuverlässig zu sein. So schreiben die Autoren des PHP-Handbuchs »Diese Funktion versucht, alle HTML- und PHP-Tags aus *str* zu entfernen.« Wenn sie es nur versucht, scheint es wohl auch Fälle zu geben, in denen sie es nicht schafft? Ich weiß es nicht!

Auch wenn mir noch kein derartiger Fall untergekommen ist, schauen wir uns nun eine Alternative an. Baue deine eigene Formatiersprache!

BBCode im Eigenbau

Kennst du PHPBB, die frei verfügbare Forensoftware? Durch dieses Programm wurde die »Sprache« BBCode populär. Es handelt sich dabei um Symboltags. Statt des HTML-Befehls <b></b> für bold verwendest du [b][/b]. Das Ergebnis ist das gleiche – der entsprechende Text wird fett hervorgehoben.

Auch Hyperlinks kannst du mit BBCode darstellen, und zwar durch [link][/link]. Welche Tags du verwenden darfst und welche nicht, legt der Administrator des Forums fest! Am Ende werden nur die Symboltags in HTML-Codes umgewandelt. »Echtes« HTML bleibt außen vor.

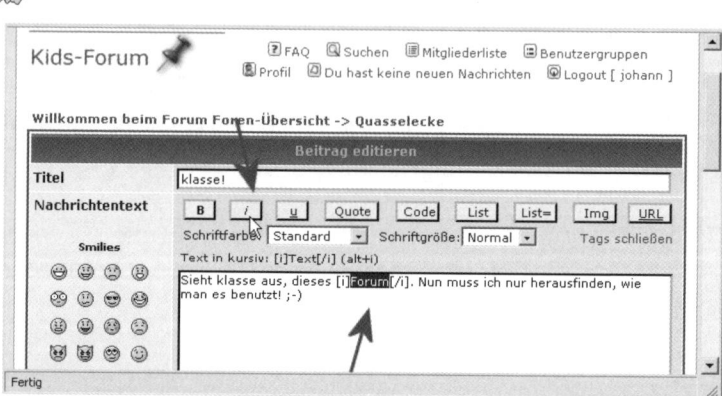

BBCode wurde durch die kostenlos verfügbare Forensoftware PHPBB bekannt. Inzwischen hat sich diese Symbolschrift im Web durchgesetzt.

Ein einfaches Gästebuch

Zeit zum Experimentieren! Ich zeige dir, wie du nach dem Beispiel von BBCode deine ganz eigene Markupsprache (Auszeichnungssprache) erstellst. Da wir ein einfaches Beispiel zum Ausprobieren benötigen, basteln wir schnell ein kleines Gästebuch. Marke supersimpel genügt.

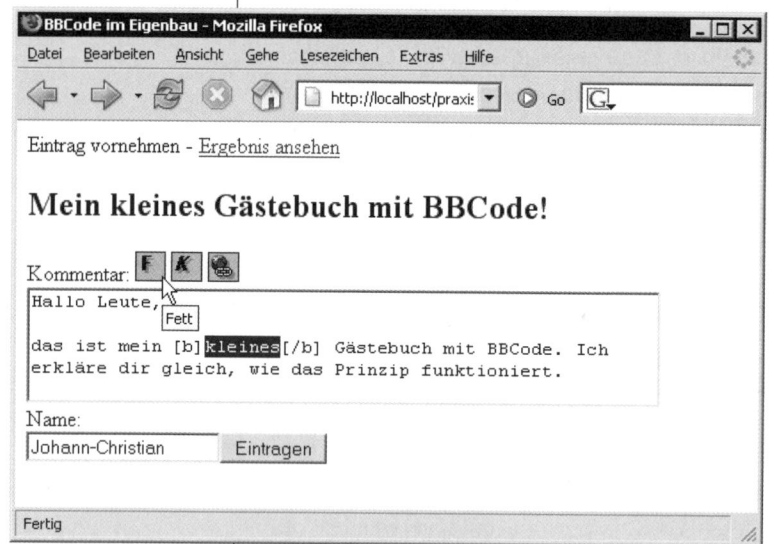

Dieses Gästebuch speichert alle Einträge in einer Textdatei. Als Formatiersprache dient BBCode.

Das Gästebuch besteht aus zwei PHP-Dateien – der input.php und der show.php. Erstere bereitet die Daten auf und speichert sie in einer Textdatei namens guestbook.txt (die du beim Dienstleister ggf. mit chmod 666 zum Schreiben freigeben musst). Außerdem gibt es eine JavaScript-Bibilothek namens buttons.js. Die Buttons habe ich als Grafiken gespeichert und in den Dateien b.gif (Fett), i.gif (Kursiv) und link.gif (Hyperlink) abgelegt. Wie du siehst, kommen die Symboltags [b][/b] (fett),

[i][/i] (kursiv) und [link][/link] (Hyperlink) zum Einsatz. Das Skript wandelt die Eingabe im Hintergrund in die korrespondierenden HTML-Tags um. Du kannst gerne weitere und dabei sogar ganz eigene Tags einsetzen.

Öffne die Datei input.php (auf der CD-ROM im Ordner beispiele/ kapitel08/bbcode) und schaue dir das Eingabeformular an. Über dem großen <textarea>-Kommentarfeld findest du drei Schaltflächen: *Fett*, *Kursiv* und *Hyperlink*. Klicke zur Probe an die gewünschte Stelle im Kommentarfeld. Klicke dann auf einen dieser Buttons: Schwupps – schon wird das entsprechende Symboltagpärchen an der Cursorposition eingefügt. Doch damit nicht genug: Du kannst auch ganze Passagen markieren. Nach Wahl des entsprechenden Buttons »wickelt« das Skript die jeweiligen Symboltags um die Markierung herum.

Etwas JavaScript: button.js

Hinter den Schaltflächen verbergen sich kleine GIF-Bilder, die ich per <img>-Tag eingebunden habe. Die eigentliche Arbeit verrichtet der dahinter liegende JavaScript-Code. So findest du im <img>-Tag für die Grafik b.gif folgenden Funktionsaufruf vor:

```
onclick="insert('[b]', '[/b]')"
```

Was passiert da genau? Der onclick-Eventhandler ruft die JavaScript-Funktion insert() auf und übergibt die beiden Parameter [b] und [/b]. Die Funktion insert() selbst steckt in der Datei buttons.js. Diese ausgelagerte JavaScript-Bibliotheksdatei beginnt gleich mit dem Aufruf der Funktion – schaue dort mal rein:

```
function insert(aTag, eTag) {
  var input = document.forms[0].elements[0];
```

Passe bei deinen *eigenen* Projekten ggf. die Array-Keys hinter *forms* bzw. *elements* an – siehe Pfeile. Die 0 steht jeweils für das erste Element – für das erste (und einzige) Formular im Dokument und dort für das erste Formularfeld (eben unser *Textarea*-Feld).

Du suchst einen ersten Einstieg in JavaScript? Dazu kann ich dir das Buch »JavaScript für Kids« empfehlen (gebraucht erhältlich). Aber auch die auf der CD mitgelieferte SELFHTML beherbergt eine gute Einführung in JavaScript. Die JavaScript-Funktion stammt übrigens nicht von mir, sondern von Torsten Anacker. Die Erklärung dazu kannst du unter *http://aktuell.de.selfhtml.org/artikel/javascript/bbcode* nachlesen. Danke Torsten, dass du uns so eine tolle Funktion zur Verfügung stellst!

8

Quellcode der input.php

Doch nun zurück zu PHP und zur eigentlichen Gästebuchdatei. Auf den nächsten zwei Seiten zeige ich dir den Quellcode der input.php. Die wichtigen Details erkläre ich durch Kommentare (fett hervorgehoben) – der Rest folgt später. Bei den Zeilenumbrüchen habe ich nur dort Umbruchpfeile gesetzt, wo es unbedingt nötig war.

```
<!DOCTYPE HTML PUBLIC "-//W3C//DTD HTML 4.0
Transitional//EN">
<html>
<head>
  <title>BBCode im Eigenbau</title>
<meta http-equiv="content-type" content="text/html;
charset=iso-8859-1">
<!-- JavaScript-Bibliotheksdatei einbinden -->
<script language="javascript" type="text/javascript"
src="buttons.js"></script>
</head>
<body>
<p>Eintrag vornehmen - <a href="show.php">Ergebnis
ansehen</a></p>
<h2>Mein kleines Gästebuch mit BBCode!</h2>
<form action="input.php" method="post"
name="feedback">Kommentar:
<!-- Buttons durch Bilder darstellen -->
<img src="b.gif" onclick="insert('[b]','[/b]')" alt="Fett"
title="Fett">
<img src="i.gif" onclick="insert('[i]','[/i]')"
alt="Kursiv" title="Kursiv">
<img src="link.gif" onclick="insert('[link]','[/link]')"
alt="Hyperlink (mit http://)" title=↵
     "Hyperlink (mit http://)"><br>
<textarea cols="55" rows="4" wrap="soft" name="entry">
</textarea><br>
Name:<br>
<input type="text" name="name"><input type="submit"
value="Eintragen"></form>
<?php
// Dateiname in Variable speichern
$datei = "guestbook.txt";
// Variable entry gesetzt? Name nicht leer?
if (!empty($_POST['entry']) && !empty($_POST['name'])) {
```

```php
$entry = $_POST['entry'];
$name = $_POST['name'];
$name = stripslashes($name);
// Datei wird im Lese- und Schreib-Modus geöffnet
$fp = fopen($datei, "r+");
// alte Daten auslesen und in $old sichern
$old = fread($fp, filesize($datei));
// Datum ermitteln und formatieren
$datum = date("j.n.Y");
// HTML-Zeichen maskieren
$entry = htmlspecialchars($entry);
// Umwandeln von BBCode in HTML-Tags
$entry = preg_replace("|\[b\]|", "<b>", $entry);
$entry = preg_replace("|\[/b\]|", "</b>", $entry);
$entry = preg_replace("|\[i\]|", "<i>", $entry);
$entry = preg_replace("|\[/i\]|", "</i>", $entry);
// Hyperlink zusammensetzen (jetzt folgt eine Zeile)
$entry = preg_replace(↵
  "|\[link\]([-_\./a-zA-Z0-9!&%#?,'=:~]+)\[/link\]|",↵
  "<a href=\"\$1\">\$1<\/a>", $entry);
// Slashes entfernen, Zeilenumbrüche erhalten
$entry = stripslashes($entry);
$entry = nl2br($entry);
// Meinung zusammensetzen
$comment = "<p><b>$name</b> schrieb am " .
"<i>$datum</i>:<br>$entry</p>\n";
// Dateizeiger marschiert an den Anfang
rewind($fp);
// neue Meinung vor alte in Datei schreiben
fputs($fp, "$comment\n$old");
echo "<noscript><p>Eintragung <b>erfolgreich</b>! Jetzt
  <a href='ansehen.php'>ansehen</a>?</p></noscript>";
echo "<script language='javascript' type='text/javascript'>
document.location='show.php'</script>";
// Datei schließen
fclose($fp);
} elseif (isset($_POST['name'])) {
  echo "<p>Eintragung <b>nicht erfolgreich</b>, bitte
      alle Felder ausfüllen!</p>";
}
?>
</body>
</html>
```

Funktion preg_replace()

Diese vorhin besprochene JavaScript-Geschichte ist ein netter Zusatz. Im Prinzip kommen wir ohne aus. Schließlich kann der Besucher die Symboltags auch direkt in das Formularfeld hineinschreiben. Viel spannender finde ich, wie die Symboltags durch die entsprechenden HTML-Tags ersetzt werden. Blättere zurück. Das passiert in dem Abschnitt, der so beginnt:

```
// Umwandeln von BBCode in HTML-Tags
$entry = preg_replace("|\[b\]|", "<b>", $entry);
```

Hier kommt `preg_replace()` ins Spiel. Die Basissyntax sieht so aus:

`mixed` **preg_replace**(`mixed Suchmuster, mixed Ersatz, mixed Zeichenkette`)

Die Funktion sucht also nach einem Suchmuster und ersetzt es durch eine Ersatzzeichenfolge. (Mit `mixed` ist gemeint, dass Suchmuster bzw. Zeichenfolge auch aus Arrays entnommen werden können. Im Beispiel setzen wir jedoch einfache Strings ein.) Das Suchmuster, im Beispiel `"|\[b\]|"`, wird als erstes Argument übergeben. Es wird ausgewertet und der Inhalt durch den Ersatzstring ersetzt: `"<b>"`.

Die senkrechten Striche gehören nicht zum Suchmuster dazu. Sie dienen lediglich als Begrenzung! Dieses Begrenzungszeichen ist praktisch frei wählbar. Suche dir am besten eins aus, das nicht im Suchmuster vorkommt! Sollte es doch im Suchmuster vorkommen, musst du es dort mit einem Backslash \ maskieren!

Die zu durchsuchende Zeichenkette übergibst du als dritten Parameter, hier den Inhalt der Variablen `$entry`. Und das Suchmuster selber? Das sieht ja recht komisch aus?! Es ist ein *regulärer Ausdruck* – inzwischen ja ein alter Bekannter von uns. Du weißt, dass es sich dabei nicht um Kraftausdrücke handelt: Die »Kraft« der regulären Ausdrücke steckt im Mustervergleich.

Konzept der regulären Ausdrücke

Gehen wir auf diese regulären Ausdrücke doch ruhig mal etwas näher ein! Es handelt sich um raffinierte Suchmuster bzw. -schablonen – das weißt du inzwischen. Du findest sie in Programmiersprachen wie Perl, JavaScript und natürlich auch in PHP. Selbst in Textverarbeitungen wie Word ist eine Suche »mit Mustervergleich« möglich.

Mit diesen Suchmustern kannst du Strings (also Eingaben wie den Kommentar aus dem Kommentarfeld) auf das Vorhandensein bestimmter Zeichenfolgen prüfen. Du hast diese Suchmuster schon kurz kennen gelernt – und zwar beim Testen der E-Mail-Adresse auf korrekten Aufbau.

In diesem Kapitel schauen wir nun etwas genauer hinter die Kulissen dieser raffinierten Suchmuster.

> Dabei bleiben wir bei den schon im ersten Band erwähnten Perl-kompatiblen regulären Ausdrücken (PCRE). Sie sind schneller und flexibler als die auch möglichen POSIX-kompatiblen regulären Ausdrücke. Du erkennst Funktionen, die sich auf Perl-kompatible regular expressions beziehen daran, dass sie mit `preg_` beginnen!

Reguläre Ausdrücke und ihre Schalter

Ein ganz einfacher regulärer Ausdruck steckt z. B. schon in der Zeichenfolge

```
und
```

wie sie z. B. im String »Wie Hund und Katz« vorkommt. Die Position der Fundstelle ist bei dieser Notation übrigens vollkommen egal. Doch wenn du bei der Suche differenzierter vorgehen möchtest? Wenn du festlegen willst, dass die Zeichenfolge nur am Anfang oder Ende vorkommen soll? Wenn du gar mit Jokern suchen willst, also mit »Stellvertreter-Zeichen«?

Dann verwendest du verschiedene *Metazeichen* wie ^, $, [,], ?, + oder *. Und deren Bedeutung schauen wir uns jetzt etwas genauer an!

Zeichen	Erläuterung
^	steht für den Beginn einer Zeichenkette
$	steht für das Ende einer Zeichenkette
.	steht für genau ein x-beliebiges Zeichen, dient also als Joker
\	maskiert ein Sonderzeichen
[]	klammert Angabe von Zeichendefinitionen ein
()	notiert Suchmustergruppe (die zwischengespeichert werden kann)
|	steht für eine Alternative (Oder)
?	Zeichen existiert kein- oder einmal
*	Zeichen existiert keinmal, einmal oder beliebig oft
+	Zeichen existiert einmal oder beliebig oft
{n,m}	Zeichen existiert mindestens n und maximal m mal

Probieren wir einige dieser Metazeichen doch gleich einmal aus! Ich lasse die Begrenzungszeichen dabei weg. Du möchtest das oben zitierte »und« nur dann finden, wenn es am Anfang einer Zeichenfolge steht? Dann setze einfach ein Dach (^) davor:

```
^und
```

Mit dem Suchmuster

```
und$
```

dagegen findest du dieses »und« nur, wenn es genau am Ende der zu durchsuchenden Zeichenkette vorkommt.

Das Gebilde

```
H.n.
```

passt sowohl auf »Hand« als auch »Hinz«, nicht aber auf »Hahn«. Und dieser Ausdruck

```
H.+n
```

findet sowohl »Hahn« als auch das lange »Hühnchen«. Das + bezieht sich hier auf den Joker-Punkt. Das folgende Suchmuster

```
Mann|Frau
```

findet entweder die Zeichenfolge »Mann« oder »Frau«. Und der nächste Ausdruck

```
Le{1,2}
```

trifft sowohl zu auf »Le« als auch auf »Lee« zu. Der letzte Buchstabe kann hier ein- oder zweimal vorkommen.

Du möchtest eines dieser eben gezeigten Metazeichen direkt im Ausdruck finden? Beispielsweise eine eckige Klammer? Dann musst du es durch einen Backslash maskieren. Um nach [b] zu suchen, schreibst du also:

```
\[b\]
```

Das Zeichen [/b] findest du wiederum durch folgendes Suchmuster:

```
\[/b\]
```

Ohne Maskierung steht ein eckiges Klammernpaar dagegen immer für exakt ein Zeichen. So steht

```
[a-zA-Z]
```

als Platzhalter für genau einen Buchstaben, und zwar sowohl in Klein- als auch in Großschreibung, jedoch nicht für Umlaute, Sonderzeichen oder Zahlen. Mit dem schon besprochenen Wiederholungsoperator + kannst du eine Wiederholung erzwingen. So steht die Zeichenfolge

```
[a-zA-Z]+
```

für beliebig viele Buchstaben, jedoch ebenfalls nicht für Umlaute, Sonderzeichen oder Zahlen. Schwirrt dir jetzt der Kopf?

Wie erwähnt: Bestimmte Zeichen müssen normalerweise escaped, also durch einen Backslash maskiert werden, wenn du danach suchen willst. Das sind: ., *, +, ?, (,), [,], \, ^, $, {, } und |. Das gilt in der Regel aber nicht, wenn diese Zeichen innerhalb von eckigen Klammern auftreten. Dort kann z.B. ein Punkt . nicht als Joker fehlinterpretiert werden.

Suchen nach Hyperlinks

Noch komplizierter wird das Ganze, wenn du nach Links suchen willst. Die entsprechende Funktion im Skript sieht so aus:

```
// Hyperlink zusammensetzen (jetzt folgt eine Zeile)
$entry = preg_replace(↵
 "|\[link\]([-_./a-zA-Z0-9!&%#?,'=:~]+)\[/link\]|",↵
 "<a href=\"\$1\">\$1</\/a>", $entry);
```

Das ist eine ganz wüste Geschichte! Allein der reguläre Ausdruck im ersten Argument von preg_replace() füllt fast eine ganze Zeile. Hier der Ausdruck, wobei ich die Begrenzungszeichen | weggelassen habe:

```
\[link\]([-_./a-zA-Z0-9!&%#?,'=:~]+)\[/link\]
```

Nehmen wir diese Gebilde einfach mal auseinander und beginnen mit dem Inhalt der eckigen Klammern. Es handelt sich um ein Suchmuster für Hyperlinks, also für Zeichenfolgen in der Art *http://www.server.de*. Dafür benötigst du folgenden Platzhalter:

```
[-_./a-zA-Z0-9!&%#?,'=:~]+
```

Zuerst brauchst du diese eckigen Klammern – die du diesmal nicht maskierst. Sie kennzeichnen schließlich Beginn und Ende des Platzhalters für ein Zeichen. Im Beispiel dürfen also zuerst einmal Bindestrich, Unterstrich, Punkt, Slash usw. vorkommen.

Die Platzhalter a-z und A-Z stehen dann, wie schon weiter oben erwähnt, für Klein- und Großbuchstaben. Mit 0-9 wiederum schaffst du ein Suchmuster für Zahlen. Das reicht aber noch nicht aus! In Webadressen finden sich auch etliche Sonderzeichen wieder, vor allem Zeichen wie !&%#?,'=:~. Deshalb musst du auch diese notieren – ich mache das ganz am Schluss, vor der schließenden eckigen Klammer.

> Beachte, dass Punkt oder Fragezeichen hier nicht maskiert werden müssen, da sie innerhalb der eckigen Klammern stehen. Übrigens wird auch klar, warum ich für den Begrenzer den senkrechten Strich | gewählt habe – weil dieser nicht im Suchmuster vorkommt. Hätte ich den sonst üblichen Slash gewählt, hätte ich diesen so maskieren müssen: \/. Diesen Stress habe ich mir erspart!
>
> Beim regulären Ausdruck für die E-Mail-Adresse (siehe z.B. Seite 115 und siehe Vorgängerband) konnte ich dagegen problemlos den Slash als Begrenzer verwenden!

Das Plus-Zeichen hinter dieser Klammer bedeutet nun, dass eines dieser aufgelisteten Zeichen mindestens einmal vorkommen muss und beliebig oft vorkommen kann. Schließlich besteht eine Webadresse nicht nur aus einem Zeichen. Mit anderen Worten: Erlaubt ist eine beliebige Kombination der aufgelisteten Zeichen. Leerzeichen, Umlaute oder nicht dargestellte Sonderzeichen sind jedoch ausgeschlossen.

Zusammensetzen des Hyperlinks

Wunderbar, damit haben wir das Suchmuster für den Hyperlink abgearbeitet. Doch wir wollen nicht nur Hyperlinks finden, sondern den Text zwischen [link][/link] in einen Link umwandeln!

Aber auch hier hilft uns preg_replace() weiter. »Umwickle« einfach *den* Teil des regulären Ausdrucks mit runden Klammern, den du auslesen und *zwischenspeichern* willst. Die Betonung liegt auf zwischenspeichern! Der reguläre Ausdruck zum Einfangen der Linkcodes und des Links selber sieht in der »Grundform« ja so aus:

```
\[link\][-_./a-zA-Z0-9!&%#?,'=:~]+\[/link\]
```

Die runden Klammern musst du also um diesen Abschnitt legen:

```
[-_./a-zA-Z0-9!&%#?,'=:~]+
```

Außerdem kommen die Platzhalter für die Symboltags hinzu. Nicht zu vergessen die Begrenzungszeichen |. Komplett präsentiert sich das Ganze so:

```
|\[link\]([-_./a-zA-Z0-9!&%#?,'=:~]+)\[/link\]|
```

Im zweiten Argument von `preg_replace()` liest du diesen zwischengespeicherten Wert aus den eben gesetzten runden Klammern aus. Das gelingt durch die Zeichenfolge \$1 – die 1 steht hierbei als Platzhalter für das erste (und im Beispiel einzige) runde Klammernpaar. Also für unseren eben gefundenen Link! Und so wird der Link dann im zweiten Argument zusammengesetzt:

```
<a href=\"\$1\">\$1</a>
```

Mit anderen Worten: Du setzt die URL einmal hinter `href` und natürlich zwischen den `<a>`-Tags ein. An den Stellen, wo \$1 steht, erscheint automatisch die eben ausgelesene Webadresse. Nicht von den vielen Backslashs verwirren lassen. Zwei davon maskieren die Gänsefüßchen für den Attributwert hinter `href`! Alles unklar? Schaue dir einfach noch einmal den kompletten Funktionsaufruf auf der Vorseite an!

> Normalerweise berücksichtig `preg_replace()` Groß- und Kleinschreibung. Im Beispiel ist also nur die Schreibweise `[b][/b]` zulässig. Du möchtest sowohl Groß- und Kleinschreibung der Symboltags zu zulassen? Notiere nach dem schließenden Begrenzungszeichen für den regulären Ausdruck einfach ein kleines angehängtes i:
> `|\[link\]([-_./a-zA-Z0-9!&%#?,'=:~]+)\[/link\]|i`
> Auf diese Weise kann der Nutzer auch `[B][/B]` verwenden.

Stellvertreter-Zeichen

Hast du Lust, noch mehr zu lernen? Wohlan! Verkürzen wir die ganze Geschichte doch einfach – zur Probe. Denn die Perl-kompatiblen regulären Ausdrücke kennen auch ein paar raffinierte Kurzformen, die auf Stellvertreter-Zeichen beruhen. So steht \w für alle alphanumerischen Zeichen (Wortzeichen: ein Buchstabe, eine Zahl oder ein Unterstrich) oder \d für alle Ziffern. Schauen wir uns das Ganze am besten in einer übersichtlichen kleinen Tabelle an! Blättere doch einfach um.

Zeichen	steht stellvertretend für ...
\w	alle alphanumerischen Zeichen wie Ziffern, Buchstaben und Unterstrich (so genannte *word*-Charaktere, Wortzeichen)
\W	alle nicht-alphanumerischen Zeichen, z. B. Satzzeichen und Leerzeichen (nicht-*word*-Charaktere)
\s	alle »whitespaces«, also Leerzeichen, Tabulator und die Umbruchzeichen \n und \r
\S	alle Zeichen, die keine »whitespaces« sind
\d	Ziffern (d wie digit)
\D	alle Zeichen, die keine Ziffern sind

Wollen wir den regulären Ausdruck aus `preg_replace()`einmal verkürzen? Zur Probe? Hier noch einmal die Langform zum Vergleich:

```
// Hyperlink zusammensetzen (jetzt folgt eine Zeile)
$entry = preg_replace(⏎
 "|\[link\]([-_./a-zA-Z0-9!&%#?,'=:~]+)\[/link\]|",⏎
 "<a href=\"\$1\">\$1<\/a>", $entry);
```

Und so sieht die kurze Variante aus – wir setzen dabei lediglich das stärkste dieser Stellvertreter-Zeichen ein, das Zeichen \w:

```
// Hyperlink zusammensetzen (jetzt folgt eine Zeile)
$entry = preg_replace(⏎
 "|\[link\]([-./\w!&%#?,'=:~]+)\[/link\]|",⏎
 "<a href=\"\$1\">\$1<\/a>", $entry);
```

Probiere es aus – auf deinem lokalen System! Das hat offenbar den Nebeneffekt, dass in Webadressen auch Umlaute und das ß zugelassen werden. Umlaute wären ja nicht so schlimm. Damit kommen immerhin die neuesten Versionen der Browser zurecht. Ein ß ist in Domainnamen jedoch nicht gestattet. Aber auch das wäre kein Drama, da zumindest der Firefox ein ß im Link automatisch in ss umwandelt! Warum schreibe ich *wäre*?

Weil die Aussage nur für das lokale (Windows-)System gilt. Auf dem Webserver jedoch verhindert auch \w weiterhin in aller Regel Umlaute und Sonderzeichen. Das hängt mit einer Spracheinstellung auf dem Webserver ab. Im Zweifelsfalle gilt: Versuch macht klug!

Ich habe diese veränderte Variante trotzdem nicht bei den Beispieldateien auf der CD abgelegt. Entscheide du, ob du sie nutzen willst oder nicht.

Check für E-Mail-Adresse verbessern

Da wir uns gerade bei den regulären Ausdrücken aufhalten – hast du Lust, den E-Mail-Check noch etwas zu verbessern? Nein, mit den raffinierten Kurzformen arbeiten wir diesmal nicht. E-Mail-Adressen mit Umlauten sind nach wie vor ein Tabu, da viele Programme damit nicht umgehen können. Trotzdem können wir dafür sorgen, dass der E-Mail-Check sorgfältiger prüft. Denn mit der bisherigen Lösung u.a. in der `regicheck.inc.php` ...

```
$muster = "/^[a-zA-Z0-9-_.]+@[a-zA-Z0-9-_.]+\.[a-zA-Z]{2,4}$/";
if (preg_match($muster, $email) == 0) { // keine Übereinstimmung
  $status .= "Die E-Mail-Adresse ist ungültig!<br>";
}
```

lässt du auch Adressen zu wie *.@...com.* zu. Der reguläre Ausdruck ist noch nicht komplex genug. Ich schlage folgende Verbesserung vor:

`^[a-zA-Z0-9-_]+(\.[a-zA-Z0-9-_]*)*@([a-zA-Z0-9-_]+\.)+[a-zA-Z]{2,4}$`

Dieser Ausdruck sorgt immerhin dafür, dass ein Punkt nicht am Anfang vorkommen darf. Und zwar weder in der Zeichenfolge vor dem »@« noch im Domainnamen. Probiere es aus, teste den E-Mail-Checker aus dem Ordner `kapitel08/emailcheck`. Hier eine etwas übersichtlichere Darstellung mit Legende – diese Schreibweise dient ausschließlich der Demonstration:

```
^    Anfangszeichen                    mind. ein Zeichen (außer Punkt)
  [a-zA-Z0-9-_]+ ◄
  (
    \.[a-zA-Z0-9-_]*  jetzt ggf. Punkt und ggf. weiteres Zeichen
  )* ◄
              Inhalt der Klammern existiert kein-, einmal oder beliebig oft
  @
  (
    [a-zA-Z0-9-_]+\. mind. ein Zeichen und mind. ein Punkt
  )+ ◄  Inhalt der Klammernexistiert einmal oder beliebig oft
  [a-zA-Z]{2,4}  mind. 2, max. 4 Zeichen (außer Punkt)
$   Endezeichen
```

> Gib dir aber nicht zuviel Mühe mit der weiteren Verfeinerung des Ausdrucks. Du kannst damit lediglich den formalen Aufbau testen. Ob die Adresse wirklich gültig ist, erfährst du nicht!

Im nächsten Kapitel zeige ich dir nun, wie du die vorhin besprochenen BBCodes in dein Forum einbindest.

8

BBCode in das Forum einbinden

Zurück zu BB King, pardon BBCode. Als Nächstes bauen wir diese Funktionalität auch in unser Forum ein. Allerdings sollten wir alle nötigen Elemente vorher »kapseln«. Mit anderen Worten: Bereite sie so vor, dass sie sich problemlos und elegant nachträglich in das Forum einfügen. Modulbauweise, du weißt schon ... Gut zu wissen – alle Beispieldateien dieses Projekts findest du auch unter dem Pfad `beispiele/kapitel08/forum`.

Ordnung schaffen – durch neue Ordner

Folgende Ordnungsmaßnahmen habe ich mir ausgedacht:

◆ Die Grafiken für die Buttons legen wir in einem neu einzurichtenden Unterordner namens `img` ab.

◆ Die JavaScript-Datei schieben wir in einen Unterordner `js`.

◆ Die Anzeige der Buttons wird in einer Variablen namens `$buttonshow` abgelegt. Diese Variable definieren wir unter `login/edit.inc.php`.

◆ Das Umwandeln von BBCode in HTML steuern wir durch die Funktion `bbmaker()`. Diese legen wir unter `login/function.inc.php` ab.

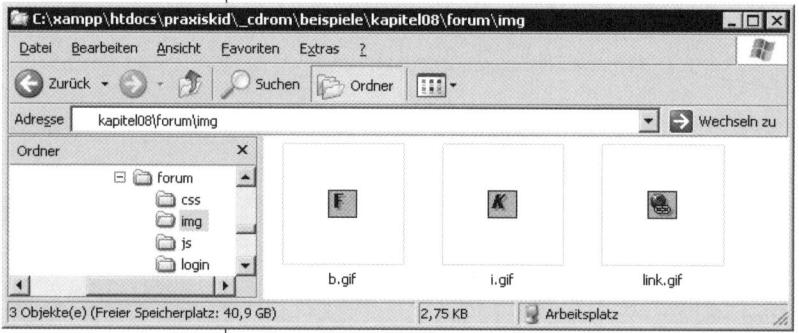

Lege die Button-GIFs in einem eigenen Ordner ab.

Bearbeiten der Framedatei rechts.php

Als Nächstes bearbeitest du die Datei `rechts.php`. Füge zuerst den Link zur JavaScript-Datei in den Kopfbereich ein – z.B. direkt über das schließende `</head>`-Tag. Achte auf den korrekten Link zum Unterordner `js`:

```
<script language="javascript" type="text/javascript"
src="js/buttons.js"></script>
```

Danach musst du auch die `edit.inc.php` aus dem Unterordner `login` einbinden. Das machst du am besten gleich im ersten PHP-Block. Dort, wo auch die Zugriffsdatei und die Funktionsbibliothek eingebunden werden:

```php
<?php
include_once "login/zugriff.inc.php";
include_once "login/function.inc.php";
include_once "login/edit.inc.php";
$zugriff = false;
```

Damit sind alle Arbeiten in der `rechts.php` abgeschlossen. Wage dich nun an die einzelnen Module!

Einbinden der Grafik-Buttons

Als Nächstes öffnest du die Datei `edit.inc.php` unter `login` und nimmst deine Ergänzungen vor. So sieht die Datei bisher aus:

```php
<?php
// Name der Nutzertabelle
$user_tbl = "forumuser";
?>
```

Füge vor dem schließenden PHP-Tag `?>` zusätzlich folgenden Code ein:

```php
// Buttons anzeigen
$showbuttons = <<<BUTTONS
<!-- Buttons durch Bilder darstellen -->
<img src="img/b.gif" onclick="insert('[b]','[/b]')" alt="Fett"
title="Fett">
<img src="img/i.gif" onclick="insert('[i]','[/i]')"
alt="Kursiv" title="Kursiv">
<img src="img/link.gif" onclick="insert('[link]','[/link]')"
alt="Hyperlink (mit http://)" title=↵
      "Hyperlink (mit http://)"><br>
BUTTONS;
```

Beachte den geänderten Pfad zu den Button-GIFs! Binde nun die Variable in die beiden Formulare ein, also in die `maintopic_formmaker.inc.php` und `subtopic_formmaker.inc.php`. Hier erstere Datei als Muster:

```php
<?php
echo <<<MAINTOPICFORM
<div><strong>Neues Thema anlegen</strong>
```

193

```
<form action="rechts.php" method="post">
Betreff:<br>
<input type="text" size="60" maxlength="50"
name="headline1"><br>
Deine Botschaft:<br>
{$showbuttons}
<textarea cols="60" rows="10" name="message1">
</textarea><br>
<input type="submit" value="Eintrag absenden" name="mainsend">
</form>
</div>
MAINTOPICFORM;
?>
```

Hier Variable einbinden

Außerdem musst du die Datei buttons.js im Unterordner js anpassen. Es handelt sich zwar noch um das erste Formular (Index-Wert 0), jedoch um das zweite Formularfeld (Index-Wert 1). Deshalb sieht der Anfang der buttons.js nun folgendermaßen aus:

```
function insert(aTag, eTag) {
   var input = document.forms[0].elements[1];
```

Die Funktion bbmaker()

Öffne nun die Datei function.inc.php im Ordner login. Füge folgende selbstgestrickte Funktion ein – es handelt sich dabei um genau den Code, den wir vorhin besprochen haben.

```
function bbmaker($entry)
{
  $entry = preg_replace("|\[b\]|", "<b>", $entry);
  $entry = preg_replace("|\[/b\]|", "</b>", $entry);
  $entry = preg_replace("|\[i\]|", "<i>", $entry);
  $entry = preg_replace("|\[/i\]|", "</i>", $entry);
  // Hyperlink zusammensetzen
  $entry = preg_replace(↵
   "|\[link\]([-_./a-zA-Z0-9!&%#?,'=:~]+)\[/link\]|",↵
   "<a href=\"\$1\">\$1</a>", $entry);
  return $entry;
}
```

Baue den Funktionsaufruf in den Dateien `maintopic_entry.inc.php` und `subtopic_entry.inc.php` ein. In der `maintopic_entry.inc.php` bindest du folgende Zeile ein. Ich zeige sie dir zusammen mit der Zeile darüber:

```
$message1 = nl2br(htmlspecialchars($message1));
$message1 = bbmaker($message1);
```

In der `subtopic_entry.inc.php` sieht das Ganze so aus:

```
$message2 = nl2br(htmlspecialchars($message2));
$message2 = bbmaker($message2);
```

Hat alles funktioniert? Dann probiere dein verbessertes Forum doch einmal aus. Zur Erinnerung: Den Beispielcode dieses Projekts findest du natürlich auch auf der CD im Ordner `beispiele/kapitel08/forum`.

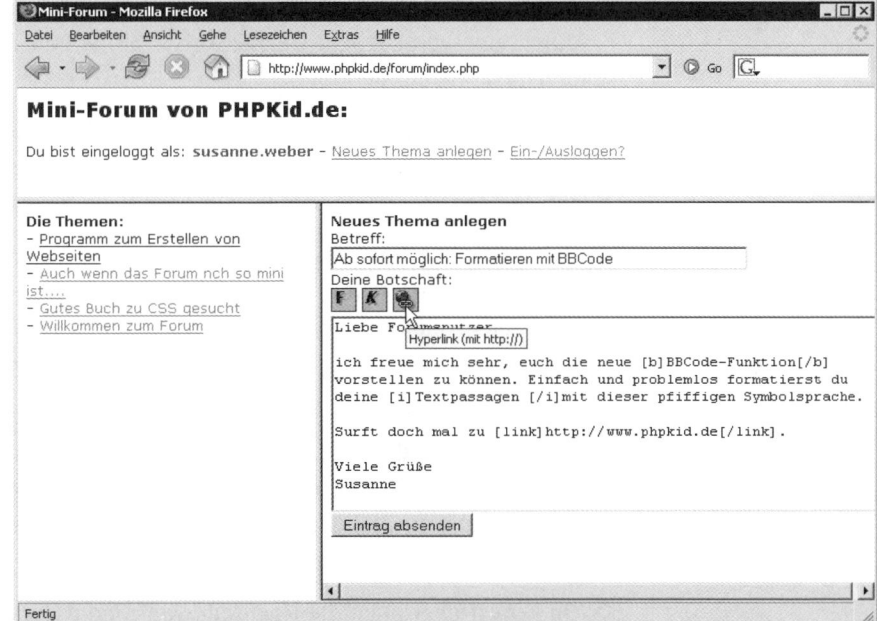

Forum mit Login, Nutzerverwaltung und BBCode – das ist doch schon was!

Nanu, du entdeckst noch Unzulänglichkeiten? Die Hyperlinks funktionieren zwar, öffnen die Seite jedoch im rechten Frame? Bitte sehr, nun bist du an der Reihe. Wozu gibt es schließlich die Übungen! Doch vorher fassen wir erst einmal zusammen ...

Zusammenfassung

Nicht schlecht, Herr Specht! Du weißt, wie du deinen Nutzern die Möglichkeit bietest, formatierte Texte in das Gästebuch zu schreiben. Folgendes hast du dabei gelernt:

◆ Du kennst die Funktion strip_tags(), mit der du alle HTML-Tags aus einem String entfernst. Als zweiten Parameter übergibst du die Tags, die du zulassen möchtest.

◆ Du hast dich mit BBCode beschäftigt, der Alternative zu HTML. Statt <b></b> gibt der Besucher z.B. das Symboltag [b][/b] ein.

◆ Du kennst die JavaScript-Funktion von Torsten Anacker, mit der du Symboltags ganz automatisch in Formularfelder einbauen kannst.

◆ Du weißt, dass du mit der Funktion preg_replace() diese Symboltags durch HTML-Tags ersetzen kann. Die Funktion ersetzt ein Suchmuster durch eine vorgegebene Zeichenkette. Groß- und Kleinschreibung werden dabei berücksichtigt!

◆ Du kennst das Konzept der regulären Ausdrücke, der praktischen Suchmuster. Definiere bestimmte Schablonen, mit denen du die gewünschten Zeichenfolgen wie Symboltags oder Hyperlinks findest.

◆ Du kennst die wichtigsten Metazeichen der regulären Ausdrücke. Du weißt z.B., dass * für kein, ein oder beliebig viele Zeichen steht und dass Zeichendefinitionen in eckigen Klammern eingeschlossen werden.

◆ Du kennst die »magischen Anführungszeichen«, die dank der Konfigurationseinstellung magic_quotes_gpc = On in der php.ini aktiviert werden. So werden u.a. alle Anführungszeichen von aus Formularen zurückgegebenen Strings durch einen Backslash maskiert. Du kannst diese Werte ohne zusätzlichen Aufruf von addslashes() direkt in SQL-Befehlen verarbeiten.

◆ Du kennst aber auch die Nachteile von *Magic Quotes* – beim Speichern von Einträgen in Textdateien bzw. Versenden von E-Mail musst du deine Strings vorher mit stripslashes() behandeln.

◆ Du kennst die Gefahr von SQL-Injections, dem Versuch, schädlichen SQL-Code über Formularfelder oder URL-Anhänge in das Skript zu schummeln. Dank der automatischen »Quotierung« sind diese Versuche jedoch zum Scheitern verurteilt.

◆ Du hast wieder die bewährte Modulbauweise angewendet, und zwar beim Einbinden der BBCode-Funktionalität in unser Forum.

Ein paar Fragen

Frage 1: Was ist der Unterschied zwischen den beiden Funktionen `htmlspecialchars()` und `htmlentities()`?

Frage 2: Wozu brauchst du die Funktion `stripslashes()` und wann setzt du sie ein?

Frage 3: Du möchtest die Zeichenfolge *Computer* mit einem regulären Ausdruck finden. Welcher der folgenden Ausdrücke trifft zu?

    a.) `C.?u.?`
    b.) `C.*u.?.?r`

Frage 4: Welche Funktion sucht nach einem Suchmuster, ersetzt dieses durch einen Ersatzstring und berücksichtigt dabei Groß- und Kleinschreibung?

Frage 5: Welche Einstellung in der `php.ini` sorgt dafür, dass Gänsefüßchen in Formulareingaben automatisch escaped werden?

… und ein paar Aufgaben

Natürlich halte ich auch in diesem Kapitel wieder ein paar Aufgaben für dich bereit. Verbessere das Forum, denn es gibt noch einiges zu tun!

1. Das größte Problem sind die Hyperlinks. Die aufgerufenen Seiten erscheinen im gleichen Frame. Ändere das Skript so, dass sich die durch `[link][/link]` formatierten Links in einem neuen Browserfenster öffnen. Tipp: Dafür musst du die Funktion `bbmaker()` anpassen! Denke dabei an ein HTML-Attribut namens *Ziel* (natürlich übersetzt).

2. Ändere die Ersetzungsphilosophie beim Ersetzen. Ersetze das Symboltagpaar `[b][/b]` im Hintergrund durch die HTML-Tags `<strong></strong>` und `[i][/i]` durch `<em></em>`. Das ist vom HTML-Standard her korrekter. Der Nutzer soll dabei jedoch weiterhin die kurzen Symboltags nutzen dürfen.

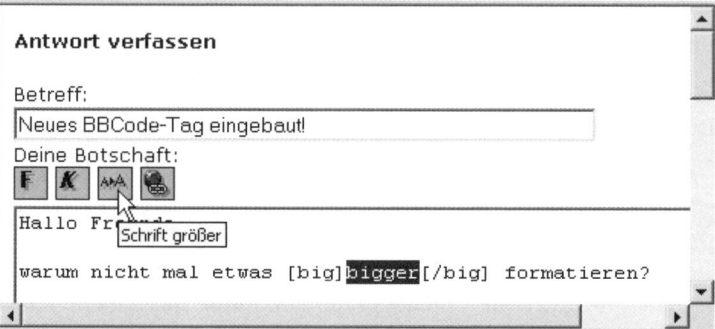

Dank unserer Module bindest du neue BBCodes problemlos nachträglich ein!

3. Füge ein weiteres Symboltag ein namens `[big][/big]`. Platziere es zwischen *Kursiv* und *Hyperlink*. Die entsprechende Grafik namens `big.gif` habe ich dir unter `beispiele/kapitel08/aufgaben` abgelegt. Im Hintergrund soll das Tagpaar `<big></big>` eingesetzt werden. Tipp: Du musst dafür die Dateien `edit.inc.php` und die `function.inc.php` bearbeiten.

Hat geklappt: Der Text wird im Hintergrund mit <big></big> formatiert!

4. Baue, falls noch nicht geschehen, den verbesserten regulären Ausdruck für den E-Mail-Check (siehe Seite 191) in das Forum ein. Das musst du in zwei Dateien erledigen – in der Datei `regicheck.inc.php` und in der `unregister.inc.php` – beide liegen im Ordner `login`. Allerdings ist es nicht effektiv, die Änderungen zweimal direkt in diesen beiden Dateien zu notieren. Wenn du später noch eine bessere Variante findest? Finde einen Weg, diese Variable an einer anderen, zentralen Stelle festzuhalten. Schließlich haben wir dafür ja extra eine Editierdatei vorbereitet!

9

RSS-Newsfeeds: Feedreader im Eigenbau

Wie holst du dir stets die neusten Neuigkeiten auf deine Homepage, ohne ständig die Seite aktualisieren zu müssen? Mit RSS! Binde Newsfeeds in deine Webpräsenz ein. Präsentiere Anreißer und Schlagzeilen der interessantesten Portale auf deiner eigenen Präsenz.

Damit das klappt, beschäftigen wir uns gleich mit folgenden Themen:

◎ Einführung in das Thema RSS und XML

◎ RSS-Versionen RSS 0.91 und RSS 2.0

◎ Aufbau einer RSS-Musterdatei

◎ Erstellen eines Feedreaders mit SimpleXML (PHP 5)

◎ Erstellen eines Feedreaders mit `preg_match()` (PHP 4/PHP 5)

9

Alles News: Aufbau einer RSS-Datei

Hast du dich auch schon über diese merkwürdigen Symbole auf vielen Websites gewundert? Besonders bei Weblog-Betreibern und auf Community-Sites sind sie sehr beliebt: die kleinen orangenen Buttons. Da leuchten dir kryptische Abkürzungen entgegen wie »XML« oder »RSS«, manchmal versehen mit Zusätzen wie »RSS 2« oder »RSS-Feed«.

Selbst große Newsportale wie Spiegel.de, Zeit.de oder Faz.net schmücken sich seit einer Weile mit dem Kürzel RSS.

Auf vielen Webseiten findest du Symbole wie diese!

Was steckt dahinter?

Was dahintersteckt? Du weißt es sicher längst – Newsfeeds mit RSS.

RSS – das ist die neumodische Variante des Newstickers. RSS ist die Abkürzung für *Rich Site Summary* oder auch für *Really Simple Syndication* – je nachdem, an welcher Stelle im Web du das Thema nachschlägst. Wenn du ein gutes Englisch-Deutsch-Wörterbuch nach dem Verb *to syndicate* befragst, kommst du der Sache schnell auf den Grund: Es geht darum, Inhalte aus *einer* Quelle auf vielen Seiten zu publizieren.

Und so funktioniert RSS: Die Seitenbetreiber produzieren Headlines, kurze Anreißer und Links und speichern das Ganze in einem auf XML basierenden Format ab. Jeder der die Adresse kennt, kann die Inhalte auslesen und auf seinem Bildschirm sichtbar machen. Rufe doch mal einen dieser RSS-Links auf: Eine Seite mit kryptischem Inhalt erscheint – eben diese XML-Datei.

Die Abkürzung XML steht für eXtensible Markup Language, erweiterbare Auszeichnungssprache. Es ist eine reine Struktursprache zum Transportieren von Inhalten. Die Daten werden genau wie bei HTML durch Tags organisiert, die Über- und Unterordnung der Tags erfolgt auch hier in einer Baumstruktur mit strenger Hierarchie. Im Gegensatz zu HTML kannst du in XML die Namen der Tags normalerweise frei bestimmen. Spezialsprachen wie RSS jedoch verwenden – übrigens genau wie HTML – einen fest vorgegebenen Tag-Vorrat. Dieser muss in einer ganz bestimmten Reihenfolge und Verschachtelung eingesetzt werden.

Halten wir fest: XML ist ein maschinenlesbares Format. Es ist nicht vorrangig zur Darstellung (Anzeige) von Daten gedacht, sondern zum Speichern. Die Spezialsprache RSS beruht auf XML, ist praktisch eine Untermenge davon. Es gibt übrigens unzählige weitere Sprachen, die auf XML basieren, neben RSS z.B. WML (Sprache für Webseiten für Wap-Handys), SVG (Vektorgrafiken), X-Link (Hyperlinks), MathML (Darstellung von Formeln) usw. usf. Auch OpenOffice bzw. StarOffice verwendet zum Speichern der Dokumente ein auf XML basierendes Format. Soviel zur Theorie. Nun zur RSS-Praxis.

Der Turmbau zu Babel

Die Geschichte von RSS begann in den späten 90er Jahren des vorigen Jahrhunderts. 1997 schlug ein gewisser Dave Winer von der kalifornischen Firma UserLand Software Inc. ein Format namens »Scripting News in XML« vor und setzte es in seinem Weblog ein: Dabei speicherte er kurze Zusammenfassungen der Inhalte (»News«) und wählte dafür das eben erwähnte XML-Format. Die Firma Netscape griff diese Idee auf und baute etwas Ähnliches 1999 in die Seite *MyNetscape.com* ein. Daraus entstand RSS 0.91. RSS 0.91 ist wegen seiner Einfachheit noch heute ein sehr häufig anzutreffendes Format.

Nach den Versionen 0.92-0.94 stellte Dave inzwischen die Version 2.0 vor. Diese bietet weit mehr Tags, ist aber auch komplizierter. Außerdem gibt es eine auf dem RDF-Format beruhende Parallelentwicklung. Hinter RDF verbirgt sich das Resource Description Framework (RDF), ein vom World Wide Web Consortium erarbeiteter Standard. Auch RDF basiert übrigens auf XML.

9

Als ob das Wirrwarr damit nicht schon perfekt wäre, gibt es inzwischen mit Atom ein neues Format am »Newsfeed-Himmel«. Atom soll die unterschiedlichen »RSS-Dialekte« zu einem Format zusammenfassen. Mein Tipp: Lass dich von den verschiedenen Formaten und Standards nicht einschüchtern. Die meisten Seiten verwenden nach wie vor RSS 0.91 bzw. 2.0 und das lesen wir gleich aus!

Aufbau einer RSS-Datei

Hier zeige ich dir den Grundaufbau einer Muster-Datei, Format RSS 0.91:

```
<?xml version="1.0" encoding="ISO-8859-1" ?>
<rss version="0.91">
  <channel>
    <title>Sachbuchautor Johann-Christian Hanke</title>
    <link>http://www.jchanke.de</link>
    <description>Service für meine Leser</description>
    <language>de</language>
    <copyright>Johann-Christian Hanke</copyright>
    <image>
     <url>http://www.jchanke.de/internet/img/jch.gif</url>
     <title>Bild von Johann-Christian Hanke</title>
     <link>http://www.jchanke.de</link>
    </image>
    <item>
      <title>Leserservice</title>
      <description>Hilfe und Downloads zu
      meinen Titeln ...</description>
      <link>http://www.jchanke.de/homepage</link>
    </item>
    <item>
      <title>Neue Auflage</title>
      <description>3. Auflage von PHP und MySQL für Kids
      erschienen!</description>
      <link>http://www.phpkid.de/</link>
    </item>
    <item>
      <title>Shopmichel 2.2</title>
      <description>Shop für Einsteiger ...</description>
      <link>http://www.shopmichel.de/</link>
    </item>
  </channel>
</rss>
```

Die Datei heißt im Beispiel `rss.xml`, die Dateiendung kann sowohl auf `.xml` als auch auf `.rss` lauten. Die Datei beginnt mit dem so genannten XML-Prolog, hier notierst du die XML-Version und den Zeichensatz. Mit `encoding="ISO-8859-1"` bist du auf der sicheren Seite, da alle Umlaute und Sonderzeichen dargestellt werden können. Dass das leider nicht immer nützt, wirst du gleich merken. Soviel vorweg: Wir lösen alle Probleme mit Bravour!

Danach folgt das Tag `<rss>` mit der Versionsangabe. Es handelt sich dabei um das Wurzelelement der XML-Datei. Dieses Tag bildet die große Klammer und wird ganz am Ende wieder geschlossen. Als nächstes weit umspannendes Element folgt nun das Tagpaar `<channel></channel>`. Die darauf folgenden Tags beschreiben dann diesen so genannten Channel – sind für uns aber eher unwichtig. Spannend wird es erst bei den eigentlichen News-Items. Diese sind im Tag-Paar `<item></item>` gespeichert.

Jedes Item besitzt mindestens folgende Untertags:

❖ `<title></title>` für einen aussagekräftigen Anreißertitel.

❖ `<description></description>` für eine Kurzbeschreibung.

❖ `<link></link>` für die Webadresse der entsprechenden Meldung.

Diesem Grundaufbau folgt übrigens auch RSS 2.0. Es sind lediglich ein paar weitere Tags hinzugekommen, z.B. für das Veröffentlichungsdatum.

Besonders wichtig ist die hierarchische Struktur. Das übergeordnete Tag heißt `<rss>`, darunter folgt der `<channel>` und darunter gibt es schließlich ein oder mehrere Vorkommen von `<item>`.

Du möchtest selber eine RSS-Datei erstellen? Teste sie auf korrekten Aufbau. Dazu verpasst du deiner Datei probeweise die Endung `.xml`. Rufe sie nun im Internet Explorer bzw. im Firefox auf. Wenn dieser Browser dein Dokument farbig und in einer Baumstruktur anzeigt, ist alles in Ordnung. Es handelt sich dann um eine wohlgeformte XML-Datei (well-formed). Ansonsten zeigt der Browser eine Fehlermeldung.

Du suchst interessante Feeds im Netz? Surfe zu den Verzeichnissen *www.rss-verzeichnis.de* oder *www.rss-scout.de* und schaue dich um.

9

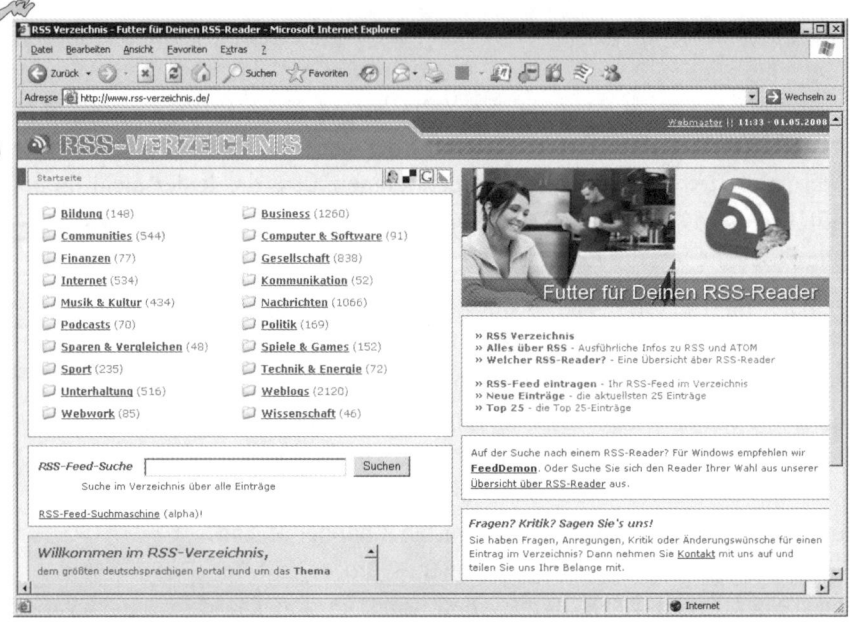

Das RSS-Verzeichnis bietet eine besonders umfangreiche Liste. Hier gibt es auch Hinter-grundinfos zu den verschiedenen RSS-Formaten.

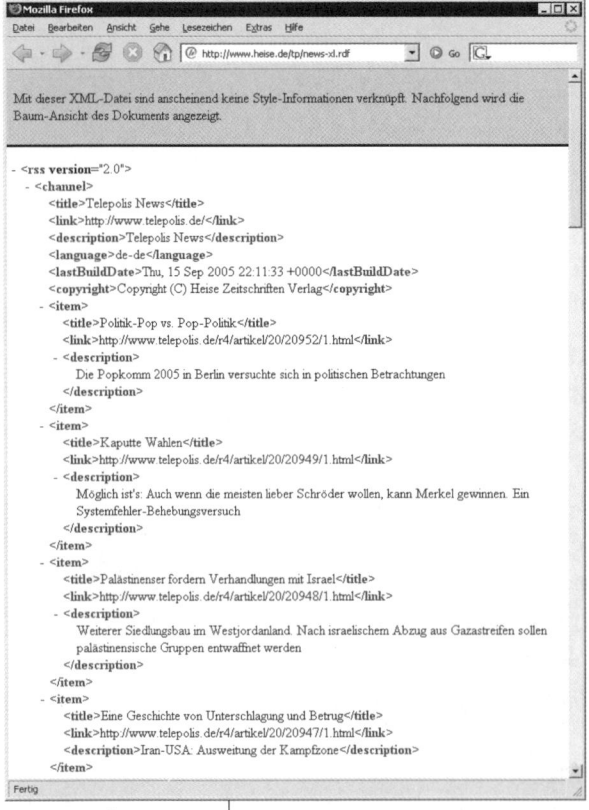

Items ohne Ende: So wie diese Datei des Magazins »Telepolis« sind viele RSS-Dateien aufgebaut. Die für uns wichtigen Elemente heißen stets »title«, »link« und »description« und stecken im Tag »item«.

SimpleXML: RSS-Datei auslesen

Ran an RSS. Auf den nächsten Seiten zeige ich dir, wie du die Datei ganz problemlos auslesen kannst. Stelle die Überschriften, Beschreibungen und Links auf deiner Homepage dar! Fangen wir simpel an … mit SimpleXML.

Ganz wichtig: Das nun folgende Skript läuft erst ab PHP, Version 5. Das ist aber kein Problem, denn viele Dienstleister bieten zum Zeitpunkt des Schreibens längst PHP 5-Unterstützung an – oft allerdings parallel zu PHP 4. Dabei gilt in der Regel: Hänge an die Dateien die Endung `.php5` an. Dadurch wird PHP 5 ganz automatisch aktiviert. Wenn du nur die Endung `.php` wählst, wird das Skript dagegen als PHP 4 geparst und produziert eine Fehlermeldung. Bei meinen Tests funktionierte das Skript sowohl bei der Domainfactory (*www.domainfactory.de*), bei PS-Webhosting (*www.ps-webhosting.de*) und bei der 1 & 1 GmbH (*www.puretec.de*) ohne Probleme – mit eben dieser Endung `.php5`. Beim Webhoster Strato (*www.strato.de*) dagegen gab es teilweise Fehlermeldungen. (Noch) keinen Erfolg hatte ich zum Zeitpunkt des Schreibens mit Neue Medien Münnich (*www.all-inkl.com*) oder dem 1-Euro-Account (*www.1-euro-account.de*). Mein Rat: Probiere es einfach aus bzw. erkundige dich, ob und wie du bei deinem Dienstleister PHP 5 nutzen kannst!

Die SimpleXML-Erweiterung

Es lebe PHP 5! Denn mit dieser PHP-Version ist das Auslesen einer XML-Datei wirklich simpel geworden! Der Grund? Seit PHP 5 gibt es die geniale Erweiterung SimpleXML. Du benötigst lediglich eine Funktion, eine Schleife und ein paar Zeilen Code. Die Funktion heißt – nomen est omen – schlicht und einfach `simplexml_load_file()`.

Und so sieht die Grundsyntax aus. (Die Angabe der zusätzlichen, optionalen Parameter erspare ich dir, da wir sie im Beispiel nicht benötigen.)

```
object simplexml_load_file(string filename)
```

Die Funktion liest eine XML-Datei aus und erzeugt ein Objekt. Außerdem gibt sie – wie die meisten Funktionen – bei Erfolg `true` und bei Misserfolg `false` zurück. Das Besondere: Die Funktion liest nicht nur eine Datei, sondern auch eine Webadresse aus. So kannst du der Funktion direkt eine URL mit dem entsprechenden Newsfeed übergeben.

9

> Du möchtest auf einen String zurückgreifen, der schon in einer Variablen
> gespeichert ist? Dann greifst du stattdessen auf die Funktion
> `simplexml_load_string()` zurück!

Das Zugreifen auf die einzelnen Ebenen ist nun ganz einfach. Am besten
zeige ich dir zuerst das komplette Skript. Dann besprechen wir die Details.

Quelltext der feedreader.php

Die Datei selber habe ich `feedreader.php` genannt.

```
<!DOCTYPE HTML PUBLIC "-//W3C//DTD HTML 4.01 ↵
      Transitional//EN">
<html>
<head>
  <title>Feedreader</title>
<meta http-equiv="content-type" content="text/html; ↵
      charset=iso-8859-1">
</head>
<body>
<h1>RSS-Feedreader</h1>
<?php
$url = "http://www.heise.de/tp/news-xl.rdf";
$output = "";
if ($rss = @simplexml_load_file($url)) {
  foreach ($rss->channel->item as $item) {
    $output .= "<h3>{$item->title}</h3>";
    $output .= "<p>{$item->description}</p>";
    $output .= "<div><a href='{$item->link}'>mehr ↵
      lesen</a></div><hr>";
  }
  echo utf8_decode($output);
} else {
  echo "<div>Auslesen nicht erfolgreich!</div>";
}
?>
</body>
</html>
```

Der Quellcode im Überblick

Zuerst fütterst du die Variable `$url` mit der gewünschten Webadresse. Im Beispiel handelt es sich um einen Feed des Online-Magazins Telepolis (*www.telepolis.de*) vom Heise-Verlag. Hier ein paar weitere Empfehlungen, die ich zum Zeitpunkt des Schreibens aufgelesen habe (keine Garantie für immer während Gültigkeit):

Adresse	Beschreibung
http://www.franzalt.com/index.php?↵pageID=rssfeed_de	Newsfeed der *Sonnenseite* des Journalisten Franz Alt. Klassischer Aufbau mit Titel, Beschreibung und Link. RSS-Version 2.0
http://www.umweltschutz-news.de/rss.php	Newsfeed des *UmweltschutzWeb.de-Netzwerks*, RSS-Version 2.0, enthält sogar Bilder!
http://newsfeed.zeit.de/wissen/↵bildung/index	Newsfeed der Bildungs-Rubrik der Zeit, RSS-Version 2.0

Als Nächstes initialisierst du die Variable `$output` mit einem Leerstring. In der Zeile darunter rufst du die Funktion `simplexml_load_file($url)` auf. Der Klammeraffe unterdrückt Fehlermeldungen, die z.B. beim Dienstleister Strato oder bei einem ungültigen Newsfeed auftreten können.

Diese Funktion erzeugt nun ein Objekt, welches du in der Variablen `$rss` speicherst. Die `if`-Abfrage erfolgt aus Sicherheitsgründen. Denn die Funktion `simplexml_load_file()` prüft beim Auslesen, ob der XML-Code gültig ist. Wenn nicht, gibt sie `false` zurück. In diesem Fall macht ein Ausleseversuch keinen Sinn. Du zeigst dem Nutzer also folgenden Text an: *Auslesen nicht erfolgreich!*

Doch was passiert im Erfolgsfall und wozu dient die Schleife `foreach`? Nun, die einzelnen Hierarchieebenen der XML-Datei liegen im Objekt `$rss` als Array vor, als Objektarray. Du möchtest im Beispiel alle *items* abfragen! Also hangelst du dich von `$rss` über `channel` bis `item`: `$rss->channel->item`.

Und dieses Array mit allen *items* musst du nun per `foreach` durchlaufen.

Supergenial: Du kannst den Inhalt der untergeordneten Tags jetzt Schritt für Schritt über `$item->Tagname` abfragen, der *Titel* ist über `$item->title`, die *Beschreibung* über `$item->description` und der Link über `$item->link` abrufbar. Wenn das nicht easy ist?! Du formatierst alle diese Elemente ganz artig mit HTML, setzt den Link zusammen und speicherst alles nacheinander in der Variablen `$output`.

9

Doch was passiert in dieser Zeile: `echo utf8_decode($output);`? Leider werden alle Feeds als `UTF-8` (Unicode) geparst (ausgelesen), auch wenn die XML-Datei die Kodierung `ISO-8859-1` enthält. Das ist halt so bei dieser Funktion. Und eine derartige Datei sieht dann möglicherweise so aus:

Eine bessere Welt ist möglich – aber ohne »utf8_decode()« sehen die Umlaute und Sonderzeichen in den Feeds recht merkwürdig aus!

Kein Problem, denn hier greift die Funktion `utf8_decode()`. Sie wandelt mit Unicode kodierte Daten in unsere ISO-8859-1-Werte zurück.

Begeistert, wie einfach das Auslesen einer XML-Datei gelingt? Selbst HTML-Inhalte innerhalb so genannter `CDATA`-Abschnitte (CDATA = Character**DATA**) werden von Simple-XML souverän ausgelesen und wiedergegeben. Die linke Abbildung (Newsfeed des UmweltschutzWeb.de-Netzwerks) beweist es! Derartige `CDATA`-Abschnitte (also Abschnitte mit HTML und eingebundenen Bildern) kommen beispielsweise bei RSS 2.0 vor.

Probleme beim Abschreiben? Du findest das Skript auch unter dem Namen `feedreader.php` im Ordner `beispiele/kapitel09`.

Das »liebe« Öl und seine verheerenden Folgen: Dieser Feed verwendet RSS in der Version 2.0. Dementsprechend »reichhaltig« ist auch die Beschreibung. Sie enthält sogar eingebundene Grafiken.

Geht auch: Feedreader ab PHP 4

Grün vor Neid? Du wirfst scheele Blicke auf diejenigen, deren Provider schon PHP 5 anbietet? Kein Problem! Das ist ein Praxisbuch und die Praxis »spricht« manchmal noch PHP 4. Und natürlich habe ich auch dafür eine Lösung parat. Sie ist zwar nicht ganz so kurz, aber sie funktioniert – mit kleinen Einschränkungen. Dafür »zaubern« wir wieder unsere regulären Ausdrücke und vor allem die Funktion `preg_match()` »aus dem Zylinder«.

Datei auslesen mit file_get_contents()

Im Prinzip müssen wir die XML-Datei einfach nur auslesen, nach bestimmten Tag-Paaren durchsuchen und deren Inhalt ausgeben. Kann doch nicht so schwer sein, oder? Zum Auslesen einer Datei kommt die Funktion `file_get_contents()` in Frage, und zwar mit folgender Syntax:

`string file_get_contents(string filename)`

Übergib ihr eine Datei und sie liest diese komplett aus – und speichert sie als String! Wie bei `simplexml_load_file()` ist auch hier eine Webadresse als Argument erlaubt.

> Einziger Haken an dieser Funktion: Sie steht erst ab PHP, Version 4.3 zur Verfügung. Allerdings gehe ich davon aus, dass dein Dienstleister mindestens über diese Version verfügt!

Der Beginn unseres Skripts könnte also so aussehen:

```
$url = "Adresse_des_Newsfeeds";
$output = "";
$rss = file_get_contents($url);
```

Auch hier enthält `$rss` den Inhalt der XML-Datei. Diesmal jedoch nicht als Objekt, sondern als String.

preg_match() und preg_match_all()

Und nun benötigen wir die beiden Funktionen `preg_match()` und `preg_match_all()`. Sie durchsuchen eine Zeichenkette nach Übereinstimmung mit einem regulären Ausdruck. Der feine Unterschied: `preg_match()` hört nach dem ersten Fund auf zu suchen, während `preg_match_all()` die komplette Zeichenkette durchforstet.

Fangen wir mit dem »Alleskönner« an, mit `preg_match_all()`. Schließlich suchen wir zuerst auch *alle* Items. Die Syntax sieht folgendermaßen aus:

```
int preg_match_all(string Suchmuster, string Zeichenkette,
array &treffer)
```

Die ersten beiden Argumente sind sicher klar, das Suchmuster ist ein regulärer Ausdruck und die Zeichenkette ist der zu durchsuchende String. Interessant für uns ist das dritte Argument. Es handelt sich um ein mehrdimensionales Array. Machen wir das doch direkt am Beispiel fest. Wir suchen, wie schon erwähnt, nach allen Items:

```
preg_match_all("|<item>(.*?)</item>|si", $rss, $item);
```

Das gespeicherte Array heißt im Beispiel `$item` und dabei gilt:

◆ `$item[0]` enthält alle Ausdrücke, auf die das gesamte Muster passt, vergiss das – diese Fundstelle ist für uns völlig uninteressant.

◆ `$item[1]` enthält alle Ausdrücke, auf die das Submuster (runde Klammern!) passt – mit anderen Worten: den Inhalt der runden Klammern.

Dieses Array brauchen wir nur noch mit `foreach()` zu durchlaufen, um aus jedem Item »auf die gleiche Tour« *title*, *description* und *link* auszulesen:

```
foreach($item[1] as $item) {
  preg_match("|<title>(.*)</title>|si", $item, $title);
  $output .= "<h3>$title[1]</h3>";
  preg_match("|<description>(.*)</description>|si", ↵
      $item, $description);
  $output .= "<p>$description[1]</p>";
  preg_match("|<link>(.*)</link>|si", $item, $link);
  $output .= "<div><a href='$link[1]'>mehr ↵
      lesen</a></div><hr>";
}
```

Innerhalb der Schleife wirkt `preg_match()`. Diese Funktion arbeitet fast so wie ihre »allesfressende Schwester«. Auch hier übergeben wir den Suchstring und erhalten eine Array-Variable. Allerdings steckt diesmal in `$Arrayname[1]` (im Beispiel also in `$titel[1]`, `$description[1]` bzw. `$link[1]`) kein weiteres Array, sondern gleich der konkrete Wert, den die Funktion aus den runden Klammern ausgelesen hat. Da es also jeweils nur ein Element ist, kann ich es sofort ausgeben bzw. hübsch formatiert in `$output` zwischenspeichern. Eine weitere Schleife ist nicht nötig!

Denn `preg_match()` – du erinnerst dich – sucht grundsätzlich nur nach einem Vorkommen und hört dann mit dem Auslesen auf.

Die Gier der Suchmuster

Zeit, uns die etwas ungewöhnlichen Suchmuster genauer anzusehen! Das geht schon mit dem *Item* los. Dabei kommt folgender regulärer Ausdruck zum Einsatz: `|<item>(.*?)</item>|si`

Als Begrenzer habe ich wieder die senkrechten Striche gewählt. Doch was verbirgt sich hinter `si`? Das sind zwei angehängte Suchmuster-Modifikatoren! Das angehängte `i` hast du ja schon auf Seite 189 kennen gelernt. Es sorgt dafür, dass Groß- und Kleinschreibung egal sind. (Nur falls ein RSS-Ersteller mal auf die depperte Idee kommen sollte, `<ITEM></ITEM>` statt `<item> </item>` zu schreiben – was recht unwahrscheinlich ist.)

Wichtig ist jedoch vor allem das `s`. Dieser Schalter besagt, dass der Joker-Punkt (.) *alle* Zeichen einschließlich der New-Line-Zeichen \n erkennen soll. Denn eine XML-Datei besitzt ja schließlich Zeilenumbrüche! Ansonsten wäre schon nach der ersten Zeile Schluss und das Suchmuster würde nicht mal das erste *Item* finden.

Apropos Jokerpunkt. Der Stern dahinter ist klar. Dieser Wiederholungsoperator sorgt dafür, dass es zwischen den Tags `<item></item>` kein, ein oder unendlich viele Zeichen geben kann. Aber wieso noch ein Fragezeichen dahinter? Das hat etwas mit der »Gier« des Wiederholungsoperators zu tun. Denn normalerweise sind Wiederholungsoperatoren (Quantifier) wie *, +, ? bzw. {n,m} gierig (greedy).

Im Beispiel versucht unser Sternchen, *so viele Zeichen wie möglich* zwischen dem ersten Vorkommen von `<item>` und dem letzten Vorkommen von `</item>` zu finden. Und das ist der springende Punkt: letztes Vorkommen von `</item>`. Alle `<item></item>`-Vorkommen dazwischen werden einfach übersprungen! Wir wollen jedoch, dass die Suche beim ersten Vorkommen von `</item>` gestoppt wird. Denn schließlich soll ja nur der Inhalt eines Tags ausgelesen werden, und nicht gleich alles. Deshalb musst du die Gier des Quantifiers stoppen, indem du noch ein Fragezeichen anhängst.

Innerhalb der Schleife ist diese Anti-Gier-Aktion jedoch nicht mehr nötig, z. B. beim Suchmuster für den Titel: `|<title>(.*)</title>|si` Schließlich befindet sich innerhalb von `<item></item>` sowieso jeweils nur ein einziges Tagpaar der gleichen Sorte.

Und nun blättere weiter, um den kompletten Quelltext des Feedreaders zu begutachten!

9

Quelltext des zweiten Feedreaders

Ich zeige dir diesmal nur den Teil zwischen den Tags `<body></body>`. Du findest das Skript auch auf der CD unter `beispiele/kapitel09/feedreader2.php`. Eine `if`-Abfrage habe ich mir diesmal gespart, da `file_get_contents()` keine störenden Fehlermeldungen zurückgibt.

```php
<h1>Universal-Feedreader 2</h1>
<?php
$output = "";
$url = "http://www.heise.de/tp/news-xl.rdf";
$rss = file_get_contents($url);
preg_match_all("|<item>(.*?)</item>|si", $rss, $item);
foreach($item[1] as $item) {
  preg_match("|<title>(.*)</title>|si", $item, $title);
  $output .= "<h3>$title[1]</h3>";
  preg_match("|<description>(.*)</description>|si",
      $item, $description);
  $output .= "<p>$description[1]</p>";
  preg_match("|<link>(.*)</link>|si", $item, $link);
  $output .= "<div><a href='$link[1]'>mehr
      lesen</a></div><hr>";
}
// echo utf8_decode($output); // Nur bei Bedarf
echo $output;
?>
```

Diesmal ist in der Regel keine Konvertierung von UTF-8 nach ISO-8859-1 nötig. Wenn die XML-Datei im Prolog mit diesem Zeichensatz kodiert ist ...

```xml
<?xml version="1.0" encoding="ISO-8859-1" ?>
```

genügt die Ausgabe mit `echo $output`. Ansonsten musst du wieder `utf8_decode()` verwenden. Das hängt ganz vom Anbieter ab!

Leider geht unser `preg_match()`-Skript nicht so souverän mit manchen RSS 2.0-Feeds um, wie die erste, auf `SimpleXML` beruhende Variante. Immer wenn besonders reichhaltige Formatierungen bei *description* verwendet werden (HTML), muss diese Version passen. Das ist z. B. beim Feed des UmweltschutzWeb.de-Netzwerks der Fall. Prüfe also deine Feeds und lasse die Ausgabe der Beschreibung im Zweifelsfall weg.

Zusammenfassung

Es lebe XML! Du kannst RSS-Newsfeeds mit einfachen Mitteln auslesen und darstellen.

◆ Du weißt, was Newsfeeds sind – Kurzzusammenfassungen bzw. Schlagzeilen mit Titel, Beschreibung und Link. Diese lassen sich problemlos in die eigene Seite einbinden. Du kennst die Seite *www.rss-verzeichnis.de*, über die du die interessantesten Feeds finden kannst.

◆ Du weißt, dass RSS-Newsfeeds aus XML-Code bestehen. Du kennst den Grundaufbau einer einfachen RSS-Datei. Sie besteht aus XML-Prolog mit dem Zeichensatz, dem Wurzelelement `<rss></rss>`, dem Element `<channel></channel>` und weiteren untergeordneten Tags.

◆ Du hast dir die RSS-Versionen 0.91 bzw. 2.0 angeschaut und weißt, dass alle Newsbeiträge zwischen `<item></item>` stehen. Die Titel befindet sich zwischen dem Tagpaar `<title></title>`, die Beschreibung zwischen `<description></description>` und der Link zwischen `<link></link>`.

◆ Du weißt, wie einfach du XML-Dateien und damit auch Newsfeeds mit PHP 5 auslesen kannst. Du brauchst lediglich die Funktion `simplexml_load_file()`. Diese liest eine URL aus und gibt ein Objekt zurück, das du mit einer Schleife abfragen kannst. Über `$Objektname->channel->item` und dann über `$item->Tagname` bekommst du Zugriff auf den Inhalt aller Tags.

◆ Du kennst die Funktion `utf8_decode()`. Sie wandelt mit Unicode kodierte Daten in ISO-8859-1-Werte zurück. Du benötigst sie, weil über `simplexml_load_file()` ausgelesene Daten immer als UTF-8 vorliegen, auch wenn die XML-Datei selbst ISO-8859-1-kodiert ist.

◆ Du kennst die Funktion `file_get_contents()` zum Auslesen einer Datei bzw. einer URL. Sie liest die entsprechende Datei am Stück aus und gibt sie als String zurück.

◆ Du kennst die Funktionen `preg_match()` und `preg_match_all()`, mit denen du eine Zeichenkette nach Übereinstimmung mit einem regulären Ausdruck durchsuchen kannst. Im Gegensatz zu `preg_match_all()` ermittelt `preg_match()` nur *eine* Fundstelle.

◆ Du weißt, dass die Wiederholungsoperatoren (Quantifier) bei regulären Ausdrücken normalerweise »gierig« sind. Wenn du möchtest, dass sie nicht so viele, sondern so wenig wie möglich Zeichen finden, setzt du noch ein ? (Fragezeichen) dahinter.

9

Ein paar Fragen

Frage 1: Wie kannst du prüfen, ob eine XML-Datei korrekt aufgebaut ist, also wohlgeformt ist?

Frage 2: Mit welcher Endung müssen die Skripte bei vielen Dienstleistern versehen werden, damit sie als PHP 5 erkannt werden?

Frage 3: Welche Funktion durchsucht die komplette Zeichenkette nach Übereinstimmung mit einem regulären Ausdruck, ohne nach der ersten Fundstelle abzubrechen?

Frage 4: Welcher Modifikator sorgt bei regulären Ausdrücken dafür, dass das Jokerzeichen . alle Zeichen einschließlich der Zeilenumbrüche \n findet? Wo notierst du diesen Schalter?

Frage 5: Welche Funktion liest eine Datei bzw. Webadresse aus und speichert den gesamten Inhalt als String?

... und ein paar Aufgaben

Ein paar kleine Aufgaben gibt es auch! Sie sollten dir aber keine großen Probleme bereiten.

1. Angenommen, du willst mit `preg_match_all()` eine HTML-Seite durchsuchen. Du möchtest den Inhalt aller Überschriften erster Ordnung finden `<h1></h1>`. Folgender regulärer Ausdruck reicht nicht: `|<h1>(.*?)</h1>|si`, da er evtl. Attribute nicht berücksichtigt. Ändere den Ausdruck so ab, dass das `<h1>`-Tag auch dann gefunden wird, wenn es unterschiedliche Attribute besitzt, z.B. `<h1 align="left">`!

2. Schau dir die XML-Datei auf der Nebenseite an. Dabei handelt es sich um eine Produktliste für Spielzeug. Du findest den Code auch auf der CD unter `beispiele/kapitel09/aufgaben`. Der Name lautet `spielzeug.xml`.

   Schreibe eine Seite, die den Inhalt alle Datensätze (Tagpaar `<datensatz></datensatz>`) ausliest und übersichtlich in einer Tabelle darstellt (siehe linke Abbildung). Verwende dafür PHP 5. Nenne die Datei `spielzeug1.php`. Hinweis: Das zusätzliche Attribut beim Tag `<preis>` stellt keine Hürde da, du musst keine besondere Rücksicht darauf nehmen.

Kinderspielzeug

Nr	Name	Preis
1	Holzauto	20
2	Windmühle	12
3	Hampelmann	10

```
<?xml version="1.0" encoding="ISO-8859-1"?>
<produkte>
  <datensatz>
    <pnr>1</pnr>
    <name>Holzauto</name>
    <preis waehrung="Euro">20</preis>
  </datensatz>
  <datensatz>
    <pnr>2</pnr>
    <name>Windmühle</name>
    <preis waehrung="Euro">12</preis>
  </datensatz>
  <datensatz>
    <pnr>3</pnr>
    <name>Hampelmann</name>
    <preis waehrung="Euro">10</preis>
  </datensatz>
</produkte>
```

3. Löse die gleiche Aufgabe noch einmal, diesmal jedoch mit PHP 4. Nenne die Datei `spielzeug2.php`. Hinweis: Beachte diesmal das Attribut beim Tag `<preis>`, dafür musst du den regulären Ausdruck anpassen!

4. Surfe zur freien Enzyklopädie Wikipedia (*www.wikipedia.de*) und recherchiere dort das Thema Atom (XML-Format). Schau dir den Grundaufbau einer XML-Datei im Format Atom an. Wird es schwer sein, auf dieses Format umzusteigen, wenn es sich durchsetzt?

10

Objekt der Begierde: OOP mit PHP 5

Objektorientiert programmieren – so lautet das Zauberwort. Viele sehen darin die Lösung aller Probleme. Kritiker sagen: zu kompliziert und zu umständlich. Bei simplen Skriptsprachen wie PHP wäre es schlicht und einfach Overkill. Expertenstreit hin, Expertenstreit her. In diesem Kapitel dringen wir Schritt für Schritt in die ersten »Geheimnisse« der Objektorientierung ein. Dieses Kapitel dreht sich um folgende Themen:

◎ Klassisch oder objektorientiert? Vor- und Nachteile

◎ Einführung in OOP: Klassen und Objekte

◎ Eigenschaften und Methoden

◎ Schlüsselwort $this

◎ Beispielskript: prozeduraler und objektorientierter Ansatz im Vergleich

◎ Programmieren einer Klasse für die seitenweise Datenausgabe

◎ Schlüsselwörter var, public und privat

Das Motto lautet »Objektorientierung verstehen«. Und die ersten Schritte selber wagen. Schnall dich an, es wird eine Holperfahrt ...

10

Kleine Einführung in die OOP

Jahre hindurch haben Programmierer *klassisch* programmiert. Also mit Variablen, Kontrollstrukturen, Schleifen und Funktionen. Bis in den 80er Jahren des vorigen Jahrhunderts die so genannte Objektorientierung aufkam. Bekannte objektorientierte Programmiersprachen sind C++, Java und C#. Doch was steckt dahinter?

Vor- und Nachteile der objektorientierten Programmierung

Die klassische, auch als *prozedural* (= den äußeren Ablauf betreffend) bezeichnete Programmierweise folgt einem strengen, linearen Konzept: Das Skript arbeitet von oben nach unten. Der Programmablauf wird durch Kontrollstrukturen und Schleifen bestimmt: Hier ein `if`, da eine Variable, dort ein `for` oder `while`. Bestimmte Codeabschnitte lagerst du in Funktionen aus, um den Code übersichtlicher zu gestalten. Du greifst auf diese Module während des Programmablaufs zurück. Das alles ist dir nicht neu – schließlich programmieren wir die ganze Zeit prozedural.

Der objektorientierte Ansatz dagegen orientiert sich am »wirklichen Leben«. Hier ist alles ein Objekt: Mensch, Bus, Auto, Fahrrad, die Schule oder ein Rechteck. Bestimmte Objekte ordnen wir automatisch einer Gruppe zu: Bus, Auto oder Fahrrad gehören z.B. zur Gruppe *Fahrzeug*. Objekte haben Eigenschaften (z.B. zwei Räder oder vier Türen) und funktionieren auf bestimmte Art und Weise. Fahrzeuge fahren, bremsen oder stehen rum.

> Die ObjektOrientierte Programmierung (OOP) überträgt die Idee des Objekts in den Programmablauf. Auch beim Programmieren kannst du Objekte erzeugen und mit bestimmten Eigenschaften und Funktionen (Methoden) ausstatten. Objekte sind also eine Ansammlung von »Daten und Funktionen«. Das *Fahrrad* ist rot, hat eine Klingel, zwei Räder, 18 Gänge und `rollt()`. Du kannst es `umlackieren()`, mit der *Klingel* `klingeln()` die *Gänge* `schalten()` oder es im Keller `verrosten()` lassen. Ein *Rechteck* hat eine Länge und eine Breite, du kannst den `flächeninhalt_ermitteln()` oder den `umfang_berechnen()`.

Alles in allem soll die objektorientierte Programmierung dem Programmierer das Leben erleichtern. Probleme lassen sich ähnlich lösen wie im wirklichen Leben. Daraus folgt eine noch stärkere Modulbauweise. Bei der OOP wird das Problem in viele kleine Teilaufgaben zerlegt. Du ärgerst dich nicht

mehr mit unzähligen Variablen und ellenlangen Codewüsten herum, sondern arbeitest stets mit dem Objekt, seinen Eigenschaften und Methoden.
Doch wie so oft gibt es bei der Sache gleich mehrere Haken:

❖ Die objektorientierte Programmierung ist sehr vielschichtig. Besonders
   (uns) Umsteigern von der prozeduralen Programmierung fällt das Ein-
   denken in einen völlig anderen Ansatz schwer. (Wenn du nach der Einführung auf der Vorseite schon begriffen hast, worum es geht, kann ich
   dich nur sehr herzlich beglückwünschen!)

❖ Der Code wird nicht unbedingt kürzer oder weniger komplex. Häufig ist
   sogar das Gegenteil der Fall, wie du ein paar Seiten weiter hinten noch
   merken wirst.

❖ Bei kurzen Programmen – und PHP-Skripte sind oft recht kurz – lohnt
   sich die objektorientierte Programmierung kaum. Was klein und pfiffig
   ist, muss nicht unbedingt in (aufgeblähte) Teilmodule zerlegt werden.

❖ Die Codeausführung wurde bzw. wird durch objektorientierte Programmierung stark verlangsamt. Ich merke das, wenn ich so ein dickes CMS
   wie Joomla oder gar Typo 3 installiere – der Seitenaufruf ist schleppend.
   Der Grund: Hier sind gleich mehrere Klassen im Spiel – z.B. zum Erzeugen und Verarbeiten der Templates (Vorlagen). Mein kleines prozedural
   »zusammengehustetes« Mini-CMS jedoch zeigt die Seiten blitzschnell
   an. Und das ganz »ohne Klasse«.

❖ Objektorientierte Programmierung lohnt sich vor allem, wenn es um
   umfangreiche Projekte geht, bei denen ganze Teams zusammenarbeiten.
   Diese brauchen klare Regeln und exakt definierte Schnittstellen – so
   wie es der objektorientierte Ansatz verlangt. Doch ganz offen: An wie
   vielen dieser Team-Projekte hast du bisher schon mitgewirkt?

An diese Schönheitsfehler könnte man sich ja gewöhnen. OOP als Quelle
für gut strukturierten und sauberen Code? Schon alleine das wäre den Versuch wert! Wenn es da nicht die nächsten Punkte gäbe ...

❖ Die Objektorientierung in PHP 4 ist erst in Ansätzen vorhanden und
   arbeitet langsam. Deshalb wurde (und wird) sie auch nur wenig genutzt.

❖ In PHP 5 wurde die Objektorientierung gründlich überarbeitet und damit erheblich verbessert. Das bedeutet leider auch: Vieles funktioniert
   anders als unter PHP 4. Die Skripte sind unter Umständen nicht ab-
   wärtskompatibel. Mit anderen Worten: Wenn du jetzt anfängst, streng
   nach PHP 5 objektorientiert zu programmieren, haben deine Programme
   beim Dienstleister mit PHP 4.3.x keine Chance. Wenn du jedoch OOP
   mit PHP 4 betreibst, entspricht das nicht unbedingt dem Standard und
   den Möglichkeiten von PHP 5!

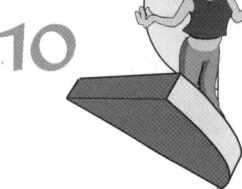

10

Ein(e) »Klasse« Fahrrad: dein erstes Objekt!

Wir lassen uns nicht die Laune vermiesen und fangen trotzdem an. Und zwar gleich mit der Syntax für PHP 5. Auf dem Weg erkläre ich dir das Wichtigste. Zumindest so, dass du objektorientierte Programmierung besser verstehst. Als »Musterbeispiel« holst du erst einmal dein »Fahrrad aus dem Keller«. Daran schauen wir uns ein paar Grundbegriffe an. Dein Fahrrad ist klasse? Es ist aber auch eine Klasse – im allgemeinen Sinn.

> Die Klasse definiert die Struktur eines Objekts, also seine Eigenschaften und Methoden (= Funktionen). Die Eigenschaften sind allerdings noch leer, denn das Fahrrad an sich hat zwar Räder oder eine Farbe, aber ohne konkrete Angaben. Diese werden erst durch das eigentliche Objekt bestimmt. Die Klasse ist praktisch der Bauplan, der »Entwurf«.

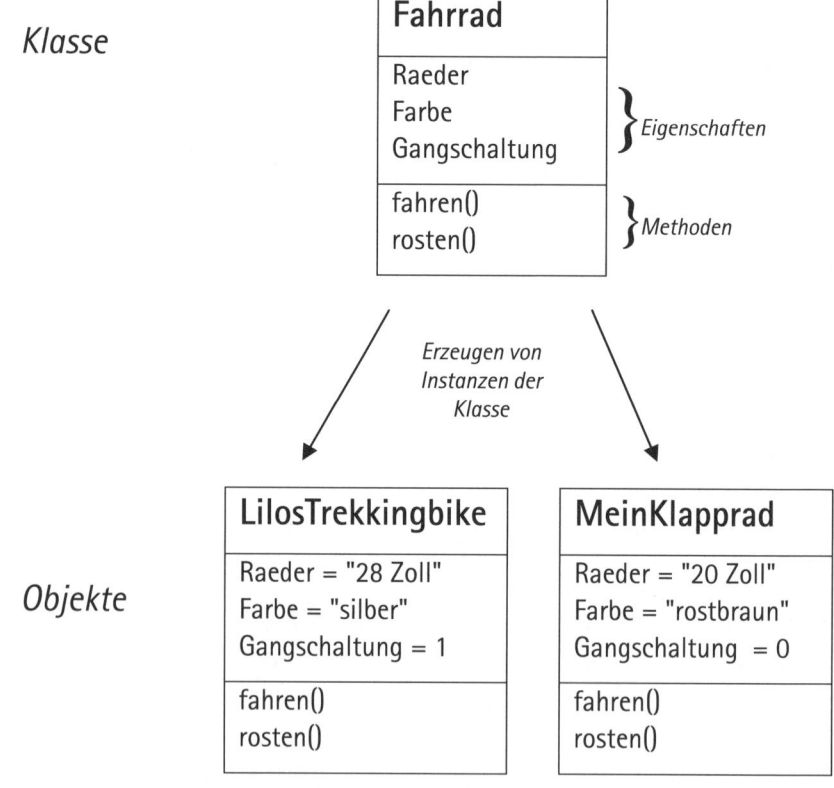

Erst beim Objekt selber wird die Sache konkret. *LilosTrekkingbike* ist silber, hat 28-Zoll-Räder und eine Gangschaltung. *MeinKlapprad* dagegen hat 20-Zoll-Räder, ist rostbraun und kommt ohne Schaltung aus. Beide Räder sind Objekte. Es sind Instanzen der Klasse Fahrrad. Du kannst beliebig viele Objektinstanzen von einer Klasse erzeugen!

So erzeugst du eine Klasse mit PHP

Und wie erzeugst du eine Klasse in PHP? Das gelingt mit dem Schlüsselwort `class`. Danach notierst du den Namen der Klasse, hier *Fahrrad*. Nun folgt ein Paar geschweifter Klammern, um die Klassendefinition zusammenzuhalten, zu »kapseln«. Jede Klammer bekommt eine eigene Zeile!

> Für Klassennamen gelten zwar die gleichen Regeln wie für Variablennamen. Allerdings hat sich die Schreibung mit großem Anfangsbuchstaben in objektorientierten Programmiersprachen durchgesetzt.

Und so sieht unsere Beispielklasse aus. Ich habe ihr die drei Eigenschaften `$Raeder`, `$Farbe` und `$Gangschaltung` und eine Methode `fahren()` mit auf den Weg gegeben:

```php
class Fahrrad
{
  public $Raeder;
  public $Farbe;
  public $Gangschaltung;

  function fahren()
  {
    echo "Das Fahrrad rollt<br>";
  }
}
```

Bei den *Eigenschaften* `$Raeder`, `$Farbe` bzw. `$Gangschaltung` handelt es sich um Variablen. Merke: Eigenschaften eines Objekts werden durch Variablen dargestellt.

> Achtung: Unter PHP 4 gab es das Schlüsselwort `public` (bzw. `private`, mehr dazu später) noch nicht. Dort musst du stattdessen `var` schreiben. In PHP 5 ist `var` noch zulässig, gilt aber als veraltet und sollte deshalb nicht mehr verwendet werden.

Auch Methoden kennst du schon – zumindest vom Prinzip her. Es sind Funktionen, hier allerdings Funktionen innerhalb einer Klasse. Methoden erkennst du genau wie Funktionen am runden Klammernpaar. Auch Methoden können Parameter übernehmen. Alles, was du über Funktionen weißt, kannst du auch auf Methoden übertragen.

Objekte, Eigenschaften und Methoden

Als Nächstes erzeugst du ein Objekt, im Beispiel eine Instanz der jeweiligen Klasse. Das gelingt mit dem Schlüsselwort new und sieht so aus:

```
$Objekt = new Klassenname();
```

Auf unser Fahrrad-Beispiel bezogen schreibst du

```
$MeinKlapprad = new Fahrrad();
```

und bist nun »im Besitz« des Objekts $MeinKlapprad. Das Klapprad ist ein eigenständiges Objekt, abgeleitet von der Klasse *Fahrrad*. Noch mal zum Verständnis: Die Klasse selbst ist nur die Bauanleitung. Konkret wird die Sache erst, wenn du – wie hier – das Objekt erzeugst.

Natürlich kannst du auch *LilosTrekkingbike* mit Leben erfüllen. Erstelle einfach ein weiteres Objekt:

```
$LilosTrekkingbike = new Fahrrad();
```

Nun denn, probiere doch gleich mal eine Methode aus:

```
$MeinKlapprad->fahren();
```

Diese Zeile gibt folgende Zeichenfolge aus: *Das Fahrrad rollt.*

Du möchtest deinen Objekten Eigenschaften zuweisen? Das gelingt folgendermaßen:

```
$MeinKlapprad->Farbe = "rostbraun";
$MeinKlapprad->Gangschaltung = 0;
$LilosTrekkingbike->Farbe = "silver";
```

Als Beweis für die erfolgreiche Zuweisung kannst du die Eigenschaft natürlich auch wieder auslesen:

```
echo "Farbe: $MeinKlapprad->Farbe<br>";
echo "Gangschaltung: $MeinKlapprad->Gangschaltung";
```

Als Verbindungsglied zwischen Objekt und Eigenschaft bzw. Objekt und Methode dient der etwas merkwürdige Pfeil ->. In der Programmiersprache Visual Basic wird dagegen ein einfacher Punkt eingesetzt: Objekt.Methode() bzw. Objekt.Eigenschaft.

Du setzt Objekt und Methode in einen `echo`-String innerhalb von doppelten Gänsefüßchen ein? Das geht nur in PHP 5 und nur mit geschweiften Klammern: `{$Objekt->Methode()}`. Bei PHP 4 verwendest du wie beim Aufruf »normaler« Funktionen den Verkettungsoperator Punkt (.).

Genug Fahrrad gefahren! Wenden wir uns nun einem konkreten Beispiel zu.

Einraumwohnung: Funktion oder Klasse?

Zweiraumwohnung? Finde ich »melancholisch schön«. Nicht ganz dein Geschmack? Du bist schon zufrieden, wenn du nur ein einziges kleines Zimmer dein Eigen nennen darfst? Zumindest virtuell ist das kein Problem: Im nächsten Beispiel berechnen wir den Platz in deiner neuen Bude. Du fütterst das Skript mit der Breite und Länge des Raums. Heraus kommen die Zahl der Quadratmeter und die Kantenlänge. Schließlich willst du ja auch wissen, wie viel »Wand« du hast für deine Poster und Möbel.

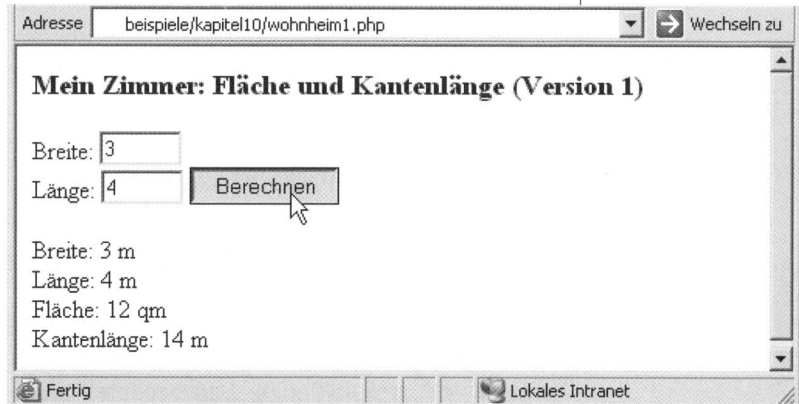

Fläche und Kantenlänge: Ich gehe davon aus, dass das Zimmer einen rechteckigen Grundriss hat.

In diesem Kapitel ziehst du also um – und zwar zweimal. Damit du die Vor- und Nachteile sofort erkennst, serviere ich dir das Skript in drei Varianten – zuerst in der klassischen Programmierweise ohne Module, dann mit Funktionen und zum Schluss als Objekt mit Klasse. Und vergiss nicht: Es ist ein reines Musterbeispiel zum Lernen.

Version 1: Klassische Programmiertechnik

Nehmen wir einfach mal an, es handelt sich um dein neues Wohnheimzimmer. Das Skript heißt `wohnheim1.php` und sieht folgendermaßen aus – ich zeige dir den Bereich zwischen `<body></body>`:

```
<h3>Mein Zimmer: Fläche und Kantenlänge (Version 1)</h3>
<form action="wohnheim1.php" method="post">
Breite: <input type="text" name="breite" size="5"><br>
Länge: <input type="text" name="laenge" size="5">
<input type="submit" value="Berechnen"></form>
<p>
<?php
if (!empty($_POST['breite']) && is_numeric($_POST['breite'])
&& !empty($_POST['laenge']) && is_numeric($_POST['laenge'])) {
   $breite = $_POST['breite'];
   $laenge = $_POST['laenge'];
   $flaeche = $breite * $laenge;
   $umfang = ($breite + $laenge) * 2;
   echo "Breite: $breite m<br>";
   echo "Länge: $laenge m<br>";
   echo "Fläche: $flaeche qm<br>";
   echo "Kantenlänge: $umfang m";
}
?>
</p>
```

Die Funktionsweise muss ich sicher nicht groß erklären – sie sollte für dich als PHP-Kenner inzwischen klar sein. Ich gehe bei der Berechnung davon aus, dass dein Zimmer Rechteckform hat. Du musst also nur Fläche und Umfang eines Rechtecks berechnen und ausgeben.

Version 2 – jetzt mit Funktionen

Quick and dirty – so präsentierte sich die vorige Variante. Doch wenn du deine genialen Berechnungen für die Nachwelt aufheben möchtest? Dann greifst du zu Funktionen. Das bedeutet zwar etwas mehr Schreibarbeit, dafür hast du allerdings im Zweifelsfall mehr Klarheit und ein wiederverwertbares Modul. Meine function.inc.php für das nächste Beispiel sieht folgendermaßen aus:

```
<?php
function berechne_flaeche($breite, $laenge)
{
   $flaeche = $breite * $laenge;
   return $flaeche;
}
```

```php
function berechne_umfang($breite, $laenge)
{
  $umfang = ($breite + $laenge) * 2;
  return $umfang;
}
?>
```

Den Rechenjob übernehmen jetzt die Funktionen berechne_flaeche() und berechne_umfang(). Das Ergebnis ist das Gleiche!

Und so bindest du diese Funktionen in dein Skript ein – ich zeige dir den veränderten PHP-Teil. Das komplette Skript findest du unter dem Pfad beispiele/kapitel10/wohnheim2.php auf der CD:

```php
<?php
include_once "function.inc.php";
if (!empty($_POST['breite']) && is_numeric($_POST['breite'])
&& !empty($_POST['laenge']) && is_numeric($_POST['laenge'])) {
  $breite = $_POST['breite'];
  $laenge = $_POST['laenge'];
  $flaeche = berechne_flaeche($breite, $laenge);
  $umfang = berechne_umfang($breite, $laenge);
  echo "Breite: $breite m<br>";
  echo "Länge: $laenge m<br>";
  echo "Fläche: $flaeche qm<br>";
  echo "Kantenlänge: $umfang m<br>";
}
?>
```

Auch hier sind sicher keine großen Erklärungen nötig. Ich binde die Funktionsbibliothek ein und greife auf die dort gespeicherten Funktionen zurück.

Version 3: Programmieren mit Klasse

Und nun das Ganze noch einmal – aber objektorientiert! Zuerst erstellst du eine separate Datei, die du im Beispiel zimmerclass.inc.php nennst und mit PHP-Tags <?php ?> versiehst. Hier bauen wir unsere Klasse zusammen, also den Entwurf für dein Zimmer. Diese Klasse binden wir dann in unser Wohnheimskript ein – welches inzwischen wohnheim3.php heißt.

Doch zuerst zur Klasse. Diese nennen wir einfach Zimmer und verpassen ihr zwei Eigenschaften und drei Funktionen. Und nun blättere um!

```php
<?php
class Zimmer
{
  public $breite;
  public $laenge;

  function __construct($breite, $laenge)
  {
    $this->breite = $breite;
    $this->laenge = $laenge;
  }

  function berechne_flaeche()
  {
    $flaeche = $this->breite * $this->laenge;
    return $flaeche;
  }

  function berechne_umfang()
  {
    $umfang = ($this->breite + $this->laenge) * 2;
    return $umfang;
  }
}
?>
```

Und so bindest du die Klasse in das eigentliche Skript (wohnheim3.php) ein. Beachte, dass du Methoden wie berechne_flaeche() bei der Ausgabe mit echo in geschweifte Klammern einhüllen musst, damit du sie wie hier (nur PHP 5) innerhalb von doppelten Gänsefüßchen eintragen kannst:

```php
<?php
if (!empty($_POST['breite']) && is_numeric($_POST['breite'])
&& !empty($_POST['laenge']) && is_numeric($_POST['laenge'])) {
  include_once "zimmerclass.inc.php";
  $meinZimmer = new Zimmer($_POST['breite'], $_POST['laenge']);
  echo "Breite: $meinZimmer->breite m<br>";
  echo "Länge: $meinZimmer->laenge m<br>";
  echo "Fläche: {$meinZimmer->berechne_flaeche()} qm<br>";
  echo "Kantenlänge: {$meinZimmer->berechne_umfang()} m<br>";
}
?>
```

Klasse mit Konstruktor

Das Objekt erhält die Eigenschaften $breite und $laenge. Das genügt, mehr interessiert uns bei unserem Zimmer nicht! Als Nächstes folgt eine sehr interessante Funktion, der so genannte *Konstruktor*. Diese Funktion heißt stets __construct() – sie beginnt mit zwei Unterstrichen!

> Diese Bezeichnung für den Konstruktor wurde erst mit PHP 5 eingeführt. In PHP 4 erkennst du den Konstruktor daran, dass die Funktion genauso heißt wie die Klasse. Du müsstest im Beispiel also schreiben: function Zimmer($breite, $laenge) Diese Schreibweise ist in PHP 5 zwar noch zulässig, aber veraltet.

Was macht nun dieser Konstruktor? Er übergibt Parameter an das Objekt – und zwar die Eigenschaften *Breite* und *Länge*. Dadurch kannst du das Objekt gleich beim Erzeugen mit Eigenschaften füttern:

```
$meinZimmer = new Zimmer($_POST['breite'], $_POST['laenge']);
```

Im Beispiel übergibst du also die Maße und die Konstruktor-Funktion weist diese Eigenschaften deinem Objekt zu. Das passiert sofort, denn die Konstruktor-Funktion wird automatisch beim Erzeugen des Objekts aufgerufen!

Das Schlüsselwort $this

Doch wenn du dir die Konstruktor-Funktion auf der Nebenseite anschaust, entdeckst du das komische Schlüsselwort $this. Wozu brauchst du das? Mit $this beziehst du dich auf dein eben geschaffenes Objekt. Die Zeile

```
$this->breite = $breite;
```

steht im Beispiel für

```
$MeinZimmer->breite = $breite;
```

Allerdings kannst du das so direkt nicht in die Funktion hineinschreiben! Schließlich weißt du ja beim Erstellen der Klasse noch nicht, wie das konkrete Objekt heißt. Es könnte auch $TorstensBude oder $KarlasHoehle sein. Deshalb notierst du $this als Stellvertreter für das jeweilige Objekt!

Die restlichen Funktionen kannst du dir sicher selber erschließen. Sie übernehmen die per Konstruktor-Funktion ausgelesenen Eigenschaften deines Objekts und berechnen damit Fläche bzw. Umfang. Es sind Funktionen, die sich nur auf dein Objekt beziehen. Es sind *Methoden* des Objekts.

10

Die Linkliste: seitenweise Blättern

Du merkst – wir steigern uns! Und ich lasse dich aus diesem Kapitel nicht raus, bis ich dir ein richtig fetziges kleines Beispiel gezeigt habe. Wir erstellen eine Klasse zum seitenweisen Ausgeben der Inhalte. Und zwar praktisch für beliebige Datenbanktabellen – das ist ja schließlich der Clou an der ganzen »Klasse-Objekt-Geschichte«!

Vergleiche mit dem Gästebuchbeispiel aus dem Buch »PHP und MySQL für Kids«. Dort hatte ich dir im Kapitel 14 schon gezeigt, wie man auf herkömmliche Weise seitenweise blättern kann. Wir übernehmen einfach die Idee aus diesem Buch, verbessern die Navigation ein wenig und bauen sie in eine Klasse ein. Diese planen wir so, dass du damit praktisch beliebige Inhalte ausgeben und durchblättern kannst.

Tabelle für das Linkverzeichnis

Als kleines Beispiel habe ich mir eine Linkliste ausgedacht. Durch Klick auf die Navigationslinks kann der Nutzer jeweils die nächsten 5 (oder 1 oder 6 oder 10 ...) Seiten aufrufen. Diese Navigationsleiste erzeuge ich per Klasse. Wie gesagt – die Klasse ist auf beliebige Tabellen übertragbar!

Lust zum Mitmachen? Dann erstelle fix folgende Tabelle:

```
CREATE TABLE linkliste (
id INT NOT NULL PRIMARY KEY ↵
    AUTO_INCREMENT,
head VARCHAR(100),
link VARCHAR(100),
description VARCHAR(100)
)
```

Trage ein paar beliebige Daten ein, möglichst ein paar mehr, damit sich das Blättern lohnt. Keine Lust zum Schreiben? Der SQL-Code der Datenbanktabelle steckt in der Datei linkliste.sql, ein paar Daten habe ich in dieser Datei abgelegt: daten_fuer_linkliste.sql – alles unter beispiele/kapitel10.

Die Klasse Blaettern im Praxiseinsatz

Zuerst führe ich dir vor, wie einfach du die Klasse nutzen kannst. Dafür erstellst du fix die Seite `linkliste.php` und schreibst ein paar Zeilen Code. Ich zeige dir den Abschnitt zwischen den Tags `<body></body>`.

```php
<h1>Linkverzeichnis</h1>
<?php
include_once "zugriff.inc.php";
include_once "blaettern.inc.php";
$getwert = (isset($_GET['start']) && ↵
    is_numeric($_GET['start'])) ? $_GET['start'] : 0;
$ausgabe = new Blaettern("linkliste", $getwert, 5, "id", ↵
    "ASC");
echo "<div>Einträge: {$ausgabe->getGesamtzahl()}</div>";
$ausgabe->NaviLinks();

while ($row = $ausgabe->DatenArray()) {
  echo "<h3>{$row['head']}</h3>
<p><a href='{$row['link']}'>{$row['description']}</a></p>
<hr>";
}
?>
```

Zuerst bindest du zwei Include-Dateien ein – die `zugriff.inc.php` für den Datenbankzugriff (siehe Seite 56) und die noch zu erstellende Klassendatei `blaettern.inc.php` mit der Klasse `Blaettern`. (Wenn du möchtest, kannst du die unter `beispiele/kapitel10` bereitgelegte Datei einbinden!) Danach erfragst du, ob eine Variable namens `$_GET['start']` existiert und ob diese numerisch ist. Wenn das der Fall ist, wird die Variable `$getwert` mit deren Wert gefüttert. Falls nicht, heißt der Startwert 0.

Jetzt kommt endlich unsere Klasse zum Einsatz. Du erzeugst ein neues Objekt, welches im Beispiel `$ausgabe` heißen soll. Dieses Objekt bekommt gleich fünf Parameter mit auf den Weg:

```php
new Blaettern("linkliste", $getwert, 5, "id", "ASC");
```

Der erste Parameter ist der Name der abzufragenden Datenbanktabelle, im Beispiel `linkliste`. Dann folgt die eben initialisierte Variable `$getwert`. Der dritte Parameter gibt an, wie viele Einträge du gleichzeitig sehen möchtest. Trage hier eine Ganzzahl ein. Der vierte Parameter ist wieder ein String. Du schreibst den Namen des Feldes, nach dem du sortieren willst – im Beispiel id. Und der letzte Parameter beschreibt die Sortierreihenfolge – entweder ASC wie aufsteigend oder DESC wie absteigend. Pfiffig, oder?

Die drei Methoden

Das Objekt kennt folgende drei Methoden:

❖ `getGesamtzahl()` – ermittelt die Anzahl aller Datenbankeinträge

❖ `NaviLinks()` – erzeugt die Linkleiste für die seitenweise Navigation zwischen den Einträgen

❖ `DatenArray()` – erzeugt ein assoziatives Array mit allen Daten der per Navigationsleiste ausgewählten Datensätze

Wie unkompliziert sich diese Methoden einbauen lassen, zeigt der Quelltext von der Vorseite: `getGesamtzahl()` z.B. wird einfach nur in eine `echo`-Anweisung eingebaut – dank der geschweiften Klammern ist das möglich! Das geht aber nur in PHP 5 auf so einfache Art. In PHP 4 musst du dagegen wie gewohnt mit dem Verkettungsoperator . arbeiten:

```
echo "<div>Einträge: " . $ausgabe->getGesamtzahl() . "</div>";
```

Keine `echo`-Anweisung benötigst du bei der Navigationsleiste. Setze einfach folgende Zeile ein:

```
$ausgabe->NaviLinks();
```

Mehr ist wirklich nicht nötig, der ganze Programmierstress verbirgt sich im Code für die Klasse. Auch die Ausgabe der Datensätze habe ich etwas vereinfacht. In der Methode `DatenArray()` steckt unser berühmtes assoziatives Array, also das, was wir normalerweise per `mysql_fetch_assoc()` ermitteln. Du brauchst nur noch die `while`-Schleife, mit der du dieses Array Datensatz für Datensatz auslesen und ausgeben kannst. Im Beispiel habe ich dieses Array – wie fast immer – `$row` genannt.

Diesen Code kannst du nun ganz einfach wiederverwerten! Achte darauf, dass es in deiner Datenbanktabelle ein Feld gibt, nach dem du sortieren kannst. Und passe lediglich die Parameter des Objekts an.

Quelltext der Klassendatei blaettern.inc.php

Neugierig, was da hinter den Kulissen so abgeht? Dann schaue zur rechten Seite. Zuallererst deklariere ich etliche Variablen – die Eigenschaften des Objekts. Ich habe sie allesamt kommentiert. Wundere dich nicht über das Schlüsselwort `private`. Das bedeutet, dass diese Variablen »privat« und damit nur innerhalb der Klassendefinition sichtbar sind. Du könntest die Gesamtzahl der Einträge z.B. nicht über `echo $obj->Gesamtzahl` auslesen – was im Beispiel auch nicht nötig ist. PHP 4 dagegen kennt leider noch keine privaten Variablen – und damit auch keine Schlüsselwörter namens `public` bzw. `private`. **Notiere hier überall** `var`.

Und nun folgt der Quellcode der Klasse `Blaettern`:

```php
<?php
class Blaettern
{
  private $tblname; // Name der Tabelle
  private $start; // Startwert
  private $step; // Wieviel gleichzeitig anzeigen?
  private $allErgebnis; // result set mit allen Datensätzen
  private $teilErgebnis; // result set mit Teilergebnis
  private $Gesamtzahl; // Zahl aller Datensätze

  function __construct($tblname, $start, $step, ⤶
      $orderfeld, $dir)
  {
    $this->tblname = $tblname;
    $this->start = $start;
    $this->step = $step;
    $sqlall = "SELECT * FROM $this->tblname";
    $this->allErgebnis = @mysql_query($sqlall);
    $this->Gesamtzahl = @mysql_num_rows($this->allErgebnis);
    $sqlpart = "SELECT * FROM $this->tblname ORDER BY ⤶
      $orderfeld $dir LIMIT $start, $step";
    $this->teilErgebnis = @mysql_query($sqlpart);
  }
  // Methode gibt Gesamtzahl zurück
  function getGesamtzahl()
  {
    return $this->Gesamtzahl;
  }
  // Methode erzeugt assoz. Array mit den Datensätzen
  function DatenArray()
  {
    if (!$this->teilErgebnis) {
      return false;
    }
    return @mysql_fetch_assoc($this->teilErgebnis);
  }
```

```php
function NaviLinks()
{
  echo "\n<div>";
  for ($i = 0;$this->getGesamtzahl() > $i;$i = $i + ↵
          $this->step) {
    $anf = $i + 1;
    $end = $i + $this->step;
    if ($end > $this->getGesamtzahl()) {
      $end = $this->getGesamtzahl();
    }

    $aktiveDatei = basename($_SERVER['PHP_SELF']);
    if ($anf == $end && $this->start != $i) {
      echo "[ ↵
<a href=\"$aktiveDatei?start=$i\">$end</a> ] ";
    } else if ($anf == $end) {
      echo "[ $end ] "; // neu: hier kein Hyperlink!
    } else if ($this->start != $i) {
      echo "[ ↵
<a href=\"$aktiveDatei?start=$i\">$anf-$end</a> ] ";
    } else {
      echo "[ $anf-$end ] ";  // neu: kein Hyperlink!
    }
  }
  echo "</div>\n";
}
}
?>
```

Nach der Variableninitialisierung rufen wir die Konstruktor-Methode auf. Das ist schließlich die Funktion, die mit Erschaffung des Objekts automatisch zu arbeiten beginnt. Wir übergeben die fünf schon erwähnten Parameter ($tblname, $start, $step, $orderfeld, $dir) und initialisieren alle Eigenschaften. Das gelingt z. B. durch $this->tblname = $tblname; oder $this->start = $start; usw.

Die SQL-Abfragen

Besonders interessant sind die beiden SQL-Abfragen. Die erste ermittelt alle Datensätze und speichert das Ergebnis in $this->allergebnis:

```php
$sqlall = "SELECT * FROM $this->tblname";
$this->allergebnis = @mysql_query($sqlall);
```

Das Ergebnis liegt in `$this->allergebnis` als Ergebnisliste vor, als *result set*. Daraus ermitteln wir dank `mysql_num_rows()` die Zahl aller Datensätze und speichern diesen Wert in `$this->Gesamtzahl`.

```
$this->Gesamtzahl = @mysql_num_rows($this->allergebnis);
```

Außerdem bereiten wir die SQL-Abfrage für die eigentliche Ausgabe der Datensätze vor. Dank LIMIT können wir die Anzeige begrenzen. Nicht wundern: Die unterschiedlichen Formate (fett, kursiv, unterstrichen) sollen dir nur veranschaulichen, wie wir die Werte aus den Parametern des Objektaufrufs einbinden. Also das Sortierfeld (`$orderfeld`), die Sortierrichtung (`$dir`), den Startwert (`$start`) oder die Schrittfolge (`$step`):

```
$sqlpart = "SELECT * FROM $this->tblname ORDER BY ↵
    $orderfeld $dir LIMIT $start, $step";
$this->teilergebnis = @mysql_query($sqlpart);
```

Das *result set* für dieses Teilergebnis verarbeiten wir noch nicht in dieser Methode, sondern speichern es in `$this->teilergebnis` zwischen.

getGesamtzahl() und DatenArray()

Als Nächstes folgt die Methode `getGesamtzahl()`. Diese gibt schlicht und einfach die schon ermittelte Anzahl aller Datensätze aus der Eigenschaft `$this->Gesamtzahl` zurück:

```
function getGesamtzahl()
  {
    return $this->Gesamtzahl;
  }
```

Natürlich hätten wir die Eigenschaft `$this->Gesamtzahl` auch direkt für die Ausgabe im Skript zulassen können. Dann hätten wir am Anfang statt `private $Gesamtzahl;` einfach `public $Gesamtzahl;` einsetzen müssen.

> Es ist jedoch üblich, Eigenschaften durch Methoden zurückzugeben. Und es hat sich außerdem durchgesetzt, diese Methoden mit `get` zu beginnen. Die Methode `getGesamtzahl()` steht also für die Ausgabe der Gesamtzahl – sehr gut am Namen der Methode zu erkennen!

Die Methode `DatenArray()` ist auch nicht schwer zu verstehen. Blättere zurück! Sie macht nichts weiter, als das in `$this->teilergebnis` ge-

speicherte *result set* mit `mysql_fetch_assoc()` in ein assoziatives Array umzuwandeln und zurückzugeben. Diesmal habe ich mir vorher jedoch die kleine Mühe mit einer `if`-Abfrage gemacht. Sollte die Eigenschaft `$this->teilergebnis` wider Erwarten *false* zurückgeben – vielleicht, weil die Datenbankabfrage nicht funktioniert hat – gibt die Methode ebenfalls *false* zurück. Was anderes macht auch keinen Sinn!

Die Methode NaviLinks()

Zum Schluss folgt die wohl wichtigste Methode – `NaviLinks()`. Sie setzt die dynamisch erzeugte Blätter-Linkleiste zusammen. Die genaue Erklärung erspare ich mir an dieser Stelle, das habe ich schon sehr ausführlich in »PHP und MySQL für Kids« im Kapitel 14 gemacht. Lediglich drei Variablen musste ich umbenennen, da wir in unserer Klasse auf die Methode bzw. die Eigenschaften des Objekts zurückgreifen. Außerdem muss ich den Namen der aktuellen Seite dynamisch ermitteln – schließlich soll die Klasse universell einsetzbar sein. Das gelingt mit `basename($_SERVER['PHP_SELF'])` und einer Variablen, die ich `$aktiveSeite` genannt habe.

Ich liste dir die entsprechende Methode, die zwei Eigenschaften und die korrespondierenden Variablennamen aus dem Vorgängerbuch (Kapitel 14) in einer Vergleichstabelle auf:

Methode/Eigenschaft	entspricht Variable in Kap. 14	Erläuterung
`$this->getGesamtzahl()`	`$zeilen`	Anzahl der Datensätze
`$this->step`	`$step`	Zahl der gleichzeitig anzuzeigenden Datensätze
`$this->start`	`$start`	Startwert für `LIMIT`

Eine Verbesserung im Vergleich zum Vorgängerbuch hatte ich ja auch versprochen. Und zwar sollte die jeweils ausgewählte Seite nicht als Link hervorgehoben werden – und das ist auch geglückt:

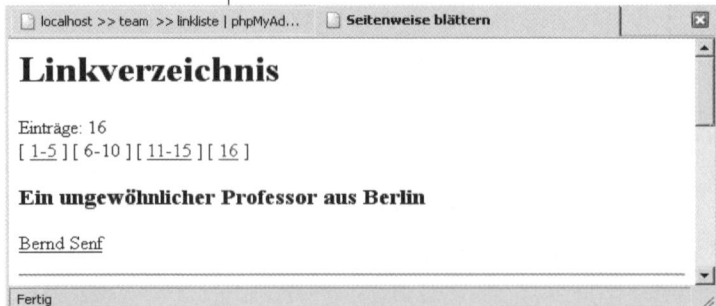

Die jeweils aktive Seite wird nicht als Link formatiert.

Dazu habe ich zwei zusätzliche Zweige in das `if-elseif`-Gebilde einge-fügt. Ich habe sie fett hervorgehoben und mit einem Kommentar versehen wie: `// neu: hier kein Hyperlink!` Ich denke, dass du die Logik schnell durchschaust!

Kleines Fazit zum Schluss

Auf der nächsten Seite fassen wir alles noch einmal zusammen. Doch vor-her möchte ich ein kleines Fazit ziehen! PHP ist keine – und ich wiederhole das noch einmal – keine objektorientierte Sprache im strengen Sinn. Die schlechte Performance (Ausführungsgeschwindigkeit) hat sich zwar mit PHP 5 verbessert. Trotzdem bleiben viele Einschränkungen im Vergleich zu »richtigen« objektorientierten Sprachen wie Java oder C++.

Das bedeutet für uns in der Praxis:

◆ Verwende nicht unnötig viele Klassen. Setze sie nur da ein, wo es wirk-lich Sinn macht.

◆ Programmiere Klassen nur, wenn du das Konzept richtig verstanden hast. Eine schlecht programmierte Klasse schadet deinem Skript mehr als sie nützt. (Als Trost: Ich möchte mich selber auch nicht gerade als »genialen Klassenprogrammierer« bezeichnen. Ich finde das Konzept zwar sehr spannend, habe aber bisher noch vergleichsweise wenig Er-fahrung mit dieser Programmierweise gesammelt.)

◆ Nutze Klassen nicht, wenn die »direkte« Lösung schneller und einfacher geht. Warum also eine Session per Klasse starten, wenn der Funktions-aufruf von `session_start()` genügt?

In diesem Kapitel konnte ich dir nur einen ersten Einblick in die Objekt-orientierung vermitteln. Experten raten dazu, eine »echte« ob-jektorientierte Sprache zu erlernen, um das Konzept wirklich zu verste-hen. Sie empfehlen, sich mit C++ zu beschäftigen. Aus unserem Hause (*www.bhv-buch.de*) kommen zwei sehr empfehlenswerte Bücher zu die-sem Thema, »C++ für Kids« (4. Auflage) von meinem sehr geschätzten Autorenkollegen Hans-Georg Schumann oder das günstige Einsteigerse-minar »C++ – Objektorientierte Programmierung« von Alexander Nie-mann und Stefan Heitsiek. Schon im Vorwort schreiben meine beiden Autorenkollegen *Wer C++ beherrscht, kann wirklich programmieren und wird jede andere Sprache mit Leichtigkeit lernen.* Nun denn, ich wünsche dir viel Spaß! Vielleicht lernen wir ja zusammen C++?

Zusammenfassung

Ein kurzer Blick in die Objektorientierung? Du hast es geschafft! Fassen wir schnell noch einmal zusammen:

❖ Du kennst die beiden Programmierweisen – die prozedurale und objektorientierte. Während prozedurale Programme linear ablaufen und durch Variablen, Kontrollstrukturen und Schleifen gesteuert werden, steht bei der OOP das Objekt mit seinen Eigenschaften (Variablen) und Methoden (Funktionen) im Vordergrund.

❖ Du kennst die Vor- und Nachteile der Objektorientierung in PHP. Die OOP ist für Umsteiger vergleichsweise schwierig zu verstehen, der Codeanteil steigt und die Verarbeitungsgeschwindigkeit sinkt. Dafür bekommst du gut strukturierte Programme mit wartungsfreundlichen und wiederverwertbaren Modulen.

❖ Du kennst das Konzept der Klasse und der Objekte. Die Klasse definiert die Struktur eines Objekts, also seine Eigenschaften und Methoden. Sie ist eine Art Bauplan bzw. Entwurf. Erst durch das konkrete Objekt werden die Eigenschaften und Methoden »lebendig«.

❖ Du weißt, dass du zum Erzeugen von Objekten das Schlüsselwort `new` verwendest: `$Objektname = new Klassenname();` Dieser Vorgang wird als Instanzieren bezeichnet – du erzeugst eine Instanz der Klasse.

❖ Du kennst den Operator `->`, mit dem du Eigenschaften und Methoden komfortabel an Objekte bindest: `$Objektname->Eigenschaft` bzw. `$Objektname->Methode()`. Du weißt, dass du Methoden immer dann in geschweifte Klammern einkleiden musst, wenn du sie mit `echo` innerhalb eines Strings (doppelte Gänsefüßchen) ausgibst (nur PHP 5).

❖ Du kennst die Grundsyntax von Klassen. Klassen werden mit `class` und dem Klassennamen eingeleitet. Du weißt, dass du Variablen (Eigenschaften) in PHP 4 mit `var`, in PHP 5 jedoch mit `public` (öffentlich) oder `private` (nur innerhalb des Objekts zugänglich) kennzeichnest.

❖ Beim Verweisen auf Eigenschaften bzw. Methoden innerhalb eines Objekts verwendest du das Schlüsselwort `$this`, z.B. `$this->breite`. Dieses Schlüsselwort steht als Stellvertreter für das jeweilige Objekt, als eine Art Verweis auf sich selbst.

❖ Du kennst den Konstruktor, die Methode, die mit Instanzierung des Objekts automatisch aufgerufen wird. In PHP 5 heißt der Konstruktor stets `__construct()`, in PHP 4 entspricht der Funktionsname des Konstruktors dagegen dem Klassennamen.

Ein paar Fragen

Frage 1: Nenne ein paar objektorientierte Sprachen! Zu welcher Zeit kam die objektorientierte Programmierweise auf?

Frage 2: Wie heißen die Funktionen eines Objekts?

Frage 3: Mit welchem Schlüsselwort musst du eine Variable für die Objekt-Eigenschaft in PHP 5 deklarieren, damit sie nur innerhalb der Klassendefinition und nicht im Skript sichtbar ist?

Frage 4: Angenommen, dein Objekt heißt `Mountainbike`, die Eigenschaft `Farbe`. Wie greifst du auf diese Eigenschaft außerhalb der Klasse zu?

Frage 5: Was sind die großen Vorteile der objektorientierten Programmierung?

Frage 6: Ab PHP 5 kannst du Objektmethoden auch innerhalb von doppelten Gänsefüßchen mit `echo` ausgeben – solange du die geschweiften Klammern nicht vergisst. Gilt dieser Komfort auch für »herkömmliche« Funktionen wie z. B. `date()`? Probiere es aus!

... und ein paar Aufgaben

Das Kapitel war schwer genug. Deshalb gibt es zuerst ein paar einfache und dann erst eine etwas schwerere Aufgabe:

1. Ändere den Code der Klasse `zimmerclass.inc.php` für das Wohnheim-Beispiel so ab, dass er problemlos unter PHP 4 funktioniert. Vergiss nicht den Konstruktor!

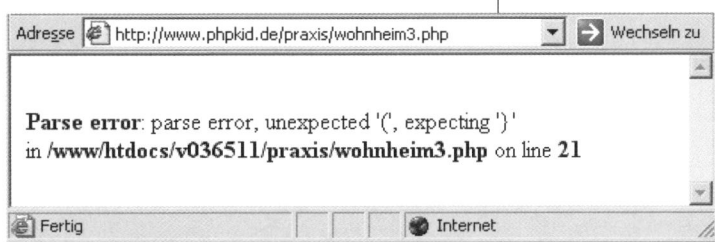

Unter PHP 4 produziert die Datei »wohnheim3.php« eine Fehlermeldung.

2. Auch die Wohnheim-Datei hatten wir für PHP 5 optimiert. Ändere sie so, dass sie auch unter PHP 4 läuft. Das Stichwort lautet: Aufruf der Methode (siehe Abbildung).

3. Mache das gleiche mit der Klasse `blaettern.inc.php` für unsere Linkliste. Auch hier musst du sowohl die Klasse als auch die Linkliste selber anpassen.

4. Baue die Blätterklasse in das Forum (Stand: Kapitel 8) ein – und zwar lediglich in den linken Frame. Wenn die Zahl der Themen zu groß wird (bis 100), soll es eine Blättermöglichkeit geben. Experimentiere mit verschiedenen Parametern.

11

Direkt über den Browser: Dateien auf den Server laden

Du möchtest Dateien auf die Homepage laden, zum Beispiel für dein Foto-album? In diesem Kapitel vermittle ich dir das nötige Basis-Know-how. Erstelle Formulare zum Bildupload. Lade die Dateien auf den Webserver. Und zwar über den Browser – ganz ohne FTP-Programm!

Hier sind die heißen Themen dieses Kapitels:

◎ Formular zum Hochladen erstellen

◎ Die Eigenschaften des Arrays $_FILES

◎ Bildgröße ermitteln mit GetImageSize()

◎ Dateien auf dem Server speichern mit move_uploaded_file()

◎ Verzeichnis auslesen mit opendir() und readdir()

◎ Problemlösungen (Befehl chmod)

Im nächsten Hauptkapitel nutzt du dieses Wissen dann für ein fetziges Fototagebuch. Doch zuerst zu den »Mühen der Ebene«.

11

Dateien hochladen: Kleines Bilderalbum

Ran an den Speck. Wie immer nehmen wir ein einfaches Beispiel – ein Mini-Fotoalbum. Die Funktionsweise ist einfach: Du bietest deinen Besuchern ein HTML-Formular mit einem speziellen Datei-Formularfeld. Der Besucher klickt auf die Schaltfläche DURCHSUCHEN und wählt die gewünschte Datei aus dem Dateisystem aus. Ob es sich dabei um einen Windows-, Mac- oder Linux-Rechner handelt, ist völlig egal.

Problemlos Bilder hochladen!

Nach Klick auf DATEI HOCHLADEN lädt der Browser die Datei auf den Webserver. PHP nimmt diese in Empfang und legt sie im gewünschten Ordner ab.

Geduld! Dieses Hochladen kann je nach Dateigröße ziemlich lange dauern. Achte deshalb auf den Fortschrittsbalken deines Browsers in der Statusleiste! Das gilt vor allem dann, wenn du das Skript beim Dienstleister ausprobierst. Erst nach vollständigem Hochladen kann PHP aktiv werden und die Datei weiterverarbeiten. PHP läuft eben auf dem Server, nicht auf dem Client (Client = PC des Nutzers).

Skript für Grafiken optimieren

Mein Skript habe ich auf Grafiken zugeschnitten, und zwar auf Grafiken in den Formaten GIF oder JPG. Andere Dateitypen werden im Beispiel gnadenlos abgeschmettert. Auch in der Größe gibt es Beschränkungen: Mehr als 195,3 kByte pro Bild (= 200.000 Byte) lassen wir nicht passieren.

> Vergiss nicht: Dieser Test erfolgt erst nach dem Hochladen. Wer eine 5 Megabyte große Grafik hochladen möchte, erfährt im Zweifelsfall erst nach Minuten, dass die Abbildung zu groß war! Also erst nachdem die Grafik vollständig hochgeladen und von PHP überprüft wurde!

Im Beispiel soll PHP die hochgeladenen Grafiken in einem Unterverzeichnis namens bilder speichern. Nach dem Hochladen zeigt das Skript die entsprechende Grafik sofort an. Dafür lesen wir die Dateien des bilder-Ordners aus und schreiben die jeweiligen <img>-Tags in die Seite.

> Du kannst das Skript natürlich auch so einrichten, dass es für andere Dateitypen gültig ist. Dann lässt du einfach die entsprechende if-Abfrage und vor allem den Teil zum Auslesen und Anzeigen der Bilder weg.

Quellcode der Datei hochladen.php

Zuerst zeige ich dir den Quellcode der hochladen.php, aus Platzgründen nur den Bereich zwischen <body></body>. Bitte bekomme keinen Schreck, wir sprechen das Skript danach in Ruhe durch!

```
<h1>Mein kleines Bilderalbum</h1>
<h3>Bild hochladen</h3>
<form action="hochladen.php" method="post" ⏎
    enctype="multipart/form-data">
<input type="file" name="datei">
<input type="submit" name='submit' value="Datei hochladen">
</form>
<?php
$pfad = "bilder/"; // Pfad zum Bilderordner angeben
if (isset($_FILES['datei']) && $_FILES['datei']['size'] > 0) {
    $maxigroesse = 200000; // Größe in Byte angeben
    $tempname = $_FILES['datei']['tmp_name'];
    $dateiname = $_FILES['datei']['name'];
    $dateigroesse = $_FILES['datei']['size'];
    $dateityp = GetImageSize($tempname);
```

```
   if ($dateityp[2] == 1 || $dateityp[2] == 2) { // GIF o. JPG?
     if ($dateigroesse <= $maxigroesse) { // Datei zu groß?
       if (move_uploaded_file($tempname, $pfad . $dateiname)) {
         echo "<p>Datei wurde <b>erfolgreich</b> hochgeladen!
Dateigröße: <b>$dateigroesse</b> Byte,
Bildname: <b>$dateiname</b><br></p>";
       } else {
         echo "<p>Upload war leider nicht erfolgreich!</p>";
       }
     } else {
       echo "<p>Datei ist größer als <b>$maxigroesse Byte</b>
und damit zu groß!</p>";
     }
   } else {
     echo "<p>Es handelt sich nicht um eine gültige GIF-
oder JPG-Datei!</p>";
   }
   echo "<form action='hochladen.php' method='post'>
<input type='submit' value='OK'></form>";
} // Hochladeteil endet hier
// Teil zum Auslesen und Anzeigen der Bilder beginnt
$dirhandle = opendir($pfad); // Dateien auslesen Anfang
while ($file = readdir($dirhandle)) {
  if ($file != "." && $file != "..") {
    $groesse = GetImageSize($pfad . $file);
    echo "<p><img src='$pfad$file' $groesse[3]><br></p>\n";
  }
}
closedir($dirhandle); // Dateien auslesen Ende
?>
```

Uff, Probleme mit dem Abschreiben? Du findest die Datei hochladen.php auch auf der CD-ROM unter dem Pfad beispiele/kapitel11/.

·Das Formular zum Hochladen

Im ersten Teil des Skripts erzeugen wir ein Formular. Es handelt sich um ein spezielles Formular zum Hochladen von Dateien – gut zu erkennen am zusätzlichen Attribut-Werte-Paar enctype="multipart/form-data". Auch das <input>-Tag haben wir aufgebohrt: <input type="file" name="datei">. Das Attribut-Werte-Paar type="file" sorgt dafür, dass eine raffinierte DURCHSUCHEN-Schaltfläche erscheint. Und diese gibt den Blick auf die Ordnerstruktur deines PCs frei: Suche die Datei heraus!

Im Beispiel soll das Formularfeld übrigens *datei* heißen. Merke dir diesen Namen schon einmal gut, da wir ihn im PHP-Teil aufgreifen!

$_FILES und das temporäre Verzeichnis

Schau dir nun den PHP-Teil an. Zuerst speichere ich den Pfad zum Bilderordner in einer Variablen namens `$pfad`. Danach folgt eine ziemlich weit umspannende `if`-Abfrage. Sie endet erst wieder in der Zeile, die ich durch

```
} // Hochladeteil endet hier
```

kenntlich gemacht habe. Was geht da ab? Zuerst prüft das »if«, ob ein Array-Element mit dem Key `datei` existiert. Der Key ist schon klar, schließlich heißt unser Formularfeld `datei`. Doch warum steht dort `isset($_FILES['datei'])` und nicht `isset($_POST['datei'])` wie gewohnt? Schließlich haben wir das Formular doch mit der POST-Methode verschickt? Nun, das hat etwas mit dem besonderen Formularfeld zu tun! Immerhin laden wir ja eine Datei auf den Webserver!

> Alle Dateien, die du per HTTP (also über den Browser) und mit der POST-Methode auf den Server lädst, sind automatisch im Array `$_FILES` gespeichert. Unsere Datei aus dem Formularfeld *datei* wird damit automatisch zu `$_FILES['datei']`. Hättest du das Formularfeld *schnoedeldoedel* genannt, hieße das Array `$_FILES['schnoedeldoedel']`. So einfach ist das!

Weiterhin wichtig: Dieses Array `$_FILES` enthält alle Eigenschaften der hochgeladenen Datei. Im Beispiel stecken in `$_FILES['datei']` u.a.:

◇ der Dateiname,

◇ der Dateigröße,

◇ der MIME-Typ (wie `image/gif`) und

◇ der temporäre Dateiname.

Besonders letzterer ist ungeheuer wichtig. Denn nach dem Hochladen wird die Datei von PHP erst einmal in einem temporären Verzeichnis zwischengespeichert und mit eben diesem temporären Dateinamen versehen!

Auf der nächsten Seite zeige ich dir in einer Tabelle, wie du alle diese Eigenschaften aus dem Array `$_FILES['Feldname']` – im Beispiel also aus `$_FILES['datei']` – herauslesen kannst. Soviel schon vorweg: Hier kommt wieder das im Kapitel 1 auf Seite 32 vorgestellte mehrdimensionale Array zum Einsatz. Nun denn, blättere um!

11

Eigenschaften des Arrays $_FILES

Folgende Eigenschaften stehen dir zur Verfügung – wichtig ist vor allem der Key im zweiten eckigen Klammernpaar. Beim ersten Key verwende ich das Beispielfeld `datei` aus unserem Skript:

Array-Variable	Erläuterung
`$_FILES['datei']['name']`	ursprünglicher (originaler) Dateiname der Datei auf deinem Rechner
`$_FILES['datei']['type']`	MIME-Type der Datei, z.B. `image/gif` für GIF-Dateien bzw. `image/jpeg` für JPG-Dateien, Eigenschaft hängt vom Browser ab, ist daher unzuverlässig und die Verwendung leider nicht zu empfehlen
`$_FILES['datei']['size']`	Dateigröße der hochgeladenen Datei in Bytes
`$_FILES['datei']['tmp_name']`	temporärer Name, unter dem die Datei auf dem Server zwischengespeichert wird
`$_FILES['datei']['error']`	Fehlercode, der beim Hochladen zurückgegeben wird, 0 steht für »alles okay«, 4 für »keine Datei hochgeladen«, existiert erst seit PHP-Version 4.2

Uns interessieren davon vor allem die folgenden drei Eigenschaften:

◆ `$_FILES['datei']['tmp_name']`

◆ `$_FILES['datei']['name']`

◆ `$_FILES['datei']['size']`

Mit den Fehlercodes ärgern wir uns im Beispiel nicht herum.

Mit diesem Wissen verstehst du auch den zweiten Parameter der einleitenden if-Abfrage: `$_FILES['datei']['size'] > 0`. In dieser Bedingung prüfe ich schlicht und einfach, ob hier wirklich eine Datei hochgeladen wurde. Und das ist ja immer dann der Fall, wenn die Dateigröße größer ist als 0 Bytes.

Das ist übrigens auch ein prima Schutz vor Scherzkeksen. Wenn ein Witzbold in das Hochladeformularfeld ein paar Zeichen schreibt, statt eine Datei herauszusuchen? Dann werden auch diese Zeichen in eine Datei umgewandelt. Allerdings in eine leere Datei! Und die fällt dann in der zweiten Bedingung der `if`-Abfrage mit Pauken und Trompeten durch!

Und was passiert in den nächsten vier Zeilen? Also in folgender großer »Variablenparade«?

```
$maxigroesse = 200000; // Größe in Byte angeben
$tempname = $_FILES['datei']['tmp_name'];
$dateiname = $_FILES['datei']['name'];
$dateigroesse = $_FILES['datei']['size'];
```

Zuerst lege ich per Variable eine Maximalgröße fest. Mehr als 200000 Bytes (195 KByte) darf die Datei nicht groß sein – ich will ja schließlich nicht mit Monsterdateien bombardiert werden.

Theoretisch kann PHP Dateien bis zu einer Größe von maximal 2 MB verarbeiten! Doch spätestens wenn dir jeder so ein dickes Ei ins Nest legt, kann das für dich eine ganz schön teure Schmiere werden. Schließlich leben viele Dienstleister davon, dir den Traffic extra zu berechnen!

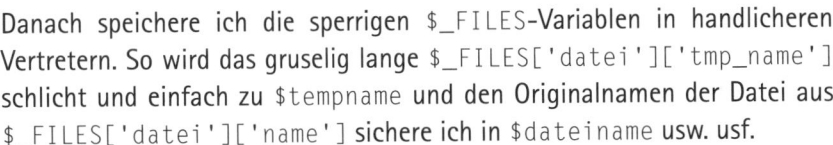

Danach speichere ich die sperrigen $_FILES-Variablen in handlicheren Vertretern. So wird das gruselig lange $_FILES['datei']['tmp_name'] schlicht und einfach zu $tempname und den Originalnamen der Datei aus $_FILES['datei']['name'] sichere ich in $dateiname usw. usf.

Die Funktion GetImageSize()

Und was passiert eigentlich in der nächsten Zeile?

```
$dateityp = GetImageSize($tempname);
```

Hier kommt eine neue Funktion ins Spiel, die Funktion GetImageSize() mit folgender Grundsyntax:

```
array GetImageSize(string filename [, array imageinfo])
```

Offenbar hat diese Funktion etwas mit Bildern zu tun, mit *Images*. Und ganz offenbar »bekommt« sie deren Größe – *to get*. So weit die Nachhilfe in Englisch. Und tatsächlich ermittelt sie Höhe und Breite von Grafikdateien, und zwar von Dateien der Formate GIF, JPG, PNG oder SWF.

Von den zwei Argumenten interessiert uns nur das erste. Auch hier ist klar: Du übergibst der Funktion den *filename* – also nicht den Namen einer Feile, sondern der Datei. Im Beispiel ist das übrigens der temporäre Dateiname. Zur Erinnerung: PHP speichert die Datei stets auf dem Webserver zwischen, du kannst also an dieser Stelle nicht mehr über den Originalnamen auf die Datei zurückgreifen!

Doch was gibt uns diese Funktion so Schickes zurück? Ein Array! Es ist ein numerisches Array aus vier Elementen. Dabei gilt:

❖ Index 0 enthält die Breite der Grafik.

❖ Index 1 enthält die Höhe der Grafik.

❖ Index 2 enthält eine Zahl je nach Typ der Grafik (1 = GIF, 2 = JPG, 3 = PNG, 4 = SWF).

❖ Index 3 enthält schon eine perfekt vorbereitete Zeichenkette mit Breite und Höhe: width="Zahl" height="Zahl". Ideal zum Einbau in das <img>-Tag!

Und dieses fetzige Array speichern wir dank der eben besprochenen Zeile in der Variablen $dateityp. Und jetzt kannst du dir sicher auch die nächste if-Abfrage erklären:

```
if ($dateityp[2] == 1 || $dateityp[2] == 2) { // GIF o. JPG?
```

Wir vergleichen einfach die Typzahl der Grafik! Die 1 steht ja für GIF und die 2 für JPG. In $dateityp[2] muss also entweder eine 1 oder eine 2 gespeichert sein, sonst lehnen wir die Datei rundheraus ab!

Mein kleines Bilderalbum

Bild hochladen

| buchgestaltung.pdf | Durchsuchen... | Datei hochladen |

Es handelt sich nicht um eine gültige GIF- oder JPG-Datei!

 OK

PDFs lassen wir uns hier nicht andrehen!

Du möchtest mein Beispiel so anpassen, dass auch andere Dateitypen zugelassen werden? Dann streichst du einfach nur diese if-Abfrage!

Und was passiert in der nächsten if-Abfrage? Hier testen wir die Dateigröße. Schließlich hatten wir nicht umsonst am Anfang per Variable eine »maxigroesse« vorgegeben. Die Datei darf also nicht größer als die Maximalgröße sein, sonst geht es an dieser Stelle nicht weiter:

```
if ($dateigroesse <= $maxigroesse) { // Datei zu groß?
```

Die Datei ist zu groß? Dann greift folgender else-Zweig und gibt eine Statusmeldung aus:

```
    } else {
        echo "<p>Datei ist größer als <b>$maxigroesse Byte</b>
    und damit zu groß!</p>";
    }
```

Schließlich wollen wir den Nutzer ordentlich informieren, damit er beim nächsten Versuch besser auf die Dateigröße achtet. Die if-Abfrage gab true zurück? Dann geht es gleich mit dem nächsten if weiter:

Die Funktion move_uploaded_file()

Was machen wir nun mit der hochgeladene »Feile«, pardon dem »File«? Wir »moven« sie. Und zwar per Funktion!

```
bool move_uploaded_file(string filename, string destination)
```

Wir »moven« unser »File« an eine bestimmte »Destination« und bekommen »bool« zurück. Also einen booleschen Wert wie true oder false. Deshalb auch die if-Abfrage drumherum, mit der wir den Erfolg oder Misserfolg dieser Umzugsaktion testen:

```
if (move_uploaded_file($tempname, $pfad . $dateiname)) {
```

Doch zuerst zur Funktion selbst. Sie verschiebt also die hochgeladene Datei an einen von dir selbst zu bestimmenden Ort. Als erstes Argument übergeben wir den temporären Dateinamen aus der Variablen $tempname. Das ist nicht schwer. Im zweiten Argument bestimmst du den Pfad und legst – und jetzt kommt's – gleich auch noch den neuen Dateinamen fest!

Unser zweites Argument sieht so aus $pfad . $dateiname! Wir verknüpfen also den in $pfad gespeicherten Pfad (hier bilder/) mit dem ursprünglichen Dateinamen. Mit anderen Worten: Die Datei wird wieder unter ihrem originalen Dateinamen auf dem Server gespeichert.

> Diese Vorgehensweise besitzt aber auch einen Haken. Denn eine neuere Datei wird dadurch stets eine ältere mit dem gleichen Dateinamen überschreiben.

Nach erfolgreichem Hochladen bekommt der Besucher eine Info:

Diese Info wird durch folgende Zeilen gesteuert:

```
        if (move_uploaded_file($tempname, $pfad . $dateiname)) {
            echo "<p>Datei wurde <b>erfolgreich</b> hochgeladen!
Dateigröße: <b>$dateigroesse</b> Byte,
Bildname: <b>$dateiname</b><br></p>";
```

Der Klick auf den OK-Button sorgt dafür, dass diese Meldung wieder verschwindet.

```
  echo "<form action='{$_SERVER['PHP_SELF']}' method='post'>
<input type='submit' value='OK'></form>";
```

Dadurch wird die Datei einfach noch ein zweites Mal aufgerufen. Das hat noch einen netten Nebeneffekt: Ein versehentlicher Klick auf RELOAD stellt nun keine Gefahr mehr dar. Dieser würde sonst dafür sorgen, dass die Datei erneut auf den Server geladen wird.

Zeig her die Bilder: Verzeichnis auslesen

Damit ist der Hochladeteil abgeschlossen. Wann immer du irgendwelche Dateien auf deinen Server laden musst, verwendest du einfach den eben besprochenen Code und wandelst ihn entsprechend ab.

Wenden wir uns nun der Anzeige der Bilder zu. Ich zeige dir, wie du den Inhalt eines Verzeichnisses ausliest und alle Bilddateien auf der Seite darstellst. Zur Erinnerung – das gelingt mit folgendem Code:

```
// Teil zum Auslesen und Anzeigen der Bilder beginnt
$dirhandle = opendir($pfad); // Dateien auslesen Anfang
while ($file = readdir($dirhandle)) {
  if ($file != "." && $file != "..") {
    $groesse = GetImageSize($pfad . $file);
    echo "<p><img src='$pfad$file' $groesse[3]><br></p>\n";
  }
}
closedir($dirhandle); // Dateien auslesen Ende
```

Doch wie? Das ist hier die große Frage auf die wir gleich Antwort finden!

Die Funktionen opendir() und readdir()

Zuallererst kommt die Funktion opendir() zum Einsatz. Sie besitzt folgende Syntax:

```
int opendir(string path)
```

Diese Funktion öffnet schlicht und einfach ein Verzeichnis und gibt ein »Handle« darauf zurück – das ist eine Art Zeiger. PHP verwaltet dieses Handle als Integer-Wert, als Ganzzahl. Wir müssen das Handle in einer Variablen auffangen, die ich im Beispiel $dirhandle genannt habe – dir wie *directory* (Verzeichnis).

Einmal geöffnet, kann ich es auch schon auslesen – das Verzeichnis natürlich. Und zwar mit der Funktion readdir():

```
string readdir(int dir_handle)
```

Und was macht die Funktion so Tolles?

> Diese Funktion liest den jeweils nächsten Dateinamen aus dem Verzeichnis aus und gibt ihn zurück. Dafür übergeben wir der Funktion lediglich unser Verzeichnishandle: readdir($dirhandle). Damit wir den ausgelesenen Dateinamen auch nutzen können, fangen wir ihn in einer Variablen auf: $file = readdir($dirhandle).

Nun beherbergt ein Verzeichnis natürlich nicht nur eine einzige Datei. Damit wir alle ermitteln können, brauchen wir eine Schleife. Eine Schleife, die so lange aktiv ist, bis readdir() mit dem Auslesen aller Dateinamen fertig hat. Ähem, fertig ist.

Und das gelingt durch unsere allseits beliebte while-Schleife, die wir kunstvoll um $file = readdir($dirhandle) herumwickeln:

```
while ($file = readdir($dirhandle)) {
  if ($file != "." && $file != "..") {
    $groesse = GetImageSize($pfad . $file);
    echo "<p><img src='$pfad$file' $groesse[3]><br></p>\n";
  }
}
```

Ausschließen der Zeichen . und ..

Eigentlich sollten wir damit alle schon glücklich sein. Wozu ist denn nun noch folgende innere if-Abfrage nötig?

```php
if ($file != "." && $file != "..") {
```

Der Wert von $file soll nicht . oder .. sein? Es soll also keine .-Datei bzw. ..-Datei geben? Gibt es doch gar nicht, oder?

> Ein Punkt steht für das *aktuelle Verzeichnis*, zwei Punkte stehen für das darüberliegende *Verzeichnis*. Diese beiden Zeichen werden ganz automatisch durch die Funktion readdir() mit ausgegeben, ob du nun willst oder nicht!

Kein Problem! Da wir das nun wissen, filtern wir diese beiden Zeichen eben aus. Und wenn das geschafft ist, können wir die Grafiken ausgeben:

```php
$groesse = GetImageSize($pfad . $file);
echo "<p><img src='$pfad$file' $groesse[3]><br></p>\n";
```

Wie du siehst, lese ich pfiffigerweise zuerst die Bildgröße aus. Die dafür nötige Funktion GetImageSize() hatten wir ja vorhin besprochen! Sie gibt ein numerisches Array zurück. In $groesse[3] steckt schon die perfekt vorbereitete Zeichenkette mit Breite und Höhe: width="Zahl" height="Zahl". Auf diese Weise verhindere ich auch das hässliche Springen der Grafiken. Dann erst binde ich die Grafik mit <img> ein.

> Vielleicht ist es dir schon aufgefallen: Auf manchen Webseiten bauen sich die Grafiken erst langsam auf: Zuerst siehst du einen Platzhalter. Nach einer Weile sind die Abbildungen geladen und plötzlich verändert sich das Layout der Seite ruckartig: Die Grafiken verändern ihre Größe – sie »springen«. Klar, denn erst jetzt – nach dem vollständigen Laden der Datei – wird der kleine Platzhalter durch das Bild in der richtigen Größe ersetzt. Das muss aber nicht sein. Wir beugen vor mit GetImageSize()!

Probleme erfolgreich lösen

Du möchtest unser kleines Skript beim Dienstleister testen? Da kann es dir passieren, dass dir die Fehlermeldungen nur so »um die Ohren fliegen«.

Ordner zum Schreiben freigeben

Schau dir mal das nächste Bild an – offenbar hatte hier die Funktion `move_uploaded_file()` versagt! Mit anderen Worten: Es war nicht möglich, die hochgeladene Datei auf dem Webserver dauerhaft zu speichern!

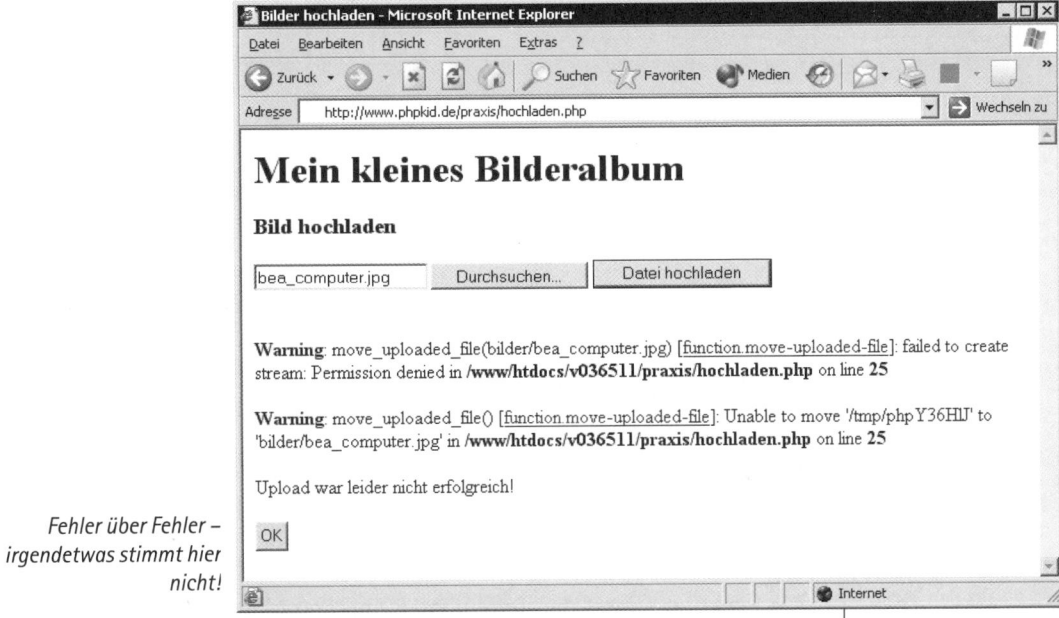

Fehler über Fehler – irgendetwas stimmt hier nicht!

Der Grund ist ganz einfach: Du hast vergessen, dem Ordner `bilder` eine Schreibberechtigung zu erteilen!

> Ich erinnere an den Befehl `chmod`, den wir im Kapitel 10 des Vorgängerbuches ausführlich besprochen haben. In Kurzform: Gehe mit dem FTP-Tool zum Ordner `bilder` und setze am besten einen `chmod 777`. Damit gibst du das Verzeichnis zum Lesen, Schreiben und Ausführen frei!

Nur bei Strato und bei der 1 & 1 GmbH traten diese Fehler in meinen Tests nicht auf. Dort ist der `chmod`-Befehl in der Regel nicht nötig. Und noch eine bittere Pille: Manche Anbieter, z.B. der 1-Euro-Account (*www.1-euro-account.de*) verweigern auch das Hochladen von Dateien. Da kannst du leider nichts machen!

Datei mit »chmod 666« behandeln

Ein weiteres Problem bei einem Dienstleister (*www.domainfactory.de*) hatte mich eine Weile lang ratlos gemacht. Obwohl der »chmod« gesetzt war und der Upload prima klappte, wurden die Abbildungen nicht angezeigt:

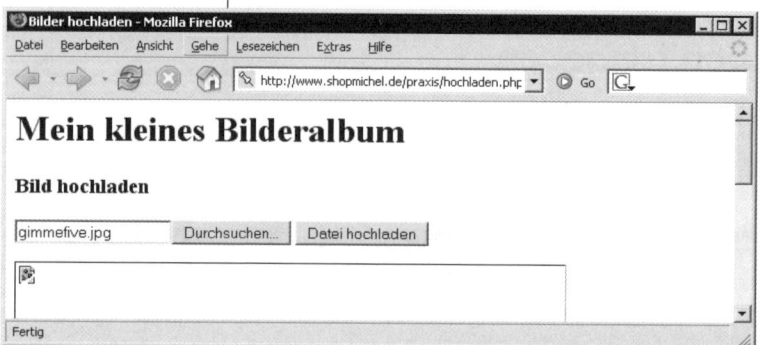

Das Bild wurde erfolgreich hochgeladen – erscheint aber nicht auf der Seite!

Die Kontrolle mit dem FTP-Programm zeigte: Alle hochgeladenen Dateien waren brav im Ordner `bilder` abgelegt worden. Mit anderen Worten: Das Hochladen klappte, mit dem Anzeigen haperte es. Wo lag das Problem?

> Bei diesem speziellen Dienstleister ist der Server so eingestellt, dass Dateien nach dem Hochladen grundsätzlich noch nicht einmal für das Lesen freigegeben sind!

Du brauchst also eine Funktion, die der Datei nach dem Hochladen die entsprechenden Zugriffsrechte verpasst. Das gelingt mit `chmod()`:

```
bool chmod(string filename, int mode)
```

Die Funktion nimmt den Dateinamen und den Modus entgegen, bei letzterem genügt `0666` für chmod 666. Füge im Beispiel einfach folgende Zeile ein: `chmod($pfad . $dateiname, 0666);` – und zwar zwischen:

```
if (move_uploaded_file($tempname, $pfad . $dateiname)) {
    echo "<p>Datei wurde <b>erfolgreich</b> hochgeladen!
```

Im Endeffekt muss es dann so aussehen:

```
if (move_uploaded_file($tempname, $pfad . $dateiname)) {
    chmod($pfad . $dateiname, 0666);
    echo "<p>Datei wurde <b>erfolgreich</b> hochgeladen!
```

Diese Fassung findest du auch in der Datei `hochladen_chmod.php` unter `beispiele/kapitel11/` auf der CD-ROM!

Überschreiben der Dateien verhindern

Wie vorhin schon erwähnt – unser Skript speichert die Grafiken unter ihren Originalnamen. Im Zweifelsfalle gilt: Eine neue Grafik überschreibt eine gleichnamige ältere. Und zwar ungefragt! Das ist nicht optimal. Hast du eine Idee für die Lösung? Richtig! Gib der Datei einfach einen ganz eindeutigen Namen. Einen Namen, der nie ein zweites Mal vorkommen wird, der praktisch jede Sekunde wechselt.

> Kein Problem mit der Funktion `time()`, sie gibt schließlich die Anzahl der seit Beginn der Unix-Epoche (01.01.1970, 00:00 Uhr) vergangenen Sekunden zurück. Ersetze den Dateinamen einfach komplett durch diese Sekundenzahl oder baue sie zumindest in den Dateinamen ein.

Im Beispiel setzen wir den neuen Dateinamen zusammen aus dem alten Dateinamen und der Sekundenzahl: Ändere also diese Zeile:

```
if (move_uploaded_file($tempname, $pfad . $dateiname)) {
```

wie folgt:

```
if (move_uploaded_file($tempname, $pfad . time() . $dateiname)) {
```

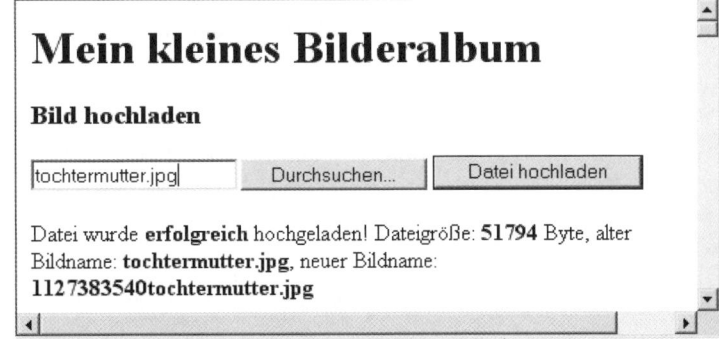

Blende zusätzlich den Dateinamen der neuen Datei mit ein!

Ändere das Skript außerdem so um, dass der Nutzer auch den neuen Dateinamen angezeigt bekommt. Beispielsweise so:

```
if (move_uploaded_file($tempname, $pfad . time() . $dateiname)) {
        echo "<p>Datei wurde <b>erfolgreich</b> hochgeladen!
Dateigröße: <b>$dateigroesse</b> Byte,
alter Bildname: <b>$dateiname</b>,
neuer Bildname: <b>" . time() . "$dateiname</b><br></p>";
```

Das Beispiel habe ich unter dem Namen `hochladen_time.php` abgelegt.

Zusammenfassung

Du weißt nun, wie du Dateien auf den Webserver lädst! Fassen wir das Wichtigste noch einmal zusammen:

◆ Du weißt, wie ein HTML-Formular aussehen muss, damit du Dateien versenden kannst. Du verwendest die POST-Methode (method="post"). Als zusätzliches Attribut im einleitenden <form>-Tag notierst du enctype="multipart/form-data", das <input>-Hochladefeld selber kennzeichnest du mit type="file".

◆ Du kennst das Array $_FILES: Alle Dateien, die du per HTTP und mit der POST-Methode auf den Server lädst, sind automatisch in diesem Array gespeichert. $_FILES speichert u.a. Dateinamen, Dateigröße, MIME-Typ (wie image/gif) und temporären Dateinamen.

◆ Du kennst die Funktion GetImageSize(), mit der du Höhe und Breite einer Grafik und ihren Typ (GIF, JPG, PNG oder SWF) ermitteln kannst.

◆ Dateien werden nach dem Hochladen mit einem temporären Dateinamen gespeichert. Du musst sie mit move_uploaded_file() in das von dir gewünschte Verzeichnis verschieben.

◆ Du kennst die Funktionen opendir() und readdir(), mit denen du ein Verzeichnis öffnen und auslesen kannst. opendir() gibt ein Verzeichnishandle zurück, welches von readdir() übernommen wird.

◆ Du kennst die Funktion chmod(), mit der du eine Datei z.B. zum Lesen freigeben kannst. Das ist ggf. bei einigen Dienstleistern nötig, da die Dateien nach dem Hochladen zwar gespeichert, aber für das Lesen gesperrt werden.

Ein paar Fragen

Frage 1: Du arbeitest mit der Funktion readdir(). Welche beiden Zeichen werden von dieser Funktion auf jeden Fall zurückgegeben?

Frage 2: Wofür stehen diese beiden Zeichen?

Frage 3: Mit welcher Funktion kannst du prüfen, zu welchem Grafiktyp eine Datei zählt?

Frage 4: Welche vier Grafiktypen berücksichtigt diese Funktion?

Frage 5: Welche Funktion gibt die Zahl der Sekunden zurück, die seit Beginn der Unix-Epoche vergangen sind?

... und ein paar Aufgaben

Und nun gibt es wieder ein paar Aufgaben. Viel Erfolg!

1. Nimm dir gleich noch einmal das Hochladeskript vor, also die Datei `hochladen.php`. Und zwar die Version, bei der der Dateiname nach dem Hochladen nicht geändert wird. Passe das Skript so an, dass statt der Maximalgröße die Maximalbreite abgefragt wird. Ersetze also die Größenabfrage durch eine Breitenabfrage – da zu breite Abbildungen ggf. das Layout deiner Seite zerschießen könnten. Im Beispiel soll die Maximalbreite 600 Pixel betragen. Passe also die Variablen entsprechend an und gib eine vernünftige Fehlermeldung aus.

Stelle die Hyperlinks untereinander als Liste dar!

2. Verändere das Skript so, dass du damit beliebige Dateien auf den Webserver laden kannst. Die Größenbeschränkung soll bei 1.000.000 Bytes liegen. Verändere auch das Auslesemodul. Statt des `<img>`-Tags zum Anzeigen der Grafiken soll ein Link erzeugt werden, über den du die Datei herunterladen kannst. Die einzelnen Links sollen untereinander in einer Liste angezeigt werden – so wie in der Abbildung gezeigt.

3. Und nun eine etwas schwierigere Aufgabe. Erweitere das Skript von Aufgabe 1 so, dass eine gleichnamige Grafik eine alte nicht mehr überschreiben kann. Prüfe nach dem Hochladen, ob es eine Grafik mit diesem Dateinamen schon gibt. Verpasse der neuen Grafik bei Übereinstimmung einen Unterstrich (_) am Anfang. Die schon vorhandene Grafik heißt `schulklasse.gif`? Dann soll die neue `_schulklasse.gif` heißen!

12

Fotoalbum im Web: mit Setup und Admin-Bereich

Jetzt machen wir Nägel mit Köpfen! Stelle dein Fotoalbum ins Netz. Und zwar in Form eines »Online-Tagebuchs«, eines Weblogs. Mit supereinfachem Setup, schickem Layout und Blätterfunktion. Du sollst problemlos Fotos hochladen können – auch von unterwegs aus, von jedem Internetcafé der Welt! Und natürlich auch wieder löschen ...

Und das alles haben wir in diesem Kapitel vor:

◎ Kinderleichte Installation dank Setup-Skript

◎ Modulbauweise: Dateien für das Skript

◎ Übersicht über die Module des Fototagebuchs

◎ Eingabeformular für die Einträge erstellen

◎ Kombination JavaScript und PHP

◎ Einbinden einer Blätterfunktion zur bequemen Navigation

◎ Löschen von Dateien mit `unlink()`

Einiges werden wir dabei allerdings bis zum Übungsteil verschieben – beispielsweise den Passwortschutz für das gesamte Projekt.

12

Das Fotoweblog installieren

Jetzt geht es nun um ein kleines Datenbankprojekt – ein schickes Weblog mit Bild-Upload. Nutze das vorhandene Hochlade-Wissen aus dem vorigen Kapitel. Zeige deinen Freunden die neusten Bilder. Das Skript ist auch bestens als Fotoalbum oder Mini-CMS geeignet!

> Ich habe einen Vorläufer des folgenden Skripts – übrigens im Gegensatz zu den anderen Skripten in diesem Buch – schon einmal in einer Fachzeitschrift vorgestellt. Das ist dein Vorteil, denn diesmal bekommst du die neuste, vereinfachte und überarbeitete Fassung. Und du profitierst von meiner Erfahrung, die bei jeder Verbesserung hinzugekommen ist. Denn auch ich lerne ständig hinzu, selbst beim Schreiben dieses Kapitels! Vielleicht machst du es ja noch besser?

Und damit es nicht allzu komplex wird, fangen wir erst einmal ganz gemütlich an. Mit der Installation ...

Die Installation: Mit Setup-Datei

Bei diesem Projekt zäumen wir das Pferd von hinten auf. Ehe wir planen und einrichten, darfst *du* installieren und ausprobieren! Schlüpfe in die Rolle eines Nutzers, der das Skript einrichtet:

➤ Schaue auf die CD-ROM, in den Ordner `beispiele/kapitel12` – hier findest du einen weiteren Unterordner namens `fotoweblog`. Dieser enthält das fix und fertige Fototagebuch.

➤ Öffne die Datei `config.inc.php`. Nimm die gewünschten Eintragungen vor, im Beispiel habe ich sie auf das lokale System angepasst:

```php
<?php
$dbname = "team"; // Name der Datenbank
$dbhost = "localhost"; // Datenbankhost, meist localhost
$dbuser = "root"; // Benutzername für MySQL
$dbpassword = ""; // Passwort für MySQL
$user = "admin"; // Username für Administrator-Account
$password = "test"; // Passwort für Administrator-Account
$breite = 600; // Maximalbreite der Grafiken in Pixel
$step = 3; // Wie viele Eintraege gleichzeitig anzeigen?
?>
```

➤ Lade den Ordner `fotoweblog` an die gewünschte Stelle auf dem Webserver. Du kannst das System offline (also mit XAMPP) oder direkt beim Dienstleister ausprobieren. Die entsprechenden Konfigurationseinstellungen hattest du eben vorgenommen?

➤ Rufe die Setup-Datei `setup.php` per Browser auf – sie installiert die Datenbanktabelle `f24_fotoblog`. Das System liegt unter *C:\xampp\htdocs\fotoweblog*? Dann tippe *http://localhost/fotoweblog/setup.php* in die Adressezeile. Wenn alles geklappt hat, erscheint folgende Seite:

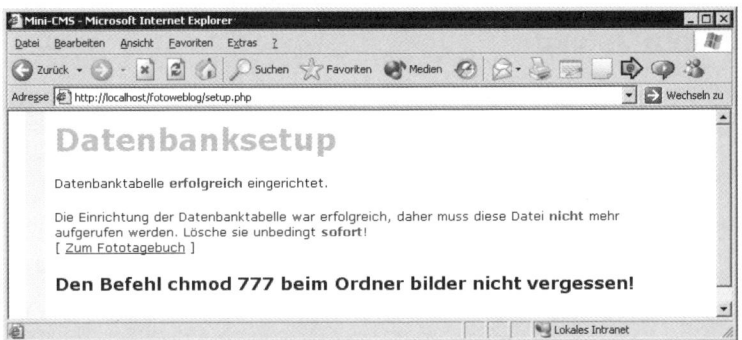

➤ Das bedeutet, dass die entsprechende Datenbanktabelle erfolgreich eingerichtet wurde. Jetzt solltest du diese Setup-Datei unbedingt löschen. (Auf dem lokalen System genügt es, wenn du sie umbenennst.)

➤ Du hast direkt auf den Link zur Hauptseite geklickt, ohne vorher die `setup.php` zu löschen? Dann erscheint folgender Warnhinweis.

➤ Erst nach dem Löschen dieser Datei gelangst du in das vorerst leere Fototagebuch. Ganz unten findest du zwei Felder zum Einloggen vor – das ist der Eingang zum Admin-Bereich.

12

Fototagebuch ausprobieren

Wenn du willst, kannst du gleich deinen ersten Eintrag vornehmen. Klicke auf den Link *Eintrag vornehmen* – ein Formular für das Hochladen des Fotos erscheint. Suche ein Foto aus dem Dateisystem heraus. Tippe eine Überschrift für das Bild, deinen Namen und einen kurzen (oder langen) beschreibenden Text. Nach Klick auf den Button *Eintrag vornehmen* bekommst du eine Statusmeldung. Das sieht dann so oder so ähnlich aus:

Das Bild wurde im Dateisystem gespeichert und auch der Eintrag in die Datenbanktabelle hat geklappt.

Im Beispiel wird nur der Bildname in die Datenbanktabelle eingetragen, die Grafikdatei selber landet auf die herkömmliche Art und Weise im Dateisystem. Diese Vorgehensweise ist üblich. Es gibt in MySQL zwar auch Binärfelder, in denen ganze Bilddateien gespeichert werden können. Aber das macht kaum Sinn, da das die Datenbanktabelle stark belastet. Ordner sind der beste Speicherplatz für deine Bilddateien!

Du vergisst, auf *Ausloggen nicht vergessen* zu klicken? Dann wird dieser Info-Bereich dank JavaScript nach 8 Sekunden automatisch geschlossen. Einfach als Schutz vor Doppeleinträgen. Und sollte es Fehlermeldungen geben – vergiss nicht den Befehl `chmod 777` für den Ordner `bilder`!

Admin-Bereich ausprobieren

Wenn du willst, kannst du auch gleich den Admin-Bereich ausprobieren. Die entsprechenden Formularfelder habe ich sehr gut am Fuße des Weblogs versteckt. Gefunden? Dann trage deine Administratorkenndaten aus der `config.inc.php` hier ein. Klicke auf den kleinen unscheinbaren Button am Anfang oder drücke schlicht und einfach auf ⏎. Wenn alles geklappt hat, bist du »drin«. Das System verpasst dir ein Einlogg-Cookie, um dich wiederzuerkennen.

Unter jedem Bildeintrag findest du nun zwei Links vor: *Datensatz löschen* und *Ausloggen*. Jetzt kannst du also lustig alle Datensätze löschen. Probiere es ruhig einmal aus. Nach dem Löschen eines Bildes wirst du mit folgender Meldung belohnt:

Interessant ist, dass dabei im Hintergrund nicht nur der Datenbankeintrag, sondern auch die Datei gelöscht wird. Und zwar mit einer Funktion namens `unlink()`. Wir kommen ganz am Schluss noch darauf zurück.

Und nun werfen wir einen Blick auf ...

Die Module des Fotoalbums

So ein umfangreiches Projekt kann nur erfolgreich sein, wenn du wieder die bewährte Modulbauweise wählst. Das macht das Projekt pflegeleicht und du kannst es schneller an deine Bedürfnisse anpassen. Der Vorteil beginnt schon bei der Gestaltung.

Gestaltung per CSS-Datei

Das Aussehen selber steuere ich mit der CSS-Datei `fotoweblog.css` im Unterordner `css`. Ich lege Schriftart, Farbe und Breite der Seite fest und erzeuge raffinierte Rollover-Effekte für die Hyperlinks. Auch der vertikale graue Streifen am linken Rand entsteht durch CSS. Du bist mit dieser Formatierungssprache noch nicht so gut vertraut? Du solltest dich unbedingt damit beschäftigen! Das tolle Buch »CSS für Kids« von meinem Autorenkollegen David Sigos hilft dir dabei!

Soviel schon vorweg: Auch bei unserem letzten Beispiel – dem kleinen CMS – benötigen wir wieder CSS. Nur so kannst du bequem und ohne Probleme das Layout einer Seite steuern und schnell verändern.

Die Module des Fotoweblogs

Werfen wir nun einen Blick auf die einzelnen Module. Bis auf die CSS-Datei im Ordner css liegen alle Dateien im Ordner fotoweblog.

Name der Moduldatei	Erläuterung
setup.php	Datei zum Einrichten der Datenbanktabelle, nach Verwendung löschen!
index.php	Hauptseite, steuert die Anzeige des Fotoweblogs
config.inc.php	Editierbereich zum Festlegen der Passwörter und Einstellungen, hier liegen u.a. die Zugangsdaten zu MySQL
function.inc.php	Funktionsmodul, enthält die schon besprochene Datumsfunktion datemaker2() und eine Blätterfunktion
zugriff.inc.php	steuert den Zugriff auf den MySQL-Server und übernimmt die Werte der Variablen aus der config.inc.php
eingabe.inc.php	erzeugt das Formular zur Dateneingabe
admin.inc.php	steuert das Login für den Administrator durch Cookies
loeschen.inc.php	ist für das Löschen von Einträgen verantwortlich
css/fotoweblog.css	CSS-Datei, steuert das Aussehen des Weblogs

Die Fotos selber speichere ich wieder in einem Unterordner bilder.

Datenbanktabelle

Die Datenbanktabelle sieht folgendermaßen aus – das Einrichten kannst du dir sparen, das hat ja schon die Datei setup.php automatisch erledigt.

```
CREATE TABLE f24_fotoblog (
id INT NOT NULL AUTO_INCREMENT PRIMARY KEY,
Headline VARCHAR(100),
Name VARCHAR(40),
Bild VARCHAR(35),
Datum DATETIME,
Eintrag TEXT
)
```

Quelltext der Datei index.php

Hier zeige ich dir erst einmal den Quelltext der Hauptdatei. Mit dem vorhandenen Wissen müsstest du dir vieles erschließen können. Als Tipp: Es gibt etliche Gemeinsamkeiten mit dem »Weblog für Kids« aus Kapitel 15 des Vorgängerbuchs. Allerdings entdeckst du sicher auch ein paar Neuerungen. Und die schauen wir uns gleich genauer an!

```php
<?php
$output = ""; // Ausgabe-Variable
$start = (isset($_GET['start']) && is_numeric($_GET['start'])) ↵
    ? $_GET['start'] : 0;
include_once "config.inc.php";
include_once "zugriff.inc.php";
include_once "function.inc.php";
include_once "admin.inc.php";
?>
<!DOCTYPE HTML PUBLIC "-//W3C//DTD HTML 4.0 ↵
        Transitional//EN">
<html>
<head>
<title>Fotoweblog</title>
<meta http-equiv="content-type" content="text/html; ↵
        charset=iso-8859-1">
<link rel="stylesheet" type="text/css" ↵
        href="css/fotoweblog.css">
</head>
<body>
<a name="top"></a>
<div align="center">
<?php
if (file_exists('setup.php')) {
  die ("<h2>Erst Setup-Datei löschen!</h2>
  </div></body></html>");
}
echo "<div class='rand'>";
include_once "eingabe.inc.php";
include_once "loeschen.inc.php";
echo "<h1>Mein Fotoweblog</h1>
<div>[ <a href='index.php'>Home</a> ] -
[ <a href='index.php?eintrag=true'>Eintrag vornehmen</a> ]
</div>";
```

```php
$sql1 = "SELECT * FROM f24_fotoblog";
$sql2 = "SELECT * FROM f24_fotoblog ORDER BY id DESC ↵
        LIMIT $start, $step";
$result1 = @mysql_query($sql1);
$zeilen = @mysql_num_rows($result1);
$result2 = @mysql_query($sql2);
echo "<p>Anzahl der Einträge: $zeilen</p>\n";
// while-Schleife Anfang
while ($row = @mysql_fetch_assoc($result2)) {
  $Eintrag = nl2br($row['Eintrag']);
  $groesse = @GetImageSize("bilder/" . $row['Bild']);
  $output .= "<h3>$row[Headline]</h3>\n
<p><img src='bilder/$row[Bild]' $groesse[3] ↵
      alt='$row[Headline]'></p>
<div>$Eintrag</div>" . "<p>eingetragen von <b>$row[Name]</b>
am <strong>" . datemaker2($row['Datum']) . "</strong>";
  // Einlogg-Cookie gesetzt? Dann Lösch-Link anzeigen!
  if (isset($_COOKIE['eblo']) && $_COOKIE['eblo'] == "a325Xzu7") {
    $output .= "<div>[ <a href='index.php?loeschen=↵
    true&amp;id=$row[id]&amp;start=$start'>↵
      Datensatz löschen</a> ] -
    [ <a href='index.php?ausloggen=true&amp; ↵
      start=$start'>Ausloggen</a> ]</div>";
  } // Einlogg-Cookie-if beendet
  $output .= "<p class='linie'> </p>\n";
} // while Ende
$output .= "<p>[ <a href='#top'>nach oben</a> ]</p>";
echo navi_page($start, $step, $zeilen); // Blätterfunktion
echo $output; // Datensätze ausgeben
mysql_close();
// Ab hier Einloggformular für Admin-Bereich
echo "<form action='index.php?start=$start' ↵
      method='post'>";
?>
<input type="submit" value="&gt;" class="mini">
<input type="text" name="logname" class="mini">
<input type="password" name="logpw" class="mini">
</form>
</div>
</div>
</body>
</html>
```

Wurde die Setup-Datei gelöscht?

Die Setup-Datei `setup.php` sollte nach der Installation keinesfalls bei deinem Dienstleister liegen bleiben. Deshalb warnt dich mein Skript bei Aufruf der `index.php`. Du hattest das Löschen vergessen? Dann greift folgender `if`-Zweig:

```
if (file_exists('setup.php')) {
  die ("<h2>Erst Setup-Datei löschen!</h2>
  </div></body></html>");
}
```

Hier kommt die Funktion `file_exists()` zum Einsatz:

```
bool file_exists(string filename)
```

Diese gibt nur dann `true` zurück, wenn die Datei existiert, sonst meldet sich die Funktion mit `false`. Die Datei existiert noch? Dann greift `die()`. Dieses Sprachkonstrukt beendet die Abarbeitung des Skripts und gibt die Meldung aus, die in runden Klammern steht. Hier die Grundsyntax:

```
void die(string message)
```

Du hast `die()` schon im Zusammenhang mit `mysql_connect()` bzw. `mysql_select_db()` verwendet. Dort nutzen wir das Sprachkonstrukt zusammen mit `or` zur Ausgabe von Fehlermeldungen: `or die()`. Hier jedoch lassen wir dieses `or` weg.

Auch die Funktion `exit()` bricht ein Skript an dieser Stelle ab. Du könntest also auch `exit()` einsetzen. Allerdings gestattet `exit()` keine Meldung! Diese könntest du aber zusätzlich mit `echo` erzeugen.

Warum eigentlich die zusätzliche Ausgabe von `</div></body></html>`? Weil das Erzeugen der HTML-Seiten durch `die()` bzw. `exit()` komplett unterbrochen wird und der HTML-Code ordentlich beendet werden muss. Damit die Seite trotz »Abbruchmeldung« standardgerecht bleibt.

Das Skript im Kurzüberblick

Gibt es sonst noch weitere Besonderheiten im Skript? Eigentlich nicht! Das Auslesen und Anzeigen der Datensätze dürfte inzwischen klar sein. Wir arbeiten wie gewohnt mit `mysql_query()` und `mysql_fetch_assoc()`. Den eigentlichen Eintrag unterziehen wir wieder einer `nl2br()`-Behandlung, um die Zeilenumbrüche zu erhalten.

Spannend ist der hier etwas unübersichtlich aussehende Bereich zum Einblenden eines Lösch-Links. Schuld sind aber nur die vielen Linkparameter:

```
// Einlogg-Cookie gesetzt? Dann Lösch-Link anzeigen!
if (isset($_COOKIE['eblo']) && $_COOKIE['eblo'] == "a325Xzu7") {
    $output .= "<div>[ <a href='index.php?loeschen=↵
    true&amp;id=$row[id]&amp;start=$start'>↵
     Datensatz löschen</a> ] -
    [ <a href='index.php?ausloggen=true&amp;↵
     start=$start'>Ausloggen</a> ]</div>";
} // Einlogg-Cookie-if beendet
```

Nur wenn ein Cookie namens *eblo* existiert und den von mir frei festgelegten Wert a325Xzu7 besitzt, werden die Links zum *Löschen* bzw. *Ausloggen*
eingeblendet. Beachte die Parameter, die beim Aufrufen angehängt werden
– du erkennst sie in der Statusleiste des Browsers:

eingetragen von **Johann** am **23.09.2009, 12:33:06 Uhr**
[Datensatz löschen] - [Ausloggen]

http://localhost/fotoweblog/index.php?loeschen=true&id=2&start=0

Der Link erzeugt Variablen namens $_GET['loeschen'], $_GET['id'],
und $_GET['start']. Diese werden vom Skript loeschen.inc.php
verwendet, um den jeweiligen Datensatz zu löschen. Wie diese Lösch-Datei
genau arbeitet, verrate ich dir ab Seite 277.

Der Ausloggen-Link dagegen übergibt die Variablen $_GET['ausloggen']
und natürlich auch wieder $_GET['start']. Letzteren Vertreter brauchen
wir übrigens für die Seitenposition. Denn nach dem Löschen bzw. Ausloggen soll der Nutzer wieder genau dort landen, von wo aus er gestartet war.

Dass einzelne Parameter per ? an den Link gehängt und dann untereinander durch & getrennt werden, weißt du. Doch warum schreiben wir in
den zusammengesetzten Links nicht einfach &, sondern &? Das einfache & würde doch auch funktionieren! Richtig, es ist aber nicht ganz
standardgerecht. Das kaufmännische Und (&) muss stets per so genannter Entität umschrieben werden: &. Die Abbildung beweist: Der
Browser erzeugt aus & im Endeffekt wieder das &.

Ist dir auch klar, warum ich die Ergebnisse der Datenbankabfrage erst in der
Variablen $output zwischenlagere? Das mache ich deshalb, damit ich zu-

erst die Navigationsleiste mit Blätterfunktion und dann erst die Fotos mit Text darstellen kann:

```
echo navi_page($start, $step, $zeilen); // Blätterfunktion
echo $output; // Datensätze ausgeben
```

Apropos Blätterfunktion. Die ist diesmal nicht so kompliziert wie in den vorherigen Beispielen. Keine Klasse, einfach nur eine Funktion. Dafür beschränkt sie sich auch nur auf das Vor- bzw. Zurückblättern.

Die Blätterfunktion

Die Blätterfunktion selber liegt in der function.inc.php. Übrigens zusammen mit der schon bekannten Funktion datemaker2() zum Umwandeln des Datums. Und so sieht diese function.inc.php im Beispiel aus:

```php
<?php
function navi_page($start, $step, $zeilen)
{
  $start1 = $start + $step;
  $start2 = $start - $step;
  $linkleiste = "";
  if ($start1 < $zeilen) {
    $linkleiste .= "[
<a href=\"index.php?start=$start1\">&lt;&lt;
    Ältere Einträge</a> ] ";
  }
  if ($start2 >= 0) {
    $linkleiste .= "[
<a href=\"index.php?start=$start2\">Neuere
    Einträge &gt;&gt;</a> ]\n";
  } // if-Ende
  $linkleiste = "<p>$linkleiste</p>";
  return $linkleiste;
}
function datemaker2($datum)
{
  $arr_datum1 = explode(" ", $datum);
  $arr_datum = explode("-", $arr_datum1[0]);
  $datum = "$arr_datum[2].$arr_datum[1].$arr_datum[0],
    $arr_datum1[1] Uhr";
  return $datum;
}
?>
```

Die Funktion bekommt drei Parameter, den Startwert, die Zahl der anzuzeigenden Datensätze und natürlich die Gesamtzahl aller Datensätze. Sie wertet diese Daten aus und gibt je nach Sachstand den Link *Ältere Einträge*, *Neuere Einträge*, beides gleichzeitig oder – falls es nicht mehr Einträge gibt, als auf eine Seite passen – einen leeren String zurück.

Die Linkleiste reagiert dynamisch. Sie erscheint immer dann, wenn mehr Einträge in der Datenbanktabelle liegen, als auf einer Seite ausgegeben werden können.

Diese Dynamik wird durch Berechnungen und Vergleiche erreicht. Schau dir die Funktion `navi_page()` etwas genauer an – sie ist nicht so kompliziert wie unsere Blätterklasse aus Kapitel 10. Die für den Vergleich wichtigen Passagen habe ich hervorgehoben. Ist die Summe von Startwert – also dem per `start=Zahl` übermittelten URL-Parameter `$_GET['start']` – und Stepzahl kleiner als die Gesamtzahl aller Einträge aus `$zeilen`? Dann existieren ältere Einträge! Die Funktion gibt einen Link aus wie *[<< Ältere Einträge]*. Beachte die stilisierten Pfeilspitzen, die ich durch die Entität `&lt;&lt;` erzeuge.

Ist die Differenz aus Startwert und Stepzahl dagegen größer oder gleich 0, dann muss es neuere Einträge geben. Denn der Nutzer befindet sich nicht auf der obersten Seite. Dann wird der Link *[Neuere Einträge >>]* angezeigt.

Diese dynamische Geschichte kann nur deshalb funktionieren, weil die jeweiligen Startwerte bei jedem Seitenaufruf an die URL angehängt werden. Der Seitenaufruf sieht so aus: `index.php?start=2`. Ganz oben in der `index.php` wird dieser Parameter schließlich geprüft – mit unserem beliebten ternären Operator:

```
$start = (isset($_GET['start']) && is_numeric($_GET['start'])) ↵
    ? $_GET['start'] : 0;
```

Die Variable `$_GET['start']` existiert? Sie enthält z. B. den Wert 4? Dann wird dieser Wert in der Variablen `$start` gespeichert und statt 0 verschiebt sich der Startwert dynamisch auf 4. Und dann macht auch folgende Anweisung in der `index.php` Sinn: `LIMIT $start, $step`.

Wenn du Lust hast, kannst du ja eine komplexere Blätterfunktion basteln. Eine, die auf jeden Fall immer die letzte und die erste Seite anzeigt. Dazu rege ich dich auch im Übungsteil weiter hinten noch einmal an!

Rund um das Eingabeformular

So weit – so verständlich. Wir haben noch ein »dickes Ding« vor uns. Als Nächstes zeige ich dir, wie du das Eingabeformular zimmerst. Klicke in der index.php doch einmal auf den Link *Eintrag vornehmen* und beobachte den übergebenen URL-Parameter.

Richtig, in der Statusleiste erkennst du index.php?eintrag=true. Und darauf reagiert der erste Teil unseres Eingabeskripts eingabe.inc.php und generiert folgendes Formular:

So entsteht das Formular

Ich zeige dir nun, wie das Formular entsteht. Wirf einen Blick in die Datei eingabe.inc.php – aber nur in den oberen Bereich. Zuerst prüft eine if-Abfrage, ob $_GET['eintrag'] existiert, also ob der Nutzer auf *Eintrag vornehmen geklickt* hat. Der derart rudimentäre Test genügt, da das Formular keine besonderen Sicherheitsmaßnahmen verlangt. Schließlich ist es dein Weblog und du öffnest es lediglich einem begrenzten Nutzerkreis.

Auch der übrige Code müsste dir schnell klar werden. Es handelt sich um ein normales HTML-Formular mit Feld zum Bildupload. Erzeugt wird es mithilfe eines Heredoc-Bereichs:

```php
<?php
// Formularerzeugung:
if (isset($_GET['eintrag'])) {
  echo <<<FORMULAR
<h2>Trage dich ein und lade dein Foto hoch!</h2>
<p>Bitte verwende das Format GIF oder JPG und beachte die <br>
<b>Höchstbreite</b> von <strong>{$breite}</strong> ↵
      Pixeln!<br>
Auch bei der Dateigröße gilt: <strong><b>small</b> is
beautiful</strong>!</p>
<form action="index.php" method="post" ↵
      enctype="multipart/form-data">
Überschrift:<br>
<input type="text" name="Headline" size="50"><br>
Dein Name:<br>
<input type="text" name="Name"><br>
Bild heraussuchen:<br>
<input type="file" name="datei"><br>
Der Text zum Bild:<br>
<textarea cols="65" rows="15" wrap="soft" name="Eintrag">
</textarea><br>
<input type="submit" name="submit" value="Eintrag
vornehmen --&gt;">
Bitte Geduld beim Hochladen!
</form>
<p>[ <a href="index.php">Eingabe abbrechen</a> ]</p>
FORMULAR;
}
```

Detail am Rande: Was glaubst du, warum ich die `eingabe.inc.php` erst unterhalb der Passage `echo "<div class='rand'>";` einbinde?

```
echo "<div class='rand'>";
include_once "eingabe.inc.php";
```

Ganz einfach! Damit der Inhalt dieser Datei, u.a. das eben gezeigte Formular, mit in den großen DIV-Container `<div class='rand'>` einbezogen wird. Denn der sorgt schließlich dank der CSS-Klasse `rand` für die exakte Breite. Falls du CSS beherrschst: Schau dir einfach die entsprechende Formatdefinition in der Datei `fotoweblog.css` an.

Eintrag in die Datenbanktabelle

Als Nächstes kümmert sich die `eingabe.inc.php` um den Eintrag in die Datenbanktabelle. Bekomme keinen Schreck vor dem nächsten langen Skript – es ist einfacher, als es aussieht! Ich zeige dir nun den kompletten zweiten Teil der eben erwähnten `eingabe.inc.php`, danach besprechen wir alle wichtigen Details!

```php
if (!empty($_POST['Headline']) && !empty($_POST['Name'])
&& !empty($_POST['Eintrag'])) {
  // Foto hochladen, danach Daten eintragen
  $upload = false;  // Annahme, dass es nicht klappt
  if (isset($_FILES['datei']) && $_FILES['datei']['size'] > 0) {
    $tempname = $_FILES['datei']['tmp_name'];
    $dateiname = $_FILES['datei']['name'];
    $dateigroesse = $_FILES['datei']['size'];
    $dateityp = GetImageSize($tempname);
    if ($dateityp[2] == 1 || $dateityp[2] == 2) { // GIF o. JPG?
      $endung = ($dateityp[2] == 1 ? "gif" : "jpg");
      $neuname = time() . ".$endung";
      $bildbreite = $dateityp[0];
      if ($bildbreite <= $breite) { // Bild zu breit?
        if (move_uploaded_file($tempname, "bilder/" . $neuname)) {
          chmod("bilder/" . $neuname, 0666);
          echo "<h2>Statusmeldung für den Upload:</h2>
<p>Datei wurde <b>erfolgreich</b> hochgeladen!<br>
Dateigröße: <b>$dateigroesse</b> Byte;<br>
Alter Bildname: <b>$dateiname</b><br>
Neuer Bildname: <b>$neuname</b></p>";
          $upload = true; // Hochladen hat geklappt!
```

```
        } else {
          echo "<h2>Es hat leider nicht geklappt!</h2>
<p>Upload war leider nicht erfolgreich!</p>";
        }
      } else {
        echo "<h2>Bitte beachte:</h2>
<p>Die Datei ist breiter als <b>$breite Pixel</b> und
damit zu breit!</p><form><input type='button' value='Zurück'
onclick='javascript:history.back()'></form>";
      }
    } else {
      echo "<h2>Bitte beachte:</h2>
<p>Es handelt sich <b>nicht</b> um eine gültige GIF-
oder JPG-Datei!</p><form><input type='button' value='Zurück'
onclick='javascript:history.back()'></form>";
    }
  } else {
    echo "<h2>Da fehlt doch noch etwas!</h2>
<p>Bitte eine <b>Bild-</b>Datei angeben!</p>
<form><input type='button' value='Zurück'
onclick='javascript:history.back()'></form>";
  }
  if ($upload) {
    $Headline = strip_tags($_POST['Headline']);
    $Name = strip_tags($_POST['Name']);
    $Eintrag = strip_tags($_POST['Eintrag']);
    if (get_magic_quotes_gpc() == 0) { // ausgeschaltet?
      $Headline = addslashes($Headline);
      $Name = addslashes($Name);
      $Eintrag = addslashes($Eintrag);
    }
    $sql = "INSERT INTO f24_fotoblog VALUES
('', '$Headline', '$Name', '$neuname', NOW(), '$Eintrag')";
    if (mysql_query($sql) && mysql_affected_rows() > 0) {
      echo "<p>Auch der Eintrag in die Datenbanktabelle hat ↵
      geklappt!</p>";
    } else {
      echo "<p>Eintrag in die Datenbanktabelle hat ↵
      leider <b>nicht</b> geklappt!</p>";
    }
    echo "<h3>[ <a href='index.php?start=$start'>
Ausloggen nicht vergessen!</a> ]</h3>
<p><script language='JavaScript' type='text/javascript'>
```

```
document.write('... automatisches Logout nach 8 Sekunden!');
setTimeout('self.location=\"index.php?start=$start\"', 8000)
</script>
</p>";
    }
} elseif (isset($_POST['submit'])) {
  echo "<h2>Da fehlt doch noch etwas!</h2>
<p>Bitte <b>alle</b> Felder ausfüllen!</p>
<form><input type='button' value='Zurück'
onclick='javascript:history.back()'></form>";
}

?>
```

Zuerst prüfe ich mit einem einfachen Test, ob die Felder *Headline*, *Name* und *Eintrag* ausgefüllt wurden. Nur dann greift der Code zum Hochladen des Bildes. Und danach der zum Eintragen der Daten in die Datenbanktabelle. Ansonsten jedoch springt das Skript zum `elseif`-Zweig weiter, den du ganz unten im Skript findest bzw. direkt oben auf dieser Seite. Der Nutzer bekommt eine Warnung und eine Schaltfläche serviert. Diese erzeuge ich mit JavaScript – sie führt zurück zum Formular.

Das mache ich aus Gründen der Vereinfachung – damit die Daten in den Formularfeldern erhalten bleiben. Ich hätte das auch mit PHP lösen können – die Schreibarbeit wollte ich uns ersparen. Ansonsten gilt: Nicht übertreiben mit JavaScript, nicht jeder lässt das zu. Im Zweifelsfall helfen nur noch die Tags `<noscript></noscript>`. JavaScript-Abschalter sehen immerhin den Inhalt, der zwischen diesen Tags steht. Du könntest dort notieren: *Bitte gehe zurück mit dem Zurück-Button des Browsers.*

Der Bildhochladeteil

Die drei Formularfelder waren jedoch ausgefüllt? Der Nutzer hat also brav Überschrift, Namen und Bildtext eingetragen? Dann greift der Code-Abschnitt zum Hochladen und Eintragen des Fotos. Doch zuerst initialisiere ich die Variable `$upload`: `$upload = false;` – ich gehe also zuerst davon aus, dass das Hochladen nicht geklappt hat. (Davon sollte man immer ausgehen, hehe!)

Wir arbeiten also wieder mit einer Flag-Variablen, einem »Schalter«, der vorerst auf *aus* gesetzt wird. Nur wenn der Schalter *an* ist – also wenn das Bildhochladen funktioniert hat – soll der Eintrag in die Datenbanktabelle erfolgen!

Der nun folgende Abschnitt entspricht sinngemäß dem Bildhochlader, den wir im vorigen Kapitel besprochen haben. Zusätzlich prüfen wir die Bildbreite, denn diese darf nicht größer sein, als in der Konfigurationsvariablen `$bildbreite` in der `config.inc.php` festgelegt.

```
$bildbreite = $dateityp[0];
if ($bildbreite <= $breite) { // Bild zu breit?
```

Außerdem wird als neuer Bildname ausschließlich die mit `time()` ermittelte Sekundenzahl verwendet. Wichtig zu wissen: Wenn alles geklappt hat, geben wir eine Statusmeldung aus:

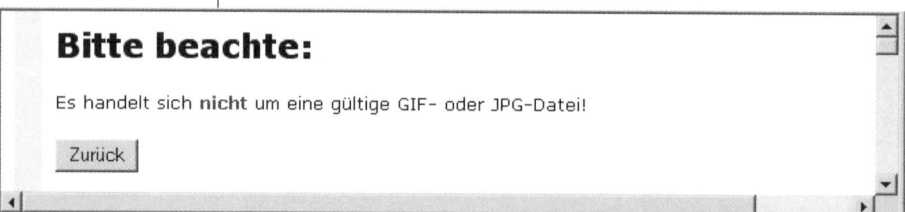

Statusmeldung für den Upload:

Datei wurde **erfolgreich** hochgeladen!
Dateigröße: 44201 Byte;
Alter Bildname: **sonnenuntergang.jpg**
Neuer Bildname: **1127427502.jpg**

Auch der Eintrag in die Datenbank hat geklappt!

Gleichzeitig schalten wir die entsprechende Statusvariable `$upload` auf `true`.

```
$upload = true; // Hochladen hat geklappt!
```

Wenn nicht, »beglücken« wir den Nutzer mit der entsprechenden Fehlermeldung: Entweder ist das Bild zu breit oder es handelt sich nicht um den richtigen Dateityp wie in der Abbildung:

Bitte beachte:

Es handelt sich **nicht** um eine gültige GIF- oder JPG-Datei!

Zurück

Daten in die Datenbanktabelle schreiben

Ungefähr nach zwei Dritteln des Skriptes prüfen wir, ob das Hochladen erfolgreich war:

```
if ($upload) {
```

Dann erfolgt der Eintrag in die Datenbanktabelle. Doch zuvor bereinigen wir die Inhalte von allen HTML-Tags – aus Gründen der Sicherheit. Du hättest auch `htmlspecialchars()` verwenden können, doch ich habe mich im Beispiel für diese Variante entschieden! Niemand hindert dich daran, zumindest beim Feld *Eintrag* gerne die schon besprochenen BBCodes einsetzen. Darauf habe ich im Beispiel jedoch verzichtet, damit der Quelltext nicht »überquillt«.

```
$Headline = strip_tags($_POST['Headline']);
$Name = strip_tags($_POST['Name']);
$Eintrag = strip_tags($_POST['Eintrag']);
```

Außerdem sorge ich in der nächsten if-Abfrage wieder dafür, dass evtl. Gänsefüßchen auf jeden Fall mit Backslashes maskiert werden.

Schutz vor Doppeleinträgen

Auch den Eintrag in die Datenbanktabelle prüfen wir und geben die entsprechende Statusmeldung aus – zusammen mit einem großen Link zum Ausloggen!

> Auch der Eintrag in die Datenbank hat geklappt!
>
> **[Ausloggen nicht vergessen!]**
>
> ... automatisches Logout nach 8 Sekunden!

Wozu dieser Link? Damit will ich erreichen, dass der Nutzer nicht aus Versehen weiter mit dem Formular herumspielt – vielleicht auf *Reload* drückt. Der Link ruft die Seite erneut auf – allerdings mit dem URL-Parameter start. Der Nutzer landet dann an der Stelle, von der aus sie oder er das Hochladeformular aufgerufen hatte. Aus Bequemlichkeit für »Klickmuffel« greift außerdem folgender JavaScript-Code:

```
<p><script language='JavaScript' type='text/javascript'>
document.write('... automatisches Logout nach 8 Sekunden!');
setTimeout('self.location=\"index.php?start=$start\"', 8000)
</script>
```

Dieser Code sorgt dafür, dass die Seite nach 8 Sekunden (8000 Millisekunden) erneut aufgerufen und der Hochladebereich damit verlassen wird. Als Timer fungiert die so genannte setTimeout()-Methode von JavaScript.

Aus Schutz vor Doppeleinträgen kannst du auch wieder einen Unique Index in der Datenbanktabelle setzen. Füge z.B. die Felder *Name* und *Eintrag* hinzu. Allerdings ist das bei diesem eher privaten Fototagebuch nicht zwingend notwendig.

Der Administrationsbereich

Dass du mit diesem Skript auch Einträge löschen kannst, hatte ich dir am Anfang ja schon gezeigt. Logge dich einfach am Fuß der Seite mit deinen Administratordaten ein. Nun zeige ich dir gleich, wie der Administrationsbereich hinter den Kulissen aussieht. Keine Angst, das Skript ist diesmal nicht so lang!

Quelltext der admin.inc.php

Verantwortlich für den Admin-Bereich ist die Datei `admin.inc.php`. Diese wird – und das ist ganz wichtig – am Anfang der `index.php` eingebunden. Und zwar noch bevor irgendein HTML-Tag erscheint:

```
include_once "admin.inc.php";
```

Der Grund ist einfach: Die Admin-Datei schreibt ein Cookie, und das gelingt nur ganz am Anfang. Aber darüber hatten wir uns ja schon unterhalten.

Und so sieht der erfreulich kurze Quelltext der `admin.inc.php` aus – er ist so kurz, dass er sogar noch komplett auf diese Seite passt:

```php
<?php
if (!empty($_POST['logname']) && !empty($_POST['logpw'])) {
  if ($_POST['logname'] == $user && $_POST['logpw'] == ↵
      $password) {
    setcookie("eblo", "a325Xzu7");
  }
  echo "<script language='javascript' type='text/javascript'>
    self.location=\"index.php?start=$start\"
    </script>";
}
if (isset($_GET['ausloggen'])) {
  setcookie("eblo", "", -3600);
  echo "<script language='javascript' type='text/javascript'>
    self.location=\"index.php?start=$start\"
    </script>";
}
?>
```

Benutzername und Passwort sind nicht leer? Sie stimmen außerdem mit den Werten der Variablen `$user` und `$password` überein? Dann wird ein Cookie namens `eblo` gesetzt – mit dem absichtlich etwas kryptischen Wert a325Xzu7. Damit dieses auch »einschnappt«, ruft sich die Seite per Java-Script selber wieder auf. Denn das Cookie ist schließlich erst nach dem Reload einsatzbereit!

Wie die index.php auf dieses Cookie reagiert, hatten wir ja schon auf Seite 265 besprochen. Dort entsteht ein Löschen-Link, der folgende Parameter übergibt: loeschen=true&id=Datensatzid&start=Startwert Und diese rufen das Skript zum Löschen auf. Aber ist es nicht ein wenig dumm, einfach nur diese leicht zu erratenden Parameter zu übergeben? Schauen wir uns dazu die Datei zum Löschen an:

Quelltext der loeschen.inc.php

Keine Sorge, ganz so unsicher ist die Sache nicht. Schließlich prüfen wir in der loeschen.inc.php auch, ob das besagte *eblo*-Cookie gesetzt ist. Das Erraten der drei Parameter allein genügt also nicht. Weiterhin erfolgt noch ein Sicherheitstest der übergebenen *id* mit is_numeric() – es muss also eine Zahl sein. Schau dir erst einmal den Quelltext an:

```php
<?php
if (isset($_GET['loeschen']) && isset($_COOKIE['eblo'])
  && $_COOKIE['eblo'] == "a325Xzu7" && isset($_GET['id'])
  && is_numeric($_GET['id'])) {
  $sql3 = "SELECT Bild FROM f24_fotoblog WHERE id='$_GET[id]'";
  $result3 = mysql_query($sql3);
  $row = mysql_fetch_assoc($result3);
  $sql4 = "DELETE FROM f24_fotoblog WHERE id='$_GET[id]'";
  if (mysql_query($sql4) && mysql_affected_rows() > 0) {
    echo "<h3>Löschupdate <strong>erfolgreich</strong>,
        Datensatz $_GET[id] gelöscht!</h3>";
    if (!empty($row['Bild'])) {
      if (unlink("bilder/$row[Bild]")) {
        echo "<p>Dazugehörige Bilddatei
<strong>$row[Bild]</strong> erfolgreich gelöscht.</p>";
      }
    }
  } else {
    echo "<h3>Löschupdate <b>nicht</b> erfolgreich!</h3>";
  }
  echo "[ <a href='index.php?start=$start'>Alles klar!</a> ]";
}
?>
```

Danach wählen wir den gewünschten Datensatz anhand der *id* aus der Datenbanktabelle aus. Das Löschupdate war erfolgreich? Dann geben wir eine Erfolgsmeldung aus.

Löschen einer Datei

Außerdem versucht das Skript, die dazugehörige Bilddatei zu löschen. Das gelingt nicht etwa mit `delete()`, sondern mit der Funktion `unlink()`:

```
int unlink(string filename)
```

Je nach Sachstand gibt die Funktion wieder 1 oder 0 zurück, was gleichbedeutend ist mit `true` oder `false`. *Dazugehörige Bilddatei Soundso erfolgreich gelöscht*, heißt es dann in unserer Statusmeldung.

Mal was ganz anderes zum Schluss: Hast du dich eigentlich gefragt, warum meine Datenbanktabelle so einen komischen Namen trägt: `f24_fotoweblog`? Damit sie einen Namen bekommt, der möglichst noch nicht in deiner Datenbank vorkommt! Diese Vergabe von Vorsilben hat sich bei größeren Projekten eingebürgert. Vor allem wenn viele Datenbanktabellen zu einem Projekt gehören, kannst du sie gut an der entsprechenden Vorsilbe erkennen.

Zusammenfassung

Du hast vorhandenes Wissen gefestigt und auch ein paar neue Sachen dazugelernt. Hier fasse ich die »Neuigkeiten« noch einmal zusammen:

◆ Du weißt, wie du die bequeme Installation eines Skripts möglich machst. Speichere alle wichtigen Variablen in einer Datei namens `config.inc.php`. Installiere die Datenbanktabelle per Setup-Datei.

◆ Du kennst die Funktion `file_exists()`, mit der du prüfen kannst, ob eine bestimmte Datei existiert. Diese Funktion gibt entweder `true` oder `false` zurück.

◆ Du kennst zwei Möglichkeiten, ein Skript zu beenden. Das Sprachkonstrukt `die(string message)` bricht die Skriptausführung ab und gibt auf Wunsch eine Botschaft aus. Diese notierst du in runden Klammern. Die Funktion `exit()` macht das Gleiche, jedoch ohne Ausgabe einer Botschaft.

◊ Du hast dir eine einfache Funktion zum Blättern angeschaut. Es sind mehr Datensätze vorhanden, als auf eine Seite passen? Dann werden Links zur Navigation eingeblendet.

◊ Du kennst die Funktion unlink(), mit der du eine Datei löschen kannst. Die Funktion gibt je nach Erfolg oder Misserfolg 1 bzw. 0 zurück.

◊ Du kennst den Nutzen von Vorsilben für Datenbanktabellen. Dadurch bekommen sie eindeutige Namen und lassen sich leicht wiedererkennen.

Ein paar Fragen

Frage 1:   Mit welcher Funktion kannst du eine Datei löschen?

Frage 2:   Welchen Vorteil bringt der Einsatz der »Formatiersprache« CSS?

Frage 3:   Wie nennt sich folgendes »Gebilde«?

```php
$start = (isset($_GET['start'])) ? $_GET['start'] : 0;
```

Frage 4:   Mit welcher Sprachanweisung kannst du ein Skript beenden und gleichzeitig eine Botschaft ausgeben?

Frage 5:   Welche Funktion prüft, ob eine Datei vorhanden ist?

... und ein paar Aufgaben

Das Fototagebuch ist noch nicht ganz perfekt. Deshalb stelle ich dir ein paar Aufgaben, in denen du es verbessern sollst. Keine Sorge, eine Nutzerverwaltung bauen wir nicht ein. So ein Fototagebuch ist schließlich eine ganz private Sache – auch Weblogs werden häufig von einer oder zwei Personen betrieben. Trotzdem kann ein wenig Sicherheit nicht schaden – schließlich soll nicht unbedingt jeder hier Bilder hochladen dürfen.

1. Sorge dafür, dass auch der Bereich zum Bildhochladen nur dann erscheint, wenn du eingeloggt bist. Also sowohl der Link *Eintrag vornehmen* als auch das Formular sollen nur erscheinen, wenn du eingeloggt bist. Vergiss nicht, auch den Hochladebereich zusätzlich mit dem Cookie-Test zu sichern. Tipp: Du musst lediglich in den Dateien index.php und eingabe.inc.php Änderungen vornehmen!

2. Baue das Fotoweblog zum Bilderalbum um. Mit anderen Worten: Sorge dafür, dass auf jeder Seite lediglich ein einziges Foto angezeigt wird.

3. Ändere das Skript so, dass sich noch eine zweite Person mit Benutzernamen und Passwort einloggen kann. Lege diese Daten zusätzlich in der `config.inc.php` fest. Und noch etwas: Wähle bitte möglichst sichere Benutzernamen und Passwörter!

Anzahl der Einträge: 53

[Anfang] [<< Zurück] [Vor >>] [Ende]

Das Krokodil im Wasser

---

4. Erweitere die Blätterfunktion. Sie soll nicht allein Links zum Vor- und Zurückblättern anzeigen. Sie soll dir auch erlauben, zur ersten bzw. letzten Seite zu springen! Die Abbildung zeigt, wie ich mir das vorstelle. Außerdem gilt: Wenn du am Anfang bist, sollen die beiden Links *[Vor >>] [Ende]* nicht als Link formatiert werden. Für den Anfang gilt das gleiche. Auf diese Weise erkennst du sofort, dass du auf der letzten bzw. ersten Seite stehst.

13
Attraktives CMS: Vom Template zum Prototyp

Lang anhaltender Trommelwirbel, stürmischer Beifall: Es folgt das große Finale! »Content managen« heißt das Zauberwort. Und du bist dabei! In diesem Kapitel wagen wir uns also an ein richtiges kleines CMS (Content-Management-System = System zur Inhaltsverwaltung). Und zwar mit Suchfunktion, Bildupload und Zugangsberechtigung. Doch bevor es soweit ist, planen wir zuerst das Template und erstellen einen Prototyp. In diesem und im letzten Kapitel setzen wir das Projekt dann Schritt für Schritt zusammen.

Und das alles haben wir in diesem Kapitel vor:

◉ Erstellen eines Layoutmusters mit CSS

◉ Modulbauweise: Planen des Systems

◉ Einrichtung der Datenbanktabellen

◉ Testen des Prototypen mit Dummy-Daten

◉ Programmieren eines Menüs mit Klappmechanismus

◉ Erstellen der Datenausgabe für die Anzeige der Inhalte

◉ Programmieren einer Datenbanksuche

13

Das Template: Mit Tabellen und CSS

Content managen? Das haben wir längst gemacht! Denn im weiten Sinne gehören auch Gästebuch, Linkliste oder Fotoalbum zur Kategorie »CMS«. Doch in diesem Kapitel stellen wir endlich ein »richtiges« CMS-Portal auf die Beine. Mit schickem Layout und natürlich auf Datenbankbasis. Keine Angst – es ist weit weniger kompliziert, als du vielleicht vermutest.

Wir bauen einen Dummy!

Zuerst erzeugen wir einen Oberflächen-Prototyp, ein Layoutmuster. Dann stellen wir das Ganze Schritt für Schritt auf Datenbankbasis um:

Klassisches Layout mit Spaltensatz: Das Template kannst du fast beliebig an deine Bedürfnisse anpassen!

Für das Layout verwenden wir das bewährte Dreamteam *Tabellen mit CSS.*

Ursprünglich wollte ich dir ein vollständig auf CSS basierendes Spaltenlayout präsentieren, das ohne Platzhalter-Tabellen auskommt. Leider sind die unterschiedlichen Browser (vor allem der Internet Explorer) in Bezug auf CSS so buggy, dass ich das Projekt aufgegeben habe. Man müsste derzeit noch mit vielen Tricks arbeiten – das hat mir den Spaß etwas verdorben. Wir machen es wie bei vielen großen Portalen: Das Spaltenlayout steuern wir durch Tabellen. Die Schriftformate jedoch per CSS.

Quelltext der Template-Datei index.php

Hier folgt gleich der Quelltext der Musterdatei `index.php`. Es handelt sich sozusagen um unsere Template-Datei. Ich arbeite mit einem Heredoc-Bereich, damit ich ungestört HTML einsetzen kann, ohne auf irgendwelche Gänsefüßchen zu achten: Es gibt eine Außentabelle, eine obere und eine Haupttabelle. Die kursiv gestellten Platzhalterdaten habe ich nur zur Probe eingesetzt – dort rutschen später die Inhalte rein. Dynamisch natürlich!

```php
<?php
// Hier Include-Dateien einbinden!
echo <<<TEMPLATE_CM24
<!DOCTYPE HTML PUBLIC "-//W3C//DTD HTML 4.01 Transitional//EN">
<html>
 <head>
  <title>Hier steht der Seitentitel</title>
  <meta http-equiv="Content-Type" content="text/html; ↵
      charset=iso-8859-1">
  <link rel="stylesheet" type="text/css" href="css/cm24.css">
 </head>
<body>
<!-- Außentabelle -->
<table align="center" cellpadding="0" cellspacing="0" border="1">
 <tr>
  <td>

  <!-- obere Tabelle mit Suchenfeld -->
   <table cellspacing="0" cellpadding="3" width="800" bgcolor="silver">
    <tr>
     <td height="50" width="550" valign="top">
     <h2 style="color: white;">Titel des CMS hier eintragen</h2>
     </td>
     <td valign="top">
     <!-- Suchenfeld -->
     <form action="index.php" method="get">
     Suchen: <input type="text" size="15" name="search">
     <input type="submit" value="Los!">
     </form>

     </td>
    </tr>
   </table>
```

```html
<!-- Haupttabelle mit Linkleiste und Inhalt -->
 <table cellspacing="0" cellpadding="3" width="800">
  <tr>
   <td valign="top" width="190" style="background-image: ↵
           url('css/left.gif')">

   <ul>
   <li><a href="http://www.bhv-buch.de">Link 1. Ebene</a></li>
     <ul>
     <li><a href="http://www.phpkid.de">Link 2. Ebene</a></li>
     </ul>
   </ul>

   </td>
   <td valign="top">

    <div class="kasten">
    <strong>Kasten</strong><br> Das ist ein Kasten mit Text</div>
    <h1>Das ist eine Überschrift 1</h1>
    <p>Das ist ein Absatz mit <b>fettem</b> Text</p>
    <p>Dieser Text ist <strong>bold</strong> formatiert</p>
    <img src="bilder/puppe.jpg">
    <ul>
    <li>Listenpunkt</li>
    <li>Listenpunkt</li>
    </ul>
    <h2>Überschrift 2</h2>
    <h3>Überschrift 3</h3>

   </td>
  </tr>
 </table>

 </td>
 </tr>
</table>
<!-- Außentabelle Ende -->
</body>
</html>
TEMPLATE_CM24;
?>
```

Steuerung des Layouts: cm24.css

Du siehst – wir beschränken uns auf eine minimale Tagauswahl. Wir hätten da u.a. <h1> bis <h3>, <p>, <div>, <ul> mit <li> im Angebot – und einen Kasten: <div class="kasten">. Als Zeichenformate sind <b> und <strong> im Einsatz. Mir ist klar, dass das nicht für alle Fälle ausreicht – aber wir fangen bescheiden an. Wenn du das Projekt durchschaust, kannst du es beliebig erweitern und an deine Bedürfnisse anpassen.

Von der CSS-Datei unter dem Pfad css/cm24.css zeige ich dir jetzt ein paar wichtige Ausschnitte. Du findest den aktuellen Stand des Projekts auch auf der CD-ROM, und zwar unter beispiele/kapitel13/cms1.

```css
/* Gesamtschrift und Gesamtrand festlegen */
body {
  font-family: Verdana, Arial, Helvetica, sans-serif;
  margin: 0px;
}

/* Überschrift 1 gestalten */
h1 {
  color: darkblue;
  font-size: 1.2em;
}

/* Tag b zusätzlich einfärben */
b {
  color: #7C580A;
}

/* Listenstil für Menüeintrag */
ul {
  list-style-image: url(karo.gif);
  font-size: 0.9em;
  line-height: 1.4;
  margin-left: 0.8em;
  padding-left: 0.8em;
}

/* Listenstil für verschachtelten Untermenüeintrag */
ul ul {
  list-style-image: url(reddot.gif);
  font-size: 1em;
  line-height: 1.4;
}
```

285

```
/* Gestaltung des rechts ausgerichteten Kastens */
div.kasten {
   font-size: 0.85em;
   margin-top: 10px;
   float: right;
   width: 150px;
   border-style: dotted;
   border-width: 2px;
   border-color: silver;
   padding: 3px;
}
```

Wie gut sind deine CSS-Kenntnisse? Als Einheit für die Schriftgröße benutze ich em – das ist eine relative Größeneinheit. 1em entspricht dabei der Standardgröße der Schrift. Durch kleine Schritte (z.B. 0.05-Schritte) kann ich die Schrift vergrößern bzw. verkleinern. Die Links für die Menüleiste habe ich mit kleinen Grafiken aufgepeppt. Die dazugehörigen Bildchen karo.gif und reddot.gif liegen im Ordner css bereit.

Auch die Hintergrundgrafik für das Menü binde ich per CSS ein. Und zwar mit Inline-CSS direkt in der index.php:

```
<td valign="top" width="190"
style="background-image: url('css/left.gif')">
```

Soweit zu den Raffinessen des Layouts. Den Projektstand findest du auf der CD-ROM unter beispiele/kapitel13/cms1.

Include-Datei und Variablen

Im nächsten Entwicklungsschritt (cms2) bindest du eine Include-Datei ein, im Beispiel die contentmaker.inc.php. Außerdem setzt du dort, wo sich die Inhalte der index.php dynamisch verändern werden, Variablen ein:

```
<?php
// Hier Include-Datei einbinden!
include "contentmaker.inc.php";
echo <<<TEMPLATE_CM24
<!DOCTYPE HTML PUBLIC "-//W3C//DTD HTML 4.01 Transitional//EN">
<html>
 <head>
  <title>{$title}</title>
.. usw. usf.
```

Für den Seitentitel nimmst du {$title} – wie eben gezeigt. Die Menü-
leiste soll in {$menu} und der Inhaltsbereich in {$content} gespeichert
werden. Die geschweiften Klammern sind zwar nicht unbedingt nötig, aber
ich habe sie wegen des Heredoc-Bereichs trotzdem verwendet:

```
<!-- Haupttabelle mit Linkleiste und Inhalt -->
  <table cellspacing="0" cellpadding="3" width="800">
   <tr>
    <td valign="top" width="190" style="background-↵
          image: url('css/left.gif')">
     {$menu}
    </td>
    <td valign="top">
     {$content}
    </td>
   </tr>
  </table>
```

Dieser Aufbau ist praktisch – auf diese Weise verbannst du allen unnötigen
Ballast aus der Templatedatei. Die eigentliche Programmierarbeit erfolgt in
der contentmaker.inc.php und ihren Modulen. Die index.php jedoch
kann nun auch ein Webdesigner gestalten, der von PHP keine Ahnung hat!

Etwas Planung für das System

Du hast eine neue, leere Datei namens contentmaker.inc.php erstellt
und im gleichen Ordner abgelegt? Notiere doch einmal Folgendes:

```
<?php
$title = "Seitentitel";
$menu = "Menüleiste";
$content = "Hauptinhalt";
?>
```

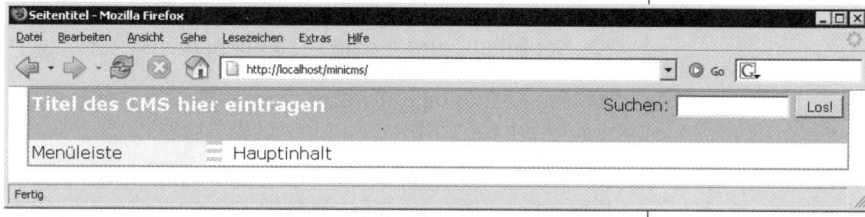

Wenn alles klappt, sieht es nun so aus wie in dieser Abbildung. Den aktuellen Stand findest du auch unter beispiele/kapitel13/cms2.

Seitentitel, Menüleiste und Hauptinhalt stehen also als Variablen zur Verfügung. Müssen wir eigentlich nur noch die Datenbanktabellen einrichten, die Links erzeugen und den jeweiligen Hauptinhalt einblenden. Kann doch nicht so schwer sein, oder? Ist es auch nicht!

Ein wenig Planung vorab

Aber damit nicht gleich am Anfang alles »aus dem Ruder läuft«, müssen wir planen. Wie sollen die Inhalte organisiert werden? Welche Features gehören in unser kleines CMS? Folgende Eigenschaften habe ich mir für unser System ausgedacht:

❖ Speichern aller Inhalte in einer Datenbanktabelle. Wenn der Besucher links auf den jeweiligen Link klickt, erscheint rechts der dazugehörige Inhalt.

❖ Ein auf zwei Ebenen ausgedehntes Menü mit Ober- und Unterpunkten.

❖ Als Kennung (URL-Parameter) für die Menüpunkte dient keine kryptische Zahl, sondern eine kurze, beschreibende Zeichenfolge wie home, news, kontakt usw. Der Link aus dem Menü übergibt dabei ?home, ?news usw. Das ist auch wesentlich suchmaschinenfreundlicher, als wenn wir gruselig lange Monster-URLs erzeugen würden.

❖ Dynamisches Einblenden von Kästen. Zu jedem Eintrag kann ein bestimmter Kasten im rechten Bereich gewählt werden. Muss aber nicht.

❖ Bildhochlader mit Bildverwaltung. (Das wird deine Aufgabe!)

❖ Einbinden der Bilder über geschweifte Klammern: So wird über den Eintrag {puppe.jpg} automatisch das entsprechende Bild aufgerufen.

❖ Komfortabler Administrationsbereich zum direkten Bearbeiten des Inhalts und der Kästen.

❖ Benutzerverwaltung mit Berechtigungen. Nicht jeder Nutzer darf auf jeden Bereich zugreifen!

Um Benutzerverwaltung und Adminbereich kümmern wir uns im nächsten Kapitel. Deshalb planen wir vorerst nur die folgenden Datenbanktabellen:

❖ Der Inhalt wird in einer Tabelle namens cm24_content gespeichert.

❖ Die Kästen lagern wir in einer Tabelle namens cm24_newsbox.

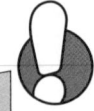

Alle zusammengehörigen Datenbanktabellen bekommen im Beispiel die Vorsilbe cm24_! Das ist praktisch, denn es ist wenig wahrscheinlich, dass derartige Tabellen schon in deiner Datenbank vorhanden sind.

Inhaltstabelle und Kästen

Nun denn, machen wir uns jetzt über die Inhaltstabelle und die Tabelle für die Kästen her! Zuerst zeige ich dir den SQL-Code für die Tabelle cm24_content:

```
CREATE TABLE cm24_content (
URLAnhang VARCHAR(20) PRIMARY KEY,
MenueName VARCHAR(20),
Ebene1 SMALLINT,
Ebene2 SMALLINT,
Seitentitel VARCHAR(50),
Content TEXT,
KastenNr SMALLINT
)
```

Interessant ist, dass wir diesmal das Feld *URLAnhang* zum Primärschlüssel machen. Schließlich wird dieser zur eindeutigen Kennung. Mit anderen Worten: Der URL-Anhang darf nur einmal vorkommen. Du merkst: Das Schlüsselfeld ist nicht nur auf Zahlen beschränkt!

Und wozu dienen die Felder *Ebene1* und *Ebene2*? Damit steuern wir, in welche Menüebene der entsprechende Datensatz eingegliedert werden soll. Das erste Feld steht für die jeweilige Hauptebene, z. B. 1, 2 oder 3. Die Sortierung erfolgt aufsteigend, die 1 steht also oben. Soll der Eintrag dagegen als Untermenü angezeigt werden? Dann tragen wir bei *Ebene2* einfach eine weitere Zahl ein. Auch hier steht eine 1 für den ersten Menüeintrag. Bei *Ebene1* notieren wir stets die dazugehörige Hauptebene.

Nun zeige ich dir den erfreulich kurzen Code der Tabelle cm24_newsbox. Diesmal dient die *KastenNr* als Schlüsselfeld. Übrigens: AUTO_INCREMENT ist dabei nicht nötig. Du willst die Zahl schließlich selber zuordnen können. Und keine Sorge! Das versehentliche Eintragen von zwei Datensätzen mit dem gleichen Schlüssel kann nicht klappen. Dafür sorgt schon MySQL!

```
CREATE TABLE cm24_newsbox (
KastenNr SMALLINT PRIMARY KEY,
KastenHead VARCHAR(20),
KastenText TEXT
)
```

Keine Lust zum Abschreiben? Du findest den SQL-Code für diese beiden Tabellen auch unter `beispiele/kapitel13/cms3` – und zwar in den Dateien `cm24_content.sql` und `cm24_newsbox.sql`.

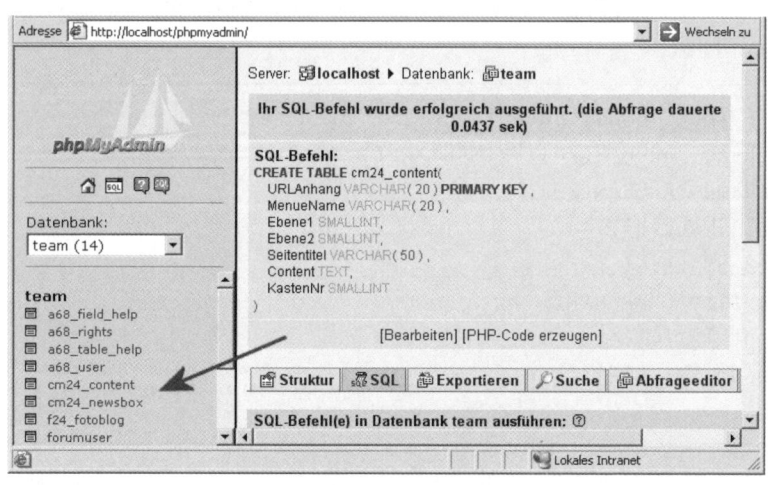

Dank der gleichen Vorsilbe stehen die beiden Datenbanktabellen direkt untereinander

Probedaten eintragen

Und jetzt machen wir es wie immer – trage zuerst ein paar Probedaten ein. Du musst keine Romane schreiben – ein paar Platzhalterdaten genügen. Die eigentlichen Inhalte fügst du sowieso erst später hinzu – über unseren komfortablen Admin-Bereich.

Ganz wichtig: Verpasse dem allerersten Eintrag den URL-Anhang home! Das verlangt unser Skript!

Arbeite auch mit verschiedenen Unterebenen. Erzeuge also die Ebenen 2.1, 2.2 usw. Denke stets an den *URLAnhang*, unseren Primärschlüssel. Beachte, dass du dort weder Umlaute noch Leer- oder Sonderzeichen verwenden darfst! Richte außerdem 2–3 Musterkästen ein. Denke an eine sehr kurze Überschrift und den möglichst kurzen Text. Vergib die *KastenNr*, im Beispiel also 1, 2 bzw. 3. Kurz: Erzeuge etwas Material zum Spielen!

Uff, keine Zeit zum Einrichten? Du bist ungeduldig und möchtest am liebsten schon losprogrammieren? Im Ordner `beispiele/kapitel13/cms4` habe ich dir schon ein paar fix und fertige Platzhalterdaten abgelegt. Spiele einfach den Inhalt der `cm24_content.sql` und `cm24_newsbox.sql` in phpMyAdmin ein.

Das Menü ensteht: ausklappbar!

Gleich geben wir die Inhalte aus – und zwar dynamisch! Dabei fangen wir mit dem Schwersten an: dem Menü. Doch vorher legen wir ein paar Konfigurationsvariablen fest und bereiten das System schon einmal vor.

Datenbankzugriff und Konfigurationsdatei

Vergleiche mit dem Fotoweblog aus dem vorigen Kapitel! Auch diesmal kommen die beiden Dateien `zugriff.inc.php` und `config.inc.php` zum Einsatz. Auch diesmal liegen sie im gleichen Ordner wie die Hauptdateien `index.php` bzw. `contentmaker.inc.php`. Schau dir zuerst die `zugriff.inc.php` an – entdeckst du die Ergänzung?

```php
<?php
$conn = @mysql_connect("$dbhost", "$dbuser", "$dbpassword")
or die("Verbindung zum Datenbankserver gescheitert!");
@mysql_select_db("$dbname", $conn) or die("Datenbankzugriff ↵
      gescheitert!");
?>
```

Richtig, wir arbeiten zusätzlich mit der Verbindungskennung `$conn`.

Wie im Vorgängerbuch schon erwähnt, gibt `mysql_connect()` auch eine Verbindungskennung zurück, eine Art »Handle« für die Verbindung mit dem Datenbankserver. Wir fangen dieses Handle auf und speichern es in der Variablen `$conn`. Mit diesem Handle können auch die Funktionen `mysql_select_db()` und `mysql_query()` arbeiten. Allerdings ist dieser Parameter nicht unbedingt nötig. Du brauchst ihn nur, wenn du dich mit mehreren Datenbankservern verbinden willst – für uns äußerst unwahrscheinlich. Der Grund, warum wir dieses Handle trotzdem verwenden, ist ganz einfach – beim Zusammenbau des Administrationsbereichs im letzten Kapitel verwenden wir eine spezielle Klasse zum Bearbeiten von Datenbanktabellen. Und genau die ist auf dieses Handle angewiesen.

Auch diesmal legen wir alle wichtigen Variablen an zentraler Stelle ab – und zwar in der `config.inc.php`. Hier tragen wir wieder die Zugriffsdaten für die Datenbankverbindung ein. Benutzerdaten benötigen wir im Vergleich zum Fotoweblog jedoch nicht, da wir die Benutzer später in einer separaten Datenbanktabelle verwalten werden.

Hinzugekommen ist jedoch eine Variable namens `$fulltree`. Wenn du sie auf 1 setzt, wird stets ein voller Navigationsbaum angezeigt. Schaltest du sie dagegen auf 0, klappen die Untermenüs nur nach Bedarf herunter.

Und hier nun der Quelltext der `config.inc.php`.

```php
<?php
$dbname = "team"; // Name der Datenbank
$dbhost = "localhost"; // Datenbankhost, meist localhost
$dbuser = "root"; // Benutzername für MySQL
$dbpassword = ""; // Passwort für MySQL


$fulltree = 1;
?>
```

Bereite außerdem noch zwei weitere Module vor. Wir benötigen zwei zusätzliche Include-Dateien, die wir vorerst mit Platzhaltern füllen.

≫ Richte eine Datei ein namens `contentshow.inc.php` und lege sie im gleichen Ordner ab. Dort bauen wir später die Ausgabe des Inhalts zusammen. Trage vorerst Folgendes ein:

```php
<?php
$content = "<p>Hier wird der Inhalt ausgegeben!</p>";
?>
```

≫ Erzeuge weiterhin eine Datei namens `searchshow.inc.php`. Diese wird – du ahnst es schon – unser Suchskript aufnehmen. Vorerst jedoch soll sie so aussehen:

```php
<?php
$content = "<p>Suchskript eingebunden.</p>";
?>
```

So erzeugst du das Klappmenü

Doch jetzt geht's los! Wir erzeugen das Klappmenü! Wir haben die Variable `$fulltree` schließlich nicht umsonst vorbereitet. Auf Wunsch kannst du die Unterebenen verstecken oder hervorholen. Außerdem soll der jeweils aktive Link nicht mehr als Link dargestellt, sondern hervorgehoben werden.

Wie du siehst, wird unser Menü wirklich ein kleines Meisterstück:

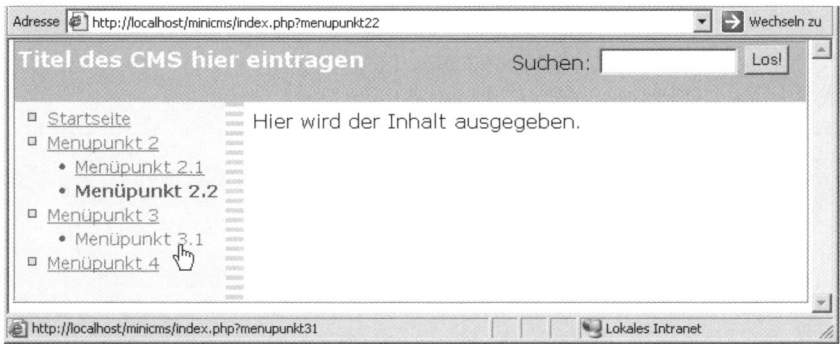

Gut erkennbar ist der URL-Anhang in Adressezeile und Statusleiste

Und tatsächlich ist der entsprechende Quelltext fast das Komplizierteste am ganzen CMS. Ich zeige dir gleich den kompletten PHP-Code der `contentmaker.inc.php` – und zwar auf den nächsten beiden Seiten. Blättere ruhig schon einmal um und dann wieder hierher zurück!

Die contentmaker.inc.php im Überblick

Zuerst binden wir die beiden eben besprochenen Konfigurationsdateien ein: die `config.inc.php` und die `zugriff.inc.php`. Danach fangen wir den URL-Anhang auf, also das nach dem ?. Das gelingt über die Server-Variable `$_SERVER['QUERY_STRING']`. Gespeichert wird dieser Anhang in der Variablen `$getAnhang`. Vorher jedoch muss der Inhalt aus der `$_SERVER['QUERY_STRING']` einen strengen Test bestehen! Selbst schwere `preg_match()`-Geschütze fahren wir dabei wieder auf! Das dient einfach nur als Schutz vor Scherzbolden, die versuchen, irgendwelche Sicherheitslücken zu finden und mit gefälschten URL-Parametern Schaden anzurichten. Nicht mit uns, Leute!

Als Rückfallebene bekommt `$getAnhang` den Wert home. Und zwar sowohl bei Manipulationen als auch, wenn `$_SERVER['QUERY_STRING']` noch nicht existiert. Dadurch rufen wir auf jeden Fall die Startseite auf. Denn dieser hatten wir am Anfang nicht umsonst den URL-Anhang home verpasst. Danach initialisieren wir die drei Ausgabevariablen, und zwar für das Menü, den Seitentitel und den eigentlichen Inhalt. Das Menü starten wir schon einmal mit `<ul>`, schließlich soll es eine Liste werden.

Dann prüfen wir, ob das Suchenfeld (*search*) ausgefüllt und abgeschickt wurde. Wenn ja, ruft das Skript die `searchshow.inc.php` auf und setzt für `$getAnhang` einen Leerstring ein. Die Variable `$getAnhang` ist nicht leer? Dann wählt der nächste Abschnitt den aktiven Datensatz aus.

Von diesem aktuellen Datensatz interessiert uns vor allem der Wert für Ebene1. Diesen fragen wir ab und speichern ihn in $aktiv_Ebene1.

Ich zeige dir jetzt den bisherigen Stand der contentmaker.inc.php. Die restlichen Details besprechen wir auf der nächsten Seite.

```php
<?php
include_once "config.inc.php";
include_once "zugriff.inc.php";
// Query-String auffangen und überprüfen
if (isset($_SERVER['QUERY_STRING'])) {
  $getAnhang = trim($_SERVER['QUERY_STRING']);
} else {
  $getAnhang = "home"; // Startseite aufrufen
}
$muster = "|^[a-zA-Z0-9_-]+$|";
if (preg_match($muster, $getAnhang) == 0) {
  $getAnhang = "home"; // Startseite aufrufen
}

// Ausgabevariablen initialisieren
$menu = "<ul>"; // Liste beginnen
$title = "";
$content = "";

// Suchen-Feld wurde ausgefüllt?
if (isset($_GET['search'])) {
  include_once "searchshow.inc.php";
  $getAnhang = ""; // wird gleich abgefragt!
}

// aktiven Datensatz auswählen
if (!empty($getAnhang)) {
  $sql1 = "SELECT * FROM cm24_content WHERE
URLAnhang = '$getAnhang'";
  $aktiv_result = mysql_query($sql1, $conn);
  $aktiv_row = @mysql_fetch_assoc($aktiv_result);
  $aktiv_Ebene1 = $aktiv_row['Ebene1'];
  include_once "contentshow.inc.php";
} else {
  $aktiv_Ebene1 = "";
}
```

```php
// Hier entsteht das Menü, alle Datensätze auswählen
// und nach Ebene1 und dann nach Ebene2 sortieren!
$sql2 = "SELECT * FROM cm24_content ORDER BY Ebene1, Ebene2";
$menu_result = mysql_query($sql2, $conn);
// Diese Schleife erzeugt die Ober- und Untereinträge
while ($menu_row = @mysql_fetch_assoc($menu_result)) {
  // Zuerst Untereinträge erzeugen
  if ($menu_row['Ebene2'] &&
  ($fulltree || $menu_row['Ebene1'] == $aktiv_Ebene1)) {
    // Menüpunkt aktiv?
    if ($menu_row['URLAnhang'] == $getAnhang) {
      $menu .= "<ul><li><b>{$menu_row['MenueName']}" .
      "</b></li></ul>\n";
    } else {
      $menu .= "<ul><li><a href='?{$menu_row['URLAnhang']}'>" .
      "{$menu_row['MenueName']}</a></li></ul>\n";
    }
  }
  // Dann Obereinträge erzeugen
  if ($menu_row['Ebene1'] && !$menu_row['Ebene2']) {
    // Menüpunkt aktiv?
    if ($menu_row['URLAnhang'] == $getAnhang ) {
      $menu .= "<li><b>{$menu_row['MenueName']}" .
      "</b></li>\n";
    } else {
      $menu .= "<li><a href='?{$menu_row['URLAnhang']}'>".
      "{$menu_row['MenueName']}</a></li>\n";
    }
  }
}
$menu .= "</ul>"; // Liste abschließen

?>
```

Wir waren stehen geblieben bei der Auswahl des aktiven Datensatzes. Der Rest der Musik spielt in der contentshow.inc.php – hier setzen wir nachher die Ausgabe des kompletten Eintrags zusammen. Doch nun endlich zum Menü!

Das Menü selber benötigt eine weitere SQL-Abfrage, und zwar eine, die alle Datensätze ausliest. Diese Abfrage sortiert alle Datensätze aufsteigend nach *Ebene1* bzw. dann auch nach *Ebene2*. Dadurch bekommen wir auf jeden Fall die richtige Reihenfolge hin!

Die einzelnen Menüeinträge ordnen wir nun zu durch eine raffinierte Kombination von if-Abfragen. Untereinträge dürfen nur erscheinen, wenn ein Wert bei *Eintrag2* vorgefunden wurde. Außerdem muss unser Schalter $fulltree auf 1 stehen oder der ausgewählte Untereintrag muss zu einem gerade aufgerufenen Haupteintrag gehören.

```
// Zuerst Untereinträge erzeugen
if ($menu_row['Ebene2'] &&
($fulltree || $menu_row['Ebene1'] == $aktiv_Ebene1)) {
```

Beachte das runde Klammernpaar, welches ich um die beiden Bedingungen $fulltree || $menu_row['Ebene1'] == $aktiv_Ebene1 herumgewickelt habe. Dadurch werden diese beiden Bedingungen als zusammengehörig gekennzeichnet. Ohne dieses Klammernpaar dagegen würde das Menü Amok laufen! Probiere es einfach mal aus!

Danach erzeugen wir endlich die Menüeinträge. Natürlich prüfen wir auch den Fall, dass der Menüpunkt aktiv ist, also ausgewählt. Denn dann soll kein Link entstehen, sondern nur eine Hervorhebung mit <b></b>:

```
// Menüpunkt aktiv?
if ($menu_row['URLAnhang'] == $getAnhang ) {
```

Ansonsten jedoch erzeugen wir einen Hyperlink, welcher den entsprechenden URL-Anhang des jeweiligen Datensatzes übergibt:

```
$menu .= "<ul><li><a href='?{$menu_row['URLAnhang']}'>" .
"{$menu_row['MenueName']}</a></li></ul>\n";
```

Damit die Untereinträge auch wirklich Untereinträge werden, bekommen sie zusätzlich das Tagpaar <ul></ul> spendiert. Schließlich benötigen wir diese Verschachtelung, um mit CSS ein unterschiedliches Layout für Ober- bzw. Untereinträge hinzukriegen. Das Erzeugen der Obereinträge erfolgt analog – dabei müssen nicht ganz so viele Bedingungen geprüft werden.

Du blickst da trotz meiner Erklärungen nicht so ganz durch? Probieren geht über Studieren! Versuche, das Menü selber aufzubauen. Setze die einzelnen if-Abfragen Schritt für Schritt zusammen und beobachte, was passiert. So habe ich es übrigens auch gemacht – Versuch und Irrtum ist manchmal einfach die beste Methode!

Uff! Damit ist das System durchaus schon lauffähig. Statt des Datensatzes erscheint immerhin der Platzhalterstring *Hier wird der Inhalt dargestellt.* Und auf das Abschicken des Suchformulars reagiert das System ebenfalls! Den bisherigen Sachstand findest du im Ordner cms5.

Anzeigen der Inhalte

Jetzt kommt der leichtere Teil der Übung. Lies die Inhalte aus. Zeige die Kästen an und blende die Grafiken ein.

Quellcode der contentshow.inc.php

Zuerst zeige ich dir den Aufbau der Datei contentshow.inc.php: Ich habe mit Kommentaren gearbeitet, um dir das Verständnis zu erleichtern.

```php
<?php
$title = $aktiv_row['Seitentitel']; // Seitentitel speichern
$acticon = $aktiv_row['Content']; // Variable für Content
// Den dazugehörigen Kasten ermitteln, falls vorhanden
if ($aktiv_row['KastenNr']) {
  $sql3 = "SELECT * FROM cm24_newsbox WHERE KastenNr =
{$aktiv_row['KastenNr']}";
  $kasten_result = mysql_query($sql3, $conn);
  $kasten_row = @mysql_fetch_assoc($kasten_result);
  // Kasten in $content speichern
  $content .= "<div class='kasten'>
<b>{$kasten_row['KastenHead']}</b><br>
{$kasten_row['KastenText']}</div>";
}
// Bild-Platzhalter finden und durch Bild ersetzen
// Dabei auch die Maße mit auslesen!
preg_match_all("|{(.*?)}|", $acticon, $bildfund);
foreach($bildfund[1] as $bildname) {
  if (file_exists("bilder/{$bildname}")) {
    $img_array = GetImageSize("bilder/{$bildname}");
    $bildstring = "<p><img src='bilder/{$bildname}'
$img_array[3] alt='{$bildname}'></p>";
  } else {
    $bildstring = "<b>{Bild $bildname nicht vorhanden!}</b>";
  }
  $muster = "|{($bildname)}|";
  $acticon = preg_replace($muster, $bildstring, $acticon);
} // Inhalt ist nun komplett:
$content .= $acticon;
?>
```

13

Der erste Teil des Codes ist nicht weiter kompliziert. Ich lese den Seitentitel aus und speichere diesen in der Variablen $title. Außerdem sichere ich auch den ausgelesenen Inhalt in der handlicheren Variable $acticon.

Danach ermittle ich, ob zum jeweiligen Eintrag auch ein Kasten gehört. Wenn ja, werden die entsprechenden Werte abgefragt und ganz zuoberst in $content abgelegt. Dank des CSS-Stils *kasten* <div class='kasten'> rutscht dieser Kasten automatisch an den rechten Rand. Dafür sorgt die Angabe float: right in der Stildefinition der cm24.css.

Das Auslesen der Grafiken

Die wahre Raffinesse steckt jedoch im zweiten Teil des Codes. Schließlich hatten wir festgelegt, dass Grafiken per {Grafikname.end} in den Code eingebunden werden können. Du möchtest die Datei puppe.jpg anzeigen? Schreibe einfach {puppe.jpg}! Außerdem gilt, dass alle Abbildungen im Unterordner bilder liegen.

Doch dann konnte ich mich nicht beherrschen und habe in der zweiten Hälfte des Codes so ein kompliziertes Ding zusammengesetzt. Ganz offen: Eigentlich hätte folgender Code vollkommen genügt:

```
$acticon = preg_replace("|{(.*?)}|",
"<p><img src='bilder/\$1' alt='\$1'></p>", $acticon);
```

Ich brauche die Zeichenkette ja nur mit preg_replace() nach geschweiften Klammern zu durchsuchen und diese samt deren Inhalt durch ein entsprechendes <img>-Tag zu ersetzen. Reicht aus! Mein Ehrgeiz war jedoch: Ich wollte auf jeden Fall die Maße mit einbinden. Außerdem wäre es nicht schlecht, wenn bei nicht vorhandenem Bild auch gleich eine Fehlermeldung ausgegeben würde. Und genau das leistet meine zugegeben recht knifflige Fassung:

Das eingebundene Bild ist nicht vorhanden? Dann gibt das Skript eine Fehlermeldung aus!

Ich arbeite mit `preg_match_all()` und lese zuerst einmal alle Bildnamen aus. Diese landen dann in einem Array namens `$bildfund[1]` – ideal für das Auslesen per Schleife. Dann prüfe ich, ob die entsprechende Datei im Ordner `bilder` überhaupt existiert. Wenn nicht (`else`-Zweig), erzeuge ich schon einmal die Fehlermeldung *{Bild Soundso nicht vorhanden!}* und speichere diese in `$bildstring`. Ansonsten lese ich per `GetImageSize()` die Bildgröße aus und lege das fix und fertig vorbereitete `<img>`-Tag mit allem Drumherum in `$bildstring` ab.

> Du möchtest dein Bild anders positionieren – beispielsweise nicht in einem Absatz ablegen wie im Beispiel? Dann brauchst du nur den Code hinter dem ersten Vorkommen von `$bildstring` anzupassen!

Dann erst kann `preg_replace()` aktiv werden und das jeweilige Bild finden. Die Funktion bekommt von mir als Suchmuster den jeweiligen Bildnamen mit auf den Weg. Als Ersetzungsstring wähle ich die eben zusammengesetzte Variable `$bildstring`.

Die Suchfunktion

Fehlt nur noch die Suchfunktion, aber die ist vergleichsweise einfach. Wir durchsuchen einfach die Datenbanktabelle `cm24_content` nach Übereinstimmung mit dem Suchbegriff. Dabei genügen uns die Felder *Seitentitel* und *Content*! In Bruchteilen von Sekunden ermittelt das Skript die passenden Fundstellen und stellt sie untereinander als Links dar:

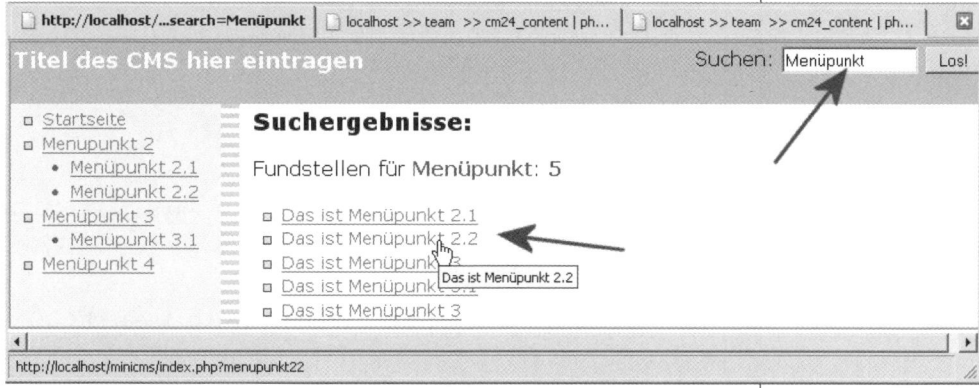

Vorher fahren wir allerdings noch ein paar Tests. Außerdem bereinigen wir die Datenbankeinträge von HTML-Tags, damit diese bei der Suche nicht stören.

Quellcode der searchshow.inc.php

Hier präsentiere ich dir den Quellcode der Suchdatei.

```php
<?php
$search = $_GET['search'];
$search = trim($search);
$muster = "|^[a-zA-Z0-9äöüß: ./@]+$|i";
$content .= "<h1>Suchergebnisse:</h1>";
if (strlen($search) < 3) {
  $content .= "<p>Das Suchwort muss <b>mindestens drei ↵
      Zeichen</b> enthalten.</p>";
} elseif (preg_match($muster, $search) == 0) {
  $content .= "<p>Der Suchbegriff ist ungültig!</p>";
} else {
  $sql4 = "SELECT * FROM cm24_content WHERE Content ↵
      LIKE '%$search%' ORDER BY Ebene1, Ebene2";
  $result4 = mysql_query($sql4);
  $gesamt = 0;
  $fund = "<ul>";
  while ($s_row = @mysql_fetch_assoc($result4)) {
    $pos0 = stristr(strip_tags($s_row['Seitentitel']), ↵
      $search);
    $pos1 = stristr(strip_tags($s_row['Content']), $search);
    if ($pos0 || $pos1) {
      $fund .= "<li><a href='?{$s_row['URLAnhang']}' ↵
title='{$s_row['Seitentitel']}'>{$s_row['Seitentitel']}↵
</a></li>";
      $gesamt++;
    }
  }
  $fund .= "</ul>";

  if ($gesamt < 1) {
    $content .= "<p>Leider haben wir <b>keine</b> ↵
passenden Einträge für <b>$search</b> gefunden.</p>";
  } else {
    $content .= "<p>Fundstellen für <b>$search</b>: ↵
<strong>$gesamt</strong></p>" . $fund;
  }
}
?>
```

Aus Sicherheitsgründen bereinigen wir vorab das Suchergebnis. Zu kurze Suchwörter haben genauso wenig eine Chance wie exotische Zeichen – dank `preg_match()`. Dann führen wir eine Datenbankabfrage durch, und zwar mit dem Operator `LIKE`. Diesen Operator mit den Platzhalterzeichen % hatte ich dir im ersten Band ja schon vorgestellt. Es muss keine exakte Übereinstimmung geben. Das Suchwort kann auch als Wortbestandteil vorkommen. Danach gehen wir alle Zeilen der Datenbanktabelle durch. Hier kommt die Funktion `stristr()` mit folgender Syntax zum Einsatz:

```
string stristr(string haystack, string needle)
```

Genau wie `strstr()` sucht sie eine »Nadel im Heuhaufen« und gibt bei Nichterfolg `false` zurück. Im Gegensatz zu ihrer »i-freien« Schwester kümmert sich `stristr()` aber nicht um Groß- oder Kleinschreibung. Außerdem verwenden wir `strip_tags()`, um etwaige, störende HTML-Tags aus den Datenbankeinträgen zu entfernen. Bei einem Fund setze ich den Link zusammen, bei Misserfolg wird der Benutzer informiert.

Der bisherige Sachstand liegt unter `beispiele/kapitel13/cms6`.

Zusammenfassung

Finale, Teil 1! Du hast vorhandenes Wissen gefestigt und nur wenig Neues dazugelernt. Hier fasse ich die »Neuigkeiten« noch einmal zusammen:

❖ Du kennst den Nutzen eines gut aufgebauten Templates. Versuche, Layout und Programmierung soweit wie möglich zu trennen.

❖ Du weißt, dass Primärschlüssel nicht nur auf Zahlen beschränkt sind. Auch Zeichenfolgen können zum `PRIMARY KEY` gemacht werden.

❖ Du weißt, das `mysql_connect()` eine Verbindungskennung für die Datenbankverbindung zurückgibt, eine Art Handle. Du kannst diese Kennung in einer Variablen auffangen, z.B. in `$conn`.

❖ Du kennst die Server-Variable `$_SERVER['QUERY_STRING']`, mit der du den Wert des URL-Anhangs auslesen kannst.

❖ Du hast ein Klappmenü programmiert und dabei erfahren, dass Probieren oft der einzige Weg ist, um ans Ziel zu kommen.

❖ Du hast im Zusammenhang mit der Suche die Funktion `stristr()` kennen gelernt. Sie durchsucht eine Zeichenkette nach einem String oder einzelnen Zeichen und gibt bei Misserfolg *false* zurück. Groß- und Kleinschreibung werden nicht unterschieden – ganz im Gegensatz zu `strstr()`.

13

Ein paar Fragen

Frage 1: Welche Content-Management-Systeme kennst du? Tipp: Einige liegen auf der Buch-CD zum Ausprobieren für dich bereit!

Frage 2: Worauf sollte man beim Planen des Templates möglichst achten?

Frage 3: Welche Funktion ermittelt die Länge eines Strings?

... und ein paar Aufgaben

Großes Finale, da machen alle mit! Ich stelle dir drei Aufgaben. Beim nächsten Kapitel kommen wir vor allem auf die Lösung der zweiten bzw. dritten Aufgabe zurück!

1. Du willst ein Bild über die geschweiften Klammern einfügen? Sorge dafür, dass du auch einen individuellen Alternativtext festlegen kannst, also das, was hinter dem Attribut `alt` (und `title`) notiert wird:
`<img src="Bildname.end" alt="Text" title="Text">`
Ändere unser Symboltag so, dass der Nutzer dort auch einen Alternativtext notieren kann, und zwar nach einem Komma. So soll es aussehen:
`{puppe.jpg,Hier Alternativtext eintragen}`. Dieser zweite Teil nach dem Komma soll, falls vorhanden, automatisch zum Alternativtext (und zum Wert des Attributs `title`) umgebaut werden. Der Alternativtext soll nur eine Zusatzoption sein. Tipp: Bearbeite die Datei `contentshow.inc.php`, denke vor allem an die Funktion `explode()`!

2. Hast du Aufgabe 3 von Kapitel 11 geschafft? Blättere zur Seite 255 und

lies dort nach. Baue das Skript nun aus zur Bilderverwaltung: Taufe die Datei um in `upload.php` und lege sie in einen neu einzurichtenden Unterordner namens `backend`. Verbinde die Datei außerdem mit dem Stylesheet aus der `cm24.css`. Beachte die Pfade – die musst du dafür anpassen!

3. Folgendes soll dieses Skript zusätzlich leisten: Es soll dir über jeder Abbildung den entsprechenden Bildnamen und die Maße der Grafik zeigen. Außerdem soll es dir die Möglichkeit bieten, Bilder gezielt durch Links wieder zu löschen.

Passe unsere Bildverwaltung so an, dass wir sie ins CMS eingliedern können. Lege sie dafür in einen separaten Unterordner.

14

Frontend oder Backend? CMS administrieren!

Begeistert, wie weit wir schon gekommen sind? Das CMS funktioniert prächtig! Doch willst du deine Datensätze ewig über phpMyAdmin bearbeiten? Sicher nicht! Content-Management-Systeme leben vom Komfort und von ihrer Community! In diesem Kapitel kümmern wir uns um beides.

Zum einen stricken wir den Administrationsbereich – damit du die Einträge bequem über das Web bearbeiten und die Bilder hochladen kannst. Zum anderen programmieren wir sogar eine Nutzerverwaltung. So können auch andere lustig an unserem CMS herumschrauben. Damit diese es aber nicht gar zu bunt treiben, legen wir Berechtigungen fest. Constanze darf nur in die Bücherecke und Michel bekommt lediglich Zugriff auf die Linkliste.

Und das alles haben wir in diesem Kapitel vor:

◉ Einrichten der Datenbanktabellen für die Nutzerverwaltung

◉ Programmieren des Loginmoduls mit Sessions

◉ Einbinden einer Klasse zur Tabellenbearbeitung

◉ Umbauen des Frontends für die Direktbearbeitung der Datensätze

◉ Und eine Überraschung – aber ich verrate nichts!

14

Hinter den Kulissen: Das Backend

Backend und Frontend – an diese Bezeichnungen konnte ich mich nur schwer gewöhnen. Dabei ist alles ganz einfach: Das Frontend ist das, was der Besucher sieht. Hinter dem Backend jedoch verbirgt sich das, was er nicht sehen soll – die Verwaltung des CMS. Und damit nicht jeder so einfach »hinter die Kulissen« schaut, schützen wir unser System mit Passwort!

Verwaltungs- und Berechtigungssystem

Doch was wollen wir überhaupt erreichen? Planen, planen, nochmals planen heißt die Devise – auch bei unserer letzten Etappe. Folgendes habe ich mir ausgedacht:

◆ Wir erstellen ein System, mit dem du bequem alle Datenbanktabellen bearbeiten kannst: den Inhalt, die Newskästen, die Nutzer und die Berechtigungen. Praktisch ein maßgeschneidertes Mini-phpMyAdmin, nur viel besser.

◆ Dabei teilen wir die Verwaltung in drei Bereiche auf: Datenbankbearbeitung, Bildverwaltung mit Hochlademodul und die Möglichkeit der Direktbearbeitung im Frontend.

◆ Damit nicht jeder in das System hinein kann, erstellen wir ein Einloggmodul – mit Sessions. Nach dem Einloggen geht es allerdings so zu wie im »wirklichen Leben« – nicht alle Nutzer sind gleich. Nur Administratoren bekommen den Vollzugriff auf alle drei Bereiche. Einfaches »Fußvolk« muss sich mit dem Zugriff auf das Frontend begnügen.

> Diese Berechtigungsstufen drücken wir mit Ganzzahlen aus. Eine 3 steht für den Vollzugriff auf alle drei Bereiche. Die 2 bedeutet, dass der Nutzer nur auf das Frontend und auf die Bildverwaltung zugreifen kann. Die 1 dagegen beschränkt die Nutzung ganz und gar auf das Frontend.

◆ Auch im Frontend kann sich der eingeloggte Besucher nicht nach Lust und Laune austoben. Auch hier gilt: Nur Administratoren (Berechtigungsstufe 3) können alle Datensätze bearbeiten. Alle mit Berechtigungsstufe 2 oder kleiner dürfen nur die Datensätze bearbeiten, die wir für sie freigegeben haben.

Datenbanktabellen für Userverwaltung

Höchste Zeit, nun die entsprechenden Datenbanktabellen für unsere Nutzer einzurichten. Wir taufen sie:

◆ `cm24_user` – in dieser Tabelle notieren wir die Nutzer und weisen ihnen eine der drei Berechtigungsstufen zu.

◆ `cm24_rights` – mit dieser Tabelle steuern wir den Zugriff auf die jeweiligen Datensätze.

Zuerst richtest du die `cm24_user` ein. Bei dieser Gelegenheit legst du gleich einen provisorischen Administratoraccount an. Denn irgendwie musst du am Anfang ja in das System hineingelangen! Der nun folgende SQL-Quellcode verbindet daher gleich zwei Befehle – durch Semikolon getrennt. Keine Sorge, phpMyAdmin kann damit umgehen:

```
CREATE TABLE cm24_user (
user VARCHAR(15) PRIMARY KEY,
pw VARCHAR(50),
rights TINYINT
);
INSERT INTO cm24_user VALUES ('admin',
'5f6d416719d7ddc42c64c564973df005', 3);
```

Unser Administrator heißt *admin* – wie einfallsreich! Als Passwort habe ich *cms24* gewählt. Diese Werte dienen nur zu Testzwecken – auf dem Webserver beim Dienstleister solltest du sie dringend ändern!

> Das Passwort speichern wir wieder als MD5-Wert ab. Wir hatten uns über diese raffinierte Verschlüsselungstechnik ja schon im ersten Drittel des Buchs unterhalten.

Damit es nicht zu stressig wird, habe ich mich bei dieser Datenbanktabelle auf drei Felder beschränkt. Für deine eigenen Projekte kannst du gerne weitere Felder hinzufügen – beispielsweise für den vollen Namen mit Anschrift, die E-Mail-Adresse, Notizen usw.

Eine Nachschlagetabelle erstellen

Bei unserer nächsten Datenbanktabelle wird es ganz verrückt. Hier treiben wir den Minimalismus auf die Spitze. »Mit wenigen Pinselstrichen große Kunst schaffen« – so lautet das Motto in der Malerei.

Auf unser Projekt übertragen heißt es: »Mit möglichst wenig Code viel Nutzen erzeugen«. Schau dir diesen Code einfach mal an:

```
CREATE TABLE cm24_rights (
URLAnhang VARCHAR(20) NOT NULL,
user VARCHAR(15) NOT NULL,
PRIMARY KEY (URLAnhang, user)
)
```

NOT NULL ist nötig, um Fehlermeldungen bei Schlüsselfeldern zu unterdrücken!

Die Tabelle besitzt gleich zwei Besonderheiten. Zum einen: Es gibt einen Primärschlüssel, der über mehrere Spalten reicht. Dafür sorgt die letzte Zeile im Code. Durch diesen »Doppelschlüssel« ist es nicht möglich, dass zweimal die gleiche Kombination von *URLAnhang* und *user* auftaucht.

Zum anderen kommen wir mit nur zwei Feldern aus und erzeugen trotzdem ein tolles Berechtigungssystem. Jedes dieser Felder entspricht einem Schlüsselfeld in einer anderen Tabelle. *URLAnhang* ist der Primärschlüssel der cm24_content. Dieser Anhang »charakterisiert« schließlich den jeweiligen Eintrag. Und *user* ist das Schlüsselfeld der eben eingerichteten Nutzertabelle cm24_user. So können wir bequem zuordnen, welcher User (Feld user) Zugriff auf welchen Datensatz (Feld URLAnhang) erhält. Man spricht dabei auch vom *Fremdschlüssel, Foreign Key*. Wir tragen nun einfach die entsprechenden Kombinationen in die Tabelle ein – z. B. so:

URLAnhang	user
buchecke	conny72
linkliste	michelM
home	TamaraWeber
news	TamaraWeber
news	sandmann

Auf diese Weise können wir einem Datensatz sogar mehrere »Redakteure« (User) zuordnen. Auch jeder Nutzer kann Zugriff auf viele Datensätze erhalten. Es ist eine klassische m:n-Beziehung, eine *Viele-zu-viele*-Beziehung. Beim Programmieren der Zugriffsberechtigung »schlagen« wir einfach in der Tabelle nach und prüfen: Ist der entsprechende Benutzer berechtigt, die jeweilige Seite zu bearbeiten? *Nachschlagetabellen* heißen solche Gebilde!

Diese Technik ist weit effektiver, als wenn du die Usertabelle mühselig um mehrere Spalten erweitern würdest. Nur um dort die jeweiligen URL-Anhänge unterzubringen und um irgendwann zu merken, dass die vorab geplante Spaltenzahl bei Weitem nicht ausreicht.

Du findest den SQL-Code auch unter beispiele/kapitel14/cms1.

Loginmodul mit Berechtigung

Bauen wir nun das Backend zusammen. Den entsprechenden Ordner namens backend hattest du ja schon im Übungsteil des vorigen Kapitels erstellt. Wenn nicht, holst du es fix nach. Der gesamte »Verwaltungskram« und das Einloggmodul sollen in diesem Ordner Platz finden.

Loginmodul wiederverwerten und anpassen

Apropos Einloggmodul – kommt dir das Thema nicht irgendwie bekannt vor? Wir haben doch schon ein prima Loginskript erstellt – in Kapitel 4. Wir nehmen die erste Fassung (Seite 98 bis 106) und biegen es auf unsere Verhältnisse zurecht. Freue dich also auf ein Wiedersehen mit folgenden fünf Dateien: login.php, loginmaker.inc.php, logoffmaker.inc.php, sessionheader.inc.php und umleitung.php. Natürlich müssen wir diese Dateien noch etwas »tunen«. Lediglich die logoffmaker.inc.php und evtl. noch die sessionheader.inc.php kommen ungeschoren davon. Zur Erinnerung: In letzterer Datei steuerst du, ob die Session-IDs nur über Cookies oder auch als URL-Parameter weitergegeben werden soll.

> Als allererste Maßnahme benennst du die login.php in index.php um. Auf diese Art machen wir das Einloggmodul zur Hauptdatei unseres backend-Ordners. Du brauchst dann einfach nur *www.cmsadresse.de/backend* einzutippen – schon erscheint diese Logindatei.

Das bedeutet auch eine kleine Änderung in der umleitung.php, also in der Datei, die unberechtigte Besucher stets zur Startseite zurückträgt. Ändere den Link ab wie folgt, setze bei href einfach index.php ein:

```
<p><a href="index.php">Bitte logge dich hier ein!</a></p>
```

Die sessionheader.inc.php zeige ich dir auch noch einmal, damit du vergleichen kannst. Denn im Beispiel sollten auf jeden Fall nur Cookies zugelassen werden. Der Grund: Irgendwelche zusätzlichen URL-Anhängsel würden die Anzeige im Frontend stören.

```php
<?php
ini_set("session.use_cookies", 1);
ini_set("session.use_only_cookies", 1);
ini_set("session.use_trans_sid", 0);
session_start();
?>
```

Quelltext der loginmaker.inc.php

Unten präsentiere ich dir den leicht veränderten Quelltext der Datei
loginmaker.inc.php. Zum einen fragen wir nun die Datenbanktabelle
cm24_user ab – diesen Wert musste ich also ersetzen. Zum anderen wollen wir auch den Benutzernamen und die Berechtigungsstufe in unserer
Session speichern.

Das ist aber kein Problem – ich muss diese Werte lediglich zusätzlich aus
der Datenbanktabelle auslesen und in der Session ablegen. Dafür kommen
die Variablen $_SESSION['user'] und $_SESSION['rights'] zum
Einsatz. Hier also die komplette Datei. Die eben erwähnten Änderungen
bzw. Ergänzungen habe ich hervorgehoben:

```php
<?php
if (!empty($_POST['user']) && !empty($_POST['pw'])) {
  if (SID != "") { // SID ungleich Leerstring
    $status = "Bitte schalte Cookies ein!";
  } else {
    $muster="/^[a-zA-Z0-9-_.]{5,15}$/";
    $user = trim($_POST['user']);
    $pw = trim($_POST['pw']);
    if (preg_match($muster, $user) == 0) {
      $status = "Das ist kein gültiger Username. ";
    }
    if (preg_match($muster, $pw) == 0) { // Passwort-Check
      $status .= "Das ist kein gültiges Passwort.";
    } else {
      $pw = md5($pw);
    }
    if (empty($status)) {
      $loginsql = "SELECT * FROM cm24_user WHERE ⏎
        user='$user' AND pw='$pw'";
      $result = mysql_query($loginsql);
      if (mysql_num_rows($result) == 1) {
        $_SESSION['login'] = true;
        $status = "Du bist eingeloggt als ⏎
          <strong>$user</strong>!";
        $loginrow = mysql_fetch_assoc($result);
        $_SESSION['user'] = $loginrow['user']; // Nutzername
        $_SESSION['rights'] = $loginrow['rights'];
      } else {
```

```
                $_SESSION['login'] = false;
                $status = "Einloggdaten nicht korrekt!";
            }
        }
    }
}
?>
```

Die meisten Veränderungen musste zweifelsohne die Datei `login.php` alias `index.php` über sich ergehen lassen. Das schauen wir uns jetzt an!

Quelltext der index.php

Und so sieht die neue `index.php` aus. Lasse sie erstmal auf dich wirken!

```
<?php
$status = "";
include "sessionheader.inc.php";
include "../config.inc.php";
include "../zugriff.inc.php";
if (isset($_SESSION['login']) && $_SESSION['login'] === true) {
  $status = "Status: eingeloggt - <a href='index.php?logoff=1'>
    Ausloggen?</a> ";
}
include "loginmaker.inc.php";
include "logoffmaker.inc.php";
?>
<!DOCTYPE HTML PUBLIC "-//W3C//DTD HTML 4.01 Transitional//EN">
<html>
<head>
  <title>Einloggseite</title>
<meta http-equiv="content-type" content="text/html;
  charset=iso-8859-1">
<link rel="stylesheet" type="text/css" href="../css/cm24.css">
</head>
<body>
<?php
if (isset($_SESSION['login']) && $_SESSION['login'] === true) {
  echo "<br><h3>Willkommen im Adminbereich (Home)</h3>
<hr><ul>
<li>Einloggen/Ausloggen</li>
<ul><li><a href='../index.php' target='_blank'>zum Frontend
(neues Fenster)</a></li></ul>";
```

```php
    if (isset($_SESSION['rights']) && $_SESSION['rights'] == 3) {
      echo "<li><a href='content.php'>Content managen</a></li>
<li><a href='news.php'>Newskästen bearbeiten</a></li>
<li><a href='user.php'>Nutzerverwaltung</a></li>
<li><a href='rights.php'>Berechtigungen verteilen</a></li>";
    }
    if (isset($_SESSION['rights']) && $_SESSION['rights'] >= 2) {
      echo "<li><a href='upload.php'>Bildverwaltung</a></li>";
    }
    echo "</ul><hr>";
}
if (empty($status)) {
  $status = "Status: nicht eingeloggt";
}
echo <<<FORMULAR
<p>{$status}</p>
<form action="index.php" method="post">
Benutzername:<br>
<input type="text" name="user"><br>
Passwort:<br>
<input type="password" name="pw">
<input type="submit" value="Absenden">
</form>
FORMULAR;
?>
</body>
</html>
```

Erkennst du das Loginmodul noch wieder? Ich denke schon, denn das Grundprinzip hat sich nicht verändert! Zum einen musste ich Pfade anpassen bzw. ergänzen, z. B. zur config.inc.php und zur zugriff.inc.php. Aber auch die CSS-Datei cm24.css liegt nicht mehr im gleichen Ordner. Die Notation "../css/cm24.css bedeutet nichts weiter als: Gehe einen Ordner höher, gehe dann runter in css und lade von dort die cm24.css.

Außerdem baue ich an dieser Stelle schon ein Menü zusammen. Ein Menü zu unseren noch zu erstellenden Verwaltungsdateien. Den Link zum Frontend dürfen alle benutzen. Auch das einfache »Fußvolk« mit Berechtigungsstufe 1. Die Verwaltungs-Seiten content.php, news.php, user.php und rights.php jedoch bekommen nur Administratoren zu Gesicht, also alle mit Berechtigungsstufe 3. Und die Bildverwaltung upload.php ist immerhin schon ab Stufe 2 freigegeben.

Seitenschutz am Beispiel der Bildverwaltung

Hast du die Aufgaben des vorigen Kapitels gelöst? Dann liegt bei dir im Ordner backend sicher schon die angepasste upload.php bereit – das Bildhochlademodul. Wenn nicht, nimmst du einfach meine Lösung.

Am Beispiel dieser Datei zeige ich dir, wie einfach dieser Seitenschutz mit Berechtigungscheck aufgebaut ist. Ganz am Anfang der Seite setze ich folgenden PHP-Bereich ein – die entscheidende Zeile habe ich hervorgehoben.

```php
<?php
include "sessionheader.inc.php";
if (isset($_SESSION['rights']) && $_SESSION['rights'] >= 2) {
?>
```

Ganz am Ende wird der if-Bereich durch den gleich folgenden Code abgeschlossen. Wenn die Voraussetzungen bei User nicht stimmen, schnappt die Umleitungsseite ein und führt den Nutzer zurück zur index.php:

```php
<?php
} else {
  include "umleitung.php";
}
?>
```

Probiere das alles am besten einmal aus. Ich habe dir den aktuellen Sachstand unter beispiele/kapitel14/cms2 abgelegt. Du kannst gerne testweise weitere Benutzer einrichten und ihnen ganz individuelle Berechtigungscodes verpassen – 1, 2 oder 3! Vorerst natürlich mit phpMyAdmin, denn unsere eigene Datenbankverwaltung ist ja noch nicht fertig.

Tabellen bearbeiten mit Klasse

Was wir jetzt tun müssen, ist dir sicher klar. Wir benötigen nur noch die Seiten content.php, news.php, user.php und rights.php mit dem eben besprochenen Seitenschutz (allerdings Stufe 3!). In diesen Seiten rufst du die jeweilige Datenbanktabelle auf und bearbeitest sie per Formular.

MySQL TableEditor von Richard Heyes

Klar – du weißt, wie du Formulare zum Bearbeiten bzw. Neueintragen von Datenbanktabellen erzeugst. Doch hast du Lust, für vier Datenbanktabellen

mehrere Formulare zu schreiben – zum Ansehen, Neuanlegen und Bearbeiten der Einträge? Ich jedenfalls könnte mir etwas Besseres vorstellen!

> Immer wenn es um lästige Routinearbeiten geht, lohnt sich die Suche nach einer passenden Klasse. Vielleicht hat ein anderer Programmierer dieses Problem schon gelöst und stellt sein Ergebnis kostenlos zur Verfügung? Über PEAR (*http://pear.php.net*) hatte ich in diesem Zusammenhang ja schon berichtet – und du hast den rührigen »Klassenprogrammierer« Richard Heyes kennen gelernt. Und auch diesmal hilft uns »good old Richie« (*www.phpguru.org*) aus der Patsche, und zwar mit seinem wunderbaren *MySQL TableEditor* für PHP 4 und PHP 5. Die PEAR-Bibliothek benötigen wir allerdings auch – zusätzlich.

Keine Sorge, in diesem Buch bleibt alles unkompliziert: Auch den letzten kleinen Stress habe ich dir erspart. Denn eigentlich müsstest du dir dieses Tool von *www.phpguru.org* herunterladen und mühselig entpacken. Du müsstest dann extra bei *http://pear.php.net* nach zwei Packages mit den Namen *Net_URL* (Datei `url.php`) bzw. *Pager_Sliding* (Datei `Sliding.php`) forschen und diese ebenfalls entpacken und an die richtige Stelle legen. Denn der MySQL TableEditor ist auf diese Zusatzmodule angewiesen – ein typisches Beispiel für die Zusammenarbeit der Klassenprogrammierer!

Wie gesagt – ich liefere dir alles frei Haus: auf unserer CD-ROM. Fertig ausgepackt und mundgerecht zubereitet. Sogar die Übersetzung der Buttonbeschriftung und der Statusmeldungen habe ich übernommen. Du musst die Speise nur noch aufwärmen und verzehren!

> Das ist ja das Schöne an der so genannten GNU General Public License, unter der Richard Heyes seinen Editor veröffentlicht hat! Du darfst die Skripte frei verwenden, weitergeben und sogar bearbeiten. Einzige Bedingung: Du musst auch anderen diese Freiheit lassen. Niemand darf sich diesen Code zu Eigen machen, schützen und als »seins« verkaufen. Mehr zu dieser Idee erfährst du unter *www.gnu.org/copyleft/gpl.html* bzw. *www.gnu.org/home.de.html* (deutsche Übersetzung der Seite).

Den TableEditor ausprobieren

Mund wässrig gemacht? Dann schaue doch einmal auf die CD, und zwar in den Ordner `beispiele/kapitel14/tableeditor`. Dort liegt alles für dich zum Ausprobieren bereit. In diesem Ordner findest du eine `zugriff.inc.php` (mit Handle auf den Datenbankserver), die eigentliche Klasse `TableEditor.php` und die `index.php`. Letztere zeigt, wie einfach

das System funktioniert. Mehr als dieses bisschen Code ist wirklich nicht nötig, um eine Datenbanktabelle bequem zu bearbeiten – im Beispiel habe ich die Tabelle `linkliste` eingesetzt:

```php
<?php
include_once "zugriff.inc.php";
include_once "TableEditor.php";          Name der Tabelle eintragen
// Neues Objekt erzeugen
$editor = new TableEditor($conn, 'linkliste');
// Editor anzeigen
$editor->display();          TableEditor anzeigen
?>
```

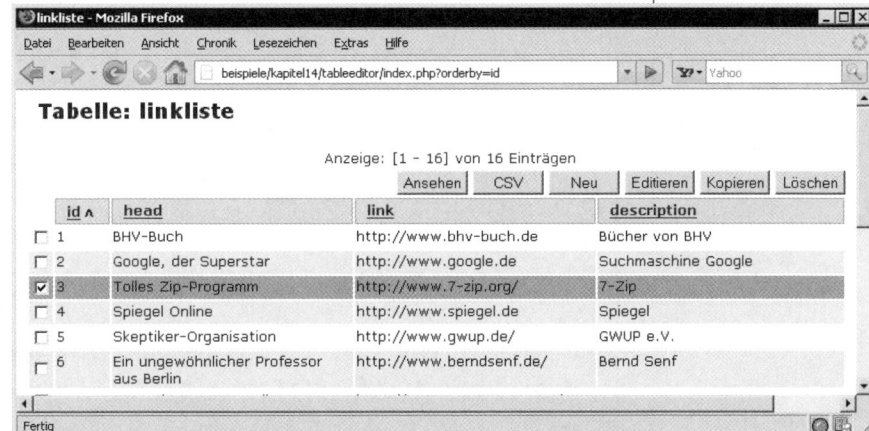

Editor der Extraklasse: Mit wenigen Zeilen Code erzeugst du dieses attraktive und leistungsstarke System.

Das Prinzip ist obersimpel: Du bindest die Zugangsdaten und die Klasse ein. Dann erstellst du ein neues Objekt (hier `$editor`) und übergibst lediglich zwei Parameter: die Verbindungskennung (`$conn`) und den Namen der zu bearbeitenden Tabelle. Nun genügt der Aufruf der Objektmethode `$Objektname->display();` um die fix und fertige Datenbankverwaltung auf den Bildschirm zu zaubern. Die entsprechende HTML-Seite mit Head und Body liefert diese geniale Klasse ganz automatisch mit dazu!

Außerdem gibt es ein paar weitere Parameter, mit denen du die Anzeige individuell steuern kannst. Einige davon zeige ich dir gleich. Die Gesamtübersicht aller »öffentlichen Methoden« präsentiert dir Richard dagegen unter *www.phpguru.org/static/TableEditor.html*.

Und nun schauen wir uns nacheinander die einzelnen Dateien an. Du findest alles, was jetzt folgt, auch unter `beispiele/kapitel14/cms3`. Diesmal verwende ich eine speziell angepasste Version der Klasse *TableEditor*. Ich habe zusätzlich noch einen Link zur Loginstartseite (Home) eingebaut, damit du auch wieder zur `index.php` und damit zum Menü gelangst.

Quelltext der news.php

Fangen wir mit der am einfachsten aufgebauten Seite an, der news.php. Hier kannst du die Newsboxen anlegen und mit Leben füllen. Den Quelltext dafür findest du auf der nächsten Seite. Ich beginne schon einmal mit den Erklärungen.

Zuerst kleidest du die Datei wieder in eine »Schutzhaut« ein. Nur Nutzer mit Berechtigungsstufe 3 dürfen auf die Daten zugreifen. Dann rufst du die Zugangsdaten auf. Beachte die Pfade: Da die Dateien config.inc.php und zugriff.inc.php eine Ordnerebene höher liegen, notierst du zuerst zwei Punkte und einen Slash: ../. Danach übergibst den Tabellennamen cm24_newsbox an das Objekt. Und nun blätterst du erst einmal um!

```php
<?php
include "sessionheader.inc.php";
if (isset($_SESSION['rights']) && $_SESSION['rights'] == 3) {

  include_once "../config.inc.php";
  include_once "../zugriff.inc.php";
  include_once "TableEditor.php";

  $editor = new TableEditor($conn, 'cm24_newsbox');
  $editor->setConfig('allowPKEditing', true);

  $editor->display();

} else {
  include "umleitung.php";
}
?>
```

Interessant ist die nächste Zeile. Was bedeutet allowPKEditing? Soviel vorweg – mit dem PKE-Meter der Ghostbusters hat das wenig zu tun. Das ist eine öffentliche Methode, die dafür sorgt, dass du auch das Schlüsselfeld (oder die Schlüsselfelder) bearbeiten kannst. Denn per Voreinstellung ist das Feld mit dem Primärschlüssel sinnvollerweise ausgeblendet. PK steht dabei für **Primary Key**.

Quelltext der cm24_rights.php

Nach exakt dem gleichen Muster ist auch die cm24_rights.php gestrickt. Deshalb zeige ich dir ab jetzt nur noch die Zeilen, die sich auf das Objekt

$editor beziehen. Das Darüber und Darunter stimmt mit dem Quellcode der news.php überein.

```
$editor = new TableEditor($conn, 'cm24_rights');
$editor->setConfig('allowPKEditing', true);
$editor->setDefaultOrderby('URLAnhang', 1);

$editor->display();
```

Neu hinzugekommen ist die Methode setDefaultOrderby(). Damit kannst du ein Sortierfeld (hier URLAnhang) und die Sortierrichtung (hier 1 wie *aufsteigend*) festlegen.

Auch Sortierfeld und Sortierreihenfolge legst du mit dem MySQL TableEditor fest. Die Sortierung erfolgt aufsteigend nach URL-Anhang.

Quelltext der content.php

Ähnlich überschaubar präsentiert sich die content.php – unsere Inhalts-tabelle. Diesmal sortiere ich gleich nach zwei Feldern, nach *Ebene1* und *Ebene2*. Dadurch sehe ich die Datensätze im Editor in genau der gleichen Reihenfolge, in der sie auch im Menü erscheinen.

```
$editor = new TableEditor($conn, 'cm24_content');

$editor->config['title'] = $editor->config['title'];

$editor->setConfig('allowPKEditing', true);
$editor->setDefaultOrderby('Ebene1, Ebene2', 1);
// Suchfelder bestimmen
$editor->setSearchableFields('URLAnhang', 'Seitentitel', ↵
    'Content');
$editor->display();
```

Außerdem habe ich drei Felder als durchsuchbare Felder definiert. Das gelingt mit der Methode setSearchableFields().

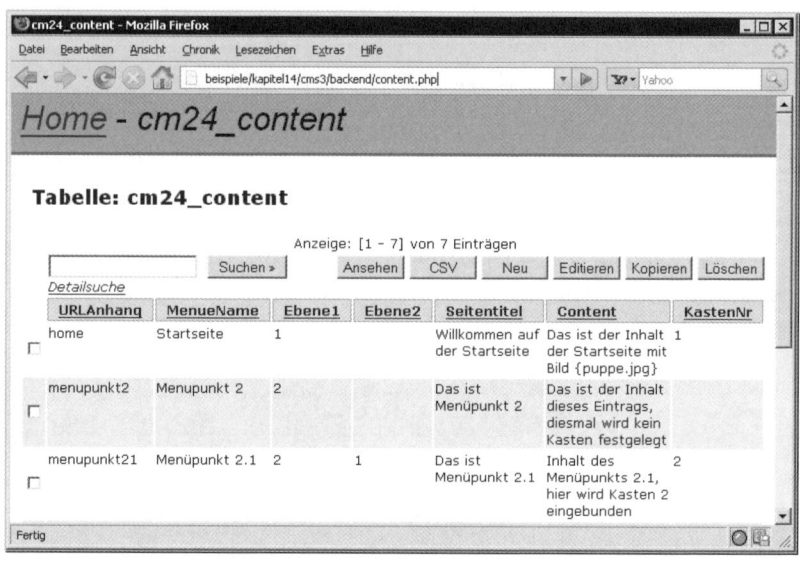

Auf Wunsch sorgst du für Mehrfachsortierung und blendest zusätzlich ein Suchen-Feld ein.

Du siehst, dass du den Editor mit den entsprechenden öffentlichen Methoden sehr flexibel an deine Bedürfnisse anpassen kannst. Aber es kommt noch besser!

Quellcode der cm24_user.php

Die Userverwaltung habe ich dir bis ganz zum Schluss aufgehoben. Aus gutem Grund, denn hier kommt eine Besonderheit ins Spiel. Es handelt sich zum einen um ein Passwortfeld. Zum anderen wollen wir das Passwort im Hintergrund mit md5() verschüsseln. Auch auf diese Probleme »weiß« der TableEditor eine pfiffige Antwort:

```php
$editor = new TableEditor($conn, 'cm24_user');
$editor->setConfig('allowPKEditing', true);
$editor->setInputType('pw', 'password');

function make_md5(&$obj, $data)
{
  $data = md5($data);
  return $data;
}
$editor->addValidationCallback('pw', 'make_md5');
$editor->display();
```

Zuerst verwende ich die Methode `setInputType()` und lege das Feld und den Feldtyp fest. Allein durch das Schlüsselwort `password` entsteht ein Doppelfeld wie links gezeigt. Die beiden Eingaben werden miteinander verglichen – als Schutz vor Fehleinträgen.

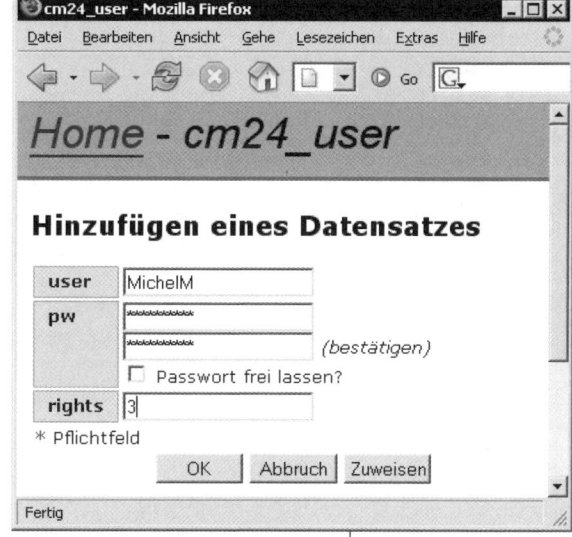

Und wie erfolgt nun die Verschlüsselung des Passworts mit `md5()`? Mit der Methode `addValidationCallback()`! Diese Methode erledigt den Job allerdings nicht selbst, sondern sie ruft eine Funktion auf. Und erst diese verändert den Eintrag. Die Funktion kannst du nach Lust und Laune benennen. Ich habe sie im Beispiel `make_md5()` genannt. Sie macht nichts weiter, als den MD5-Wert der Eingabe zu berechnen und zurückzugeben. Verwende die hier gezeigte, speziell verlangte Syntax für die Funktionsparameter, damit nichts schief geht!

Wenn du nicht spätestens an dieser Stelle vom TableEditor begeistert bist, kann ich dir auch nicht mehr helfen ...

Zugriff auf das Frontend steuern

Immerhin – auch in dieser Fassung ist das CMS schon einsatzbereit. Du kannst Daten verändern, neue Einträge hinzufügen und Bilder verwalten. Allerdings kannst du all das bisher nur im Backend erledigen. Eine direkte Bearbeitungsmöglichkeit des Eintrags fehlt. Und die zimmern wir uns jetzt. Soviel vorweg: Die nun folgenden Änderungen findest du wieder auf der CD-ROM, diesmal unter dem Pfad `beispiele/kapitel14/cms4`.

14

Direktbearbeitung der Einträge

So richtig spannend wird die Sache erst durch die Direktbearbeitung der Datensätze im Frontend. Und zwar auf höchst komfortable Art:

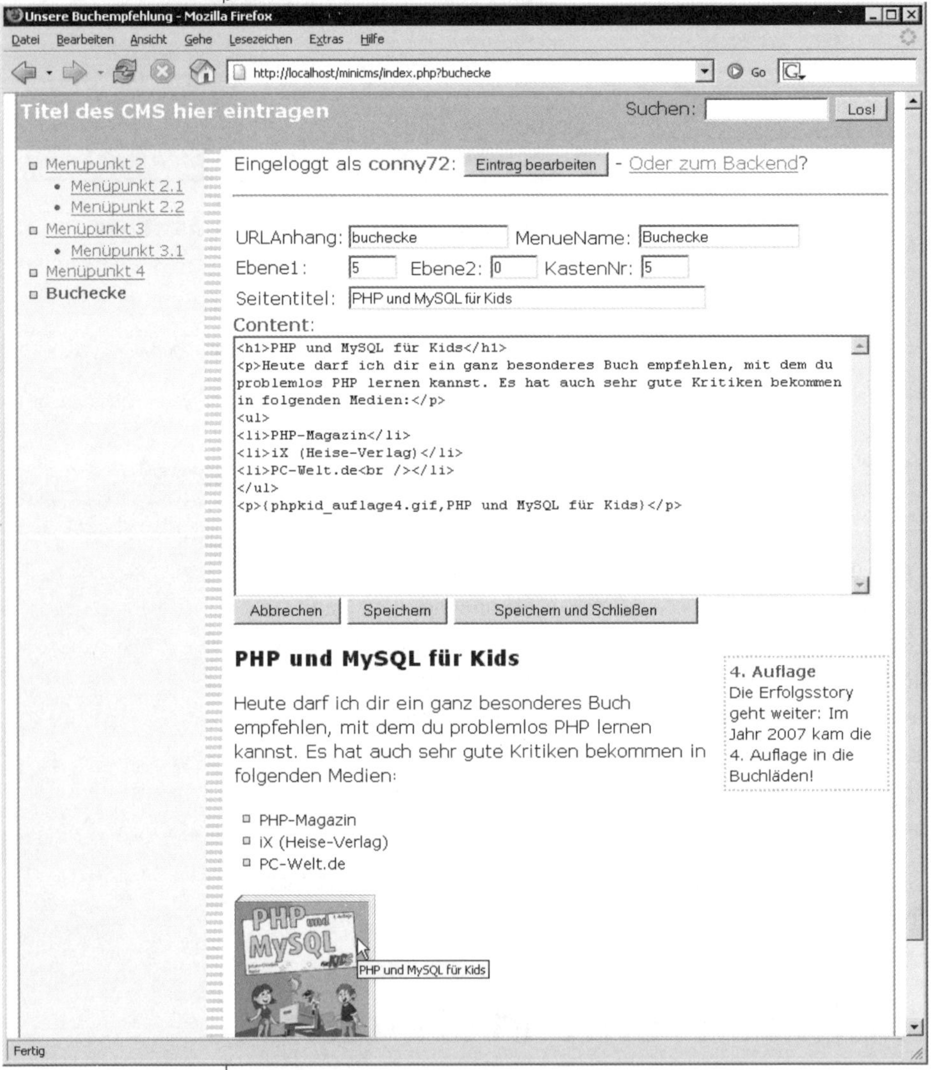

```
Unsere Buchempfehlung - Mozilla Firefox                                    _ □ ×
Datei   Bearbeiten   Ansicht   Gehe   Lesezeichen   Extras   Hilfe

⇐ ▾  ⇒ ▾  🔄  ✖  🏠    http://localhost/minicms/index.php?buchecke    ▾  ◎ Go  🔍

Titel des CMS hier eintragen                        Suchen: [          ] [Los!]

□ Menüpunkt 2          Eingeloggt als conny72:  [ Eintrag bearbeiten ]  - Oder zum Backend?
  • Menüpunkt 2.1
  • Menüpunkt 2.2
□ Menüpunkt 3          URLAnhang: [buchecke]      MenueName: [Buchecke]
  • Menüpunkt 3.1       Ebene1: [5]    Ebene2: [0]    KastenNr: [5]
□ Menüpunkt 4          Seitentitel: [PHP und MySQL für Kids]
□ Buchecke             Content:
                        <h1>PHP und MySQL für Kids</h1>
                        <p>Heute darf ich dir ein ganz besonderes Buch empfehlen, mit dem du
                        problemlos PHP lernen kannst. Es hat auch sehr gute Kritiken bekommen
                        in folgenden Medien:</p>
                        <ul>
                        <li>PHP-Magazin</li>
                        <li>iX (Heise-Verlag)</li>
                        <li>PC-Welt.de<br /></li>
                        </ul>
                        <p>(phpkid_auflage4.gif,PHP und MySQL für Kids)</p>


                        [ Abbrechen ]  [ Speichern ]   [ Speichern und Schließen ]

                        PHP und MySQL für Kids                    4. Auflage
                                                                  Die Erfolgsstory
                        Heute darf ich dir ein ganz besonderes Buch    geht weiter: Im
                        empfehlen, mit dem du problemlos PHP lernen    Jahr 2007 kam die
                        kannst. Es hat auch sehr gute Kritiken bekommen in  4. Auflage in die
                        folgenden Medien:                         Buchläden!

                          □ PHP-Magazin
                          □ iX (Heise-Verlag)
                          □ PC-Welt.de

                          [PHP und MySQL für Kids Bild]
                                     [PHP und MySQL für Kids]

Fertig
```

Bequemes Bearbeiten der Datensätze über das Frontend.

Im Beispiel hat sich Nutzerin *conny72* eingeloggt und bearbeitet gerade ihre Buchecke. Nur auf dieser Seite war der entsprechende Button Eintrag bearbeiten erschienen! Auf Knopfdruck öffnet sich das Editier-Formular und sie kann den Eintrag bearbeiten und vorhandene Bilder einbinden. Da sie die Berechtigungsstufe 2 besitzt, hat sie auch Zugang zur Bildverwaltung. Mehr erlauben wir unserer Conny allerdings nicht. Nach Klick auf die Schaltfläche Speichern sieht sie ihre Eingaben sofort in der Vorschau – das

Formular bleibt dabei geöffnet. Erst wenn sie vollkommen zufrieden ist, klickt sie auf SPEICHERN UND SCHLIESSEN. Der Eintrag wird gesichert und das Formular verschwindet vom Bildschirm:

Selbstverständlich gehört zur komfortablen Datenbe- arbeitung auch die Ausgabe einer Statusmeldung.

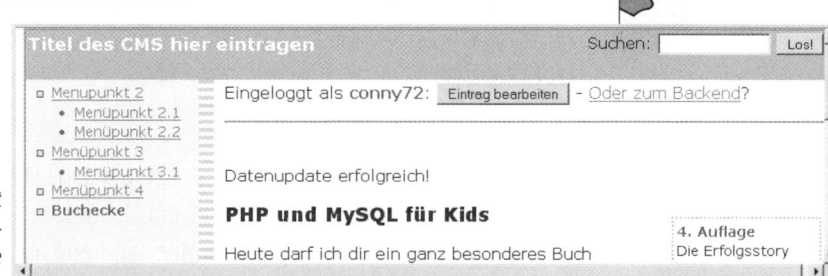

Als zusätzlichen Komfort gibt es einen Link zum Backend. Dort kann sich der Nutzer wieder ausloggen bzw. bekommt – in Abhängigkeit von der Berechtigungsstufe – Zugriff auf die anderen Module. Doch nun ran an die Details! Wie bringen wir dieses Wunderwerk zustande?

Große Content-Management-Systeme wie Joomla alias Mambo oder vor allem Typo3 kennen hier ein ganz ausgefeiltes, mehrstufiges Berechti- gungssystem. Dort kannst du es sogar so einrichten, dass die Texte der Bearbeiter erst von so genannten Editoren freigegeben werden müssen. Wenn du dich damit herumärgern willst – Joomla liegt mit auf der Buch- CD. Aber glaube mir – kompliziert ist eine glatte Untertreibung für dieses System. (Ich weiß, wovon ich schreibe, da ich derzeit eine ganze Mam- bo/Joomla-Serie für eine Fachzeitschrift verfasse.)

Änderungen in der contentmaker.inc.php

Die gute Nachricht vorweg: In unserer Template-Datei index.php müssen wir nichts verändern. Die Musik spielt wieder ausschließlich in den Include- Dateien – und zwar zuerst in der contentmaker.inc.php und dann in einer weiteren, neuen Datei. Öffne zuerst die contentmaker.inc.php.

Ganz zu Beginn, also sofort nach dem Tag <?php, trägst du zusätzlich die folgenden drei Zeilen ein:

```
if (isset($_COOKIE[session_name()])) {
   include "backend/sessionheader.inc.php";
}
```

Dadurch wird die Session erst einmal eingebunden. Allerdings nur, wenn das entsprechende Session-Cookie auch existiert. Denn es wäre Unsinn, jedem normalen Besucher einfach so eine Session zu verpassen. Das ist nur bei denjenigen nötig, die eingeloggt sind. Beachte auch den Pfad – die `sessionheader.inc.php` steckt schließlich im Ordner `backend`.

Die nächste Erweiterung steckt im Abschnitt mit dem Suchen-Feld:

```
// Suchen-Feld wurde ausgefüllt?
if (isset($_GET['search'])) {
```

Dort fügen wir einfach einen `else`-Zweig ein. Dieser bindet die noch zu erstellende `directedit.inc.php` ein. Insgesamt sieht diese Passage nun so aus. Alles, was neu hinzugekommen ist, hebe ich hervor:

```
// Suchen-Feld wurde ausgefüllt?
if (isset($_GET['search'])) {
  include_once "searchshow.inc.php";
  $getAnhang = ""; // wird gleich abgefragt!
} else {
  if (isset($_SESSION['login']) && $_SESSION['login'] === true) {
    include_once "directedit.inc.php";
  }
}
```

Warum beim `else`-Zweig? So greift unsere Direktbearbeitung immer dann, wenn keine Suchanfrage abgeschickt wurde. Und natürlich nur, wenn der Nutzer auch eingeloggt ist. Die Berechtigungsstufe ist an dieser Stelle noch egal – Hauptsache der Benutzer ist erst einmal eingeloggt. Interessant wird es erst in der `directedit.inc.php` – also in der Datei, die wir zusätzlich einbinden. Und diese richtest du als Nächstes ein!

Quellcode der directedit.inc.php

Auf den nächsten Seiten präsentiere ich dir die `directedit.inc.php` – unsere neue Include-Datei. Auch wenn sie wie ein »langes Monster« aussieht – sie ist nicht mehr als ein Papiertiger. Zuerst prüfen wir, welche Berechtigungsstufe der Nutzer besitzt – 3 ist okay. Ansonsten müssen wir erst einmal feststellen, ob sie oder er überhaupt Zugriff auf den entsprechenden Eintrag hat. Eine Abfrage der `cm24_rights` bringt da schnell Klarheit. Nur bei berechtigten Nutzern schalten wir die Flag-Variable `$show_edit` auf `true`, ansonsten bleibt sie bei `false`. Und nur berechtigte Nutzer bekommen dann die »Eingeloggt-Zeile mit Bearbeitungsbutton« zu Gesicht.

```php
<?php
$show_edit = false;
// Berechtigung prüfen
// Besitzt der Nutzer Berechtigungsstufe 3?
if (isset($_SESSION['rights']) && $_SESSION['rights'] == 3) {
  $show_edit = true;
  // ansonsten: Hat er wenigstens Zugriff auf diesen Eintrag?
} else {
  $rights_sql = "SELECT * FROM cm24_rights WHERE URLAnhang = ↵
      '$getAnhang' AND user = '{$_SESSION['user']}'";
  $rights_result = mysql_query($rights_sql);
  $rights_zeilen = mysql_num_rows($rights_result);
  if ($rights_zeilen == 1) {
    $show_edit = true;
  }
}
if ($show_edit) {
  // Eingeloggt-Zeile mit Bearbeitungs-Button zeigen
  $content .= "
<form action='index.php?$_SERVER[QUERY_STRING]' method='post'>
Eingeloggt als <b>{$_SESSION['user']}</b>:
<input type='submit' value='Eintrag bearbeiten' name='edit'> -
<a href='backend/' target='_blank'>Oder zum Backend</a>?
</form><hr><br>";

  // Eintrag in Datenbanktabelle
  if (isset($_POST['URLAnhang']) && !isset($_POST['close'])) {
    if (get_magic_quotes_gpc() == 0) {
      $_POST['MenueName'] = addslashes($_POST['MenueName']);
      $_POST['Seitentitel'] = addslashes($_POST['Seitentitel']);
      $_POST['Content'] = $_POST['Content'];
    }
    $insert_sql = "UPDATE cm24_content SET
MenueName = '$_POST[MenueName]', Ebene1 = '$_POST[Ebene1]',
Ebene2 = '$_POST[Ebene2]', Seitentitel = '$_POST[Seitentitel]',
Content = '$_POST[Content]', KastenNr = '$_POST[KastenNr]'
WHERE URLAnhang = '$getAnhang'";
    if (mysql_query($insert_sql) && mysql_affected_rows() > 0 ) {
      $content .= "<p>Datenupdate erfolgreich!</p>";
    } else {
      $content .= "<p>Datenupdate <b>nicht</b> erfolgreich!</p>";
    }
  }
```

```php
  if (isset($_POST['edit'])) {
  $content_sql = "SELECT * FROM cm24_content WHERE ⏎
      URLAnhang = '$getAnhang'";
  $content_result = mysql_query($content_sql);
  $row = @mysql_fetch_assoc($content_result);
  // Formular erzeugen
  $content .= "
<form action='index.php?$_SERVER[QUERY_STRING]' method='post'>
<table><tr>
<td>URLAnhang:</td><td>
<input type='text' value='{$row['URLAnhang']}'
name='URLAnhang'>
MenueName:
<input type='text' value='{$row['MenueName']}'
name='MenueName'><br>
</td></tr><tr><td>
Ebene1:</td><td>
<input type='text' value='{$row['Ebene1']}' name='Ebene1'
size='3'>
 Ebene2:
<input type='text' value='{$row['Ebene2']}' name='Ebene2'
size='3'>
KastenNr:
<input type='text' value='{$row['KastenNr']}' name='KastenNr'
size='3'><br>
</td></tr><tr><td>
Seitentitel:</td><td>
<input type='text' value='{$row['Seitentitel']}' ⏎
      name='Seitentitel' size='50'><br>
</td></tr></table>
<b>Content</b>:<br>
<textarea name='Content' cols='70' rows='20'>
{$row['Content']}</textarea>

<br>
<input type='submit' name='close' value='Abbrechen'>
<input type='submit' name='edit' value='Speichern'>
<input type='submit' value='Speichern und Schließen'>
</form>";
    }
}
?>
```

Interessant ist, dass wir bei allen Ausgabe-Aktionen lediglich unsere Variable $content »erweitern« müssen. Dort speichern wir die »Eingeloggt-Zeile mit Bearbeitungs-Button« genauso wie das Formular zum Bearbeiten des Eintrags.

Das Formular zum Eintragen

Doch wie wird dieses Formular aufgerufen? Der Klick auf den Button EINTRAG BEARBEITEN schickt auch eine Variable namens $_POST['edit'] mit. Dafür sorgt das Attribut-Werte-Paar name='edit'. Das Formular entsteht also nur dann, wenn if (isset($_POST['edit'])) { erfolgreich war.

Zum Formular selber ist nicht viel zu sagen. Eine Datenbankabfrage holt die entsprechenden Werte aus der cm24_content und trägt sie in das Formular ein. Die Formularfelder selber habe ich teilweise mit einer unsichtbaren Tabelle in Form gebracht.

Das hat was: Drei Schaltflächen mit ganz unterschiedlichen Funktionen!

Raffiniert sind jedoch die drei Schaltflächen am Ende – hier gibt es gleich drei Submit-Buttons. Einer dient zum Abbrechen, er trägt den Namen close. Der zweite gibt den Namen edit zurück. Und der dritte hat erst gar keinen Namen. Ganz absichtlich, denn das Skript reagiert darauf. Der Abschnitt, in dem die Daten in die Datenbank eingetragen werden, erscheint nur, wenn es *keine* Variable namens $_POST['close'] gibt: !isset($_POST['close']). Der zweite zum Speichern gibt den Namen edit zurück. Auch das ist sinnvoll, denn das Formular selber wird immer nur dann angezeigt, wenn eine Variable namens $_POST['edit'] existiert: if (isset($_POST['edit'])) {. So sorgt die zweite Schaltfläche dafür, dass das Formular stets eingeblendet bleibt. Erst der letzte, namenlose Button speichert die Daten in der Datenbanktabelle und schließt gleichzeitig das Formular. Natürlich gibt der Abschnitt zum Eintragen in die Datenbanktabelle auch eine Statusmeldung aus.

Das CMS ist fertig! Den aktuellen Sachstand findest du auch unter beispiele/kapitel14/cms4. Das ist die Variante, die beim Hochladen die wenigsten Probleme bereitet hat.

14

WYSIWYG-Editor einbinden

Zum Schluss kommt die versprochene Überraschung. Sie lautet: WYSIWYG (WhatYouSeeIsWhatYouGet) also »Was du siehst, bekommst du auch«. Wir peppen einfach das Bearbeitungsfeld mit *Tiny MCE* auf. Das ist ein toller JavaScript-Editor, den du ganz einfach einbauen kannst. Er stammt von der Firma Moxiecode (http://*tinymce.moxiecode.com*) und ist auch kostenlos:

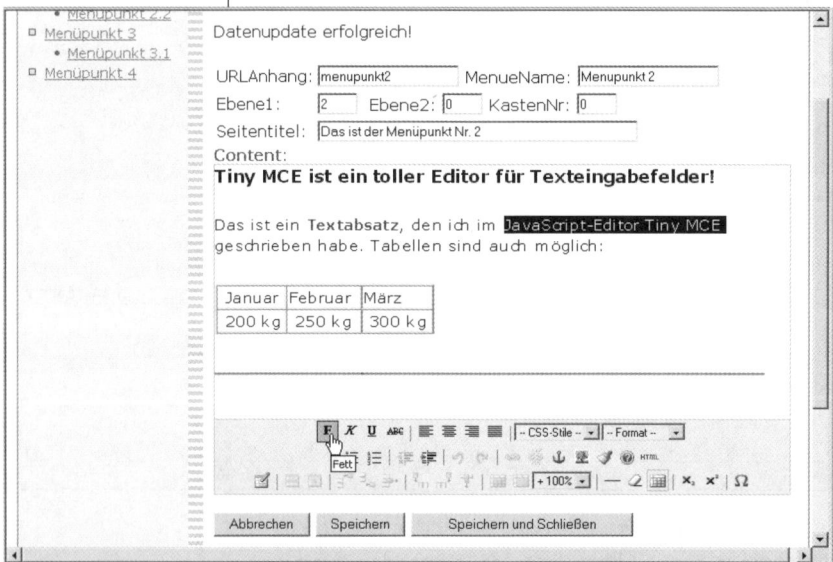

Direktbearbeitung über den Browser: Tiny MCE berücksichtigt sogar die eingebundenen CSS-Stile!

Einbinden über die directedit.inc.php

Schaue in die Datei directedit.inc.php. Hier binde ich lediglich eine zusätzliche Include-Datei namens tiny_mce.inc.php ein. Die Ergänzungen habe ich fett hervorgehoben:

```
if ($show_edit) {
  // Eingeloggt-Zeile mit Bearbeitungs-Button zeigen
  if ($htmleditor) {
    include "tiny_mce.inc.php"; // Datei mit Tiny_MCE-↵
        Definitionen aufrufen
  }
  $content .= "
  </script>
<!-- /tinyMCE -->
<form action='index.php?$_SERVER[QUERY_STRING]' method='post'>
Eingeloggt als <b>{$_SESSION['user']}</b>:
```

Da ich Wahlfreiheit liebe, initialisiere ich in der `config.inc.php` vorher eine neue Konfigurationsvariable namens `$htmleditor`. Nur wenn diese auf 1 steht, wird der tolle JavaScript-Editor eingebunden. Denn Editoren wie Tiny MCE machen das System leider auch schwerfällig und langsam!

So sieht die erweiterte `config.inc.php` aus. Auch hier habe ich die Ergänzung fett hervorgehoben:

```php
<?php
$dbname = "team"; // Name der Datenbank
$dbhost = "localhost"; // Datenbankhost, meist localhost
$dbuser = "root"; // Benutzername für MySQL
$dbpassword = ""; // Passwort für MySQL
$fulltree = 1;
$htmleditor = 1;
?>
```

Gesteuert wird Tiny MCE durch die Datei `tiny_mce.js` im Unterordner `tiny_mce`. Dort befinden sich die wichtigen JavaScript-Dateien.

Setup-Datei

Und ich habe ein weiteres Bonbon für dich mitgebracht: die Datei `setup.php` zur automatischen Einrichtung der Datenbanktabellen. Wenn du das CMS beim Dienstleister installieren willst, rufst du einfach nur diese Datei auf – genau wie beim Fotoweblog! Vergiss aber nicht, sie nach der Installation zu löschen. Und denke an `chmod 777` für den Ordner `bilder`, bei manchen Dienstleistern ist das nötig.

Das fix und fertige Projekt mit Setupdatei und Tiny MCE findest du im Ordner `beispiele/kapitel14/cms5`. Viel Spaß beim Einrichten!

Zusammenfassung

Das Buch ist zu Ende, du hast es geschafft! Fassen wir fix noch zusammen:

◇ Du kennst den Unterschied zwischen Backend und Frontend und hast an der Planung eines Verwaltungssystems mit Berechtigungen teilgenommen.

◇ Du weißt, dass auch mehrere Felder zum Primärschlüssel gemacht werden können. Das gelingt z.B. so: `PRIMARY KEY (Feld1, Feld2)`.

❖ Du kennst das Konzept der Nachschlagetabellen, in denen man Fremdschlüssel aus anderen Tabellen speichert.

❖ Du hast den MySQL TableEditor von Richard Heyes kennen gelernt und weißt, wie simpel du eine Tabelle bearbeiten kannst. Die Zeile `$Objektname->display()` genügt zur Ausgabe der Ansicht.

❖ Du hast Tiny MCE ausprobiert, einen tollen JavaScript-Editor, mit dem du deine Datensätze mit »WYSIWYG« bearbeiten kannst.

Ein paar Fragen

Frage 1:   Wie heißt die bekannteste Klassenbibliothek für PHP?

Frage 2:   Wird JavaScript vom Client (Browser) oder vom Server ausgeführt?

Frage 3:   Welchen Felddatentyp verwendest du in MySQL, wenn du Ganzzahlen von –127 bis 128 bzw. von 0 bis 255 speichern willst?

... und ein paar Aufgaben

... bei denen ich dir auch einige Hilfestellungen gebe.

1. Lerne Tiny MCE besser kennen – schaue unter `beispiele/kapite14/tinymce` nach. Dort findest du Tiny MCE noch einmal in nichteingebauter Form. Und zwar nebst Anleitung (Ordner `docs`) und vielen Beispielen (Ordner `examples`). Probiere die Beispiele aus und schau dir den entsprechenden JavaScript-Quellcode an.

2. Teste auch unser Mini-CMS auf Herz und Nieren – lade es auf den Webserver! Falls das Hochladen wegen der vielen Dateien aber zu lange dauert, lässt du Tiny MCE einfach weg. (Man kann ja schließlich auch ohne Tiny MCE glücklich werden ...)

3. Verbessere unser CMS! So wird beim Bearbeiten eines Datensatzes im Frontend stets das Feld `URLAnhang` angezeigt, obwohl du dieses Schlüsselfeld im Frontend gar nicht bearbeiten kannst. Verstecke das Formularfeld, blende den Anhang aber weiterhin zur Kontrolle ein:

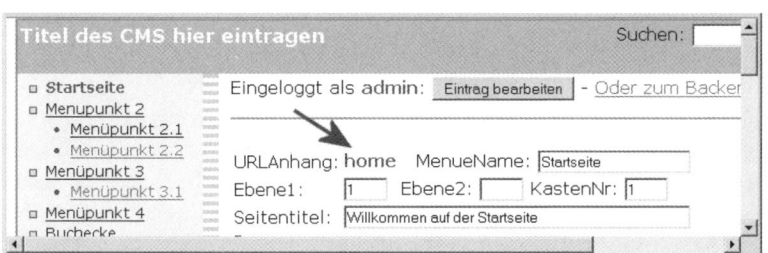

4. Verbessere auch die Anzeige und Bearbeitung der Tabellen im Backend – und zwar mit weiteren Methoden des TableEditors. (Eine ausführliche Referenz findest du auf *www.phpguru.org/static/TableEditor.html*.) Bisher gilt: Auch wenn du beim Anlegen eines neuen Datensatzes keine Daten einträgst und versehentlich auf OK klickst, entsteht ein neuer, leerer Datensatz. Das ist natürlich Unsinn. Lege daher Pflichtfelder fest mit der Methode `$editor->setRequiredFields()`. In runden Klammern trägst du die Felder ein, die als Pflichtfelder definiert werden sollen. Hinweis: Bis auf `KastenNr` und `Ebene2` in der `cm24_content` sind alle Felder Pflichtfelder! Hier zeige ich dir die Syntax am Beispiel der Tabelle `cm24_user`. Übertrage das Prinzip auf die übrigen drei Tabellen, die durch die Dateien `content.php`, `news.php` und `rights.php` eingebunden werden.

```
$editor->setRequiredFields('user', 'pw', 'rights');
```

5. Verbessere auch die Eingabe in der Tabelle `cm24_user`. Für das Feld `rights` gibt es nur drei Werte, lasse also auch nicht mehr zu. Sorge dafür, dass eine praktische Klappliste erscheint, die beispielsweise die Optionen *Frontend (1)*, *Bildverwaltung (2)* und *Administrator (3)* zeigt. Im Hintergrund sollen die Werte 1, 2 bzw. 3 eingetragen werden. Dafür kommen `setInputType()` und `setValuesFromArray()` zum Einsatz:

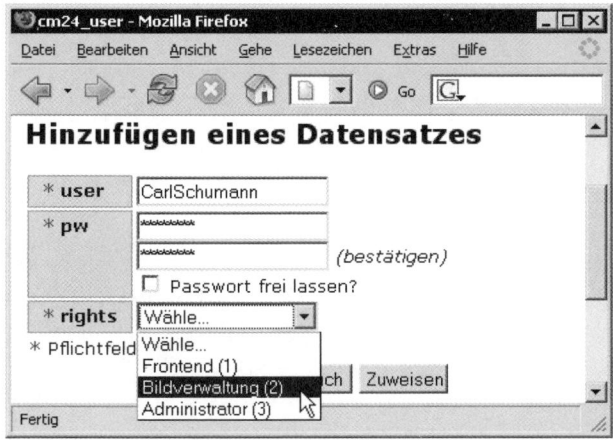

```
// rights-Feld als select-Feld formatieren
$editor->setInputType('rights', 'select');
// Array mit freundlicheren Werten definieren
$right[1] = "Frontend (1)";
$right[2] = "Bildverwaltung (2)";
$right[3] = "Administrator (3)";
// freundliche Werte im rights-Feld anzeigen
$editor->setValuesFromArray('rights', $right);
```

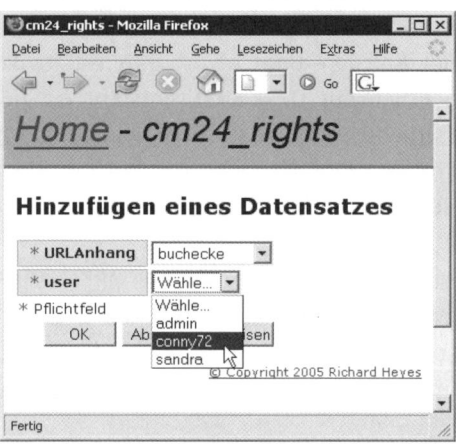

Komfortabler geht's nicht: Der TableEditor nimmt den Namen »Nachschlagetabelle« wörtlich und holt die entsprechenden Werte aus den korrespondierenden Tabellen!

5. Die Tabelle zum Festlegen der Berechtigungen ist bisher recht unkomfortabel. Du musst sowohl den *URLAnhang* der gewünschten Seite als auch den jeweiligen *Usernamen* kennen. Verschreiber sind vorprogrammiert und machen das System unzuverlässig! Sorge dafür, dass beim Festlegen der Berechtigung Pull-down-Menüs entstehen, welche die entsprechenden Werte direkt aus den beiden korrespondierenden Tabellen cm24_content und cm24_user herauslesen und einblenden. Denn auch das ist mit dem Table Editor problemlos möglich – dank weiterer SQL-Abfragen. Hier als Muster der Quellcode für die Klappliste des Feldes URLAnhang:

```
// entsprechenden Schlüssel aus cm24_content holen
$editor->setInputType('URLAnhang', 'select');
$editor->setValuesFromQuery('URLAnhang', "SELECT ↵
    URLAnhang, URLAnhang FROM cm24_content");
```

Die Lösungen aller Aufgaben mit meinen Kommentaren findest du unter programme/cms_cm24. Dort liegt somit die Endfassung des CMS in der Version 1.0. Taufen wir unser »Kind« bei dieser Gelegenheit feierlich auf den Namen *CM24*.

6. Und nun kommt die wichtigste Aufgabe des gesamten Buchs: Mache den Computer aus und fahre eine Runde Fahrrad – oder gehe zumindest spazieren. Denke daran, es gibt wichtigere Dinge im Leben als Computer!

Anhang A

Datenbanktabellen sichern und übertragen

In diesem Abschnitt zeige ich dir, wie du deine Datenbanktabellen sicherst und überträgst. Und zwar sowohl die auf dem Webserver als auch die auf dem lokalen System.

Wo MySQL seine Daten ablegt, hatten wir ja schon in Kapitel 13 des Vorgängerbuchs besprochen. Sie liegen allesamt in einem Unterordner namens `data`. Wenn du mit einem lokalen Webserver auf Basis von XAMPP arbeitest und XAMPP unter `C:\` installiert hast, liegen sie unter `C:\xampp\mysql\data`. Schaue nach: Jede Datenbank wird in einem eigenen Unterordner abgelegt. Die dort enthaltenen Dateien stehen für die entsprechenden Datenbanktabellen.

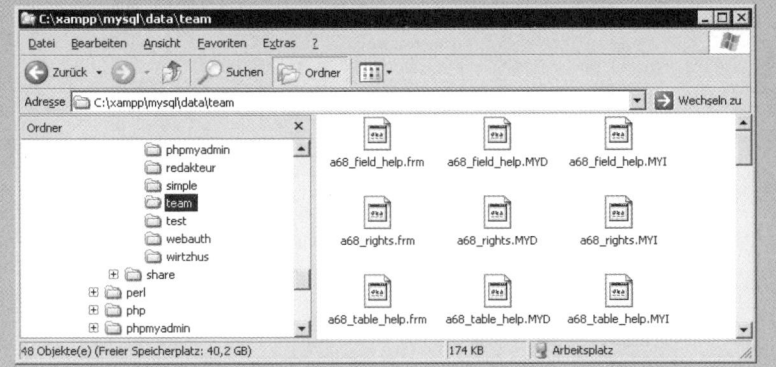

Du kannst diese Datenbankordner einfach kopieren und auf andere Rechner übertragen. Lege sie dort auch wieder unter `mysql/data` ab. Sofort hast du Zugriff auf alle Datenbanktabellen und alle Daten.

Der Haken bei der Geschichte: Beim Dienstleister gehen die Uhren anders. Wenn du nicht gerade zufällig deinen eigenen Webserver betreibst und direkten Zugriff darauf hast, kommst du nicht so einfach an die Datenbankordner und -dateien heran! Du brauchst einen Dolmetscher, der zwischen der Datenbank und deinem lokalen System vermittelt. Und dieser Dolmetscher heißt phpMyAdmin.

A

Datenübertragung per SQL-Dump

Du benötigst den kompletten Inhalt einer Datenbanktabelle? Oder sogar die gesamte Datenbank? Übertrage sie vom Dienstleister auf dein lokales System! Du erzeugst quasi ein Abbild deiner Tabellen und Daten. Und zwar mit SQL (Structured Query Language). SQL-Dump nennt sich das in der Fachsprache. Und so geht's:

➤ Verbinde dich mit phpMyAdmin bei deinem Dienstleister. Bei der Firma *Neue Medien Münnich* (*www.all-inkl.com*) gelingt das z.B. über *www.deinedomain.de/mysqladmin*.

➤ Gehe in den Bereich *Exportieren* durch Klick auf die gleichnamige Registerzunge.

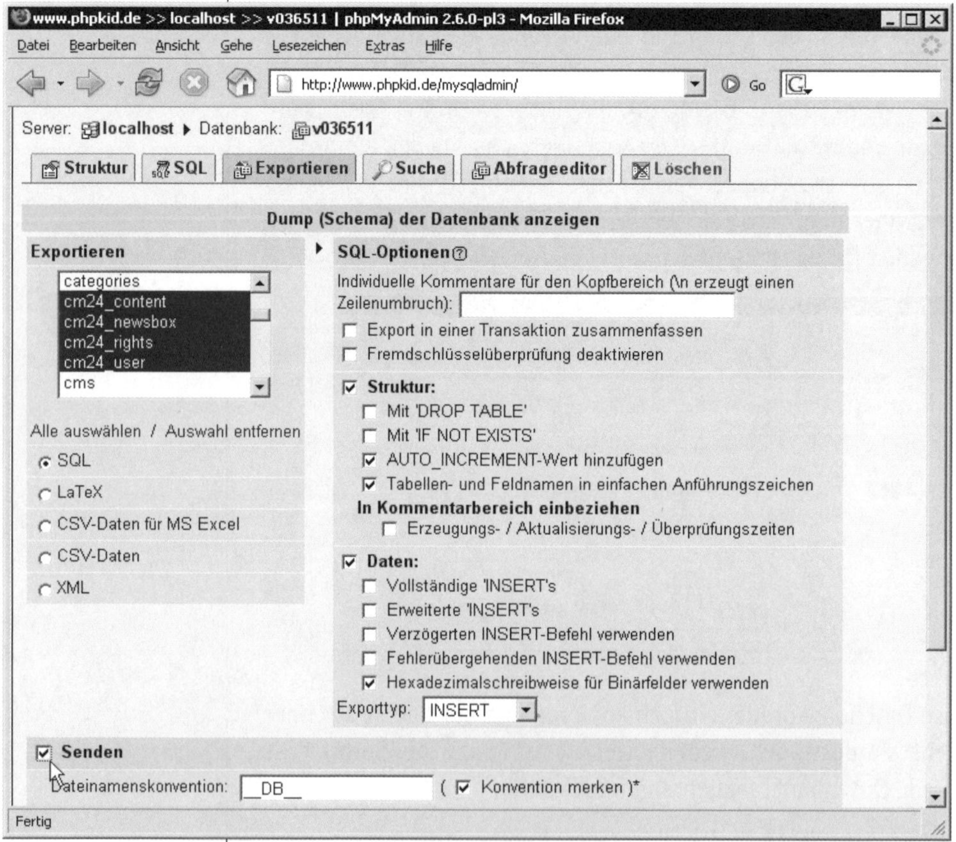

---

www.phpkid.de >> localhost >> v036511 | phpMyAdmin 2.6.0-pl3 - Mozilla Firefox

Datei   Bearbeiten   Ansicht   Gehe   Lesezeichen   Extras   Hilfe

http://www.phpkid.de/mysqladmin/   Go

Server: 🖳**localhost** ▸ Datenbank: 🗄**v036511**

| 🗂 **Struktur** | 🔧 **SQL** | 📤 **Exportieren** | 🔍 **Suche** | 🗄 **Abfrageeditor** | ☒ **Löschen** |

Dump (Schema) der Datenbank anzeigen

Exportieren

```
categories
cm24_content
cm24_newsbox
cm24_rights
cm24_user
cms
```

Alle auswählen / Auswahl entfernen

- ⦿ SQL
- ○ LaTeX
- ○ CSV-Daten für MS Excel
- ○ CSV-Daten
- ○ XML

▸ **SQL-Optionen**ⓘ

Individuelle Kommentare für den Kopfbereich (\n erzeugt einen Zeilenumbruch):

☐ Export in einer Transaktion zusammenfassen
☐ Fremdschlüsselüberprüfung deaktivieren

☑ **Struktur:**
   ☐ Mit 'DROP TABLE'
   ☐ Mit 'IF NOT EXISTS'
   ☑ AUTO_INCREMENT-Wert hinzufügen
   ☑ Tabellen- und Feldnamen in einfachen Anführungszeichen
   In Kommentarbereich einbeziehen
      ☐ Erzeugungs- / Aktualisierungs- / Überprüfungszeiten

☑ **Daten:**
   ☐ Vollständige 'INSERT's
   ☐ Erweiterte 'INSERT's
   ☐ Verzögerten INSERT-Befehl verwenden
   ☐ Fehlerübergehenden INSERT-Befehl verwenden
   ☑ Hexadezimalschreibweise für Binärfelder verwenden
Exporttyp: INSERT ▾

☑ **Senden**

Dateinamenskonvention: _DB_   (☑ Konvention merken)*

Fertig

➤ Schaue zum Feld *Exportieren* – hier siehst du alle Datenbanktabellen der aktuellen Datenbank. Markiere die gewünschte(n) Tabelle(n). Das Mehrfachmarkieren gelingt, wenn du die Taste Strg gedrückt hältst. Natürlich kannst du auch alle Tabellen auswählen – klicke einfach auf den Link *Alle auswählen*.

➤ Entscheide dich für die gewünschten SQL-Optionen. In der Regel musst du nichts verändern – die Voreinstellungen sind okay. Die einzige Option, die ich gelegentlich verwende, heißt *Mit 'DROP TABLE'*.

> *Mit 'DROP TABLE'* bedeutet nichts weiter, also dass die Tabelle vor dem Anlegen ggf. erst einmal gelöscht wird. Das ist dann wichtig, wenn du auf deinem lokalen System eine ältere Version dieser Tabelle hast und diese einfach so überschreiben möchtest. Sonst müsstest du diese ältere Tabelle erst löschen, ehe du die neuen Daten einspielen kannst. Diese Option steht also für einen kompletten Neuanfang.

➤ Nun empfehle ich dir, vor der Option *Senden* ein Häkchen zu setzen. Diese findest du links unten im Fenster.

➤ Wenn du das geschafft hast, klickst du auf OK. Alle SQL-Befehle werden nun in eine Datei geschrieben und zum Download angeboten. Diese Datei besitzt die Endung `.sql`.

➤ Speichere diese Datei auf deinem PC. Du hast einen SQL-Dump erzeugt, eine Sicherheitskopie der entsprechenden Datenbanktabellen.

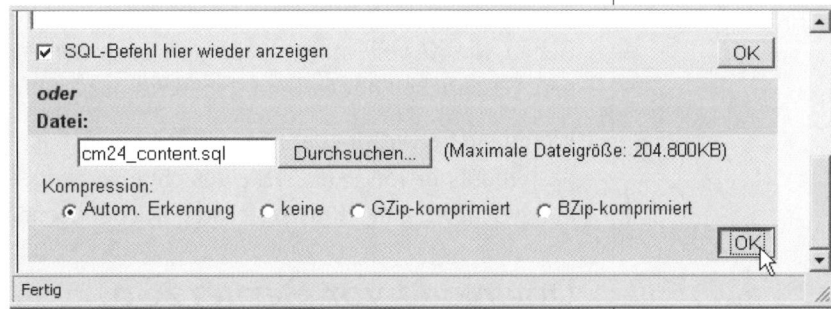

➤ Und wie spielst du diese Datei nun in dein lokales MySQL-System ein? Ganz einfach: Öffne dein lokales phpMyAdmin. Klicke auf die Registerzunge *SQL* und suche das Feld *Datei*.

➤ Suche die eben heruntergeladene SQL-Datei über die Schaltfläche DURCHSUCHEN heraus. Klicke auf OK. In Sekundenschnelle werden alle Daten eingespielt. Die dazugehörigen Datenbanktabellen richtet phpMyAdmin ebenfalls ein.

Und natürlich funktioniert diese schicke Datenübertragung auch in die andere Richtung. Wenn das kein Service ist!

Server2Go als Alternative zu XAMPP

Im ersten Band habe ich dir XAMPP als lokalen Testserver empfohlen. Und zu dieser Empfehlung stehe ich immer noch. Es ist und bleibt für mich das ideale Programm zum Testen deiner Skripte.

Du hast allerdings Probleme mit XAMPP? Oder du möchtest einmal etwas anderes ausprobieren? Dann habe ich eine tolle Alternative. Nimm einen anderen Testserver! Einzige Voraussetzung: Du arbeitest unter Windows.

Nutze das Programm »Server2Go« von Timo Haberkern. Server2Go installiert ebenfalls ein komplettes WAMP-System, also einen lokalen Windows-Webserver (Apache-Webserver in einer Windows-Version) mit MySQL-, PHP- und ggf. auch Perl-Unterstützung. Es läuft direkt von CD, Festplatte oder USB-Stick ohne Installation. Vom Komfort her bietet es daher minimale Vorteile gegenüber XAMPP. Und du kannst es parallel betreiben.

Genau wie XAMPP stammt übrigens auch Server2Go aus deutschen Landen. Geschrieben hat es Timo Haberkern aus Neudenau.

Wo du die Server2Go-Dateien letztlich ablegst, ist übrigens egal. Du kannst das Programm von jeder Stelle aus ohne vorherige Installation starten. Und durch Schließen des Browserfensters wieder beenden.

Download von Server2Go

Du findest das Tool unter *www.server2go-web.de*. Gehe dort in den Downloads-Bereich. Lade dir das 23 MB große ZIP-Archiv von *www.server2go-web.de/download/download.html* herunter.

Natürlich haben ich dir Server2Go auch auf der Buch-CD-ROM abgelegt. Schaue zum Pfad `programme/server2go`.

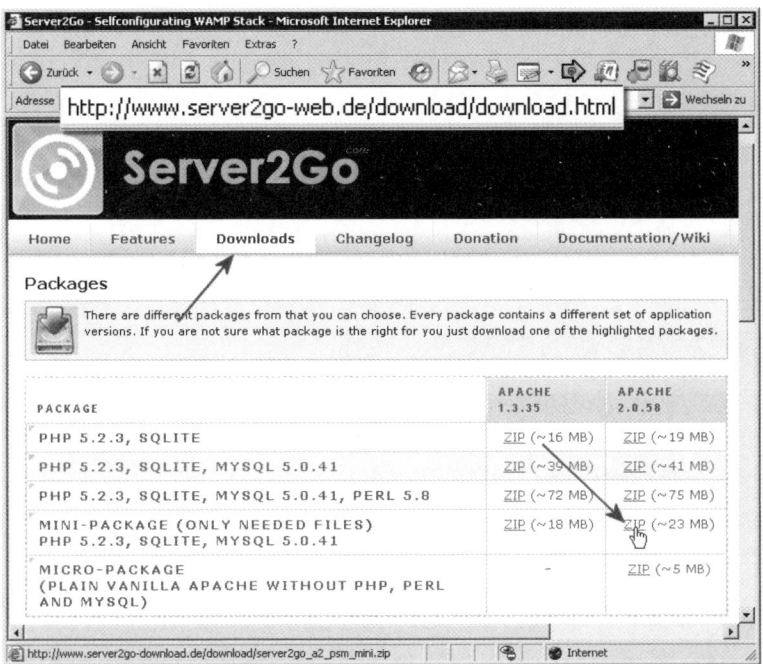

Im Beispiel genügt das »Mini-Package« mit Apache 2.0.x. vollkommen. Hauptsache PHP und MySQL sind mit dabei.

Server2Go einrichten

Das Einrichten deines lokalen Webservers mit Server2Go ist wirklich einfach – einfacher noch als die Installation eines XAMPP-Systems. Entpacke das Server2Go-Archiv an beliebiger Stelle. Der lokale Webserver ist einsatzbereit, es ist keine weitere Installation erforderlich!

Speicherort der Datenbanktabelle ändern

Eine Sache gibt es, die du trotzdem ändern solltest bei Server2Go – den Ablageplatz der Datenbanktabellen. Bei XAMPP liegen diese beispielsweise innerhalb des XAMPP-Dateisystems, und zwar unter dem Pfad `mysql\data`. Server2Go dagegen lagert seine Datenbanktabellen in der Voreinstellung »außerhalb« der Server2Go-Systems auf der lokalen Festplatte. Du findest die Daten in den entsprechenden Ordnern unter `C:\MyS2GApp\Data\`. Der Grund ist einfach: Ursprünglich dient Server2Go als Webserver für (normalerweise schreibgeschützte) CD-ROMs bzw. DVDs.

Du kannst und solltest diese Einstellung jedoch problemlos in der Konfigurationsdatei `pms_config.ini` ändern. Du findest diese Konfigurationsdatei im Stammordner von Server2Go.

Ändere folgenden Wert

```
LocalMirror=1
```

in

```
LocalMirror=0.
```

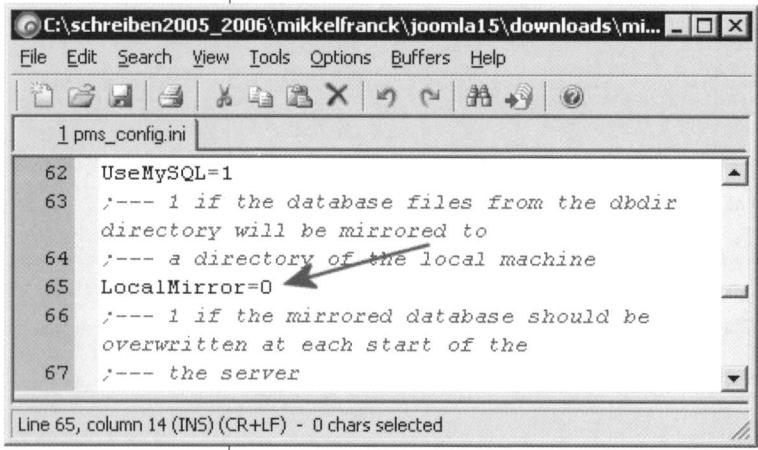

Öffne die »pms_config.ini« in einem Texteditor und ändere den Wert »1« hinter LocalMirror= in »0«.

Nun legt Server2Go alle Datenbanktabellen im lokalen Server2Go-Ordner `dbdir` ab. Dadurch kannst du das ganze System bequem auch auf einen USB-Stick betreiben und/oder mehrere Versionen von Server2Go nebeneinander betreiben.

Server2Go starten

Zum Starten von Server2Go doppelklickst du einfach auf die Datei `Server2Go.exe`. Server2Go startet in aller Regel ganz selbsttätig den Internet-Explorer und ruft dabei folgende Seite auf: *http://127.0.0.1:4001/.* Eine Website mit weiterführenden Informationen erscheint. Diese stammen aus Demodateien von Server2Go.

Server2Go beenden

Zum Beenden von Server2Go genügt es, ganz einfach das Browserfenster zu schließen. Du siehst nun kurz einen Statusbalken, der dir das Herunterfahren von Server2Go anzeigt. Einfacher geht es nicht!

Server2Go einrichten

Auch Server2Go besitzt einen Ordner namens htdocs. Das ist praktisch der Stammordner deines lokalen Webs. Und hier kommt wieder mein Tipp, den ich dir schon bei XAMPP gegeben hatte: Benenne auch hier den Ordner htdocs um, beispielsweise in htdocs_alt. Erstelle dann einen neuen, leeren htdocs-Ordner. Hier kannst du alle deine Dateien ablegen.

Vergiss nicht: Server2Go legt alle MySQL-Datenbanktabellen im Ordner dbdir ab.

337

Anhang B

Der Inhalt der CD

Wir haben dir auch diesmal wieder nicht nur alle Beispiele, sondern auch ein Feuerwerk an Programmen auf die CD gepackt! Der Schwerpunkt liegt dabei auf CMS, auf Content-Management. Doch bevor wir da etwas näher hineinschnuppern, fangen wir mit dem grundlegenden Inhalt der CD an!

Beispiele, Lösungen und die SELFPHP!

Die Struktur der CD-ROM ist die gleiche wie beim Vorgängerbuch. Keine nervigen Installationsroutinen, Popup-Fenster oder Splash-Screens, sondern eine logische Verzeichnisstruktur. Und das sind die Hauptordner der CD:

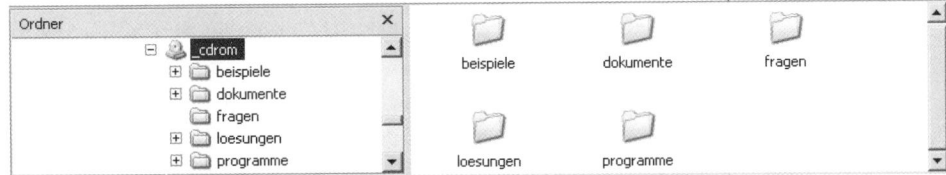

Im Ordner beispiele liegen alle Beispieldateien zu den einzelnen Kapiteln. Im Ordner dokumente haben wir z.B. die SELFPHP, die SELFHTML und das PHP-Handbuch abgelegt.

Außer Konkurrenz läuft der hier nicht gezeigte Ordner superskript. Hier findest du ein Skript von mir zum direkten Bearbeiten von HTML-Seiten per PHP. Dadurch kannst du auch statische HTML-Seiten direkt online bearbeiten, und zwar per Formular. Probiere es ruhig aus. Und vergiss nicht, später den Ordner edit per .htaccess-Datei zu schützen!

Der Ordner fragen enthält die Antworten auf alle Kontrollfragen. In loesungen stecken die Lösungen zu allen Aufgaben. Und in programme? Zum einen natürlich der Firefox – der ist für mich inzwischen längst »der bessere Browser« geworden. Den Rest jedoch sehen wir uns jetzt etwas genauer an!

Soviel schon vorweg: Zu vielen Programmen habe ich kurze Installationshinweise mit auf die CD gelegt. Schau einfach in die entsprechenden Ordner hinein und suche nach einer Datei namens liesmich.txt.

B

Ein paar Editoren

Mit welchem Programm schreibst du deinen PHP-Code? Hier stelle ich dir ein paar kostenfreie Editoren vor.

Weaverslave

Das für mich wohl genialste Programm ist der Weaverslave von Thomas Weinert. Du kennst diesen Editor ja schon aus dem Vorgängerbuch. Wir liefern dir die zum Zeitpunkt des Schreibens neuste Version.

Für mich gibt es keinen besseren Editor. Er ist schlicht, einfach und schnell. Die Installation ist ein Kinderspiel: entpacken und fertig. Und die tolle Farbhervorhebung des Codes ist das »Sahnehäubchen auf dem Kakao«.

Ähem. Das geht wohl eher an die Erwachsenen unter den Kids: Wenn du vielleicht etwas Taschengeld übrig hast und über einen Paypal-Account verfügst, kannst du Thomas auch bei der Entwicklung des Programms unterstützen und etwas spenden. Auf *www.weaverslave.ws* gibt es auch einen DONATION-Button (Donation = Spende). Ich finde, dass sich Thomas das verdient hat.

Interessantes Detail am Rande: Der Weaverslave wurde vollkommen in Delphi programmiert. Und da fällt mir gerade ein, dass vom Hans-Georg Schumann vor einer Weile so ein neues, tolles Delphi-Buch erschienen ist: »Delphi für Kids«. (So, das war jetzt ein wenig Werbung für einen, der es ebenfalls verdient hat!)

PHPEdit

Der zweite von mir gern verwendete Editor heißt PHPEdit und stammt von Sébastien Hordeaux. Ich nutze ihn vor allem wegen der automatischen Code-Einrückung – und weil er mir zu jeder geöffneten auch die passende schließende Klammer zeigt.

Wie die herrliche Code-Verschönerungsautomatik funktioniert, hatte ich dir ja schon auf Seite 49 gezeigt. Auf der CD liegt Version 0.8 von PHPEdit – das ist die letzte Freeware-Version dieses Programms.

Neoxen Qwined

Neuerdings programmiere ich auch gerne mit dem Editor Qwined der finnischen Firma Neoxen. Zwar gibt es keine automatische Code-Einrückung. Trotzdem zeigt das Programm jedoch zu jeder öffnenden die passende schließende geschweifte Klammer an. Außerdem ist es schnell und sieht sehr übersichtlich aus. Mein neuer Geheimtipp!

Nvu Composer

Wenn mich etwas begeistert, dann ist es leistungsfähige Open-Source-Software. Eins dieser Programme ist der Nvu Composer – ein tolles Teil zum Erstellen von Webseiten.

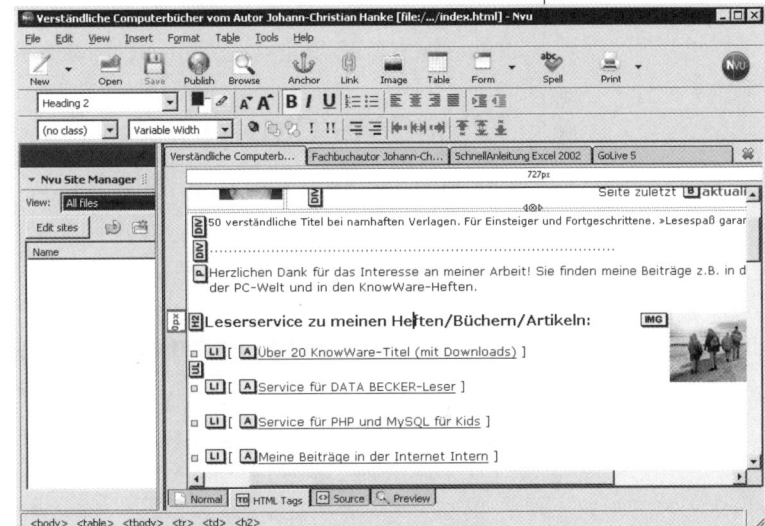

Der Nvu Composer will kommerziellen Programmen wie Front-Page und Dreamweaver Konkurrenz machen.

Nvu – ausgesprochen »N view wie new view« – gibt es für Linux, Windows, Mac OS und viele weitere Betriebssysteme. Du kannst damit ganz ohne HTML-Kenntnisse Webseiten erstellen und verwalten. Und zwar im WYSI-WYG-Modus, so wie in den sündhaft teuren kommerziellen Programmen Dreamweaver oder FrontPage. Du schaltest mit kleinen Karteireitern (Tabs) zwischen der Code- und der Layoutansicht um. Also auch das Arbeiten direkt im Quellcode ist möglich.

Nvu bietet Unterstützung für Formulare, Tabellen und Vorlagen und besitzt sogar ein eingebautes FTP-Modul zur Siteverwaltung. Außerdem gibt es einen CSS-Editor für Stilformate und Tools zum Überprüfen des Quellcodes. Du kannst es so einrichten, dass dem HTML-Quellcode deiner Seite kein Härchen gekrümmt wird. Ich finde Nvu so genial, dass ich es inzwischen dem Dreamweaver vorziehe. Aber abgesehen davon geht sowieso nichts über Handarbeit!

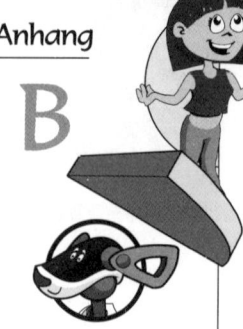

B

Die jeweils neuste Nvu-Version bekommst du auf der von Thorsten Fritz betriebenen, deutschsprachigen »Nvu-Seite« *www.nvu-composer.de*. Die zum Zeitpunkt des Schreibens aktuelle Version 1.0 liegt auf der CD-ROM.

Die CMS-Systeme

Ein großer Teil dieses Buches dreht sich um das Managen von Content. Und ich finde, dass du da schon ganz Erstaunliches vollbracht hast! Aber schau dir auch mal andere Content-Management-Systeme an. Ich habe ein paar ganz unterschiedliche Empfehlungen für dich zusammengetragen – von Mini bis Maxi, von einfach bis kompliziert. Erste Installationshinweise zum jeweiligen CMS findest du in den Liesmich-Dateien im jeweiligen Ordner.

Mini-CMS CM24

Ein bisschen Stolz ist schon dabei! Fangen wir deshalb einfach mit dem CMS an, das wir gemeinsam in den letzten beiden Kapitel zusammengebaut haben. Und zwar mit der Version, in die auch die Lösung aller Aufgaben eingeflossen ist. Du findest sie im Ordner `programme/cms_cm24`.

Schlicht und schön: Auch unser Projekt aus dem Buch ist ein vollwertiges CMS!

Damit hast du durchaus schon ein leistungsstarkes und attraktives System. Du kannst das Layout dank CSS komplett an deine Bedürfnisse anpassen und immerhin individuelle Berechtigungen vergeben.

Die Entwicklung ist nicht stehen geblieben. Der Autor hat das CM24 weiterentwickelt und zu einem richtig gehenden Open-Source-CMS namens CMBasic ausgebaut. Immer mehr Anwender sind von CMBasic begeistert. Schau dir einfach ein paar Referenzen auf *www.cmbasic.de* an!

CMSimple

CMSimple ist ein kleines Wunderwerk. Es handelt sich um ein komplettes CMS in Miniaturausgabe – nicht mal 100 KByte misst die entsprechende Datei. Und dabei strotzt es nur so vor Funktionen: Vorlagenverwaltung, Suchfunktion, Linkprüfer, Gästebuch und Formmailer!

Geschrieben hat es der Däne Peter A. Harteg. Du kannst es kostenlos nutzen, solange du den Link auf *www.cmsimple.dk* intakt lässt.

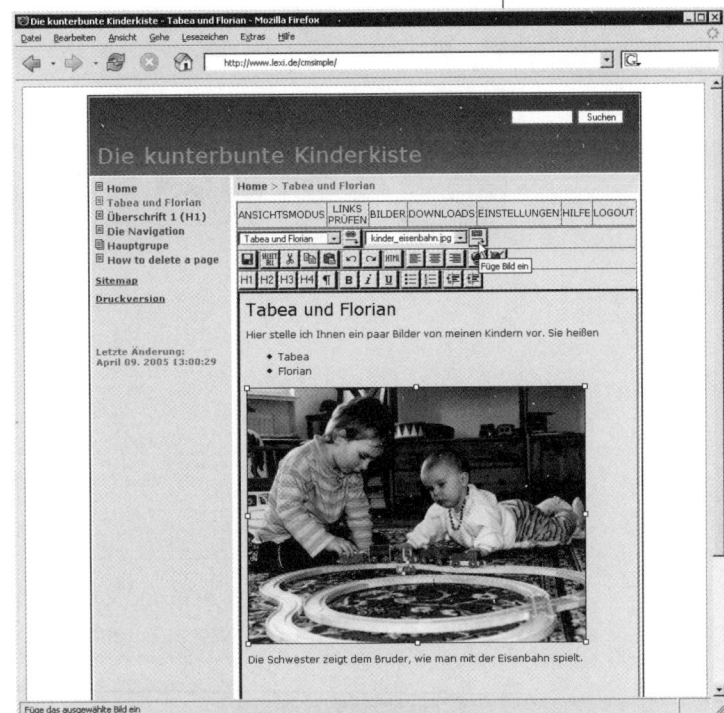

CMSimple besitzt einen einfachen WYSIWYG-Editor, der längst nicht so viel Platz verplempert wie Tiny MCE.

Und das Beste an der Sache hatte ich dir ja noch gar nicht verraten: CMSimple kommt völlig ohne Datenbank aus, ohne MySQL. Ich finde das schon sehr erstaunlich!

B

Allerdings besitzt das System keine Nutzerverwaltung. Per Voreinstellung gibt es nur einen Nutzer – den `admin` mit dem Passwort `test` (natürlich individuell änderbar). Aber dafür ist alles wirklich schön simpel – in ein paar Stunden hast du das gesamte System durchschaut und erstellst tolle dynamische Webseiten. Danke für deine tolle Arbeit, Peter!

CMS Made simple

Ted Kulp aus den USA hat CMS Made simple für uns verfasst – ein nettes kleines CMS auf Datenbankbasis. Auch CMS Made simple lässt sich schnell installieren, ist schlank und leicht verständlich. Es bietet eine ausgefeilte Vorlagenverwaltung, ein einfaches Rechtesystem, einen integrierten Dateimanager mit Bildupload und selbst eine Newsfunktion mit RSS.

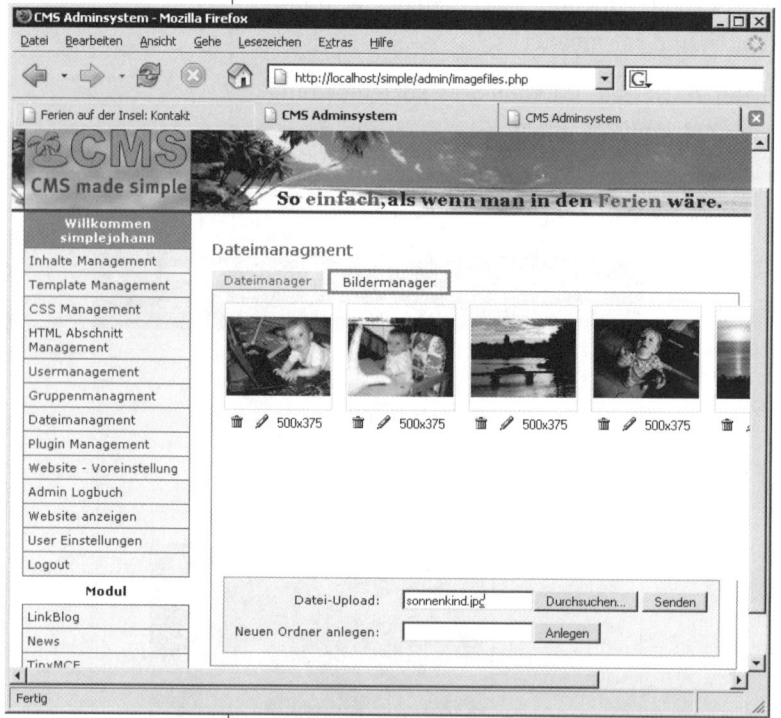

CMS Made Simple besitzt auch eine tolle Bildverwaltung. Zu jedem Bild wird eine Miniaturansicht eingeblendet

Die Administration im Backend ist kinderleicht zu verstehen. Du kommst in kurzer Zeit mit dem System zurecht.

Contenido

Langsam steigen wir auf in die Oberliga der CMS-Systeme. Eins der ganz großen CMS heißt Contenido. Contenido ist spanisch und bedeutet Inhalt. Es stammt aber aus deutschen Landen, und zwar von

der *four for business AG* aus Offenbach. Auch Contenido kannst du kostenfrei nutzen! Das CMS besitzt eine Rechteverwaltung, eine Seitenstatistik und ein Newsletter-Tool. Die Installation ist unkompliziert und idiotensicher, die Einarbeitung dauert allerdings etwas länger. Referenzen und Anleitungen findest du auf *www.contenido.de*. Mir gefällt Contenido sehr gut!

Joomla (Mambo)

Was soll ich dir über Joomla erzählen? Als ich anfing, dieses Buch zu schreiben, hieß es noch Mambo und galt als der Shooting-Star in der CMS-Szene. Doch dann hat fast das komplette Mambo-Entwicklerteam das Projekt verlassen und Joomla auf die Beine gestellt. Joomla leitet sich ab aus dem Suaheli-Wort für »alle zusammen«. Mambo ist allerdings auch nicht tot, sondern wird von einem anderen Team weiterentwickelt. Mambo liegt inzwischen in Version 4.6.x, Joomla in Version 1.5 vor.

> Mambo bzw. Joomla ist ein großes Portalsystem mit einer ganz eigenen Bedienphilosophie. Du kannst mit diesem CMS eine große Gemeinschaft (Community) aufbauen und pflegen – eine Community mit unzähligen Nutzern. Das Backend sieht wie ein Computerprogramm aus – mit Menüs, Untermenüs und unzähligen Konfigurationsdialogen. Verwirrend!

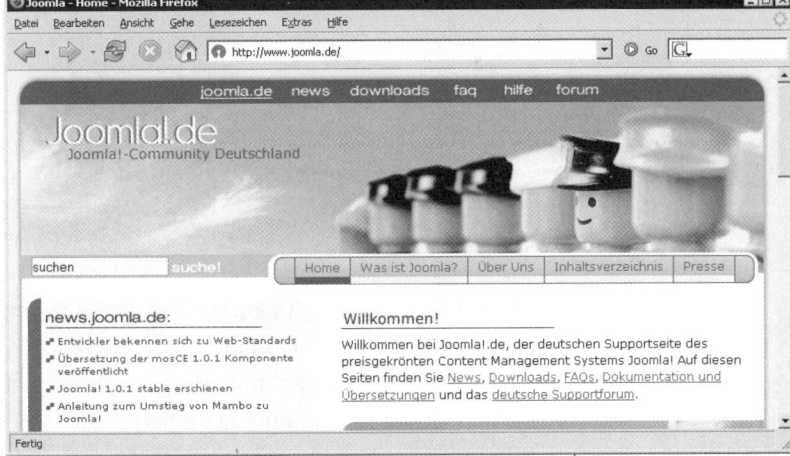

Mambo heißt jetzt Joomla und besitzt mit www.joomla.de eine attraktive Support- und Downloadseite.

Die Funktionsvielfalt von Joomla ist atemberaubend. Hier einige Highlights:

◊ umfangreiches, sehr komplexes Zugriffs- und Berechtigungssystem

◊ Umfragen, sogar für jede Seite einzeln

◊ Zeit gesteuertes Veröffentlichen

◊ eingebautes Gästebuch

B

◆ Newsflash-Generator

◆ viele vorgefertigte, attraktive Layouts

◆ unzählige Plug-Ins von Drittanbietern, z.B. für Forum oder Onlineshop

Joomla bzw. Mambo ist ein tolles Programm – wenn du dich eingearbeitet hast. Und das kann durchaus Wochen bis Monate dauern. Aber so ist es ja auch mit PHP, das lernst du auch nicht in drei Tagen. Und was du mit PHP inzwischen anstellen kannst, ist schon großartig.

Joomla bzw. Mambo richtet sich eher an Freiberufler, Vereine und große Firmen. Oder an diejenigen, die eine Schulhomepage aufbauen wollen:

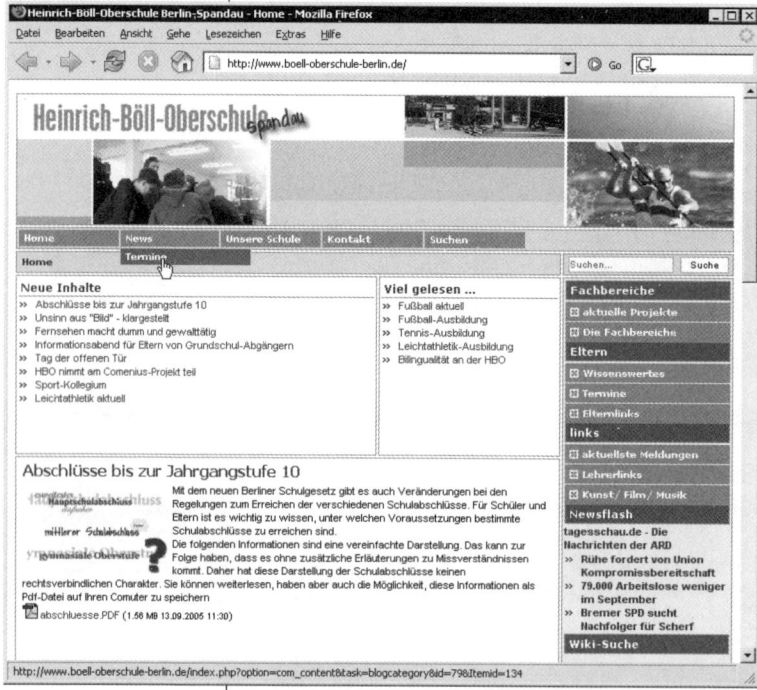

Auch die Seiten der Heinrich-Böll-Oberschule in Berlin wurden mit Mambo erstellt.

Wenn du einfach nur in kurzer Zeit deine dynamische Homepage aufbauen willst, rate ich dir von Joomla bzw. Mambo ab. Das ist so, als ob du eine Rakete besteigen willst, nur um zur Schule zu fliegen. Das ist Overkill und du schießt garantiert am Ziel vorbei!

Wir haben dir auf CD-ROM sowohl Joomla in der letzten stabilen 1er-Version als auch Joomla in der neuen Version 1.5 abgelegt. Entscheide selber, welches CMS dir besser gefällt. Von mir gibt es ein Buch namens »Content Management mit Joomla für Kids«. Es behandelt beide Joomla-Versionen und liegt seit Sommer 2008 in einer 2., erweiterten Auflage vor.

Stichwortverzeichnis